OLDENBOURG
GRUNDRISS DER
GESCHICHTE

OLDENBOURG
GRUNDRISS DER
GESCHICHTE

HERAUSGEGEBEN
VON
LOTHAR GALL
KARL-JOACHIM HÖLKESKAMP
HERMANN JAKOBS

BAND 28

DIE USA VOR 1900

VON

WILLI PAUL ADAMS

2. Auflage

R. OLDENBOURG VERLAG
MÜNCHEN 2009

Bibliografische Information der Deutschen Nationalbibliothek
Die Deutsche Nationalbibliothek verzeichnet diese Publikation in der
Deutschen Nationalbibliografie; detaillierte bibliografische Daten sind im
Internet über <http://dnb.d-nb.de> abrufbar.

© 2009 Oldenbourg Wissenschaftsverlag GmbH, München
Rosenheimer Straße 145, D-81671 München
Internet: oldenbourg.de

Das Werk einschließlich aller Abbildungen ist urheberrechtlich geschützt. Jede Verwertung
außerhalb der Grenzen des Urheberrechtsgesetzes ist ohne Zustimmung des Verlages
unzulässig und strafbar. Dies gilt insbesondere für Vervielfältigungen, Übersetzungen,
Mikroverfilmungen und die Einspeicherung und Bearbeitung in elektronischen Systemen.

Umschlaggestaltung: Dieter Vollendorf, München
Gedruckt auf säurefreiem, alterungsbeständigem Papier (chlorfrei gebleicht).
Satz: primustype R. Hurler GmbH, Notzingen
Druck: MB Verlagsdruck Ballas, Schrobenhausen
Bindung: Buchbinderei Kolibri, Schwabmünchen

ISBN 978-3-486-58940-5

VORWORT DER HERAUSGEBER

Die Reihe verfolgt mehrere Ziele, unter ihnen auch solche, die von vergleichbaren Unternehmungen in Deutschland bislang nicht angestrebt wurden. Einmal will sie – und dies teilt sie mit manchen anderen Reihen – eine gut lesbare Darstellung des historischen Geschehens liefern, die, von qualifizierten Fachgelehrten geschrieben, gleichzeitig eine Summe des heutigen Forschungsstandes bietet. Die Reihe umfaßt die alte, mittlere und neuere Geschichte und behandelt durchgängig nicht nur die deutsche Geschichte, obwohl sie sinngemäß in manchem Band im Vordergrund steht, schließt vielmehr den europäischen und, in den späteren Bänden, den weltpolitischen Vergleich immer ein. In einer Reihe von Zusatzbänden wird die Geschichte einiger außereuropäischer Länder behandelt. Weitere Zusatzbände erweitern die Geschichte Europas und des Nahen Ostens um Byzanz und die Islamische Welt und die ältere Geschichte, die in der Grundreihe nur die griechischrömische Zeit umfaßt, um den Alten Orient und die Europäische Bronzezeit. Unsere Reihe hebt sich von anderen jedoch vor allem dadurch ab, daß sie in gesonderten Abschnitten, die in der Regel ein Drittel des Gesamtumfangs ausmachen, den Forschungsstand ausführlich bespricht. Die Herausgeber gingen davon aus, daß dem nacharbeitenden Historiker, insbesondere dem Studenten und Lehrer, ein Hilfsmittel fehlt, das ihn unmittelbar an die Forschungsprobleme heranführt. Diesem Mangel kann in einem zusammenfassenden Werk, das sich an einen breiten Leserkreis wendet, weder durch erläuternde Anmerkungen noch durch eine kommentierende Bibliographie abgeholfen werden, sondern nur durch eine Darstellung und Erörterung der Forschungslage. Es versteht sich, daß dabei – schon um der wünschenswerten Vertiefung willen – jeweils nur die wichtigsten Probleme vorgestellt werden können, weniger bedeutsame Fragen hintangestellt werden müssen. Schließlich erschien es den Herausgebern sinnvoll und erforderlich, dem Leser ein nicht zu knapp bemessenes Literaturverzeichnis an die Hand zu geben, durch das er, von dem Forschungsteil geleitet, tiefer in die Materie eindringen kann.

Mit ihrem Ziel, sowohl Wissen zu vermitteln als auch zu selbständigen Studien und zu eigenen Arbeiten anzuleiten, wendet sich die Reihe in erster Linie an Studenten und Lehrer der Geschichte. Die Autoren der Bände haben sich darüber hinaus bemüht, ihre Darstellung so zu gestalten, daß auch der Nichtfachmann, etwa der Germanist, Jurist oder Wirtschaftswissenschaftler, sie mit Gewinn benutzen kann.

Die Herausgeber beabsichtigen, die Reihe stets auf dem laufenden Forschungsstand zu halten und so die Brauchbarkeit als Arbeitsinstrument über eine längere Zeit zu sichern. Deshalb sollen die einzelnen Bände von ihrem Autor oder einem anderen Fachgelehrten in gewissen Abständen überarbeitet werden. Der Zeitpunkt der Überarbeitung hängt davon ab, in welchem Ausmaß sich die allgemeine Situation der Forschung gewandelt hat.

Lothar Gall   Karl-Joachim Hölkeskamp   Hermann Jakobs

*Johannes und Thomas gewidmet,
deren junges Leben auch von der Entstehung dieses Buches
beeinflußt worden ist.*

INHALT

Vorwort XIII

I. Darstellung 1

Einführung: Die großen Themen der amerikanischen Nationalgeschichte 1

a) Nationalgeschichtliche Synthesen und Periodisierung 1
b) Die großen Themen der amerikanischen Nationalgeschichtsschreibung 6
1. Territorium: Die Expansion des Staatsgebiets 6
2. Bevölkerung und Gesellschaftsstrukturen: Von der kolonialen Besiedlungspolitik zur multiethnischen Gesellschaft 8
3. Wirtschaft: Vom kolonialen Merkantilismus zur Freihandelspolitik der Weltmacht 9
4. Politisches System und Innenpolitik: Verfassungsnormen und Praxis der Demokratie 11
5. Internationale Beziehungen: Von der Kolonie zur Weltmacht 12
6. Geistes- und Kulturgeschichte vom Puritanismus zum Kulturkampf der Religiösen Rechten um 1990 14

1. Die europäische Expansion und Kolonialgesellschaften, 1600–1763 18
   a) Die Ureinwohner um 1600 18
   b) Europäische Entdecker und Siedlungen 20
   c) Neufrankreich 1608–1763 21
   d) Englands „jungfräuliches Land": Virginia und die anderen südlichen Kolonien 23
   e) Neuengland und der Puritanismus 26
   f) Die Mittelkolonien: New York, New Jersey, Pennsylvania 29
   g) Britische Kolonialherrschaft und Kolonialkriege 31
   h) Amerikanische Selbstregierung 34

2. Die Amerikanische Revolution und Nationalstaatsgründung, 1763–1789 37
   a) Widerstand gegen Besteuerung ohne Repräsentation 37
   b) Der Unabhängigkeitskrieg 42
   c) Das neue politische System: Einzelstaatsverfassungen und Konföderation 45
   d) Die Verfassung der Union 48

3. Die expandierende Republik, 1789–1860 53
   a) Kontinentale Expansion: Die Ausdehnung des Staatsgebiets bis zum Pazifik 53
   b) Bevölkerung, Binnen- und Einwanderung, ethnische Gruppen .. 56
   c) Politisches System, Innen- und Außenpolitik bis 1823 59
   d) Politik im Zeitalter des *common man*, 1824–50 64
   e) Agrarwirtschaft und Frühindustrialisierung 68
   f) Ausprägung einer nationalen Kultur vor 1860 72

4. Der Alte Süden, die Sklavenwirtschaft, der Süd-Nord-Konflikt, 1789–1860 76
   a) Der Süden als Region 76
   b) Sklaverei und Plantagenwirtschaft 77
   c) Ende der Sklaverei im Norden, Widerstand der Sklaven, Gegner der Sklaverei 80
   d) Die Eskalation des Süd-Nord-Konflikts 1850–1860 83

5. Der Sezessionskrieg und die Wiederherstellung der nationalen Einheit, 1860–1877 88
   a) Sezession, Gründung der Confederate States of America 88
   b) Der Sezessionskrieg als erster „moderner" Krieg 90
   c) „Reconstruction": Die Wiedereingliederung des Südens in die Union 94
   d) Mentale Folgen: Nationalismus und Vergangenheitsbewältigung nach dem Sezessionskrieg 97

6. Industrialisierung, 1860–1900 100
   a) Die führende Industrienation 100
   b) Günstige Bedingungen der Industrialisierung 100
   c) Regionale Differenzierung 101
   d) Neue Waren, Dienstleistungen und Techniken 102
   e) Geldpolitik, Goldstandard und Silbermünzen 105
   f) Konzentration, Kartelle, Monopole, Trusts 106
   g) Arbeiter, Gewerkschaften, Streiks 108
   h) Landwirtschaft 111

7. Gesellschaft und Politik, 1877–1900 112
   a) Bevölkerung, Einwanderung, Urbanisierung 112
   b) Politische Parteien und Bewegungen 118
   c) Verfassungsrechtsprechung, Föderalismus 122
   d) Gesellschaftstheorien; Anzeichen einer Kultur der „Moderne" .. 122

8. Internationale Beziehungen im Zeitalter des Imperialismus 127
   a) Von der kontinentalen Expansion zum überseeischen Imperialismus 127
   b) Der Krieg gegen Spanien um Kuba und die Philippinen 130

II. Grundprobleme und Tendenzen der Forschung 133

Einführung: Die großen Themen und Interpretationen der amerikanischen Nationalgeschichte 133

a) Nationalgeschichtsschreibung: Definitionen, Periodisierung, Interpretationsrichtungen 133

b) Die großen Themen 139
   1. Territorium: Die Expansion des Staatsgebiets und die Ausprägung der Großregionen 139
   2. Bevölkerung: Von der englischen Siedlerkolonie zur multiethnischen Gesellschaft 142
   3. Wirtschaft: Vom kolonialen Merkantilismus zur Freihandelspolitik der Weltmacht 146
   4. Politisches System und Innenpolitik: Vom englischen Konstitutionalismus und den republikanischen Idealen von 1776 zur präsidialen Fernsehdemokratie 147
   5. Internationale Beziehungen: Aus kolonialer Abhängigkeit zur dominanten Weltmacht 152
   6. Ideen und Werte: Geistes- und Kulturgeschichte vom Puritanismus zum Kulturkampf der Religiösen Rechten um 1990 .. 154

1. Die europäische Expansion, Kolonialherrschaft und Kolonialgesellschaften, 1600–1763 158
   a) Entdecker und Entdeckte 158
   b) Erste europäische Siedlungen 160
   c) Neuengland und der Puritanismus 161
   d) Die Mittelkolonien New York und Pennsylvania 163
   e) Britische Kolonialherrschaft 163
   f) Amerikanische Selbstregierung 164

2. Die Amerikanische Revolution und Nationalstaatsgründung, 1763–1789 165
   a) Gesamtdarstellungen und Interpretationen 165
   b) Widerstand gegen Besteuerung ohne Repräsentation 167
   c) Der Unabhängigkeitskrieg 168
   d) Von der Konföderation zur Bundesverfassung 169

3. Die expandierende Republik, 1789–1860 172
   a) Gesamtinterpretationen, Historiographie 172
   b) Expansion bis zum Pazifik, internationale Beziehungen und Kriege 173
   c) Bevölkerung, Binnen- und Einwanderung, ethnische Gruppen .. 176
   d) Politik und Verfassung von Washington bis Lincoln 177

e) Die Wirtschaft in der Phase der Frühindustrialisierung 180
f) Die Ausprägung einer nationalen Kultur 182

4. Der Alte Süden, die Sklavenwirtschaft und der Süd-Nord-Konflikt, 1789–1860 184
   a) Der Süden als Region: Überblicke, Interpretationen, Historiographie 184
   b) Sklaverei und Plantagenwirtschaft 185
   c) Sklavenbefreiung 188
   d) Eskalation des Süd-Nordkonflikts 189

5. Sezessionskrieg und Rekonstruktion der Nation, 1860–1877 192
   a) Gesamtdarstellungen, Interpretationen 192
   b) Sezession und die Confederate States of America 193
   c) Kriegsverlauf 194
   d) „Reconstruction": Wiederherstellung der nationalen Einheit 195
   e) Die Bundesverfassung und Bürgerrechte nach dem Sieg des Nordens 196
   f) Vergangenheitsbewältigung: der öffentlich erinnerte Bürgerkrieg 197

6. Industrialisierung, 1860–1900 198
   a) Industrie 198
   b) Landwirtschaft; der „Neue Süden"; *homesteads* im Westen 199
   c) Neue Waren, Massenkonsum 201
   d) Konzentration, Kartelle und Trusts 201
   e) Arbeiter, Gewerkschaften, Streiks, Einwanderer 202

7. Gesellschaft und Politik, 1877–1900 205
   a) Das „Ende" der *frontier* 205
   b) Einwanderung 207
   c) Urbanisierung und Sozialreformen 208
   d) Politische Bewegungen und Parteien 210
   e) Auswärtige Beziehungen 213
   f) Gesellschaftstheorien, „Modernist Culture" 215

III. Quellen und Literatur 217

A. Quellen 218

  1. Archive und quellenkundliche Nachschlagewerke 218
  2. Publizierte Quellen 218
     a) Mehrere Fachgebiete betreffend 218
     b) Statistiken 219

c) Regierungspublikationen 219
d) Politisches System, Verfassung, Politikgeschichte 220
e) Sozial- und Wirtschaftsgeschiche 221
f) Ideen- und Kulturgeschichte 221

B. Literatur 223

Allgemeiner Teil 223
1. Bibliographische Hilfsmittel 223
2. Nachschlagewerke 223
3. Historiographie, Gesamtdarstellungen, Interpretationen 224
4. Sozialgeschichte 227
5. Historische Geographie, Ökologie 230
6. Regierungssystem, politische Bewegungen und Ideen 231
7. Politikbereiche 233
8. Wirtschaftsgeschichte 235
9. Ideen- und Kulturgeschichte 236

Literatur zu den chronologisch definierten Kapiteln 238
1. Die europäische Expansion, Kolonialherrschaft und Kolonialgesellschaften, 1600–1763 238
2. Die Amerikanische Revolution und Nationalstaatsgründung, 1763–1789 242
3. Die expandierende Republik, 1789–1860 245
4. Der Alte Süden, die Sklavenwirtschaft und der Süd-Nord-Konflikt, 1789–1860 251
5. Der Sezessionskrieg und die Wiederherstellung der nationalen Einheit, 1860–1877 254
6. Hochindustrialisierung, 1860–1900 257
7. Gesellschaft und Politik, 1877–1900 260

Anhang 267
1. Abkürzungen 267
2. Zeittafel 270
3. Die Präsidenten der Vereinigten Staaten 278
4. Register 280

VORWORT

Dieser Band des Oldenbourg Grundriß der Geschichte skizziert die Entwicklung der sich ab 1776 „The United States of America" nennenden Nation und ihrer ethnisch-kulturell höchst heterogenen Bevölkerung vor 1900. Band 29 der Reihe behandelt die USA im 20 Jahrhundert. Damit jeder Band für sich als Studienbuch benutzbar ist, hat der Verlag großzügigerweise nicht auf einer künstlich scharfen Schnittstelle i. J. 1900 bestanden, sondern mir Vor- bzw. Rückgriffe gestattet, um längerfristige Tendenzen aufzeigen zu können. Daraus ergeben sich einige beabsichtigte Wiederholungen. Auch die Einführung in die Periodisierung und „großen Themen" der amerikanischen Geschichte erscheint in beiden Bänden, ebenso die komplette Zeittafel und Präsidentenliste im Anhang.

In der Tradition amerikanischer nationalgeschichtlicher Synthesen wird die politikgeschichtliche Struktur verbunden mit dem gesamtgesellschaftlichen, wirtschaftlichen und kulturellen Wandel, den die Bürger mit Hilfe der politischen Institutionen und Verhaltensregeln zu steuern versuchten. Ziel ist also eine umfassend verstandene politische Gesellschaftsgeschichte: die staatliche Organisation und demokratische Selbstregierung des ersten unabhängigen Staates, den ausgewanderte Europäer in gewaltsamer Auflehnung gegen europäische Kolonialherrschaft in Übersee gründeten.

Der Forschungsbericht im zweiten Teil des Bandes erfaßt insbesondere die großen Interpretationsfragen und Kontroversen, die die amerikanische Geschichtswissenschaft seit ihrer Professionalisierung um 1880 bewegt haben. Auch im amerikanischen Fall dienten Historikerkontroversen der Vergangenheitsbewältigung und damit der Artikulation des nationalen Gedächtnisses, das die nationale Identität ebenso mit definiert wie geographische, klimatische und andere Existenzbedingungen. Der Literaturauswahl im dritten Teil zugrunde liegen die Auswahlbibliographien amerikanischer Handbücher für den akademischen Unterricht und die Rezensionen in den maßgeblichen Fachzeitschriften seit 1960. Neuere Monographien, Sammelbände und Literaturberichte wurden bevorzugt, weil sie den Zugang auch zur historiographisch einflußreichen älteren Literatur erschließen. Hinzugefügt wurde die seit um 1960 an Bedeutung gewinnende deutschsprachige Fachliteratur. Die Vorbemerkung zur Literaturliste (Teil III) enthält die wichtigsten Internetadressen, um weitere und neueste Fachliteratur zu finden.

Statistische Angaben ohne Quellenangabe entstammen den zweibändigen Historical Statistics of the United States [34: United States Bureau of the Census, Historical Statistics (1975)] oder dem ebenfalls vom Bureau of the Census herausgegebenen jährlichen Statistical Abstract of the United States. Die groß geschriebenen Adjektive „Demokratisch" und „Republikanisch" verweisen auf die Parteinamen. Neuerem amerikanischem Sprachgebrauch entsprechend wird „Afroamerikaner" und „Schwarze" gleichbedeutend verwendet. Die im Deutschen wertneutrale Bezeichnung „Indianer" wird beibehalten, auch wenn in der amerikanischen Fachliteratur von „Native Americans" die Rede ist. Gruppenbezeichnungen wie „Einwanderer", „Siedler" oder „Arbeiter" werden nicht in ihrer weiblichen Form wiederholt, wenn die geschlechtsneutrale Bedeutung aus dem Zusammenhang offenkundig ist.

Für kollegiale Hilfe und Rat in ihren jeweiligen Fachgebieten danke ich den Kollegen und Kolleginnen am John F. Kennedy Institut für Nordamerikastudien der Freien Universität Berlin, insbesondere Knud Krakau und Michaela Hönicke (Geschichtsabteilung), Carl-Ludwig Holtfrerich und Gerd Hardach (Wirtschaftsabteilung) und Heinz Ickstadt (Literaturabteilung). Dem Herausgeber des Journal of American History, David Thelen, danke ich für Angaben zur Produktion der amerikanischen Historikerzunft. Ohne die computerkundigen und weit über ihrer Tarifgruppe inhaltlich engagierten und kompetenten studentischen Helfer Kathy Alberts, Michael Steinmetz, Inka Karschies und Marc Kothé hätte ich die Informationsmenge nicht bewältigen können; ihre unverblümt kritische erste Lektüre („Was soll das denn heißen?") kommt hoffentlich Lesern des fertigen Texts zugute. Kein einziger Historiker ist heute Experte auf allen in diesem Band in dem Zeitraum von 300 Jahren angesprochenen Teilgebieten. Deshalb nehme ich Verbesserungsvorschläge von allen Sachkundigen für eine eventuelle Neuauflage dankend entgegen.

Die Reihenherausgeber, insbesondere Lothar Gall, und der Verlag haben sehr viel mehr Geduld aufgebracht, als ich jemals hätte in Anspruch nehmen dürfen. Für das kompetente Fachlektorat im Oldenbourg Verlag danke ich der Lektorin und Historikerin mit eigener Amerika-Expertise Cordula Hubert.

Der größte Teil der genannten Fachliteratur ist zugänglich in der dem nationalen und internationalen Fernleihverkehr angeschlossenen Bibliothek des John F. Kennedy Instituts für Nordamerikastudien, Freie Universität Berlin, Lansstraße 7, D-14195 Berlin (www.fu-berlin.de/jfki/welcome.html).

Berlin, im Juli 1999   Willi Paul Adams

I. Darstellung

EINFÜHRUNG
DIE GROSSEN THEMEN DER AMERIKANISCHEN NATIONALGESCHICHTE

a) Nationalgeschichtliche Synthesen und Periodisierung

Als Teil der amerikanischen Nationalgeschichte gilt heute die gesamte Entwicklung des Territoriums der 50 Vereinigten Staaten, auch bevor die jeweilige Region von Europäern besiedelt und Bestandteil des Staatsgebiets der USA im völkerrechtlichen Sinn wurde. Auch die teilweise Jahrtausende alten Stammesgeschichten der Ureinwohner werden auf dem Weg über die Regionalgeschichte z. B. Arizonas und New Mexicos und die dazugehörigen typischen Landschaftsbilder zum Bestandteil des kulturellen Erbes und damit der nationalen Identität der seit 1776 Vereinigten Staaten gemacht. Auf diese Weise wird dem Territorium, der Landschaft, dem Klima, den natürlichen Lebensbedingungen eine prägende Kraft zugesprochen, die aus allen Menschen, die in diesem Raum leben, gleich ob sie aus Asien, Afrika, oder Europa zugewandert sind, „Amerikaner" macht. Dieser Gedanke lag auch dem „environmentalism" Frederick Jackson Turners zugrunde, dessen Essay über die „Bedeutung der *frontier* in der amerikanischen Geschichte" (1893) nachhaltig die Gesamtinterpretation der amerikanischen Geschichte beeinflußt hat. Dem Primat des Territoriums folgt auch das amerikanische Staatsbürgerrecht mit seinem *ius soli*, dem Recht des Bodens (nicht dem *ius sanguinis*, dem Recht des Blutes). Nicht die genetische Abstammungsgemeinschaft verleiht die Zugehörigkeit zum amerikanischen Staatsvolk, sondern die Siedlergemeinschaft.

Rückwirkende Definition des Staatsgebiets

Primat des Territoriums

Dieser vom späteren Staatsgebiet ausgehend rückwirkende Entwurf der Nationalgeschichte erfaßt auch die konkurrierenden Siedlungsversuche der nicht englischsprachigen Europäer, also auch die ersten spanischen Entdeckungsfahrten und Eroberungen. Der Rückblick auf Kolumbus nach 500 Jahren löste 1992 in den Vereinigten Staaten eine so kontroverse öffentliche Diskussion aus, wie es normalerweise nur zentrale Ereignisse der eigenen Nationalgeschichte tun. Man konnte darüber fast vergessen, daß Kolumbus das Gebiet der späteren USA nie betreten hat. Zu erklären, weshalb die spanische Krone ihren ursprünglichen Anspruch auf ganz Nordamerika nicht hat durchsetzen können und wie auch die französischen, niederländischen und schwedischen Siedlungen auf dem amerikanischen Festland dem britischen Empire vor 1763 eingefügt wurden, ist selbstverständlicher Bestandteil der Gründungsgeschichte der amerikanischen Nation.

<small>Die dauerhafte Verbindung Nordamerikas und Europas</small>

Die Nachfolgestaaten des britischen Empire in Nordamerika blieben auch nach der anfänglichen Kolonialisierung Bestandteile *eines* europäisch-nordamerikanischen Kulturkreises, *eines* Wirtschaftskreislaufs und Arbeitskräftemarkts und *eines* Einsatzgebietes militärischer Macht. Englands Sprache, Kultur und intellektuelles Leben verbanden die englischsprachigen Kolonialgesellschaften untereinander und mit dem Mutterland. Der amerikanische Protestantismus ist vom Puritanismus bis zur sozialreformerischen Social Gospel-Bewegung um 1900 eine Variante des englischen. Die gelehrten Puritaner und andere christliche Theologen des 17. und 18. Jahrhunderts fühlten sich *einer* Glaubens-, Diskussions- und Missionsgemeinschaft mit ihren Amtsbrüdern in England, Deutschland, Holland und der Schweiz zugehörig. Die Naturbeobachter und Experimentatoren des Zeitalters der Aufklärung – z. B. Benjamin Franklin – waren korrespondierende Mitglieder der Akademien und Wissenschaftlichen Gesellschaften in London, Stockholm und Paris. Die gemeinsame Sprache verband auch die Nachkommen der Auswanderer über die Staatsgrenzen und den Atlantik hinweg mit dem Mutterland. Auf allen Kommunikationsebenen, in Bildung, Wissenschaft, Politik, Recht und Religion, Hoch- und Populärkultur entstand eine dauerhafte *special relationship* zwischen den USA, Großbritannien und Kanada. Auch die amerikanische Außenpolitik ist stets Bestandteil der von den europäischen Großmächten bis 1914 dominierten Weltpolitik gewesen.

Bei aller Verselbständigung und Eigendynamik der inzwischen auch um andere ethnisch-kulturelle Komponenten bereicherten amerikanischen Gesellschaft und trotz des Status der USA als Pazifikanrainer bleibt ihr europäischer Entstehungszusammenhang und die sich seit 1949 in der NATO ausdrückende Wertegemeinschaft immer noch prägend. Im folgenden Grundriß der amerikanischen Nationalgeschichte werden die europäischen Ursprünge, Rahmenbedingungen und fortdauernden Verbindungen noch wiederholt aufgezeigt.

<small>Periodisierung der amerikanischen Nationalgeschichte</small>

Die Einteilung der amerikanischen Nationalgeschichte in Perioden oder Epochen ist im wesentlichen nicht mehr umstritten. Kriege als nationale Anstrengungen und Katastrophen verursachten auch im amerikanischen Fall mehrfach Zäsuren, nicht nur im politischen Leben, und bestimmen deshalb Teile der konventionellen Periodisierung:

(1) Die 1607 mit der Besiedlung Virginias einsetzende englische Kolonialherrschaft in Nordamerika erreichte ihren Höhepunkt mit der Eroberung Quebecs 1759 und dem Sieg über die französische Armee und Flotte im nordamerikanischen Teil des Siebenjährigen Kriegs, genannt The French and Indian War (1754–61).

(2) Die Amerikanische Revolution umfaßt die Phase des Widerstandes gegen die Steuergesetzgebung von Krone und Parlament seit 1765 und den Unabhängigkeitskrieg (1775–81) und fand ihren Abschluß mit der Bundesstaatsgründung

durch die Verabschiedung der Bundesverfassung einschließlich des in ihr enthaltenen Grundrechtekatalogs von 1787 bis 1791. Englische Historiker beharren allerdings bis heute auf 1783, dem Jahr der diplomatischen Anerkennung der Rebellen durch Großbritannien, als Wendemarke in der Geschichte des britischen Empire.

(3) In der Periode der „Early Republic" (1789-1837) wandelten sich die republikanischen Institutionen wie ihre Amtsträger: von der fast-royalen Distanziertheit und steifen Würde Präsident Washingtons (Amtszeit 1789-97) bis zum volkstribunähnlichen Westler Andrew Jackson (1829-37), der die Ämterpatronage zugunsten seiner Demokratischen Partei und die Herrschaft des durch kein Zensuswahlrecht mehr gehemmten gemeinen Mannes (*common man*) zum Prinzip erklärte. Der in dieser Phase geführte zweite Krieg gegen England (*The War of 1812*) wird trotz seines unentschiedenen Ausgangs als zweiter Unabhängigkeitskrieg und Beweis des erstarkten amerikanischen Nationalismus' gewertet.

(4) Das ansonsten kaum benutzte Fremdwort *antebellum* ist zum Etikett der tragischen drei oder vier Jahrzehnte vor 1860 geworden, in denen der Interessengegensatz der sklavenhaltenden Südstaaten und den die Ausdehnung der Sklavenhaltung in die neuen Staaten westlich des Mississippi ablehnenden Nordstaaten unaufhaltsam aufeinanderprallten. Die territoriale Ausdehnung der USA bis nach California als Ergebnis des Krieges gegen Mexiko (1846-48) beschleunigte den Konflikt.

(5) Der gewaltsamste, verlustreichste und folgenträchtigste Entwicklungsschritt in der nationalgeschichtlichen Evolution war der heute meist Civil War, in den Südstaaten auch noch War between the States genannte Sezessionskrieg (1861-65). Als Kriegsfolge, nicht als ursprüngliches Kriegsziel, wurde die Sklaverei durch Verfassungsänderung verboten und die Machtfrage zugunsten des nordstaatlichen Föderalismuskonzepts entschieden: kein Staat der Union kann eigenmächtig aus dem Bundesstaat austreten.

(6) Lincolns Ermordung 1865 hat wahrscheinlich dazu beigetragen, daß das Jahrzehnt des nur teilweise erfolgreichen Wiederaufbaus der Union von 1865 bis 1877, die Phase der „Reconstruction" und militärischen Besetzung des Südens, meist als eigenständige Periode beschrieben wird.

(7) In den Jahrzehnten der Hochindustrialisierung und Urbanisierung großer Teile der Nordstaaten und der Masseneinwanderung aus Süd- und Osteuropa wird unterschieden zwischen einer Frühphase des Laufenlassens – von Mark Twain sarkastisch „Vergoldetes Zeitalter" (Gilded Age, ca. 1865-1880) genannt – und der reformaktiven Progressive Era (ca. 1890-1920). Die Vertreibung Spaniens von Kuba und den Philippinen 1898 manifestierte imperiale Außenpolitik, avancierte jedoch nicht zur Epochengrenze.

(8) Nicht der Beginn des Ersten Weltkriegs 1914 in Europa, sondern die Beendigung des Krieges mit amerikanischen Truppen 1917/18 und Präsident Woodrow Wilsons 1919 in wesentlichen Teilen gescheiterter Versuch, die Nachkriegsordnung zu gestalten, werden als Zäsur in der amerikanischen Innen- und Außenpolitik registriert.

(9) „The Twenties" hat sich als erstes der Dekaden-Etikette durchgesetzt, weil der Börsenkrach von 1929 und der folgende sich zur Weltwirtschaftskrise vertiefende Konjunktureinbruch eine Wohlstandsdekade ganz besonderen Charakters auf verheerende Weise beendete.

(10) „The Thirties" haften im nationalen Gedächtnis als Katastrophenjahrzehnt des Versagens der in den 1920er Jahren hochgepriesenen kapitalistischen Wirtschaft und als die Zeit der von Präsident Franklin D. Roosevelt (1933–45) durchgesetzten „New Deal„-Gesetze, die die Kompetenzen der Bundesregierung erstmalig zur Bekämpfung der Arbeitslosigkeit und anderen wohlfahrtsstaatlichen Maßnahmen sowie detaillierterer staatlicher Regulierung der Wirtschaft einsetzten.

(11) Mit dem Zweiten Weltkrieg (1939–45) erzwangen die Europäer wiederum einen drastischen Wandel in der amerikanischen Politik und Wirtschaft. Erst die Rüstungs- und Kriegswirtschaft beseitigte die Arbeitslosigkeit, und der Überfall Japans im Dezember 1941 auf die amerikanische Flotte in Pearl Harbor zog die USA voll in die Kriegsallianz der Westmächte hinein.

(12) „Kalter Krieg" nannten dann auch die Historiker die 45 Jahre der Abwehr des repressiven Herrschaftsanspruchs der expansiven Sowjetunion in Mitteleuropa und anderen Regionen. Nur das „Gleichgewicht des Schreckens", das atomare Vernichtungspotential auf beiden Seiten, bewirkte die kontrollierte Entspannung (*detente*), nachdem im Oktober 1962 der Versuch, sowjetische Raketen auf Kuba zu stationieren, die gefährlichste Konfrontation amerikanischer und sowjetischer Streitkräfte ausgelöst hatte. Nach weiterem massivem Wettrüsten brach die Herrschaft der Kommunistischen Parteien mit der Sowjetunion als ihrem Imperium ab 1989 in unerwartet friedlicher Weise zusammen und ermöglichte 1990 die von Präsident Bush aktiv unterstützte Vereinigung der beiden deutschen Staaten.

(13) In der inneren Entwicklung der amerikanischen Gesellschaft werden die von Wohlstand und Konservatismus geprägten 1950er Jahre (Amtszeit des Republikaners Eisenhower 1953–61) abgegrenzt von den

(14) „Turbulent Sixties", in denen die Demokratischen Präsidenten Kennedy (1961–63) und Johnson (1963–69) die Hoffnungsträger im amerikanischen Wortsinn „liberaler" Reformen waren. Insbesondere Johnson und sein konservativer Nachfolger Nixon hatten den massiven Eingriff der USA in den vietnamesischen Bürgerkrieg (1965–73) zu verantworten. Große Protestbewegungen gegen den Krieg und gegen staatliche und kulturelle Autoritäten wie z. B. Universitätsleitungen bewirkten eine bis heute nachwirkende Zäsur.

(15) Die Reaktion einer traditionsgeleiteten „schweigenden Mehrheit" und „religiösen Rechten" auf die kulturellen Umbrüche der Fünfziger und der Sechziger Jahre mobilisierten die Republikanischen Präsidenten Nixon (1968- de facto Amtsenthebung 1974), Reagan (1981–89) und Bush (1989–93) zu ihren Gunsten. Sie betrieben eine stolz als konservativ bezeichnete Wirtschafts- und Sozialpolitik und eine aktive antikommunistische Außenpolitik. Die Wahl und Wiederwahl des gemäßigt Demokratischen Präsidenten Clinton (1992, 1996) und die Wahlen eines

mehrheitlich konservativen, d. h. fiskalpolitisch sparsamen Kongresses (1994, 1996) sind bislang nicht als Wendepunkte der amerikanischen Nationalgeschichte gewertet worden. Der Versuch des konservativsten Flügels der Republikaner, Clinton wegen moralischer Verfehlung und Meineid des Amtes zu entheben (1998/99), scheiterte.

Diese Feingliederung läßt sich nach dem Maßstab europäischer Nationalgeschichten in fünf verfassungsrechtlich klar abgrenzbare Regimes oder „Republiken" zusammenfassen: Die Konföderation von der Ausrufung der Unabhängigkeit bis zum Inkrafttreten der Bundesverfassung (1776–1788); die Erste Republik bis zum Ende des Sezessionskrieges (1788–1865), der entschied, daß Sklavenhaltung und die Grundwerte von 1776 unvereinbar sind und daß Einzelstaaten die Union nicht ohne deren Zustimmung verlassen können; die Zweite Republik bis zum Zusammenbruch der von gesetzlicher Regulierung weitgehend freien Marktwirtschaft (1865–1933); die aus der politischen wie wirtschaftlichen Systemkrise hervorgegangene Dritte Republik von 1933 bis 1961, in der auf Initiative Roosevelts mit Unterstützung der im amerikanischen Sinn seither „liberalen" Demokratischen Partei Bundesgesetze die Marktwirtschaft stärker regeln und die Wohlfahrt des einzelnen stärker und direkter schützen als je zuvor. Merkmal der Vierten Republik ab 1961 ist innenpolitisch ein Schub mehr soziale Gerechtigkeit und politische Gleichberechtigung durch den Erfolg der Bürgerrechtsbewegung der Afroamerikaner (Antidiskriminierungs-, Wahlrechts- und Sozialhilfegesetze von 1964 und 1965). Auch die Frauenbewegung verbuchte nach 1960 im Gefolge der heftigen Debatten über soziale Ungleichheiten große Erfolge in der Bildungspolitik, Beschäftigungspolitik und beim Schutz vor sexueller Belästigung am Arbeitsplatz. Von der politischen und sozialen Entwicklung vollends in die kulturell-mentale Entwicklung hinein wirkte der ab 1965 zunehmende Widerstand gegen die Beteiligung der USA am Bürgerkrieg in Vietnam. Dieser Widerstand prägte das Bild der antiautoritären, idealistischen Jugend, das wir rückschauend mit der Dekade 1965–75 verbinden. Einen merklichen Wandel in der Herkunft und Anzahl der Einwanderer bewirkte das Einwanderungsgesetz von 1965 und löste damit eine erneute Diskussion um das Selbstverständnis der USA als Einwanderland aus. In der Außenpolitik gibt es um 1961 keine entsprechend eindeutige Zäsur, weil der Kalte Krieg – lediglich auf kontrollierterem Niveau – weiterging.

Bisher hat sich in der Republikanischen Partei und im Obersten Bundesgericht keine Mehrheit dafür gefunden, die Kompetenzen der Bundesregierung, insbesondere ihr wohlfahrtsstaatliches Engagement und die soziokulturelle Liberalität so stark zu reduzieren, daß eine qualitativ neue Phase des Regierungssystems erreicht worden wäre.

Marginalien: Die Konföderation · Erste Republik · Zweite Republik · Dritte Republik · Vierte Republik

b) Die grossen Themen der amerikanischen Nationalgeschichtsschreibung

1. Territorium: Die Expansion des Staatsgebiets

Kontinentale und überseeische Expansion

Die Expansion des Staatsgebiets – von den ersten Hütten englischer Siedler am sumpfigen Ufer des James River in Virginia (1607) zum Herrschaftsbereich der Weltmacht mit überseeischen Besitzungen, die sich von den Virgin Islands in der Karibik (seit 1917) bis Guam im Pazifik (seit 1898) erstrecken – bildet ein fundamentales Thema und Strukturelement der amerikanischen Nationalgeschichtsschreibung. Nicht die Entwicklung eines kulturell-biologisch definierten Volksstammes – wie in den meisten europäischen Nationalgeschichten –, sondern die Beherrschung und wirtschaftliche Erschließung von Territorium ist das Basismotiv der historischen Erinnerung im amerikanischen Fall.

In der nationalen Erinnerung war die Ausdehnung des Bundesstaates bis zum Pazifik *eine* kontinuierliche und im Kern unaufhaltsame Landnahme, die allein durch Nutzung und Besiedlung, eben das im 19. Jh. immer wieder beschworene gottgewollte Schicksal, das „manifest destiny" der zivilisatorisch Überlegenen, gerechtfertigt wurde. Die dabei ausgeübte Gewalt gegen die Ureinwohner und gegen rivalisierende Europäer war bedauerlich, aber unvermeidbar. Bis zur Konsolidierung der kanadischen Kolonien Englands als Dominion of Canada (1867) blieb die Aussicht auf eine mehr oder weniger gewaltsame Eingliederung in die USA ein Schreckgespenst unter kanadischen Politikern und Publizisten. Die Übergabe von Oregon an die USA geschah erst 1846 nach drei Jahrzehnten gemeinsamer englisch-amerikanischer Verwaltung und nicht immer friedlicher rivalisierender Besiedlung. Alaska gilt irgendwie als Sonderfall, der „natürlich" zu Festlandsamerika gehört. Der Erwerb überseeischer Besitzungen war hingegen ein umstrittener Akt des Imperialismus und konnte durchaus korrigiert werden, wie im Fall der Philippinen, Kubas und der für das Jahr 2000 vereinbarten Freigabe der Panamakanalzone.

Auf dem seit 1959 gleichberechtigten Unionsstaat Hawaii gibt es keine ernsthafte Unabhängigkeitsbewegung. Die Mehrzahl der Wähler des einzigartigen Commonwealth of Puerto Rico hält seit Jahrzehnten ihren Zwitterstatus als amerikanische Bürger mit nicht stimmberechtigter Vertretung in Washington und eingeschränkter Selbstregierung für vorteilhafter als die mehrfach zur Abstimmung gestellte Unabhängigkeit. Auch das journalistische Reizwort von einer „schleichenden Reconquista" durch legale und illegale Einwanderer entlang der mexikanischen Grenze bezeichnet nicht das Ziel einer nationalen Befreiungsbewegung, sondern dramatisiert die akzeptierte Überlegenheit des amerikanischen Staates: die Rückgabe New Mexicos an Mexiko wollen die mit ihrem Heimatland unzufriedenen Saisonarbeiter und Wirtschaftsflüchtlinge genau nicht, sondern bessere Lebensbedingungen in seinen bestehenden Grenzen. Das Staatsgebiet der USA ist heute durch keine separatistischen Bewegungen nach dem Muster Quebecs bedroht.

Als „den Westen" bezeichnet die amerikanische Nationalgeschichte heute meist die Staaten westlich des Mississippi. Von dieser Region zu unterscheiden ist jedoch die wiederholte *frontier*-Erfahrung im Sinn des Vorschiebens der Siedlungsgrenze der Europäer nach Westen. Diese Erfahrung begann in Nordamerika 1564 mit dem spanischen Fort St. Augustine an der Antlantikküste des heutigen Florida. Weder die spanische noch die 1607 mit Jamestown einsetzende englische oder die 1608 mit dem Handelsposten Quebec beginnende französische Besiedlung bildete jemals eine kontinuierliche *frontier*-Linie oder ununterbrochene Grenzzone, die systematisch Meile um Meile, Jahr um Jahr, von Osten nach Westen in breiter Front die Indianer zurückgedrängt und die Grenze der Zivilisation der Europäer vorgeschoben hätte. Die Rivalität der europäischen Kolonialmächte führte vielmehr zu einer sprunghaften, nicht nur von den Hafenstädtchen am Atlantik oder dem Golf von Mexiko, sondern auch von einer Vielzahl Handels-, Militär- und Missionsstationen an den Großen Seen tief im Landesinneren ausgehenden, oft unkoordinierten Ausbreitung europäischer Wohngebiete.

Die *frontier* und der Westen

Die Vielfalt der örtlichen Siedlungsbedingungen und Erfahrungen bewirkte bereits in der Kolonialzeit ein stark ausgeprägtes Bewußtsein von den regionalen Eigenarten und Interessen. Seit Ende des Sezessionskriegs haben sich die klimatisch-wirtschaftlich und kulturell-historisch definierten Großregionen im öffentlichen Bewußtsein nicht mehr geändert: (1) „The South" wird meist differenziert nach den 1861 abgefallenen elf Confederate States of America, den in der Union bleibenden Border States und dem Southwest (New Mexico, Arizona, Nevada). Texas wird wechselweise beiden Großregionen zugerechnet. Die Nordstaaten nördlich der Mason-Dixon-Linie werden differenziert betrachtet nach den (2) New England States, (3) Mid-Atlantic States (insbesondere New York und Pennsylvania) und dem (4) Midwest (auch: Old North West) von Ohio bis Wisconsin. Der Transmississippi-Westen wird grob unterteilt in die (5) Prärie-Staaten (Plains States) und (6) die Pazifikstaaten vom derzeit bevölkerungsreichsten Einzelstaat California bis Washington und dem wegen seiner Randlage und Naturschönheit beneideten Außenseiter Alaska.

Regionalismus und Nation

Die erstaunliche Weiterwanderungsbereitschaft vieler Siedler vom 17. Jahrhundert an darf nicht über die Ausprägung und Konstanz des Regionalbewußtseins hinwegtäuschen. „The South" und „New England" sind lediglich die prominentesten Beispiele der Mehrzahl soziokultureller regionaler Identitäten, die Folgen für die politische Kultur der Nation gehabt haben und deren Ensemble die nationale Identität ausmacht, einschließlich der zu nationalen Ikonen gewordenen regionalen Wahrzeichen von der Hafeneinfahrt New Yorks bis zur Hafeneinfahrt San Franciscos. Nationalbewußtsein und Regionalismen bedingen einander wie das Ganze und seine Teile. Starkes Regionalbewußtsein bildet die dauerhafte emotionale Grundlage des ausgeprägten politischen Föderalismus.

2. Bevölkerung und Gesellschaftsstrukturen: Von der kolonialen Besiedlungspolitik zur multiethnischen Gesellschaft

Siedlungsgeschichte
Die Ausdehnung des Staatsgebiets und das Wachstum seiner Bevölkerung sind nur in der analysierenden Rückschau trennbare Vorgänge. Die amerikanische Nationalgeschichtschreibung vereint über weite Strecken beide Vorgänge zu *einer* Siedlungsgeschichte, zu *einem* nationalen Epos der Landnahme, Binnen- und Einwanderung. Die leidvollen Begleitumstände werden nicht verschwiegen, aber die Pionierleistung der Europäer, die sie zu Amerikanern machte, ist das fundamental positive Leitmotiv der nationalen Geschichte. Bestandteil der seit Jahrzehnten auch in den Schul- und Studienbüchern ungeschminkten Bevölkerungsgeschichte ist die Situation der beinahe ausgerotteten Ureinwohner und der seit 1619 auch auf den nordamerikanischen Kontinent verschleppten Afrikaner, die bis 1865 größtenteils versklavt waren. 1990 machten die Nachkommen der Sklavinnen und teils afrikanischer, teils europäischer Väter etwa 12% der Gesamtbevölkerung aus.

Einwanderungsgeschichte
Um der raschen Bevölkerung willen öffnete die englische Krone ihre Kolonien auch deutschen und anderen Kontinentaleuropäern. Die amerikanische Regierung setzte die liberale Einwanderungspolitik bis zum Quotengesetz von 1924 fort, und die USA wurden das klassische Einwanderungsland unzufriedener Europäer. Schätzungsweise 55 Millionen von ihnen überquerten zwischen 1607 und 1930 den Atlantik, darunter etwa 7 Millionen aus deutschsprachigen Ländern. Der Zustrom schwankte mit der amerikanischen Konjunktur, und die Herkunftsgebiete wechselten je nach den erwarteten Lebenschancen und der Unterdrückung ethnisch-religiöser Gruppen in Europa. Die von 1882 bis 1965 (China bis 1943) streng regulierte asiatische Einwanderung blieb gering: ihre Nachkommenschaft machte 1990 nur 3% der Gesamtbevölkerung aus. Die „Hispanics" oder „Latinos" genannten Zuwanderer aus lateinamerikanischen Ländern, gleich welcher Rasse, machten 1990 bereits 9% der Gesamtbevölkerung der USA aus und nehmen weiter zu.

Schmelztiegel und kultureller Pluralismus
Da die Angloamerikaner eine Nation mit *einer* Sprache und Kultur sein wollten, verlangten sie als Preis für den Erwerb der Staatsbürgerschaft nach nur fünf Jahren die Akzeptanz ihrer politischen und soziokulturellen Grundnormen und rudimentäre Englischkenntnisse. Das mehrdeutige Bild vom Schmelztiegel (*melting pot*, geläufig erst seit 1908) wird seit den 1920er Jahren ergänzt und gemildert durch die prinzipielle Anerkennung der Existenz auf Dauer unterscheidbar bleibender ethnischer und rassischer Gruppen, den inzwischen als genuin amerikanisch bezeichneten kulturellen Pluralismus.

Klassenstruktur
Schon lange vor Tocqueville ist europäischen Reisenden in Amerika die geringe Anzahl der Bettler und die Breite der Mittelklasse im Land ohne rechtlich privilegierten Adelsstand aufgefallen. Die Schicht der besonders erfolgreichen Kaufleute, Großplantagenbesitzer und Großunternehmer war keine nach unten abgeschottete Kaste. Die englischer Tradition entsprechenden Mindestbesitzklauseln

in den Wahlrechtsgesetzen der Einzelstaaten wurden bis 1830 abgeschafft. Präsident Andrew Jackson und seine Demokratische Partei fürchteten im Unterschied zu den Gründervätern keine Tyrannei besitzloser Wählermehrheiten mehr.
Fragen nach der „sozialen Mobilität", den Erfolgschancen von Aufsteigern bzw. der Chancenungleichheit zwischen den Generationen und ethnischen Gruppen, fehlen in keinem Kapitel der professionellen und populären historischen Erinnerung. Hinter den gleichen Zahlen sahen marxistische Historiker eine eindeutige, rigide Klassenstruktur, liberale Historiker systemimmanent reformierbare Ungerechtigkeit und konservativ-patriotische Historiker den Beweis für die Überlegenheit des amerikanischen Systems gegenüber allen anderen. Die meisten Autobiographien feiern das Ideal des *self-made man*. Kern des „amerikanischen Traums" ist der Glaube an die Erfolgschancen der Tüchtigen bei Chancengleichheit. Die unbekümmerte Formel vom „Land der unbegrenzten Möglichkeiten" hingegen projizierte erst 1903 der deutsche Wirtschaftsjournalist Ludwig Max Goldberger mit dem Titel seines USA-Reiseberichts auf das in der Hochindustrialisierungsphase befindliche Amerika.

3. Wirtschaft: Vom kolonialen Merkantilismus zur Freihandelspolitik der Weltmacht

Territoriale Expansion, schnelle Bevölkerungsvermehrung und wirtschaftliches Wachstum sind drei miteinander verflochtene Stränge der nationalen Erfolgsgeschichte. Die Ausgangsbedingungen waren günstig. Englische Kolonialherrschaft   Kolonialwirtschaft
bedeutete gezielte wirtschaftliche Entwicklung unter Einsatz englischen Kapitals im umfassenden Wortsinn. Der Schutz durch die Royal Navy gehörte ebenso dazu wie der nach den Grundsätzen des Merkantilismus geschützte Markt. Als die Rechnung ab 1765 allzu eindeutig zugunsten der Metropole London aufzugehen schien, begann die lokale Elite der Peripherie von Boston bis Savannah ihre Selbständigkeit zu proben, organisierte den Widerstand und verkündete am 6. April 1776 mit der Öffnung der amerikanischen Häfen für Handelsschiffe aus aller Welt (außer britischen) ihre wirtschaftliche Unabhängigkeit. Der Anspruch auf freien   Freihandel
Handel mit aller Welt –insbesondere auf den Absatz amerikanischer Landwirtschaftserzeugnisse – ist seither eine konstante und nachdrückliche Forderung amerikanischer Außenhandelspolitik.

Die Bundesverfassung begründete ab 1788 einen Wirtschaftsraum ohne wirtschaftlich relevante Binnengrenzen. „Interstate commerce" und Einfuhrzölle unterlagen nun zweifelsfrei und ausschließlich der Regelung durch die Bundesregierung. Die Höhe von Schutzzöllen wurde zum permanenten Streitobjekt zwischen den Parteien und war Thema vieler Wahlkämpfe. Gemeinsame wirtschaftli-   Konflikte der
che Interessen lagen der Bundesstaatsgründung von 1787/88 zugrunde; divergie-   Regionalinteressen
rende wirtschaftliche Interessen der südlichen Sklavenhalterstaaten und der nördlichen freien Staaten gefährdeten sie. Bei der Entwicklung neuer Staaten im Westen prallten beide Interessen aufeinander. Jenseits des Mississippi siedelnde Südstaat-

ler wollten auf ihre Sklaven nicht verzichten, weil ohne sie der profitable Baumwollanbau nicht möglich war. Aber die nach Westen ziehenden Farmer Neuenglands und des Mittelwestens wollten ausschließlich *free labor*, durchaus auch aus dem rassistischen Motiv, die *frontier democracy* auf Euroamerikaner zu begrenzen.

Industrialisierung   Den Sezessionskrieg als Materialschlacht entschieden die Eisenbahnlinien und Fabriken des voll in der Industrialisierung begriffenen Nordostens. 1860 waren die Vereinigten Staaten, nach England, die zweitgrößte Industrienation. Die Versuche, die von der Sklaverei befreiten Südstaaten zu industrialisieren („The New South"), mißlangen bis auf wenige Ausnahmen.

Hochindustrialisierung   Die ungeregelte Hochindustrialisierung mit ihrer Abfolge von scharfer Konkurrenz, Konzentration und Monopolbildung (Standard Oil Trust, 1879) verbilligte einerseits viele Verbrauchsartikel und Maschinen, führte jedoch auch zu brutalen Geschäftspraktiken und zu teilweise menschenunwürdigen Arbeits- und Lebensbedingungen in den Großstädten von New York bis Pittsburgh und Chicago.

Regulierung und Reformen   In Reaktion darauf wurde 1890 das erste Kartellgesetz (Anti-Trust Act) des Bundes erlassen. Es war so schwach, daß es 1914 durch ein Trustkontrollgesetz ersetzt wurde, das zugleich die Gewerkschaften davor schützte, von einem feindlich gesonnenen Obersten Bundesgericht wie Konspirateure oder Kartelle behandelt zu werden. In der Rückschau als „Progressive Movement" zusammengefaßte Sozialreformgruppen innerhalb und außerhalb der politischen Parteien kämpften um politischen Einfluß für „civic reforms" und „good government" gegen korrupte Karrierepolitiker.

Great Depression   Nach vielen kleineren, *recessions* genannten Konjunktureinbrüchen brach 1929 im Gefolge des New Yorker Börsenkrachs der staatlich kaum beaufsichtigte Aktienmarkt zusammen und löste – nun The Great Depression genannt – die größte soziale Krise seit Bestehen der USA aus. Bezugspunkte amerikanischer Wirtschaftspolitik bis heute bleiben die Weltwirtschaftskrise und die New Deal genannten Wirtschaftssteuerungs- und Sozialhilfegesetze unter Präsident Franklin D. Roosevelt (1933–45). Roosevelt praktizierte erstmalig antizyklische Staatsausgaben auf Kredit in Friedenszeiten, auch ohne die *deficit spending*-Theorie des englischen Ökonomen John Maynard Keynes im Detail zu kennen und zu befürworten.

national debt   Den Umgang mit einer mehr oder weniger drückenden Bundesschuld (*national debt*) hatten Präsident und Kongreß seit der Finanzierung des Unabhängigkeitskrieges und des Sezessionskrieges geübt. Die Finanzierung der seit 1965 eingeführten sozialstaatlichen Bundesprogramme und der Teilnahme am Bürgerkrieg in Vietnam sowie die des Wettrüstens mit der Sowjetunion trieb die Bundesschuld unter Präsident Reagan (1981–89) in Rekordhöhe. Fiskal-Konservative fordern seither eine Verfassungsänderung, die jedes Jahr einen ausgeglichenen Bundeshaushalt verlangt. 1990 führten die USA mit einem Bruttoinlandsprodukt von 5,5 Mrd. Dollar und einem Pro-Kopf-Einkommen von 18 696 Dollar die Weltwirtschaft an.

4. Politisches System und Innenpolitik: Verfassungsnormen und Praxis der Demokratie

In der amerikanischen Unabhängigkeitserklärung verband sich die Behauptung staatlicher Souveränität mit der Beschränkung der Regierungsmacht durch Grundrechte des Bürgers. Herrschaft, die nicht dem Schutz von „life, liberty, and the pursuit of happiness" dient und die nicht auf der Zustimmung der (nicht näher definierten) Regierten beruht, darf auch gewaltsam verändert werden. Auch wenn Sklavenbesitzer diese Grundwerte republikanischer Regierung formulierten – das in den Grundrechteerklärungen der Einzelstaaten wiederholte Bekenntnis der sozialen und politischen Elite zu Volkssouveränität, Gleichheit vor dem Gesetz und verfassungsmäßig beschränkter Regierungsgewalt setzte Normen. Ihre Achtung ist seither ununterbrochen eingefordert worden. Die naturrechtlich fundierten Werte von 1776 bilden zusammen mit den 1787–91 vereinbarten Verfassungsregeln und Grundrechten den bis heute wirksamen demokratischen Gründungsmythos. Seine normative Kraft ist bis heute ungebrochen. Er konnte seine Wirksamkeit nur mit Hilfe der bereits in der Kolonialzeit weitgehend freien Presse entfalten. Ein breiter demokratischer Konsens liegt auch den Werturteilen zugrunde, die die Mehrzahl der professionellen amerikanischen Interpreten der amerikanischen Nationalgeschichte im 20. Jahrhundert in Forschung, Lehre und Publizistik vertreten hat.   *Der demokratische Gründungsmythos*

Pressefreiheit

Der demokratische Konsens, Konflikte friedlich nach den Regeln auszutragen, die die Bundesverfassung vorsieht und die die Mehrheit der Obersten Bundesrichter interpretiert, ist bislang nur einmal zerbrochen: als elf Südstaaten 1861–65 Bürgerkrieg gegen die Restunion führten und die Nordstaaten mit Waffengewalt die staatliche Einheit und ihre Verfassungsinterpretation behaupteten. Das Militär blieb den zivilen Regierungsorganen immer untergeordnet. Kein Militärputsch brachte einen Caudillo an die Macht. Auch mitten in Kriegen fanden turnusgemäß Präsidentenwahlen statt (1864, 1916, 1940, 1968). Parteien und Politiker, die den Verfassungskonsens aufkündigten – z. B. die Communist Party of the USA (CPUSA), militante Gewerkschafter wie die International Workers of the World (IWW) und Malcolm X als Advokat eines gewaltbereiten *black nationalism* – haben bislang keine Wählermehrheiten mobilisieren können.   *Der Verfassungskonsens*

Das einfache Mehrheitswahlrecht begünstigte ein Zwei-Parteiensystem, das extremen Positionen geringe Chancen gibt. Sozialistisch-revolutionäre Ideen und Bewegungen haben daher – unabhängig vom Ausmaß sozialer Mißstände wie etwa 1896, 1912, 1932 und 1936 – im Kongreß und im Weißen Haus keinen direkten Einfluß ausüben können. Gleiches gilt für rechtsradikale Bewegungen. Mehr Schaden als die im ganzen Lande tausendfach Grundrechte verletzende und Karrieren zerstörende antikommunistische Kampagne des Senators Joseph McCarthy während des Koreakrieges 1950–54 hat bislang keine rechtsextreme Bewegung angerichtet.   *Mehrheitswahlrecht*

Extremismus

Konflikte um die Machtverteilung zwischen Regionen und Zentralregierung durchziehen die Politikgeschichte des amerikanischen Bundesstaates. Die Bun-   *Föderalismus* desregierung übernahm nicht nur die zentralen Kompetenzen der Kolonialmacht, sondern auch das traditionelle Mißtrauen und den Selbstbehauptungswillen der Regionen gegenüber der Zentrale. Die völlige Unterordnung der Regionen unter eine souveräne Zentrale wie in England oder Frankreich war in den USA nie möglich. Auch nach ihrer eindeutigen militärischen Niederlage brauchten die Südstaaten 1865 nicht etwa eine politische Schwächung durch Zusammenlegung oder durch eine langfristige Militärregierung zu befürchten. Ungebrochen galt das 1787 in der *Northwest Ordinance* festgelegte antikolonialistische Prinzip der Erweiterung des Staatsgebiets in Gestalt völlig gleichberechtigt in die Union aufzunehmender Einzelstaaten. Erst die Bewältigung der Wirtschaftskrise 1933–1938 entschied endgültig und eindeutig die Machtbalance zwischen Bund und Einzelstaaten zugunsten von Kongreß, Präsident und Oberstem Bundesgericht.

Sozialpolitik   Sozialpolitik im Sinn staatlicher statt privater Fürsorge für Arme und Kranke hat in den Einzelstaatsparlamenten und in Washington später als in Europa die für Gesetzgebung notwendigen Mehrheiten gefunden. Selbsthilfe war die Losung der Siedlergesellschaft. Das englische frühneuzeitliche Armenrecht überließ Hilfsbedürftige dem Mitgefühl ihrer Kommune. An erster Stelle standen die Hilfe von Familie, Nachbarschaft, Kirchengemeinde und allenfalls die Kasse eines privaten Versicherungsvereins, ergänzt durch private Wohltätigkeit. Seit etwa 1820 errichteten Einzelstaaten Waisenhäuser und *asylum* genannte Anstalten für Geisteskranke. Erst um 1900 bewirkten Initiativen des Progressive Movement zunächst in den Einzelstaaten Sozialgesetze, die Teile der privaten Wohltätigkeit ablösten. Mit dem Social Security Act übernahm erst 1935 auch die Bundesregierung Verantwortung für die Finanzierung wesentlicher Bereiche des modernen Sozialstaats, die 1965 noch einmal wesentlich ausgeweitet wurden (Medicare, Medicaid).

5. Internationale Beziehungen: Von der Kolonie zur Weltmacht

Der Wunschtraum der „Isolation"   Auch nach der völkerrechtlichen Bestätigung der Souveränität der neuen Nation mit dem Friedensvertrag von 1783 blieb die „Isolation"von Europas Konflikten und Kriegen ein schöner Wunschtraum. Denn weiterhin entschieden oder beeinflußten Konstellationen in Europa – insbesondere die Rivalität europäischer Dynastien und die Interessen von Staaten – über Krieg und Frieden, Wirtschaft, Handel und Bevölkerung in Nordamerika. Noch im Sezessionskrieg fürchtete Lincoln eine Parteinahme der Engländer zugunsten der Baumwolle liefernden Südstaaten. Das Verhältnis der USA zu den lateinamerikanischen Kolonien/Staaten war nie frei vom Einfluß europäischer Machtverhältnisse und Ambitionen – wie wäre es sonst 1823 zur Monroe-Doktrin und der späteren interventionistischen Lateinamerikapolitik gekommen? Auch die Erzwingung der „offenen Tür" in China und die übrige Ostasienpolitik der USA waren nicht das Ergebnis souveräner Selbstbestimmung, sondern Teil eines Wettlaufs mit europäischen Mächten um Märkte, Rohstoffe und militärstrategische Vorteile, dem die Hüter des amerikanischen Nationalinteresses sich nicht entziehen konnten. In die beiden das

20. Jahrhundert weitgehend prägenden Weltkriege wurden die USA widerstrebend hineingezogen.

Die wertorientierte Rechtfertigung aktiven politischen und militärischen Eingreifens der USA in europäische und andere globale Konflikte im 20. Jahrhundert formulierte Präsident Wilson 1917 in seiner Begründung der Kriegserklärung an das Deutsche Reich: „The world must be made safe for democracy." Demokratie und Freiheit blieben auch die am meisten wertbefrachteten Begriffe in der bis 1989 andauernden Systemkonkurrenz mit der kommunistischen Parteidiktatur in der Sowjetunion. Nach 1945 versuchten die USA mit Hilfe der im wesentlichen von ihnen gegründeten Vereinten Nationen und der NATO aktiver als nach dem Ersten Weltkrieg, die internationale Ordnung zu gestalten. Der unter Stalin nach 1945 expandierende Herrschaftsbereich der Sowjetunion in Mitteleuropa und Asien, die ebenfalls mit Kernwaffen bestückten sowjetischen Interkontinentalraketen und die konkurrierende Ideologie des Kommunismus wurden in Washington als weltweite Herausforderung empfunden und hielten die USA vollends davon ab, sich von der Alten Welt zu isolieren und sich in eine autonome Wagenburg Nordamerika zurückzuziehen.

<small>Demokratische Werteorientierung</small>

Aus der britischen Kolonialherrschaft in Nordamerika sind zwei Nachfolgestaaten hervorgegangen. Da kein von Osten nach Westen verlaufendes Hochgebirge oder eine andere natürliche Grenze die beiden Staaten voneinander trennt – die Großen Seen definieren weniger als ein Fünftel der Staatsgrenze –, haben menschliche Entscheidungen und Handlungen das Territorium beider Staaten definiert. Von den ersten Eroberungsversuchen von 1775/76 bis zur staatlichen Festigung des Dominion of Canada 1867 waren die amerikanisch-kanadischen Beziehungen von einem grundlegenden Mißtrauen des kleineren Partners gegenüber dem um das etwa Zehnfache gewichtigeren Nachbarn geprägt. Die Größe des im Norden weithin menschenleeren kanadischen Territoriums fiel dabei nicht ins Gewicht. Viele englischsprachige Kanadier – von den Frankokanadiern ganz zu schweigen – definieren ihre Identität immer noch als Nicht-Amerikaner.

<small>Die besonderen Beziehungen zu Kanada</small>

Interessenwahrende Abgrenzung, wirtschaftliche Dominanz und nötigenfalls militärische Intervention kennzeichneten das Verhältnis der USA gegenüber den Nachfolgestaaten des spanischen Kolonialreiches, nicht etwa selbstlose, ideologisch gerechtfertigte republikanisch-schwesterliche Hilfe. Die bereits genannte Monroe-Doktrin drückte 1823 ein weit verbreitetes und permanentes Überlegenheitsgefühl und die Bereitschaft zur Ausübung der Schutzmachtrolle auf dem gesamten Doppelkontinent aus. Die geringe Macht der erst 1948 gegründeten Organization of American States und die späte Aufnahme auch nur Mexikos (1992/93) in die North American Free Trade Association (NAFTA) mit Kanada entspricht dem wirtschaftlichen wie politischen und militärischen Machtgefälle zwischen anglo- und hispanisch-Amerika. Die über 2000 km lange offene Grenze mit Mexiko kann jedoch auch die Weltmacht nicht für illegale Einwanderer schließen. Die in großer Zahl Arbeit und Wohlstand suchenden Lateinamerikaner verbinden die USA auch gegen ihren Willen mit dem ärmeren Nachbarn.

<small>Lateinamerika</small>

6. Geistes- und Kulturgeschichte vom Puritanismus zum Kulturkampf der Religiösen Rechten um 1990

Kulturelle Unabhängigkeit — Im Zentrum der amerikanischen Ideen- und Kulturgeschichte steht seit der Kolonialzeit die intellektuelle Bewältigung menschlicher Existenzfragen unter spezifisch amerikanischen Daseinsbedingungen – in ständiger Auseinandersetzung mit den aus Europa mitgebrachten oder in Europa bekannten Normen und künstlerischen Ausdrucksweisen. Der unauflöslichen Verbindung des europäischen und amerikanischen Marktes für Güter und Arbeitskräfte entsprach die vielfältige intellektuelle Kommunikation. Der intensivste Austausch fand natürlich mit dem englischsprachigen Mutterland statt, griff aber ebenso wie die Einwanderung bald auf den Kontinent über. Bis um 1820 waren die kulturellen Beziehungen geprägt durch das Gefälle zwischen Metropole (London) und Provinz (Boston, Philadelphia, New York, Charleston). Die kulturelle Unabhängigkeitserklärung folgte der staatlichen seit etwa 1830 durch die Autoren James Fenimore Cooper, Ralph Waldo Emerson, Henry David Thoreau, Nathaniel Hawthorne und Walt Whitman. Im Verlauf des 20. Jahrhunderts entwickelten sich New York, Los Angeles und andere amerikanische Metropolen zu Produktionsstätten und Umschlagplätzen des modernen Kulturbetriebs, die auch Künstler aus Europa anzogen. Die amerikanischen Universitäten und Forschungseinrichtungen profitierten ab 1933 vom Exodus Tausender Geistes- und Naturwissenschaftler, die die deutsche Diktatur vertrieb. Viele junge europäische Wissenschaftler sahen nach 1945 keine Zukunft für sich in dem zerstörten Europa; der „brain drain" erreichte während der Expansion der amerikanischen Universitäten in den 1960er Jahren seinen Höhepunkt. Das Studienjahr in den USA wurde für ehrgeizige europäische Schüler und Studenten nach 1950 ebenso zur Pflicht, wie die sommerliche Europarundreise es seither für junge Amerikaner ist – und zwar nicht nur, wie im 19. Jahrhundert, für die Kinder der Reichen.

Vorbild Amerika — Die permanente Europabezogenheit der Intellektuellen unter den Kolonisten fand bereits Ausdruck in der unter den Puritanern beliebten biblischen Metapher von der „Stadt auf dem Berge" (Matthäus 5:14). Sie nahmen sich gegenseitig in die Pflicht, indem sie ihre Siedlungen am Rand der Wildnis zur Jerusalem vergleichbaren *city upon a hill* erklärten, deren Bewohner aller Welt sichtbar und zum Vorbild bestimmte Ideale menschlichen Zusammenlebens verwirklichen und deren Scheitern die Heilsgeschichte der ganzen Menschheit zurückwerfen würde.

Ab 1776 war es das weltliche Ideal der sich selbst regierenden Republik freier und gleicher Bürger, das Amerika zum letzten „Asyl der Freiheit" (Thomas Paine) machte. Im 19. und 20. Jahrhundert übernahm das Ideal der von Tocqueville zelebrierten „Demokratie in Amerika" die gleiche Funktion des politischen Leitwertes. Die stets öffentlich diskutierte Diskrepanz zwischen der gesellschaftlichen Wirklichkeit der Ungleichheit und den Idealen von Gleichheit und Demokratie tat den Idealen keinen Abbruch, sondern hat die Reformer angespornt.

Voraussetzung für den demokratischen Konsens in der kulturell pluralistischen

Gesellschaft war der Verzicht auf eine Staatskirche und die formale Trennung von Staat und Kirchen. Jüdisch-christliche Werte und Konventionen beeinflussen die Lebenspraxis der Mehrheit der Bürger und ihrer gewählten Vertreter; bislang ist kein bekennender Atheist zum Präsidenten gewählt worden. Doch seit Virginias Gesetz zur Trennung von Staat und Kirchen (1786) und dem entsprechenden Verfassungsgebot im ersten *amendment* von 1791 erleichtert die weitgehende Privatisierung der Religionsausübung die Duldung und politische Bewältigung ethnischkultureller Differenzen. Die Vielfalt religiöser Gruppen und Kirchen kennzeichnete bereits 1776 die amerikanische Gesellschaft und hat seither noch zugenommen. Heute existieren sich selbst isolierende Sekten wie die Amish mit etwa 130 000 Mitgliedern (1990) gleichberechtigt neben den großen nationalen Dachverbänden der protestantischen Kirchen und der katholischen Kirche. Von den über 17 Jahre alten Amerikanern identifizierten sich 1991 mit einer der protestantischen Kirchen 56%, mit der katholischen 25%, mit einer jüdischen Gemeinde 2%, mit einer anderen religiösen Gruppierung 6%, mit keiner organisierten Religion 11%. Die Statistik unterscheidet heute nicht weniger als 72 *denominations*. Die größte war 1991 die römisch-katholische Kirche mit 58 Millionen Mitgliedern; die Southern Baptist Convention meldete 15 Millionen Mitglieder; die United Methodist Church 8,7 Millionen; die National Baptist Convention 8 Millionen; die Evangelical Lutheran Church in America 5,2 Millionen; die jüdischen Gemeinden zählten zwischen 4,7 und 5,9 Millionen; die Kirche Jesu Christi der Heiligen der letzten Tage (Mormonen, konzentriert in Utah, Idaho und Arizona) 4,3 Millionen, um nur die größten Gruppierungen zu nennen.

Religiöse Vielfalt, Trennung von Staat und Kirchen

Zum Erbe des Puritanismus der Gründungsphase gehörte ein fester Glaube an die Rolle eines „auserwählten Volkes", das analog zur Heilsgeschichte auch in der weltlichen Geschichte dem Rest der Welt Vorbild ist. Hinzu kommt das spannungsgeladene Bewußtsein des einzelnen, auf sich selbst gestellt und nur seinem Gewissen verantwortlich zu sein, andererseits aber von den Lebensbedingungen in der Gemeinschaft abhängig zu sein. Daraus ergab sich eine oft rigorose Entschlossenheit, nicht nur sich selbst unaufhörlich zu beobachten, sondern auch die gemeinschaftlichen Lebensverhältnisse detailliert zu gestalten und z. B. das Alleinsiedeln außerhalb von Kirchengemeinden an der *frontier* zunächst zu verbieten, Unterweisung im Lesenlernen obligatorisch zu machen usw. Beides, Individualismus und Konformismus, war von Anfang an ein Erbe des Puritanismus. Das weitgehende Alkoholverbot per Bundesgesetz von 1919 bis 1933 (*prohibition*) ist ohne diese Dialektik nicht zu erklären. Gleiches gilt für das rigorose moralische Engagement anderer Sozialreformbewegungen des 19. und 20. Jahrhunderts von den Sklavereigegnern bis zu den um die Volksgesundheit bemühten Gegnern der Nikotinsucht um 1990.

Erbe des Puritanismus

Auch im kulturellen Leben bedingten Regionalbewußtsein und nationale Identität einander. Dem am stärksten ausgeprägten *sectionalism* der Südstaaten nahm der Bürgerkrieg die separatistische Spitze. Bausteine des in der zweiten Hälfte des 19. Jahrhunderts zunehmenden amerikanischen Kulturnationalismus und Natio-

Regionale Identitäten

nalstolzes sind die als legitim anerkannten regionalen Identitäten und das sich auf den Einzelstaat, die *county* oder die Stadtregion erstreckende Zugehörigkeitsgefühl. Regionale Eigenheiten in Landschaft, Bevölkerung und erinnerter Geschichte – insbesondere der örtlichen Variante der Pionierzeit – liefern die Bilder, die zusammengenommen heute den kulturellen Kern der nationalen Identität ausmachen.

Kultureller Pluralismus
Das Konzept des *cultural pluralism* geht seit Horace Kallens Prägung des Begriffs 1924 in seinem Buch Culture and Democracy von der Tatsache aus, daß die Einwohnerschaft des amerikanischen Staates von Anfang an kulturell nicht homogen gewesen ist. Nicht kulturelle Einheitlichkeit, sondern das Nebeneinander verschiedenartiger kultureller Gruppen kennzeichnete bereits die Gesellschaft in der Kolonialzeit. Das tolerante, friedliche Miteinander der im wesentlichen ethnisch-rassisch-religiös definierten Gruppen und die Freiheit des einzelnen, sich in und zwischen diesen Gruppen zu bewegen und seine persönliche Identität zu bestimmen, kennzeichnen das Ideal des amerikanischen kulturellen Pluralismus. Der Philosoph und Gesellschaftskritiker Kallen reagierte mit seinem inzwischen von den meisten liberalen Intellektuellen akzeptierten Konzept auf die einfältige Forderung nach schneller „Assimilierung" und „Amerikanisierung" im „Schmelztiegel", die in besonders hitziger Weise während des Ersten Weltkriegs den Ruf nach Beendigung der für Europäer praktisch unbegrenzten Einwanderung begleitete – eine Forderung, die mit dem Einwanderungsgesetz von 1924

Multikulturalismus
erfüllt wurde. Seit etwa 1980 verwendeten Interessenvertreter der großen Minderheitengruppen der Indianer, Afroamerikaner, Lateinamerikaner und asiatischen Amerikaner den in Kanada seit 1971 gebräuchlichen Begriff des *multiculturalism*, um in der politischen Verteilungsdebatte Ansprüche ihrer jeweiligen ethnischen Gruppe als ein Gruppenrecht – im Unterschied zu liberalen Individualrechten – durchzusetzen und z. B. in Schulen und Universitäten Lehrveranstaltungen zu fordern, die das Eigenwertgefühl der Gruppenmitglieder stärkten. Eine Vielzahl von Ethnic Studies- oder Multicultural Studies-Programmen war die Folge. Deren Gruppenegoismus und künstlich europakritische und antiindividualistische Tendenz wird seit etwa 1990 von liberalen Intellektuellen kritisiert. Sie fordern in einer „postethnischen" Gesellschaft eine ausgewogenere Verbindung der Vielfalt ethnischer Gruppeninteressen mit der nationalen Gemeinsamkeit. Deren Basis ist seit 1776 eine politische Kultur des sich selbst bestimmenden Individuums, nicht der fürsorglichen Abstammungsgruppe.

Massenkultur, *popular culture*
Einhundert Jahre nach Tocquevilles Aufruf, auch die europäischen Gesellschaften müßten sich auf die in Amerika bereits Wirklichkeit gewordene relative Gleichheit der Vielen und die Nivellierung der Standesgrenzen mit all ihren Begleiterscheinungen in Politik und Kultur vorbereiten, warnten konservative Kulturkritiker in Europa nach dem Ersten Weltkrieg vor dem „Amerikanismus", einer „Amerikanisierung" Europas zu einer „Massengesellschaft" mit einer „Massenkultur". In der inneramerikanischen Diskussion wies z. B. der Literatur- und Gesellschaftskritiker Van Wyck Brooks 1915 die Kassandrarufe zurück und

lehnte die kategoriale Unterscheidung von *highbrow*- und *lowbrow*- Kultur als ungerechtfertigte Wertung ab. Die Diskussion um den Stellenwert der *popular culture* im Spannungsfeld von Hochkultur und Unterhaltungsindustrie als Ausdrucksform der Moderne ist seither auch in den USA nicht abgerissen.

1. DIE EUROPÄISCHE EXPANSION UND KOLONIAL-
GESELLSCHAFTEN, 1600–1763

a) Die Ureinwohner um 1600

Die Geschichte der Ureinwohner wird als Teil der nationalen Gründungsgeschichte der Vereinigten Staaten betrachtet. Als Native Americans werden heute die Nachkommen der ostasiatischen Stämme bezeichnet, die vor mehr als 10 000 Jahren – neue Genanalysen vermuten sogar, vor 50 000 Jahren – über die Landverbindung an Stelle der heutigen Beringstraße ihr Jagdrevier bis nach Alaska und schließlich bis Feuerland ausdehnten. Bebilderte ethnographische Exkurse über Canyons mit Höhlensiedlungen und Felsenzeichnungen und die von ersten europäischen Beobachtern gezeichneten Szenen indianischen Lebens sind heute Ikonen „amerikanischer" nationaler Identität. Die rückwirkende Einverleibung der verdrängten Kulturen soll – verstärkt seit den 1960er Jahren – das Erbe würdigen, das die Eroberten in die nationale Gemeinschaft eingebracht haben. Sie darf aber „Genozid?" nicht die Distanz einebnen, die in Wirklichkeit um 1500 zwischen den Kulturen bestand: den naturnah in kleinen Gruppen lebenden Indianern nördlich des Rio Grande, die, ohne über Schrift, Rad, Zugtiere, Eisenwerkzeuge und Schießpulver zu verfügen, ein grenzenlos anmutendes Territorium verteidigen mußten, und den Eindringlingen, deren Rüstung und Technik der Naturbeherrschung einen ganz anderen Entwicklungsstand erreicht hatte. Zum Verständnis der brutalen Verdrängung der Ureinwohner Nordamerikas reicht es nicht aus, den Vorgang als „Genozid" zu bezeichnen, weil damit lediglich der Vernichtungswille der Europäer als erklärender Faktor benannt wird.

Zwischen dem Rio Grande und dem Polarmeer lebten um 1492 nach sehr groben Schätzungen zwischen 7 und 10 Millionen Ureinwohner verstreut in über 250 Stammesverbänden, die über 50 verschiedenartigen Sprachgruppen angehörten. Südlich des Rio Grande und auf den karibischen Inseln lebten weitere 40 bis 60 Millionen Ureinwohner. Am dichtesten besiedelt war das heutige Mexiko mit 20 bis 30 Millionen Menschen. Zum Vergleich: In Europa lebten um 1500 etwa Indianersterben 60 bis 88 Millionen Menschen. Auch wenn es in Nordamerika schon wegen der dünnen Besiedlung keine Eroberungsfeldzüge gab, die das Ausmaß der Grausamkeiten der Conquistadoren erreichten – die Landnahme der Europäer führte auch dort innerhalb weniger Jahrzehnte zur katastrophalen Dezimierung der Indianerstämme, und zwar mehr durch Krankheitserreger als durch europäische Waffen. Die überlebenden, dezimierten Stämme verloren angesichts der ihnen unerklärlichen Katastrophen weitgehend ihre Autoritäts- und Organisationsstrukturen. Die zahlreichen Indianerüberfälle, die die französischen und englischen Siedler während des 17. und 18. Jahrhunderts in Angst und Schrecken versetzten und denen Tausende von ihnen zum Opfer fielen, waren insgesamt nur Nadelstiche und Rückzugsgefechte, die die europäische Invasion und Landnahme nur verzögern, nicht aber abwehren oder auf bestimmte Regionen begrenzen konnten.

Die europäischen Monarchen bestritten als Christen den „Heiden" die Verfügungsgewalt über mehr Land als sie erkennbar täglich selbst nutzten; zugleich proklamierten sie ihre Oberherrschaft oder „Souveränität" über von Europäern noch nicht einmal gesehene, geschweige denn kontrollierte Urwälder und Flußtäler, deren Grenzen auf keiner Landkarte eingezeichnet werden konnten. Sie versuchten, „die Wilden" zu „zivilisieren" und durch die Taufe zu Mitchristen und Kindern Gottes zu machen. Gleichzeitig schlossen Vertreter der europäischen Herrscher nach Kriegen oder Käufen Landabtretungsverträge mit einzelnen Stämmen ab, die sie zwar selbst nicht lange respektierten, die aber den jeweiligen Stamm in der Regel als eine „Nation" anerkannten, die Land abtreten konnte. Widersprüchliche Landnahmepolitik

Bereits die Ausbreitung der ersten europäischen Siedlergeneration bewirkte nachhaltige Veränderungen der Tier- und Pflanzenwelt, der Bodenbeschaffenheit, des Klimas und der anderen naturgegebenen Lebensbedingungen. Die von den Indianern durch Abbrennen angelegten Lichtungen, ihre Maisanbaumethoden ohne Pferd und Pflug und ihre Art, saisongerecht zu jagen, waren nicht mit dem nun einsetzenden Raubbau der Europäer zu vergleichen. Um 1700 hatte die unerbittliche Jagd in den vier Neuengland-Kolonien bereits das meiste Hochwild, Biber, Wölfe und Bären getötet oder vertrieben. Auch die Urwälder von Eichen, Kastanien, Zedern und Kiefern waren schon so weit geplündert, daß der englische König 1691 alle als Schiffsmasten geeigneten hohen geraden Stämme kurzerhand zum Eigentum der Kriegsmarine erklärte und sie dem privaten Raubbau entzog. Ökologische Folgen

Die meisten Indianerstämme stellten sich schnell auf den Handel mit den Europäern ein. Auf Lastkanus aus Birkenrinde brachten sie die Felle von Bibern, Bären, Füchsen usw. zum Tausch gegen Stoffe, Eisenkessel, Messer und andere Haushaltwaren und Waffen aus Eisen. Auch Gewehre und Munition gaben ihnen die miteinander konkurrierenden französischen, englischen und niederländischen Händler, ebenso den verhängnisvollen Branntwein, dessen Alkohol viele Indianer wegen eines fehlenden Enzyms in ihrem Körper weniger rasch abbauen können als Europäer. Durch die Aufgabe ihrer traditionellen Wirtschaftsformen gerieten die Stämme bald bis weit ins Landesinnere hinein in eine weitgehende Abhängigkeit von Waren aus Europa. Intensiver Tauschhandel

Indianer und Europäer, Einheimische und Eindringlinge, standen sich jedoch nicht wie zwei geschlossene Heere gegenüber. Beide Seiten schwächten ihre Position durch innere Zerstrittenheit und eine Rivalität, die bis zur Bereitschaft ging, untereinander Kriege zu führen. Viele Stämme ließen sich von Franzosen bzw. Engländern in Allianzen gegen ihre traditionellen Feinde hineinziehen. Die wenigen effektiven Stammesbündnisse blieben die Ausnahme. Der Uneinigkeit der Eingeborenen entsprach der zwischen den europäischen Kolonialmächten in Nordamerika erbarmungslos geführte Verdrängungskampf um die Vorherrschaft in Nordamerika, aus dem England 1763 siegreich hervorging. Uneinigkeit der Indianer, Rivalität der Kolonialmächte

b) Europäische Entdecker und Siedlungen

Entdecker und Fischer 1000–1578

Dauerhafte europäische Siedlungen auf dem Festland nördlich des Rio Grande entstanden erst ab 1565. Die Mannschaft des Wikingers Leif Eriksson, die um 1001 von Grönland kommend an der Küste Neufundlands überwinterte, hinterließ deutlichere Spuren in der Grönland-Saga als in der amerikanischen Landschaft; die Karbondatierung spärlicher Überreste belegt jedoch diesen folgenlosen ersten bekannten Brückenschlag zwischen Nordeuropa und Nordamerika. Keine von Kolumbus' vier Expeditionen (1492–1504) hat das nordamerikanische Festland betreten. Der anglisierte Italiener John Cabot erreichte 1497 Neufundland und nahm es symbolisch, aber ohne unmittelbare Konsequenzen für die englische Krone in Besitz. Englische, französische, baskische und portugiesische Fischer konkurrierten während des 16. Jahrhunderts um die Ausbeutung der paradiesisch reichen Fischgründe vor Neufundland; sie trockneten ihren Stockfisch am Strand, bevor sie am Ende der Fangsaison heimkehrten. Im Auftrag der französischen Krone erkundete Giovanni de Verrazano 1524 die Küste von den heutigen Carolinas bis nach Nova Scotia, ohne jedoch mehr als einen faszinierenden Reisebericht mitzubringen.

Als Auftakt der Gründungsgeschichte der Nation feiert Kanada die 1534 einsetzenden Erkundungsfahrten Jacques Cartiers nach Neufundland und in das Mündungsgebiet des Sankt Lorenz. Cartiers von der französischen Krone finanzierte Expedition überwinterte 1535/36 an der Stelle des heutigen Quebec und drang bis zum heutigen Montreal vor; eine dauerhafte Ansiedlung entstand nicht. Die Schiffsladung Gold, die er heimbrachte, entpuppte sich als Eisenkies, „Narrengold". Gold und Silber hatte Nordamerikas Ostküste in keiner Form zu bieten, im Unterschied zu Mittel- und Südamerika. Das Gold der Inka und Maya und das Silberbergwerk von Potosí im heutigen Bolivien trieb jedoch die Habgier der Konkurrenten Spaniens auch in Nordamerika bis ins 19. Jahrhundert an.

Den gleichen Mißerfolg und finanziellen Ruin wie Cartier erlebten die englischen Kaufleute der Company of Cathay (der englische Name für China), die 1576 Martin Frobisher auf die Suche nach Gold im Norden Amerikas und nach einer „Nordwest-Passage" schickte, einem Seeweg durch den amerikanischen Kontinent hindurch nach China. Von der dann so genannten Frobisher Bay und dem an die Arktis angrenzenden Baffin Island erhielten die Aktionäre als Ergebnis dreier Expeditionen (1576–1578) aber nur 200 Tonnen Narrengold und Kenntnis vom Eingang in die später so genannte und vom englischen König von nun an beanspruchte Hudson Bay.

Erste Spanische Siedlungen

Als die älteste von Europäern auf dem heutigen Gebiet der USA und Kanadas gegründete, kontinuierlich bewohnte Ansiedlung präsentiert sich heute stolz die Kleinstadt St. Augustine an Floridas Atlantikküste. Spanische Soldaten bauten hier 1565 ein Küstenfort für etwa 200 Mann Besatzung, um den alten spanischen Herrschaftsanspruch auch auf die nördliche Hälfte des Kontinents gegen englische und französische Landnahmeversuche verteidigen zu können. Als England

1763 Florida als Teil des Preises für seinen Sieg im Siebenjährigen Krieg übernahm, hatte das Fort sich lediglich zu einem Städtchen mit knapp 4 000 Einwohnern entwickelt und eben nicht zu einer florierenden Hafenstadt der Größenordnung Bostons, New Yorks oder Philadelphias. St. Augustines Schicksal illustriert die Stagnation der spanischen Militär- und Handelsstationen an der nördlichen Atlantikküste und die zunehmende Überlegenheit der englischen Siedlungskolonien im 17. Jahrhundert. Im heutigen Texas bauten spanische Mönche 1718 die befestigte Missionsstation San Antonio. Im heutigen New Mexico scheiterte die erste Gründung Santa Fes von 1609, bis die Pueblo Indianer 1692 endgültig vertrieben wurden; um 1750 bevölkerten etwa 5 000 Spanier und 13 000 Pueblos New Mexico. An der Pazifikküste entstanden Indianer-Missionsstationen erst 1769 an der Stelle des heutigen San Diego, 1776 in San Francisco und 1781 in Los Angeles. Mehr als symbolischer Ausdruck des Herrschaftsanspruchs der spanischen Krone und des kulturellen Einflusses der Katholischen Kirche nördlich des Rio Grande waren diese kleinen Außenposten nicht. Die rivalisierenden Kolonialmächte England und Frankreich ließen sich nicht von ihnen abschrecken.

c) Neufrankreich 1608–1763

1608 gelang Samuel de Champlain die dauerhafte Gründung der Pelzhandelsstation Quebec für eine von den Kaufleuten von Rouen finanzierte und von der Krone gebilligte Handelsgesellschaft. Missionare des Franziskaner-Ordens kamen ab 1615 an den Sankt Lorenz; Jesuiten begannen 1625 ihre Indianermission, und 1627 ließ sich der Erste Minister Ludwigs XIII., Kardinal Richelieu, von der Idee überzeugen, Quebec könne mit seinen erst siebzig französischen Einwohnern die Keimzelle eines expandierenden Kolonialreichs werden. Allianzen mit Indianerstämmen, insbesondere mit den Huronen, erschlossen dem Pelzhandel bald die Wasserwege ins Landesinnere. Trotz dieser Anstrengungen stagnierte die Kolonie, u. a. wegen wiederholter Angriffe englischer Kriegsschiffe und irokesischer Krieger auf französische Siedlungen am St. Lorenz. 1663 bevölkerten erst 3 035 französische Siedler die Kolonie, zwei Drittel von ihnen lebten in oder um Quebec. Zur gleichen Zeit hatten die englischen Kolonien an der Atlantikküste bereits etwa 100 000 nicht-indianische Einwohner.

<small>Quebec</small>

Den Durchbruch zu einem prosperierenden und expansionsfähigen Frankokanada brachte erst die zweite Gründungsinitiative von 1663, als der für Kolonien zuständige aktive Wirtschaftsminister Colbert Neufrankreich zur Kronkolonie erklären und Jean Talon als tatkräftigen Intendanten einsetzen ließ. Ein von der Krone eingesetzter Gouverneur war von nun an für die militärische Sicherheit zuständig. Ein ebenfalls vom König ernannter Conseil Souverain regierte die Kolonie. Die Grundherren (*seigneurs*) erhielten vom König im Stil des Feudalsystems Land zugesprochen unter der Bedingung, Bauern (*habitants*) über den Atlantik zu bringen und Landwirtschaft betreiben zu lassen. Dem seit 1659 in

<small>Neufrankreich als Kronkolonie</small>

<small>Dominanz der katholischen Staatskirche</small>

Quebec residierenden ersten Bischof von Kanada François de Laval und seinen Amtsnachfolgern wurde nicht nur die geistliche Betreuung der Siedler und Indianer überlassen, sondern auch weitgehende Mitsprache in Fragen der Kolonialregierung eingeräumt. Als großer Nachteil der Vorherrschaft der katholischen Kirche sollte sich erweisen, daß die Kolonie nicht zum Zufluchtsort protestantischer Franzosen wurde, als der König 1685 das Toleranzedikt von Nantes aufhob. Statt nach Kanada wanderten die Hugenotten in europäischen Nachbarländer aus und in die englischen Kolonien, insbesondere nach New York, wo sie wegen ihrer Bildung und ihres Vermögens bald zur englischsprachigen Elite gehörten.

Die frankokanadische Bevölkerung stieg zwischen 1663 und 1763 lediglich um das Zwanzigfache auf 60 000. Nach 1700 siedelten nur noch wenige in Frankreich Geborene im unwirtlichen Kanada. Die Stadt Quebec wuchs als Verwaltungszentrum und Garnison in drei Generationen immerhin von 407 Einwohnern (1666) auf über 5 000 (1744).

Acadia Die französische Regierung vernachlässigte ihre südlich des St. Lorenz und auf der Atlantikhalbinsel gelegene exponierte Kolonie *Acadie* zugunsten des geschützteren Quebec, das meist allein mit den französischen Begriffen *Canada* und *Canadiens* gemeint war. Seit 1598 versuchten französische Pelzhändler und anschließend Missionare mit wechselndem Erfolg und in stetem Kampf mit englischen Konkurrenten, hier Fuß zu fassen. 1667 wurde *Acadie* französische Kronkolonie ohne eigenen Gouverneur. Die etwa 1 500 französischen Siedler waren i.J. 1700 noch von einer größeren Anzahl von Indianern umgeben. 1713 übertrug der König von Frankreich seinen Herrschaftsanspruch im Friedensvertrag von Utrecht der englischen Krone, die *Acadie* zum Bestandteil der Kolonie Nova Scotia machte. Während des Siebenjährigen Krieges, 1755, deportierte die englische Marine einen Teil der etwa 13 000 französischsprachigen *Acadiens*, die sich weigerten, einen Loyalitätseid auf die englische Krone abzulegen, in englischsprachige Kolonien. Tausende flohen nach Quebec und nach La Nouvelle Orléans, wo ihre Nachkommen heute noch als die ethnische Minderheit der *Cajuns* zur Tourismus befördernden Folklore beitragen.

Vertreibung der Acadiens

Ausdehnung Neufrankreichs in das Mississippital Der französischen Kolonialregierung in Quebec gelang es 1673, ihren Herrschaftsanspruch auf das gesamte Mississippital auszudehnen: der in ihren Diensten stehende Abenteurer (*voyageur*) Louis Jolliet und der Jesuit Jacques Marquette ließen sich von den Menominee-Indianern zeigen, wie man mit dem Kanu vom Michigansee (und damit dem Sankt Lorenztal) quer durch das heutige Wisconsin zum Mississippi gelangte. Die ganze Reise auf dieser Route bis zur Mississippimündung machte dann 1682 in höchstem Auftrag Robert de La Salle. Dort reklamierte er in einem Akt symbolischer Landnahme den gesamten Einzugsbereich des zentralen Flusses Nordamerikas für seinen König, nicht etwa, weil landlose französische Bauern darauf warteten, den Atlantik zu überqueren, sondern um dem Herrschaftsanspruch der spanischen Krone entgegenzutreten und der englischen Krone zuvorzukommen. Die Hafenstadt La Nouvelle Orléans wurde erst 1718 angelegt und 1722 mit nur 500 Einwohnern zur Hauptstadt der neuen,

Louisiana, La Nouvelle Orléans

das ganze Mississippi- und Missourital beanspruchenden Kolonie „Louisiana" erklärt.

Die Herrschaft über das Gebiet der heutigen Provinz New Brunswick blieb zwischen der französischen und der englischen Krone umkämpft, bis der Friedensvertrag von 1763 die britische Oberherrschaft bestätigte.

New Brunswick

Zur Zeit seiner größten Ausdehnung umfaßte La Nouvelle France dem Anspruch nach fast drei Viertel Nordamerikas: den großen Bogen von Neufundland, der Hudson Bay und dem Sankt Lorenztal über die Großen Seen und den Einzugsbereich von Missouri und Missippi bis zum Golf von Mexiko. Dieser Anspruch erwies sich als zu groß für Frankreichs Auswandererzahl und Militärmacht. Eine die wirtschaftliche Entwicklung hemmende, einseitig zum vermeintlichen Nutzen der Metropole ausgerichtete streng merkantilistische Wirtschaftspolitik, die religiös intolerante Bevölkerungspolitik und die unaufhörlichen Kämpfe mit dem großen Rivalen England an den Siedlungsgrenzen im Hinterland, auf dem Atlantik und in Europa führten 1763, als Ergebnis des Siebenjährigen Krieges, zum Verzicht der französischen Krone auf Neufrankreich.

Schwächen der französischen Kolonialherrschaft

d) Englands „Jungfräuliches Land": Virginia und die anderen südlichen Kolonien

Die langsamere englische Methode der Landnahme durch kleine Brückenköpfe in Form attraktiver Siedlungskolonien mit weitgehenden Selbstregierungsbefugnissen und eine tolerante, auf kontinuierlichen Zustrom aus Europa angelegte Bevölkerungspolitik erwiesen sich zusammen mit der Dominanz der Royal Navy auf dem Nordatlantik und den eisfreien Häfen südlich des Sankt Lorenz als erfolgreicheres Kolonialherrschaftskonzept. Die am Hofe Elizabeths I. und James' I. und in den Kontoren der prosperierenden Fernhandelskaufleute von London, Plymouth und Bristol herrschende Wirtschaftslehre des Merkantilismus betrachtete überseeische Kolonien als wertvolle Rohstoffquelle, zukünftigen Absatzmarkt und in der Zwischenzeit als Einsatzort im Mutterland nicht benötigter Arbeitskräfte. England hatte um 1600 erst etwa 4 Mio. Einwohner, aber Ackerland galt bereits als knappes Gut. (Zum Merkantilsystem siehe unten S. 33.)

Englands erfolgreiche Siedlungspolitik

Die ersten englischen Handelsposten und Siedlungen an der nordamerikanischen Atlantikküste waren jahrzehntelang verlustreiche Investitionen, die von risikobereiten Privatpersonen getragen wurden. Die bürgerlichen und adeligen *adventurers* nutzten die Rechtsform der *joint stock company*, um Risiko und Profit auf eine größere Zahl von Anteilseignern einer Expedition, einer Handelsfahrt oder eines Siedlungsunternehmens zu verteilen. Die Krone steigerte allerdings die Investitionsbereitschaft der Kapitalbesitzer durch die Zusicherung von Handelsmonopolen in Form einer *charter*, eines Freibriefs, der bald die Gestalt von verfassungsähnlichen Gründungsurkunden einzelner Kolonien mit Vorschriften über ihre Form weitgehender Selbstverwaltung annahm. Als Oberhaupt der aus der

Private Handels- und Siedlungsgesellschaften

Rolle der Krone

Reformation hervorgegangenen englischen Staatskirche forderte die Königin die kommerziell motivierten Unternehmen auf, auch die Indianermission zu fördern und diese Aufgabe nicht den bereits in Mittel- und Südamerika aktiven Missionaren der römischen Kirche zu überlassen. Konkurrenz mit Spanien motivierte auch die militärisch-strategischen Absichten der Krone. Seit 1588, als die spanische Armada unter großen Verlusten den Versuch aufgegeben hatte, England zu erobern, kontrollierte die englische Kriegsmarine und Handelsflotte den Nordatlantik. Wann sie Spaniens Vorherrschaftsanspruch in Nordamerika in Frage stellen würde, war nur noch eine Frage der Zeit. Auch die Suche nach dem kurzen, westlichen Seeweg nach China, die bereits Kolumbus angetrieben hatte, sollte durch die Erforschung der Flußläufe und Binnenmeere Nordamerikas fortgesetzt werden.

Jamestown Plantation   Eine erste englische Gruppensiedlung auf der Insel Roanoke vor dem späteren North Carolina war 1590 unter Leitung des Höflings und Freibeuters Sir Walter Raleigh schmählich gescheitert. Erst die Anstrengungen der rivalisierenden Kaufmannsgruppen von London und Plymouth führten zum Erfolg – auch wenn die ersten Investoren ihr Geld verloren. Am 24. Mai 1607 entluden drei Schiffe der Virginia Company of London 105 Männer auf einer in Ufernähe gelegenen Insel in dem von ihnen „James" genannten Fluß. Als im Januar 1608 Nachschub kam, hatten nur 38 von ihnen auf Jamestown Island in einem primitiven Fort die Unterernährung, Malaria und andere in dem Sumpfklima und Brackwasser gedeihenden Krankheitserreger überlebt. Nur das strenge Regiment des erfahrenen Söldners Captain John Smith – er ging in die amerikanische Folklore ein als der von der Häuptlingstochter Pocahontas vom Marterpfahl Gerettete (Ethnologen vermuten, daß es eine ritualisierte Scheinhinrichtung war) – und von den benachbarten Indianerdörfern geraubte oder erpreßte Lebensmittel retteten die Kolonie. Erst nach einer zweiten lebensbedrohlichen Krise 1609/10, zu der die Gegenwehr der gereizten Indianer beitrug und die nur durch Schiffsladungen von Material und Menschen aus England überwunden wurde, nahm die Anzahl der mit Palisadenzäunen umgebenen Siedlungen allmählich zu; 1622 siedelten 1 200 Engländer in Virginia, zu viele für die um ihr Land kämpfenden Indianer, sie zurück ins Meer zu treiben.

Tabakanbau   Ab 1612 gedieh in Virginia eine aus Trinidad eingeführte Tabaksorte. Endlich brachte nun ein in Europa gefragtes Exportgut Großgrundbesitzern wie Familienfarmen Gewinn. Da nun mehr Landarbeiter und Frauen gebraucht wurden, brachten Kapitäne auch Mittellose über den Atlantik und vermittelten sie als *indentured servants* gegen Bezahlung der Überfahrt. Wer seine Überfahrt selbst bezahlte – Mann, Frau und Kind – erhielt 50 *acres* (etwa zwei Hektar) Land als Eigentum von der Virginia Company. Dennoch stand die Handelsgesellschaft 1624 vor dem Bankrott, und erst als der König Virginia als Kronkolonie in eigene *Kronkolonie* Regie übernahm, war ihr Bestand gesichert. Die erfolgreiche Rechtsform der Kronkolonie, in der der König den Gouverneur ernannte und der Kronrat Gesetze des Kolonialparlaments annullieren konnte, sollte für die Mehrzahl der englischen Kolonien auf dem amerikanischen Festland zur Norm werden. Die Zahl der englischen Siedler in Virginia stieg bis 1700 auf 69 000. Die großen Vermögens- und Interessenunterschiede unter ihnen führten 1676 zu einem (vergeblichen) Bürgerkrieg gegen den Gouverneur, der einen Vernichtungsfeldzug gegen die Indianer ablehnte (Bacon's Rebellion).

Der Tabakanbau und der Fellhandel mit den Indianern florierten, wenn auch mit Schwankungen, und die Zahl der freien Weißen und der versklavten Afrikaner nahm zu. Ein holländischer Kapitän hatte 1619 die ersten zwanzig afrikanischen *servants* in Virginia verkauft. Seit ca. 1660 definierten Kolonialgesetze Virginias und Marylands nach dem Muster der *slave codes* auf Barbados, daß Afrikaner und die Kinder von Afrikanerinnen (implizite auch die Kinder europäischer Väter) lebenslang Sklaven im Sinn persönlichen Eigentums des Besitzers seien (*chattel slavery*). Freilassung und Freikauf Versklavter war theoretisch möglich, aber wegen der Furcht, die soziale Kontrolle über freigelassene Afrikaner zu verlieren, sehr erschwert. Um 1700 lebten bereits 40 000 Sklaven in Virginia und Maryland. Der Ankauf versklavter Afrikaner hauptsächlich zum Tabakanbau nahm im Verlauf des 18. Jahrhunderts derart zu und die Geburtenrate der Afrikanerinnen war so hoch, daß am Ende der Kolonialzeit in den Chesapeake-Kolonien etwa 40% der nicht-indianischen Bevölkerung rein oder teilweise afrikanischer Abstammung war.

Beginn der Sklavenhaltung

Weniger turbulent als Virginia entwickelte sich die Nachbarkolonie Maryland. Die Krone übertrug 1632 dem katholischen Lord Baltimore ein noch größeres Gebiet als den heutigen Staat Maryland zwischen Atlantik und Chesapeake Bay zur Besiedlung in eigener Verantwortung nach lehnsrechtlichem Muster als *proprietor*. Katholiken und Protestanten sollten zusammen siedeln, aber das von Lord Baltimore betriebene Religionsgesetz von 1649, das allen Christen die Bekenntnisfreiheit garantierte, wurde schon 1654 von der Mehrheit der Protestanten in der Assembly widerrufen und den Katholiken das Wahlrecht wieder genommen. Gut organisierte Gruppensiedlungen lernten aus den Fehlern der Pioniere in Virginia, gingen freundlicher mit den Ureinwohnern um und exportierten mit Gewinn Tabak. Die Landprämie von 100 *acres* für jeden nach Maryland gebrachten Siedler reizte Kaufleute und Farmer, Handwerksmeister und Rechtsanwälte, die auch nur etwas Kapital einsetzen konnten, zum Erwerb von Großplantagen. Auch ein Teil der Knechte, die ihre drei bis sieben Dienstjahre für die Überfahrt abgearbeitet hatten, konnte in Maryland und Virginia noch Eigentümer werden. Die Grundbesitzer dominierten die Kolonialparlamente und bildeten die soziokulturelle Elite, die sich um die Mitte des 18. Jahrhunderts zunehmend als Einwohner Amerikas mit britischer Abstammung definierte, im Unterschied zu den vielen in London lebenden Großgrundbesitzern der englischen Karibikinseln (*absentee owners*).

Maryland

Vorübergehende Religionsfreiheit für Katholiken

Die restlichen Kolonien im Süden organisierte die Krone 1663 in Gestalt der Eigentümerkolonie der Carolinas, die acht Adeligen übertragen wurde, um sich der Ausdehnung Spanisch-Floridas entgegenzustellen. Um Siedler anzuziehen,

North und South Carolina

Aristokratie gescheitert
gewährten die Quasi-Feudalherren Religionsfreiheit und gestanden den kleinen Grundbesitzern Mitwirkung an der Gesetzgebung im Kolonialparlament zu. John Lockes 1669 für die Kolonie entworfene Verfassung mit Sklaven und künstlichen Hierarchien mit phantasievoll bezeichneten Adelsklassen (z. B. *landgraves*) versagte in der Praxis angesichts der Fülle billigen Landes. Das karge North Carolina und das fruchtbare South Carolina mit großen Reisplantagen, auf denen Sklaven aus der Karibik arbeiteten, und der 1680 gegründeten Hafenstadt Charleston entwickelten sich wirtschaftlich langsamer als erhofft; beide wurden im 18. Jahrhundert von der Krone übernommen. Der hohe Anteil der Sklaven und ihre brutale Behandlung führten 1739 zu einem der seltenen Sklavenaufstände. Im Verlauf der zweitägigen „Stono's Rebellion" töteten 100 bewaffnete Sklaven 20 Weiße, bevor sie von der Miliz zusammengeschossen wurden.

Georgia
Als südlichste und letzte englische Kolonie auf dem nordamerikanischen Festland wurde 1733 Georgia mit der Hafenstadt Savannah gegründet. Die Eigentümerkolonie konnte trotz einiger Unterstützung aus der Staatskasse nicht voll die Aufgabe erfüllen, englischer Vorposten gegenüber Spanisch-Florida zu sein; 1750 hatte es erst 23 000 zur Hälfte freie und zur Hälfte versklavte Einwohner. Zu Beginn des Krieges 1754 wurde es als Kronkolonie dem direkten Zugriff des Königs unterstellt.

E) NEUENGLAND UND DER PURITANISMUS

Plymouth Plantation
Auch die erste überwiegend religiös motivierte Puritanersiedlung von Plymouth, die im November 1620 an der Küste des späteren Massachusetts von 102 Personen unter großen Opfern angelegt wurde, bediente sich der Organisationsform der Handelsgesellschaft. Da ihr Segelschiff, die „Mayflower", nach Norden abgetrieben war, landeten die *pilgrims* nördlicher, als die *charter* der Virginia Company

Mayflower Compact
reichte. Im „Mayflower Compact" verpflichteten sich die 39 Männer noch an Bord des Schiffes in einem Bund, der formal dem *covenant* zur Gründung einer Kirchengemeinde glich, an Land in einem „civil Body Politick" zusammenzubleiben und sich als Untertanen des englischen Königs gemeinsam zu regieren. Sie praktizierten den Gesellschaftsvertrag, bevor John Locke und andere englische Whigs ihn 1690 nicht-theologisch begründeten, und wollten lebensbedrohliche Anarchie abwenden. Sie konnten nicht ahnen, daß ihr Überlebensbund später als Szene und als Ideologie zum Herzstück des Gründungsmythos eines republikanischen oder demokratischen amerikanischen Nationalstaats werden würde. Auch das Erntedankmahl, bei dem nach einem Jahr die etwa fünfzig Überlebenden Gott und den hilfsbereiten Indianern dankten, die sie mit Nahrung und Unterweisung im Maisanbau und Fischfang gerettet hatten, ging als Szene in den allen amerikanischen Kindern vermittelten Bilderbogen von den Leiden und Leistungen der ersten europäischen Siedler ein.

Das von einem Palisadenzaun umgebene Dorf Plymouth wuchs langsam; 1630 hatte es 300 Einwohner. Sie bewiesen jedoch ihren Glaubensbrüdern in England, daß man auch im rauhen Klima „Neuenglands" Gemüse anbauen, Dorsch fangen (und für den Transport nach England trocknen) und mit von den Indianern erhandelten Biberfellen insgesamt einen bescheiden ertragreichen Handel mit dem Mutterland treiben konnte. Ihr Überleben schien auch zu beweisen, daß man sich mit den benachbarten Indianerstämmen arrangieren konnte.

König Charles Stuart I. ließ ab 1625 den reformatorischen Eifer der Puritaner innnerhalb der anglikanischen Staatskirche zurückdrängen; die den fast noch katholischen Ritus nicht konform praktizierenden Geistlichen wurden entlassen. Hinzu kam die Krise der Tuchindustrie in East Anglia, die der Dreißigjährige Krieg ab 1618 auslöste, weil er u. a. den deutschen Absatzmarkt zerstörte. Daraufhin bildeten Kaufleute und andere z. T. wohlhabende und gebildete Puritaner die Massachusetts Bay Company, kauften bei Hofe einen Freibrief (*charter*) und bereiteten die erste Großgruppenauswanderung nach Nordamerika vor. Über 1 000 Personen in Familienverbänden segelten 1630 mit Kühen und Pferden, Hühnern und Schweinen und allen Geräten für den Ackerbau an Bord nach Neuengland. Bis 1640 folgten ihnen 18 000 englische Siedler, nicht nur strenggläubige Puritaner. Die Notzeiten, die die Pioniere von Jamestown und Plymouth erlebt hatten, sollten sich nicht wiederholen. Dutzende wohlgeordneter kleiner Gemeinden entstanden an der Küste von Massachusetts und bald auch in den späteren Kolonien bzw. Staaten New Hampshire, Maine, Connecticut und Rhode Island. In der Hauptsiedlung Boston residierte der von den Gesellschaftern oder Aktionären der Company gewählte Gouverneur John Winthrop. Jedes Jahr mußten er und seine 18 *assistants*, mit denen zusammen er Gesetze erlassen konnte, sich von den *freemen*, den grundbesitzenden Männern, wählen lassen.

Massachusetts Bay Company

Die religiöse Überzeugung der Puritaner duldete nur autonome Gemeinden, die die Reformation in calvinistischem Verständnis zu vollenden versuchten. Sie wählten ihren Pfarrer selbst und unterwarfen sich keinem Bischof der anglikanischen Staatskirche; daher die Bezeichnung *congregationalists*. Das am Dorfanger liegende schmucklose *meetinghouse* diente dem Gottesdienst wie der weltlichen Selbstregierung im *town meeting*. Die Puritaner wollten der europäischen Christenheit ein leuchtendes Vorbild sein auf dem rechten Weg zur wahren Quelle der Bekehrung und Erlösung – wie das biblische Jerusalem, „the city upon a hill". Kein mächtiger Klerus verkündete Dogmen, sondern der einzelne Pfarrer sollte jeden Gläubigen anleiten, durch das Studium der Bibel Gottes Offenbarung für sich selbst zu entdecken und durch unaufhörliche Selbstbeobachtung und Gewissenserforschung ein Bekehrungserlebnis herbeizuführen. Erst der glaubwürdige Bericht dieser *conversion experience* vor der Gemeinde machte den erwachsenen Gläubigen zum Vollmitglied, zum *visible saint*. Der Bibel und Calvins Interpretation entnahmen die Puritaner, daß Arme und Reiche nebeneinander in der Schöpfungsordnung vorgesehen seien (Prädestination) und daß rechtmäßig erworbener Wohlstand ein Zeichen der Güte Gottes sein könne und zu frommer Wohltätigkeit verpflichte. Lesen lernen mußte jeder, einen Lehrer mußte jede Gemeinde ab 50 Familien bezahlen, und ab 1636 bildete das Harvard College Geistliche aus, die

Puritanismus

Gottes Wort auf Hebräisch, Griechisch und Latein lasen. Mit der Karikatur des 19. Jahrhunderts vom sauertöpfischen Asketen hatten die durchaus auch biertrinkenden, das Familienleben als Keimzelle der Gesellschaft pflegenden und Witwen und Witwer zum baldigen erneuten Eheschluß drängenden tatsächlichen Puritaner wenig gemein. Da die Ehe ihnen kein Sakrament, sondern ein Vertrag war, ahndeten sie z. B. Gewalt in der Ehe und Ehebruch rational durch Vertragsauflösung.

Keine Theokratie Trotz des großen Einflusses religiöser Überzeugungen und der Macht der Geistlichen war die Regierungsform der Puritanerkolonien keine voll ausgeprägte Theokratie, wenn man als deren Merkmal die Identität von weltlichem Gesetz und sakraler Schrift, von weltlicher Regierung und priesterlicher Autorität definiert. Das Schwert sollte der Bibel den Weg ebnen und ein Leben im rechten Glauben ermöglichen, aber der Gouverneur sollte nicht zugleich das geistliche Oberhaupt sein; Glaubensfragen und Regierungsentscheidungen gehörten zu strikt getrennten Bereichen des menschlichen Zusammenlebens.

Intoleranz Tolerant gegenüber Andersgläubigen waren die ehemaligen Opfer der anglikanischen Intoleranz allerdings nicht. Die Puritaner glaubten zwar so fest an die Überzeugungskraft ihres Glaubens, daß sie auf ihren Schiffen auch jeweils eine größere Zahl noch zu Bekehrender mitnahmen. Vom Mehrheitsglauben abfallende Geistliche verbannten sie jedoch als Ketzer aus ihrer Mitte. Von Massachusetts nach Rhode Island vertrieben sie z. B. 1635 den auf noch strengerer Trennung der Glaubens- und Kirchenorganisationsfragen von Regierungsangelegenheiten beharrenden Pfarrer und Indianerfreund Roger Williams. 1638 verbannten sie die sich Priesterfunktionen anmaßende Bostonerin Anne Hutchinson. Rhode Island entwickelte sich aufgrund seiner Gründungsgeschichte ebenso wie Maryland und Pennsylvania zu einer Keimzelle der amerikanischen Religionsfreiheit. Auch am Ende der Kolonialzeit waren die Trennung von Staat und Kirchen und rechtlich garantierte religiöse Toleranz in der Mehrzahl der Kolonien keineswegs erreicht. Kongregationalisten bzw. Anglikaner genossen eindeutige Privilegien. Aber die Kolonialadministration duldete die Zunahme einer Vielzahl dissentierender kleiner protestantischer Kirchen oder Sekten, insbesondere der Baptisten, die sich nach 1776 ihren Freiraum und ihre Gleichstellung durch die Entprivilegierung der Staatskirchen (*disestablishment*) erkämpften.

Quäkerverfolgung, Hexenprozesse Weitere Höhepunkte der puritanischen Intoleranz in Massachusetts waren 1659–61 die Erhängung von vier missionierende Quäkern und 1692 die Hexenhysterie im Hinterland des Hafenstädtchens Salem. Ihr fielen zwanzig Frauen und Männer zum Opfer, bis die dominierenden Theologen, insbesondere Increase Mather, ihre Lehrmeinung änderten, den frühneuzeitlichen Satans- und Hexenglauben verwarfen, und die weltliche Autorität in Gestalt des Gouverneurs William Phips die Eröffnung weiterer Hexenprozesse untersagte und bereits Angeklagte kurzerhand begnadigte.

Missionierung und Verdrängung der Indianer Der Vatikan hatte 1537 verkündet, auch die Ureinwohner Amerikas seien Menschen mit einer Seele, deren ewiges Heil durch Taufe gerettet werden könne. Diese Voraussetzung akzeptierten auch die ab 1630 in Neuengland aktiven protestanti-

schen Missionare. Der Puritanerpfarrer John Eliot erarbeitete zusammen mit Bibelübersetzung
indianischen Dolmetschern sogar eine Übersetzung der Bibel in die Sprache der in Algonquin
Algonquin. Aber nur wenige „betende Indianerdörfer" entstanden. Um 1600 lebten auf dem Gebiet der späteren vier Puritanerkolonien noch über 70 000 Indianer,
1675 nur noch etwa 10 000. Die Gegenwehr der kontinuierlich verdrängten kleinen Indianerstämme wurde mit alttestamentarischer Härte beantwortet. Als die King Philip's War
Wampanoags sich der Ausbreitung der Europäer widersetzten und 1675 in zwölf 1676
Siedlungen über 600 Engländer töteten, vernichtete die Puritanermiliz 1676 alle
Dörfer des Stammes mit ihren 3 000 Bewohnern im sogenannten King Philip's
War. Damit war im Kernland der Puritaner der Widerstand der Ureinwohner
durch Seuchen und Kriege endgültig gebrochen.

Die in Massachusetts stimmberechtigten Bürger brauchten ab 1664 nicht mehr Ende der Dominanz des Puritanismus
vollberechtigte Mitglieder einer kongregationalistischen Pfarrgemeinde zu sein.
Auch in den meisten anderen Kolonien bildeten weiterwandernde oder bekehrte
Puritaner im 17. und 18. Jahrhundert kongregationalistische Gemeinden. Die Great Awakening
hohe Zeit des das gesamte soziale Leben prägenden Puritanismus ging zu Ende, als um 1740
um 1740 die volksnah-gefühlsbetonte Große Erweckungsbewegung, das Great
Awakening, die Macht der orthodox-calvinistischen gelehrten Berufsgeistlichen
schwächte. Benjamin Franklins Eltern waren noch Puritaner, er selbst (1706–
1790) steht bereits für die neue Zeit des Deismus und der Aufklärung, insbesondere nach seinem Umzug 1723 von Boston nach Philadelphia. Auch in den mittleren und südlichen Kolonien, in denen Anglikaner bzw. Presbyterianer überwogen, setzten Wanderprediger *revivals* in Gang, die sogar zur Gründung neuer Colleges für die Predigerausbildung führten, wie etwa des 1747 eröffneten Vorläufers
der Princeton University in New Jersey.

F) DIE MITTELKOLONIEN: NEW YORK, NEW JERSEY, PENNSYLVANIA

Die konkurrierenden Seefahrernationen Niederlande und England übertrugen Nieuw
ihre alte Rivalität auch auf die Neue Welt. Die Generalstaaten bestritten den Amsterdam/New
Anspruch der englischen Krone auf die gesamte nordamerikanische Küste ebenso York
wie die Engländer den Anspruch der spanischen Krone ablehnten. Im Auftrag der
Niederlande suchte der Engländer Henry Hudson 1608–1611 eine nordwestliche
Seeverbindung nach China und erkundete den nach ihm benannten Flußlauf. Die
1621 gegründete holländische Westindienkompanie siedelte 1624 um die 30 Familien im Mündungsgebiet des Hudson an; 1626 bauten sie etwa 30 Holzhütten an
der Südspitze der Insel zwischen den beiden breiten Flüssen und nannten die Siedlung „Nieuw Amsterdam". Dem kleinen Stamm der Manhattan-Indianer gaben
sie für den „Kauf" der Insel begehrte Gegenstände wie Messer, Töpfe und Glasperlen im Wert von 60 damaligen holländischen Gulden, etwa 30 heutigen Dollars.

Auf dem Festland im späteren New Jersey unterwarfen die Niederländer 1655
einige kleine finnische und schwedische Ansiedlungen. Die englische Kriegsma-

rine nutzte 1664 eine günstige Gelegenheit zur handstreichartigen Eroberung der holländischen Kolonie von inzwischen etwa 1 500 Einwohnern. König Charles II. setzte seinen Bruder, den Duke of York, als Eigentümer der entsprechend umbenannten, bis zum heutigen Albany am Oberlauf des Hudson reichenden Kolonie ein. Im Gegensatz zu Boston und ebenso wie kurze Zeit danach Philadelphia entstammten New Yorks Einwohner verschiedenen Regionen Nordeuropas (Holländer, Franzosen, Deutsche, Skandinavier und Engländer). Auch versklavte Afrikaner hatte die niederländische Westindienkompanie bereits herangeschafft. New York wurde zur Kronkolonie, als ihr Eigentümer seinem Bruder 1685auf den Thron folgte.

New Jersey Auch New Jersey auf dem gegenüberliegenden Hudsonufer ging aus diesem Gebietserwerb als Kolonie hervor. Damit war die Landverbindung zwischen Neuengland, Pennsylvania und den weiter südlich gelegenen englischen Kolonien *Pennsylvania* hergestellt. Die Lücke zwischen New Jersey und Maryland an der mittleren Atlantikküste schloß 1681 die Eigentümerkolonie Pennsylvania. Im „Waldland Penns" sollten vor allem die in England unterdrückten Quäker Zuflucht finden. Philadelphia, Stadt der „brüderlichen Liebe", nannte der Quäker William Penn seine als rechteckiges Raster sorgfältig geplante Hauptstadt am Delaware. Die geschützt landeinwärts liegende und dennoch von Ozeanseglern gut zu erreichende Hafenstadt und ihr fruchtbares Hinterland entwickelten sich so gut, daß Philadelphia 1774 mit 30 000 Einwohnern die bevölkerungsreichste Stadt nach London im englischen Welthandelsreich war. Es konkurrierte mit New York und Boston um den Rang der größten und aktivsten Stadt Nordamerikas.

Ethnische und religiöse Vielfalt Pennsylvanias günstige Siedlungsbedingungen und Penns aktive Bevölkerungspolitik zogen christliche Siedler aus verschiedenen Teilen Europas an: Quäker aus Wales, Anglikaner aus England, Presbyterianer aus Schottland, Mennoniten (besonders Amische) vom Oberrhein und aus der Schweiz, Calvinisten aus den Niederlanden, Hugenotten aus Frankreich, Lutheraner und Reformierte aus deutschen Ländern. Die erste von William Penn 1682 erlassene Verfassung sicherte allen Gottgläubigen die Religionsfreiheit zu.

Deutsche Einwanderer Die erste deutsche Gruppensiedlung, Germantown, gründeten 1683 dreizehn z. T. niederländisch sprechende Quäkerfamilien aus Krefeld. Ihnen folgten bis 1753 schätzungsweise 65 000 Deutschsprachige, vor allem vom Oberrhein und aus der Pfalz, die überwiegend in Pennsylvania und den benachbarten Kolonien siedelten und eine erste Diskussionsrunde über die Gefährdung der englischen Sprache und Kultur in Nordamerika auslösten. Die Verbindung wirtschaftlicher, politischer und religiöser Auswanderungsgründe und das Erfolgsbewußtsein der Immigranten formulierte der pietistische Drucker und Verleger Christoph Saur in seiner 1749 in Germantown zunächst monatlich veröffentlichten Zeitung. Er forderte „unsere Teutsche Nation" in Pennsylvania zur Dankbarkeit gegenüber der englischen Regierung und der Familie Penn als Eigentümer der Kolonie auf: „Bedencket, daß wir meistens in Europa theils weder Hauß, Hof noch Güter besessen und manche in großem Mangel und Armuth gelebt." Die aber Eigentum hatten, „so viel beschweret warent mit Geld-Gaben und Soldaten-Halten, daß manche nicht alles haben können aufbringen, auch die meiste mit vielen offt wöchentlichen ja wohl täglichen Frohndiensten, Wachen oder Jagen etc. sind geplagt worden". Das Wild der Herren durfte in den Getreidefeldern der Bauern weiden. „Bedencket hergegen was vor eine gelinde und milde Regierung wir allhier gefunden und noch haben, da ein jeder das Seinige, so ihm der Schöpfer durch seinen Seegen und seiner Hände Arbeit vergönnet und zufallen läßet, solches zu seinem Nutzen auf die beste Weise wie ers gut findet... unmolestiret gebrauchen darff." Dem Drucker war besonders wichtig, daß keine Zunftordnung die Entfaltung handwerklicher Initiative hemmte, sondern „daß ein jeder diejenige ehrliche und redliche Handtierung so er gelernet, ungehindert treiben kann" [Pen[n]sylvanische Berichte, 1. März 1749].

Bereits 1688 hatten die Quäker von Germantown unter Franz Daniel Pastorius die Sündhaftigkeit der Sklavenhaltung angeprangert. Ab 1755 duldeten die Quäker in ihren Gemeinden keine Sklavenhalter mehr. Andersgläubige Handwerksmeister in Philadelphia und Farmer im Hinterland beschäftigten aber sehr wohl versklavte Afrikaner bis um 1800, ebenso die Handwerksmeister, Kaufleute und Reeder New Yorks. Sklaven in den Mittelkolonien

Auch in der Kolonie der zunehmend machtlosen pazifistischen Quäker blieben die Ureinwohner die zu verdrängende fremde Kultur. Britische Truppen brachen den Widerstand der Indianer im Ohiotal 1763–66 gewaltsam mit der Niederwerfung des Aufstandes unter Führung des Ottawa-Häuptlings Pontiac (Pontiac's Rebellion). Indianer im Ohiotal

G) BRITISCHE KOLONIALHERRSCHAFT UND KOLONIALKRIEGE

Die Form der englischen Kolonialherrschaft in Nordamerika ist nur im Kontext des weltweiten britischen Handelsreiches zu verstehen. Die East India Company, deren Teeprivileg 1773 die Bostoner zu ihrer zerstörerischen Teeparty reizte, war bereits 1599 gegründet worden, um den Wettlauf mit der Holländischen Ostindienkompanie und den Portugiesen und Franzosen insbesondere in Indien aufzunehmen. Das zur Entlastung des Kronrats 1696 eingerichtete Board of Trade regierte nicht nur die dreizehn Kolonien, die einmal die Vereinigten Staaten werden sollten. Mangelhafte Informationen und langsame und den Kolonisten im Einzelfall unverständliche Reaktionen sind auch auf die Überforderung der kleinen Behörde mit seiner weltweiten Aufgabe zurückzuführen. Board of Trade 1696

Die wechselhafte Kolonialpolitik, die zwischen „wohlwollender Vernachlässigung" (*benign neglect*) und zum Widerstand oder Schmuggel reizender Detailregelung schwankte (z. B. seit 1732 das Exportverbot von Filzhüten aus der Kolonie, in der sie hergestellt worden waren), wird in dem größeren Zusammenhang des weltweiten Ersten Empire verständlicher. Aus Londoner Sicht gab es vor Zusammentritt des Ersten Kontinentalkongresses in Philadelphia 1774 nicht *die* dreizehn

Kolonien, die einmal die USA bilden würden, sondern über 30 administrative Einheiten auf dem amerikanischen Festland und den vorgelagerten Inseln der Karibik, deren örtliche Eliten höchst unterschiedlich auf Anordnungen aus der Metropole reagierten.

Englands kanadische Kolonien

Als die Kolonialmacht sich ab 1775 militärisch zu behaupten versuchte, konnte die Royal Navy sich auf die Häfen und das Hinterland der kanadischen Kolonien Englands stützen. Auf Neufundland hatten seit 1610 Engländer und seit 1663 auch französische Familien gesiedelt. Der Strand diente Fischern aus Portugal, dem Baskenland, Frankreich und England als Sommerstation zum Fischetrocknen und Netzeflicken. Die einhundertjährige Auseinandersetzung zwischen Frankreich und England um Neufundland endete 1713 mit dem Sieg der Engländer als Teil des Spanischen Erbfolgekrieges. Die französische Krone behielt nur – bis zum heutigen Tag – die vorgelagerten Inselchen St. Pierre und Miquelon und Fischereirechte (Friede von Utrecht 1713). So gering war nach dem Aussterben der Ureinwohner die Bevölkerung, daß der König erst ab 1729 in der Hafenstadt St. John einen englischen Kapitän mit den Aufgaben eines allein regierenden Gouverneurs betraute.

Nova Scotia   Den Kampf um die Halbinsel Acadie/Nova Scotia entschied die englische Marine 1710 mit der Besetzung der französischen Hafenstadt Port Royal für sich, die fortan Annapolis Royal hieß. 1749 ließ die Krone die Hafenfestung Halifax bauen und etwa 2 500 Soldaten und Seeleute siedeln. Loyalisten, die 1776 vor der Amerikanischen Revolution flohen, füllten die Garnisonsstadt mit neuem Leben und legten den Grundstock für ein permanentes Mißtrauen in Kanada gegenüber den zur Gewaltanwendung fähigen radikalen Yankees.

Hafenfestung Louisbourg   Auf der benachbarten großen Insel Cape Breton, die 1632 von der englischen Krone an Neufrankreich abgetreten worden war, benutzten die französischen Seekriegstrategen den eisfreien Hafen zum Bau der Festung Louisbourg (1720–40), um den Eingang zur St. Lorenz Bay so unangreifbar zu bewachen, wie seit 1704 Gibraltar den Eingang ins Mittelmeer bewachte. Aber schon 1745 eroberte eine kleine Flotte der Royal Navy mit kräftiger Unterstützung aus den Neuenglandkolonien die Festung. Sehr zur Empörung der Bostoner wurde das Fort 1748 als Teil eines britisch-französischen Friedenshandels zurückgegeben (Friede von Aachen). Im Siebenjährigen Krieg wurde 1758 das Symbol der französischen Kolonialherrschaft in Nordamerika endgültig erobert und abgerissen. Die ganze Insel wurde 1763 von der französischen Krone abgetreten und Teil Nova Scotias.

Hudson Bay Company   Die 1670 gegründete Hudson Bay Company beanspruchte allen Ernstes fast das ganze Gebiet des heutigen Kanada diesseits der Rocky Mountains als Einzugsgebiet der in die Hudson Bay fließenden Flüsse und der beiden Arme des Saskatchewan River, auf dem der Pelzhändler Henry Kelsey 1690–1692 bis zur Prärie nach Westen gepaddelt war und Indianerstämme dafür gewonnen hatte, ihre Kanus voller Felle zu den englischen Handelsposten und nicht mehr zu den Franzosen zu bringen. 1713 gab die französische Krone im Frieden von Utrecht ihren Anspruch auf die Hudson Bay als undurchsetzbar auf.

Prince Edward Island in der St. Lorenz-Bucht – bis heute Kanadas kleinste Provinz – hatte Cartier bereits 1534 für Frankreich reklamiert. Erst 1720 gründeten einige französische Familien das Hafenstädtchen Port la Joie, das heutige Charlottetown Harbour. 1763 übernahm die englische Krone die Insel als Kriegsbeute. Ihre bis heute bewahrte politische Eigenständigkeit erhielt die Insel 1769 mit dem Status einer Kronkolonie mit eigenem Gouverneur in Charlottetown. Die Anglisierung wurde 1799 mit der Namensänderung von Ile St. Jean zu Prince Edward Island abgeschlossen.

<small>Prince Edward Island</small>

Kolonialherrschaft in Nordamerika hieß vor allem staatliche Regulierung der Handelsströme zugunsten der finanziellen und strategischen Interessen des Mutterlandes. Die Wirtschaftstheorie des Merkantilismus betrachtete wirtschaftliche Entwicklung und Handel als ein Nullsummenspiel: was einer Volkswirtschaft nutzte, mußte einer anderen schaden. Deshalb verlangten die Merkantilisten u. a. die Monopolisierung des Handels mit den eigenen Kolonien. Eine Serie von Schiffahrtsgesetzen seit 1651 verlangte von den Kolonisten, ihre gewinnbringendsten Waren (z. B. Tabak und Zucker) auf britischen Schiffen in einem Hafen des britischen Empire abzuliefern. Zu einem koninentaleuropäischen Hafen durften die Segler aus Boston, New York, Philadelphia, Baltimore oder Charleston erst weiterfahren, nachdem sie ihre Ladung in Liverpool, Bristol, Plymouth oder London oder einem anderen englischen Hafen verzollt hatten. Auch die spanischen, französischen und niederländischen Häfen auf den karibischen Inseln fielen unter diese dem Kaufmannskalkül widersinnige Regelung. Im gleichen Jahr, in dem 13 Kolonien aus diesem System ausbrachen und das Prinzip des Freihandels verkündeten, lieferte an der Universität von Glasgow der Professor für Logik und Moralphilosophie Adam Smith die epochemachende Begründung für die Wirtschaftsform der Zukunft [The Wealth of Nations, 1776].

<small>Merkantilistische Kolonialpolitik</small>

Nicht nur der Gewinntrieb, auch die Selbstachtung der Kolonisten wurde zunehmend mit willkürlichen Produktionsverboten gereizt, wie dem Verbot des Webens von Wollstoffen (1699) und der Verarbeitung von Rohlingen zu Schmiedeeisen (1750). Die objektive Prosperität der amerikanischen Atlantikhäfen und der meisten Farmer und die Erwartung von noch mehr Wohlstand steigerten nur die Widerspruchsbereitschaft. Der tatsächliche Zugriff des Board of Trade in London auf Wirtschaften und Handeln der Kolonisten wurde allerdings bereits durch die Langsamkeit der Kommunikation über den Atlantik gehemmt. Die Seereise vom englischen Plymouth nach Philadelphia, New York oder Boston dauerte mit den Segelschiffen des 18. Jahrhunderts auch bei günstigem Wind und Wetter etwa zwölf Wochen, die Rückfahrt nach Europa dank des Golfstroms etwa vier Wochen. Die Vielzahl der kleinen Häfen und die Bestechlichkeit der Zollbeamten verhinderten zudem die strenge Durchsetzung der Aus- und Einfuhrzollbestimmungen. Der Schmuggel blühte. Neue schöffenlose Seegerichte, die verhaßten Admiralty Courts, verstärkten den Widerstandswillen der vom Schmuggel Profitierenden und ihrer Kunden.

<small>Ablehnung in den Kolonien</small>

34 I. Darstellung

Die Eroberung Neufrankreichs
Der Siebenjährige Krieg in Europa und Nordamerika endete mit der Vertreibung Frankreichs als Kolonialmacht vom amerikanischen Festland. Der French and Indian War, wie die Engländer den mit großer Anstrengung und großen Kosten auf dem Atlantik und in den Urwäldern betriebenen Krieg in Amerika nannten, hatte – ohne förmliche Erklärung – 1754 begonnen, mit Scharmützeln zwischen frankokanadischen Truppen (einschließlich indianischer Hilfstruppen) und britischen Truppen (ebenfalls mit der Hilfe von Indianern und der „amerikanischen" Miliz) um die Kontrolle des Ohiotals und des Forts an der Stelle des heutigen Pittsburgh. Am 13. September 1759 schlugen 4 500 britische Berufssoldaten in roten Uniformen und europäischer Schlachtenformation die Verteidiger der befestigten Stadt Quebec in die Flucht; 1760 eroberten sie auch Montreal.

Friede von Paris 1763
Im Friedensvertrag von Paris übertrug der französische König seinen Anspruch auf Kanada und alles Land östlich des Mississippi außer der Stadt Nouvelle Orléans aber einschließlich Floridas der Krone Großbritanniens. (Spaniens König erhielt als Ausgleich für den Verlust Ost- und Westfloridas eine Bestätigung seiner Herrschaft über Kuba.) Seither haben die französischsprachigen Regionen, insbesondere die Provinz Quebec, eine Sonderrolle in Nordamerika gespielt. Es gab kein Mutterland mehr, von dem die Frankokanadier ihre staatliche Unabhängigkeit hätten erkämpfen können; der absolutistische Monarch hatte seine Untertanen aufgegeben. Es gab nur die übermächtige Royal Navy, deren militärische Kontrolle des Sankt-Lorenz-Tals nicht abzuschütteln war, und die benachbarten englischsprachigen Kolonien, die sich bald spalteten – in diejenigen, die ihren Vorteil im Verbleib innerhalb des englischen Welthandelsreiches sahen, und die weiter südlich gelegenen, die sich schließlich die staatliche Unabhängigkeit erkämpften.

H) Amerikanische Selbstregierung

Die Anzahl der Übersiedler aus Europa, ihr wirtschaftlicher Erfolg und die politische und religiöse Freiheit, die ihnen die Kolonialregierung ließ, bedingten einander.

Grundmuster Handelsgesellschaft
Die Institutionen der kolonialen Selbstregierung entwickelten sich aus den Entscheidungszwängen der dynamischen *frontier*-Gesellschaft und dem Grundmuster der von der Krone lizenzierten Handels- und Siedlungsgesellschaft (*chartered corporation*). Die Landbesitzer fühlten sich ebenso mitspracheberechtigt wie die Anteilseigner einer frühmodernen Aktiengesellschaft (*joint stock company*).

Repräsentantenhaus
Die Grundbesitzer einer Region entsandten als Vertreter in die gesetzgebende Versammlung (Assembly) jemanden, der es sich leisten konnte, im Frühjahr und im Herbst zwei oder drei Wochen lang in die Hauptstadt – meist die größte Hafenstadt der Kolonie – zum Sitz des Gouverneurs zu reisen. Die entsendenden Gemeindeversammlungen in den Neuenglandkolonien (*town meetings*) zahlten ihrem Vertreter zumindest Kost und Logis im teuren Boston, Portsmouth, Hartford oder Providence.

Hoch dotierte Pfründe waren hingegen das Gouverneursamt und der Gouverneursrat. Der nur anfangs und in den wenigen *charter colonies* gewählte Gouverneur wurde in den Kronkolonien vom König als sein mit erheblichen Vollmachten ausgestatteter Repräsentant eingesetzt. Um den meist aus dem Mutterland oder einer anderen Kolonie Angereisten zu beraten und zu kontrollieren, bestimmte entweder die Assembly oder das Board of Trade etwa zwölf *councillors* aus dem Kreis der örtlichen Notabeln. Sie sollten im permanenten Interessenkonflikt zwischen Metropole und Kolonisten vermitteln. Die größte Macht der Assembly bestand aus der jährlichen Abstimmung über die Höhe des Gouverneursgehalts und seines Budgets und der Billigung aller Steuern, die die Exekutive eintreiben wollte. Für Zölle und andere Handelsgesetze waren allerdings ausschließlich Krone und Parlament in Westminster zuständig. Gouverneur und *councillors*

Das englische Rechtswesen wurde mit wenigen Anpassungen in den Kolonien voll etabliert, bis hin zur modisch korrekten Richterperücke. Besonders die für den größten Teil der Straftaten und Rechtsstreitigkeiten zuständigen County Courts mit ihren regelmäßigen Gerichtstagen und schließlich festen eigenen Gebäuden wurden im Hinterland zu Zentren staatlicher Administration und regionaler Politik. Kaufleute und über Landverkäufe und Testamente streitende Farmer brauchten mehr Rechtsanwälte, als ihnen lieb war. Auch in der Politik erwiesen sich die Talente der meist als *clerks* angelernten Juristen bald als nützlich. Ein spezifisch amerikanisches Recht entwickelte sich erst langsam nach 1776. Gerichte, Common Law

Der große Konflikt um die Rechte der in den Kolonien siedelnden Untertanen der britischen Krone spielte sich innerhalb der gleichen Rechtskultur zwischen Anwälten ab, die die gleiche Sprache sprachen und die gleiche freiheitliche britische Verfassung interpretierten. Die Kolonisten nahmen die gleichen Rechte in Anspruch, die die Untertanen der Krone im Mutterland besaßen. Bereits in der Gründungsurkunde der Kolonie Virginia hatte die Krone 1606 den Kolonisatoren versichert, ihre Nachkommen würden die gleichen „Liberties, Franchises, and Immunities" besitzen wie die in England Geborenen. Die freiheitliche britische Verfassung

Englands „mixed constitution" galt den Aufklärern deshalb als freiheitlich, weil auch der Monarch nicht – *legibus solutus* – über den Gesetzen stand. Vielmehr hatte das Parlament mit der Glorreichen Revolution von 1688/89 den Anspruch des Monarchen auf originäre Herrschaft aus Gottes Gnaden zurückgewiesen und nur die Herrschaft als legitim anerkannt, die gewisse Rechte der Untertanen und Verfahrensvorschriften achtete. Ab 1689 definierten die Parlamentsmehrheit und die Gerichte im Zweifelsfall diese gewachsene, nicht in einem Schriftstück kodifizierte freiheitliche Verfassung, wie etwa in der 1689 in Gesetzesform erlassenen Bill of Rights. Die Schwächung der Metropole durch den Regimewechsel von 1688/89 stärkte die Selbstregierungskompetenzen in den meisten Festlandskolonien. Machtbalance und gegenseitige Gewaltenkontrolle durch funktionale Gewaltenverschränkung war das Merkmal der auch vom französischen Aufklärer Montesquieu als vorbildlich gepriesenen britischen Verfassung [De l'esprit des lois, 1748, sofort ins Englische übersetzt]. Auch innerhalb der ein- Die Glorreiche Revolution 1688/89

Gewaltenverschränkung

zelnen Kolonien beschworen Kritiker von Gouverneuren, die kolonialherrschaftliche Interessen gegen ihre Assembly durchzusetzen versuchten, das Ideal der freiheitssichernden Machtbalance zwischen Exekutive und Legislative.

Machtzuwachs der Assemblies   Gemeinsam war um 1750 allen Kronkolonien, Eigentümerkolonien und den charter – Kolonien, daß die vom König ernannten oder gebilligten Gouverneure auf die Dauer wenig erreichen konnten gegen den Willen der Mehrheit in der Vertreterversammlung der Grundbesitzer. Seit gewählte Vertreter der Siedler Virginias 1619 zum ersten Mal als House of Burgesses – der Mutter der amerikanischen Parlamente – zusammengetreten waren, hatten sich die Assemblies zu den Machtzentren entwickelt, die schließlich den Widerstand gegen die Kolonialherrschaft erfolgreich organisierten.

2. DIE AMERIKANISCHE REVOLUTION UND NATIONALSTAATSGRÜNDUNG, 1763–1789

Nach Abschluß des Friedensvertrages in Paris 1763 gab es am englischen Hof und im Parlament keinen Plan, die nordamerikanischen Kolonien nun an die kurze Leine zu legen und systematischer als bisher auszubeuten. Genausowenig gab es unter den Interessenvertretern der Kolonisten in den Kolonialparlamenten ein stillschweigendes Übereinkommen, nun entschiedener als bislang der Kolonialmacht eigene Kompetenzansprüche entgegenzusetzen oder gar den Geltungsbereich der britischen Verfassung zu verlassen und die staatliche Unabhängigkeit anzustreben. Dennoch besiegelte 20 Jahre später der nächste Friedensvertrag von Paris als Ergebnis eines sechseinhalbjährigen verlustreichen Krieges die Anerkennung der selbständigen Existenz der Vereinigten Staaten von Amerika durch Großbritanniens König. Nicht die erklärte Absicht der Verantwortlichen, sondern unerwartete Folgen des eigenen Handelns hatten den zwanzigjährigen Prozeß der amerikanischen Staatsgründung vorangetrieben. Die politische Ereignisgeschichte läßt klar erkennen, daß die in der neuen Konstellation ab 1763 nötige neue Kolonialpolitik den jungen König George III. überforderte (allerdings nicht wegen seiner im Nachhinein dramatisierten Depressionen). Auch sein langjähriger Premierminister Frederick Lord North (1770–81) – der nach der englischen Verfassung die Verantwortung für konkrete politische Entscheidungen trug – und die ihn stützende Parlamentsmehrheit schätzten die Reaktionen vieler Kolonialengländer in Amerika falsch ein. Sie erkannten zu spät, daß die Festlandskolonien mit ihrem Hinterland bis zum Mississippi nun, da die Kolonialmächte Spanien und Frankreich keine Bedrohung mehr waren, mit militärischen Mitteln nicht mehr zu beherrschen waren.

Versagen von Krone, Ministern und Parlament

A) WIDERSTAND GEGEN BESTEUERUNG OHNE REPRÄSENTATION

Der Unabhängigkeitskrieg war nicht etwa ein verzweifelter letzter Schritt der Entrechteten und Ausgebeuteten. Die englische Kolonialpolitik war trotz hemmender Wirtschafts- und Handelsregulierungen eine Entwicklungspolitik gewesen, die schnelles Bevölkerungswachstum und Wohlstand für eine breite Mittelklasse bewirkt hatte. Der Lebensstandard der etwa 1,5 Millionen englischen und anderen europäischen Siedler in den Festlandskolonien hatte um 1770 den des Mutterlandes erreicht und in einigen Regionen übertroffen. Die meisten Festlandskolonien waren längst keine primitive *frontier*-Gesellschaft mehr, sondern ein nach Vermögen und Status differenziertes frühmodernes Gemeinwesen. Das Bruttosozialprodukt der Kolonien um 1760 betrug mit 25 Millionen Pfund etwa ein Viertel der Wirtschaftsleistung des Mutterlandes. Die Mittelklasse war sich ihrer wachsenden Macht und der weiteren Entwicklungschancen bewußt. Im

Kein Aufstand der Entrechteten und Ausgebeuteten

Unterschied zur Ständegesellschaft des Mutterlandes fehlte eine rechtlich privilegierte Oberklasse in Gestalt des Erbadels. Der nach dem Siebenjährigen Krieg zunehmende Widerstand gegen das Kolonialregime wurde von einer breiten Schicht von Farmern, Handwerkern und Kaufleuten ebenso wie von einem Teil der gespaltenen Oberschicht der Reichen und Einflußreichen getragen. Sie befürchteten, daß ihr erreichter Wohlstand oder zumindest dessen weiteres Wachstum durch Besteuerung zugunsten des Mutterlandes gefährdet sei.

Indianerland, Grenzlinie von 1763

Als der Monarch 1763 ohne Konsultation der Kolonialparlamente per Proklamation das Indianerland westlich einer Grenzlinie von Florida bis an den Eriesee (im wesentlichen entlang des Kammes der Appalachen) unter seinen besonderen Schutz stellte und seinen Untertanen Landkäufe und Ansiedlung untersagte, empörten sich nicht nur einige Landspekulationsgesellschaften. Statt diesen Ansatz zur späteren Reservatepolitik zu akzeptieren, empörten sich landhungrige Siedler über die Willkür mit der die Krone ihnen das längst erkundete, fruchtbare Ohiotal vorenthalten wollte. Wahrscheinlich Tausende von *squatters* mißachteten den königlichen Willen in den Wäldern des späteren Tennessee, Kentucky und West Virginia –ebenso wie die Schmuggler in der Karibik und auf dem Atlantik sich der Kontrolle der Royal Navy entzogen.

Kriegsschulden und Steuern

Am Ende des Siebenjährigen Krieges hatte die englische Regierung Staatsschulden von noch nie dagewesenem Ausmaß zu finanzieren: 133 Millionen Pfund Sterling. Allein die Zinsen verschlangen über 5 Millionen Pfund im Jahr. Die Grundbesitzsteuer war während der Kriegsjahre in England bereits verdoppelt worden. Die Untertanen in Nordamerika zahlten hingegen durchschnittlich höchstens ein Viertel der Belastungen in England. Eine Beteiligung der Bewohner der Kolonien erschien um so angemessener, als sie langfristig am meisten vom Ende der französischen Kolonialherrschaft profitierten, die ihnen das St. Lorenztal und das Ohio- und Mississippital streitig gemacht hatte. Um die Unterhaltskosten für die Berufsarmee zu senken, wurden über 6 000 Soldaten in den Kolonien stationiert. Auch hier kostete ihr Unterhalt jährlich noch 350 000 Pfund. Einen Teil dieser Kosten sollten das Zuckergesetz (1764) und das Stempel- oder Gebührenmarkengesetz (1765) eintreiben.

Zuckergesetz 1764

Das ohne Widerstand im Parlament 1764 gebilligte Zuckergesetz verlangte von den Kolonialengländern in Nordamerika neuartige Zölle u. a. auf Zuckerrohrsirup (Melasse) und Kaffee, wenn sie aus nicht-britischen Häfen eingeführt wurden. Dies schützte die im Parlament einflußreichen Zuckerrohrplantagenbesitzer der britischen Karibikinseln vor der Konkurrenz von den französischen Nachbarinseln. Aus dem Empire exportierte Güter wie Melasse, Kaffee, Eisen und für den Schiffsbau geeignetes Holz wurden ebenfalls besteuert. Um dem lebhaften Schmuggel beizukommen, gewährte das Gesetz Informanten ein volles Drittel der von einem Seegericht verhängten Strafgebühr.

„No taxation without representation"

Mehrere Kolonialparlamente protestierten scharf, aber erfolglos: Sie allein seien die gewählten Vertreter, die der englischen Verfassung entsprechend ihren Wählern diese Art von Verbrauchssteuern auferlegen durften. Das Parlament in London (in dem kein gewählter Vertreter der Kolonisten saß) könne lediglich den Handel regulierende Gesetze erlassen. Die Idee von einer „virtuellen Vertretung" der Kolonien durch englische Abgeordnete (*virtual representation*) wiesen sie mit der Gegenfrage zurück, weshalb denn seit 1707, seit der Vereinigung mit Schottland zum United Kingdom of Great Britain, schottische Abgeordnete in das Parlament nach Westminster entsandt würden. Von nun an lautete der Schlachtruf der Widerstandsbereiten unter den Kolonisten: „No taxation without representation!"

Das Steuermarkengesetz (Stamp Act) von 1765 fiel noch umfassender aus. Es verlangte u. a., daß jedes Schriftstück von rechtlicher Bedeutung (Kaufverträge, Schuldscheine, Arbeitsverträge, Testamente usw.) mit einer Gebührenmarke oder einem entsprechenden Stempel versehen werde; ebenso Zeitungen, Flugschriften, Kalender und Kartenspiele. Die Papierverteuerung traf 23 Wochen- oder Monatszeitungen, die in den 13 widerstandsbereiten Kolonien praktisch unzensiert veröffentlicht wurden, darunter auch zwei deutschsprachige. Mit einem Schlag wurden die meisten von ihnen zum Kommunikationsmittel der Kritiker von Krone und Parlament und blieben es auch bis hin zur Unabhängigkeitserklärung. Die 27 Delegierten aus neun Kolonien, die sich im Oktober 1765 in New York zum Stamp Act Congress trafen, erklärten in ihren Petitionen an König, Oberhaus und Unterhaus, daß freie Engländer nur Steuern zahlten, denen sie „persönlich durch ihre Abgeordneten" zugestimmt hätten. Im Unterhaus sitze aber kein gewählter Vertreter der Kolonisten, und wegen der geographischen Lage sei dies auch gar nicht möglich.

Stempelsteuerkrise 1765/66

Rolle der Presse

Als wirksames Druckmittel der Kolonisten erwies sich der Boykott englischer Waren, zu dem über 200 New Yorker Kaufleute im Oktober 1765 aufgerufen hatten. Unter dem beflügelnden Namen „Söhne der Freiheit" organisierten schreibgewandte Gentlemen, Handwerksmeister und Äxte schwingende Gesellen die Überwachung des Boykotts und verhinderten den Verkauf der Steuermarken. Kolonialadministratoren und Parlamentarier in London unterschätzten zehn Jahre lang die Bereitschaft zu gewaltsamem Widerstand, bis es schließlich zu spät für eine friedliche Lösung war. Benjamin Franklin, den seine Heimatkolonie Pennsylvania als Interessenvertreter nach London geschickt hatte, sagte bereits im Februar 1766 vor einem Ausschuß des Unterhauses, die Kolonialparlamente würden nie ein Steuergesetz des Parlaments von Westminster anerkennen: „Sie werden es nie tun, es sei denn, sie würden mit Waffengewalt dazu gezwungen." Genau dies erklärte aber zur gleichen Zeit im fernen Virginia der Plantagenbesitzer und spätere Hauptautor der Grundrechteerklärung von Virginia, George Mason, für unmöglich: Die Kolonisten seien zum Widerstand fest entschlossen, schrieb er in einem anonymen offenen Brief an die Fernhandelskaufleute von London: „Die Überquerung des Atlantik hat uns gezwungen, in einem anderen Klima zu leben, nicht aber mit einer anderen Geisteshaltung.... Ein natürlicher Trieb (*passion*) macht den Menschen, insbesondere freie Menschen, unduldsam gegenüber Zwang. Welcher vernünftige Mensch kann denn glauben, daß ein Volk von drei

Handelsboykott

oder vier Millionen, dessen Begabung und Tapferkeit nicht von Natur aus mangelhaft sind, das die Annehmlichkeit der Freiheit in einem Land kennengelernt hat, in dem sich die Bevölkerung alle zwanzig Jahre verdoppelt, dessen Vielfalt von Böden und Klimazonen es ermöglicht, sich selbst zu versorgen und die Annehmlichkeiten des Lebens zu genießen – glaubt jemand ernsthaft, daß ein solches Volk sich lange der Unterdrückung fügen wird?" Angesichts des um zwei Drittel gesunkenen Exports englischer Waren in die Kolonien und der gewaltsamen Verhinderung des Verkaufs der Gebührenmarken widerrief das Parlament im März 1766 das Steuermarkengesetz.

Declaratory Act 1766 — Zu einer grundsätzlichen Anerkennung des Rechtes der Kolonisten auf Selbstbesteuerung war die Parlamentsmehrheit aber nicht bereit. Im Gegenteil, das Unterhaus bekräftigte Großbritanniens Herrschaftsanspruch mit Worten, die im folgenden Jahrzehnt in Hunderten von Flugschriften und Zeitungsartikeln der Kolonisten zitiert werden sollten, um die Grenzenlosigkeit des imperialen Herrschaftsanspruchs zu beweisen: „Die genannten Kolonien in Amerika waren und sind rechtmäßig der Krone und dem Parlament von Großbritannien untergeordnet und von ihnen abhängig. Des Königs Majestät, durch und mit Rat und Zustimmung des Parlaments der geistlichen und weltlichen Lords und der Gemeinen von Großbritannien, besaß und besitzt rechtmäßig und notwendig die Vollmacht, Gesetze zu erlassen, die die Einwohner der Kolonien in Amerika – Untertanen der Krone Großbritanniens – in allen erdenklichen Fällen binden" (Declaratory Act, 18. März 1766).

Die Entschlossenheit vieler Kolonisten zum Widerstand beeindruckte den Monarchen, die Höflinge und die Mehrheit im Parlament zu Westminster nicht nachhaltig. Die anhaltende Finanznot motivierte Minister und Parlamentsmehrheit zu wiederholten Versuchen, die Kolonien zu besteuern und den Schmuggel zu

Townshend-Zölle — unterbinden. Auf die vom Parlament gebilligten Townshend-Zölle von 1767 reagierten Großkaufleute in Boston, New York, Philadelphia, Baltimore und Charleston 1768/69 mit einer erneuten Nichteinfuhrabsprache. Frauen verzichteten auf feines englisches Tuch und webten ihren eigenen groben, aber patriotischen Stoff (homespun). Der Wert der Importe sank in einem Jahr von 2,1 auf 1,3 Millionen Pfund Sterling. Wieder nahm das Parlament sein Gesetz im April 1770 zurück, nur die Teesteuer ließ es aus Prinzip bestehen.

Das „Massaker von Boston" 1770 — Die fünf ersten Märtyrer der Bewegung starben am 5. März 1770 in Boston. Zwei Infanterie- und Artillerieregimenter waren seit 1768 in Boston stationiert und demonstrierten in den Augen der Bevölkerung die Bereitschaft der Regierung zur militärischen Lösung. Als die Wache des Regierungsgebäudes (State House) von einem „Schneebälle" werfenden Mob ernsthaft bedroht wurde, schossen die Soldaten in Notwehr in die Menge. Der Propagandaausschuß der Freiheitssöhne machte daraus das „Massaker von Boston."

Boston Tea Party 1773 — Am 16. Dezember 1773 warfen etwa dreißig als Indianer verkleidete Bürger Bostons 342 Kisten Tee im Wert von 9000 Pfund Sterling (etwa 900 000 Dollars des Jahres 1993) von drei geankerten Schiffen ins Hafenbecken. Auf diese Weise unterbanden sie die Zahlung des Zolls, der mit der Anlandung fällig geworden wäre. Eigentümerin war die englische Ostindien-Kompanie, der das Teegesetz von 1773 zum Nachteil der Kolonisten eine Monopolstellung eingeräumt hatte. Die von den politischen Führern des Widerstandes geplante Provokation erfüllte ihren Zweck: sie setzte eine Abfolge von Reaktionen in Gang, die in zweieinhalb Jahren zur Unabhängigkeitserklärung führte. Der Politiker John Adams schrieb am 17. Dezember 1773 in sein Tagebuch: „Heute morgen segelte ein Kriegsschiff [nach England].... Welche Maßnahmen wird das Ministerium ergreifen? Werden sie empört sein? Werden sie es wagen empört zu sein? Werden sie uns bestrafen? Wie? Indem sie mehr Truppen einquartieren? Die Kolonialverfassung (*charter*) widerrufen? Noch höhere Zölle einziehen? Unseren Handel beschränken? Sich an einzelnen rächen?... War die Vernichtung des Tees nötig? Ich fürchte, sie war absolut notwendig.... Ihn an Land zu bringen, hätte bedeutet, das Besteuerungsrecht des Parlaments anzuerkennen, und dagegen hat der Kontinent zehn Jahre lang gekämpft."

Premierminister North und die Parlamentsmehrheit reagierten 1774 mit vier *Coercive Acts*, die in der Publizistik der Kolonisten bald *Intolerable Acts*, „unerträgliche Gesetze", hießen: (1) Der Bostoner Hafen blieb für Handelsschiffe geschlossen, bis der Tee bezahlt sein würde; (2) Kronbeamte konnten in England statt in einer Kolonie vor Gericht gestellt werden, wenn die ihnen vorgeworfene Tat bei der Niederschlagung eines Aufruhrs oder bei der Einziehung von Zollgebühren begangen worden war; (3) Gemeindeversammlungen (*town meetings*) durften nur noch nach Genehmigung der Tagesordnung durch den Gouverneur abgehalten werden, und die Mitglieder des Gouverneursrats von Massachusetts wurden ab sofort vom König ernannt, nicht mehr vom Repräsentantenhaus gewählt; (4) Soldaten konnten im Bedarfsfall auch in Privathäusern einquartiert werden. Mit dem Läuten der Totenglocken beging die Bevölkerung Bostons die Schließung des Hafens am 1. Juni 1774. Elf Regimenter Rotröcke rückten in die Stadt ein.

Die Unerträglichen Gesetze 1774

Ebenfalls als Strafmaßnahme betrachteten die Kolonialengländer das Quebec-Gesetz, das 1774 den 70 000 französischsprachigen Einwohnern dieser 1759 eroberten Kolonie die kulturelle Eigenständigkeit garantierte: Die dominante Stellung der katholischen Kirche, der französischen Sprache und sogar des Zivilrechts und der *seigneurs*, der Großgrundbesitzer, blieb erhalten; ein gewähltes Kolonialparlament angloamerikanischen Typs sollte es nicht geben. Zugleich wurde das Territorium Quebecs weit nach Süden erweitert, bis an die Ufer von Ohio und Mississippi – womit die aus ihren Gründungsurkunden abgeleiteten Landansprüche von Massachusetts, Connecticut, New York, Pennsylvania und Virginia im Ohiotal hinfällig wurden.

Quebec-Gesetz 1774

In New York wollten die Fernhandelskaufleute eine Schließung ihres Hafens zur Bekundung von Solidarität mit Boston abwenden und betrieben statt dessen die Einberufung einer Delegiertenkonferenz aller widerstandsbereiten Kolonialparlamente in Philadelphia. Auch in Virginias Parlament fanden die Bostoner

Der Erste Kontinentalkongreß 1774

Unterstützung, weil die Krone Virginias Gebietsansprüche im Westen annulliert hatte und der königliche Gouverneur Lord Dunmore die Gewählten seit einiger Zeit mit Willkürmaßnahmen reizte. Sie entsandten George Washington und sechs andere Repräsentanten der Großplantagenbesitzer nach Philadelphia. Vom 5.9. bis 26.10. 1774 berieten in Philadelphia 55 Delegierte aus zwölf Kolonien (Georgia wartete noch ab) die Möglichkeiten des gemeinsamen Widerstandes. Jede Delegation konnte nur gemeinsam eine Stimme abgeben. Dennoch proklamierte Patrick Henry aus Virginia: „Die Unterscheidung zwischen Virginiern, Pennsylvaniern, New Yorkern und Neuengländern hat aufgehört. Ich bin kein Virginier, sondern ein Amerikaner" (Rede vom 6.9. 1774). Der Kongreß verurteilte die Zwangsmaßnahmen der *Coercive Acts* als mit der britischen Verfassung unvereinbar und rief ab 1. Dezember zum Importstopp britischer Waren auf. Zur Überwachung des Handels- und Konsumboykotts sollten in allen Orten Ausschüsse gebildet werden. Der Appell des Kongresses vom 21.10. 1774 an die Mituntertanen in England, die Freiheiten der britischen Verfassung gegen Machtmißbrauch zu verteidigen, verhallte ungehört.

Kompromißlose Parlamentsmehrheit in London

William Pitts Forderung am 20.1. 1775 im Oberhaus, die Truppen aus Boston abzuziehen und mit den Kolonisten zum beiderseitigen Vorteil möglichst intensiven Handel zu betreiben, wurde mit 68 zu 15 Stimmen abgelehnt. Die überwältigende Mehrheit von Oberhaus und Unterhaus unterstützte weiterhin die kompromißlose Erzwingungspolitik des Premierministers und des Königs.

B) DER UNABHÄNGIGKEITSKRIEG

Erste Gefechte in Lexington und Concord

Am 19. April 1775 schossen in und bei den Landstädtchen Lexington und Concord, 30 km westlich von Boston, die Bürgerwehr der Kolonisten und ein Korps britische Infanterie, das auf der Suche nach illegalen Waffendepots war, aufeinander; 93 Milizionäre und 272 Berufssoldaten starben. Keiner der Beteiligten ahnte, daß damit der Krieg um die Unabhängigkeit begonnen hatte. Der revolutionäre Kongreß von Massachusetts stellte sofort ein Milizheer von 13 600 Mann auf und belagerte Boston, bis die von Land her eingekesselte königliche Kriegsmarine im März 1776 aufgab und mit einem Troß Loyalisten nach New York segelte.

Continental Army, Oberbefehlshaber George Washington

Der ab Mai 1775 in Philadelphia tagende Zweite Kontinentalkongreß erkannte die Bostoner Belagerungstruppen als ersten Verband seiner Continental Army an und ernannte am 15. Juni 1775 den als Delegierter Virginias im Kontinentalkongreß anwesenden 43jährigen Plantagenbesitzer und Milizoffizier mit *frontier*-Erfahrung George Washington zum Oberbefehlshaber der Kontinentalarmee. Von nun an versuchte keine der 13 aufständischen Kolonien mehr, ein politisches Arrangement mit König und Parlament im Alleingang zu suchen. Benjamin Franklins Aperçu, „entweder wir halten zusammen oder hängen einzeln", kennzeichnete das nüchterne Kalkül der den interkolonialen Widerstand nun auch militärisch und wirtschaftlich Organisierenden.

2. Revolution und Nationalstaatsgründung 43

Zwei Armeen des Kontinentalkongresses von jeweils etwa 1 000 Mann scheiterten zwischen August und Dezember 1775 bei dem Versuch, Montreal und Quebec zu besetzen und damit der königlichen Marine den St. Lorenz als Nachschublinie zu nehmen und zu verhindern, daß Kanada das Aufmarschgebiet und Winterlager der Rotröcke für ihre Expeditionen nach Süden wurde. Die Frankokanadier waren nicht bereit, die Privilegien aufs Spiel zu setzen, die König und Parlament ihnen 1774 im Quebec-Gesetz gewährt hatten; auf die Einladung des Kontinentalkongresses, sich dem bewaffneten Widerstand gegen die Willkürherrschaft der Kolonialmacht anzuschließen, gingen sie deshalb nicht ein. Gescheiterte Invasion Kanadas 1775

Ab 1776 setzte Washington die defensive Strategie des Ausweichens und Hinhaltens, ja der Guerillataktik, durch. Er setzte darauf, daß auch die größte See- und Landstreitmacht der Zeit nicht imstande war, einen Küstenstreifen von über 2 000 km Luftlinie mit einem verkehrsmäßig weitgehend unerschlossenen, in einen so gut wie grenzenlosen Urwald übergehendem Hinterland militärisch zu kontrollieren. Auch die Verstärkung der britischen Regulären durch etwa 30 000 Mietsoldaten sechs verschuldeter deutscher Territorialfürsten, insbesondere aus Hessen-Kassel und Braunschweig-Wolfenbüttel, sollte an der Richtigkeit dieser Lagebeurteilung nichts ändern. (Von den deutschen Söldnern kehrten 17 000 heim, 8 000 starben, 5 000 desertierten und siedelten in Amerika.) *Defensivstrategie Washingtons*

Kein königlicher Gouverneur und kein anderer Repräsentant der Krone wurde etwa im Stil des politisch motivierten Terrorismus des 19. und 20. Jahrhunderts umgebracht; eine Adelsklasse, die man hätte ausrotten können, gab es nicht, und auch unter der den Unabhängigkeitskampf organisierenden Elite sollte es keine Phase mörderischer Rivalität geben. Aber die Amerikanische Revolution war nicht nur ein Krieg der Worte. Der Widerstand steigerte sich ab 1765 von Schmuggel und Einfuhr- und Ausfuhrboykott über die symbolische Gewaltdemonstration durch Aufhängen und Verbrennen von Puppen der Steuermarkenverkäufer und die Zerstörung von Häusern hoher Kolonialbeamter bis hin zur Erniedrigung Königstreuer durch „Fahnenküssen" und das schmerzhafte Teeren und Federn – keine Volksbelustigung, sondern eine Form der öffentlichen Folter. Ab 1775 erwies sich die Drohung, Landbesitz zu enteignen, bei der Einschüchterung der „Tories" genannten Loyalisten als sehr effektiv. Die unter anderem nach Kanada fliehenden Loyalisten verdammten die „Rebellen" als Hochverräter. Die Aufständischen nannten sich selbst „Amerikaner", „Patrioten" und „Söhne der Freiheit" und verteidigten in Hunderten von Flugschriften, Zeitungsartikeln und Predigten ihre *American Revolution* als ebenso berechtigt, wie es die *Glorious Revolution* der englischen Whigs 1688 gewesen war. *Bürgerkrieg: Gewalt gegen Loyalisten*

Seit dem 9. Januar 1776 fand in Philadelphia die anonyme Flugschrift *Common Sense* reißenden Absatz. In ihr forderte Thomas Paine die sofortige Erklärung der Unabhängigkeit von dem unheilbar korrupten monarchisch regierten England. Ein sich selbst regierendes republikanisches Amerika müsse nun zum „Asyl der Freiheit" werden. Das Tabu war gebrochen. Widerspruch und Zustimmung wurden nun in Hunderten von Zeitungsartikeln und Dutzenden von Flugschriften *Paines Aufruf zur Unabhängigkeit* von Georgia bis New Hampshire öffentlich artikuliert – und in der Londoner Presse kommentiert. Die genaue Anzahl der nicht wenigen Skeptiker und „Loyalisten" unter den Bewohnern der Kolonien ist nicht bekannt. Fakten in Paines Sinn schuf der Kontinentalkongreß mit der sogenannten wirtschaftlichen Unabhängigkeitserklärung, als er am 6. April 1776 die Öffnung der amerikanischen Häfen für die Handelsschiffe aller Nationen proklamierte, allerdings mit Ausnahme der britischen Schiffe.

<small>Wirtschaftliche Unabhängigkeitserklärung 6. April 1776</small>

Erst am 2. Juli 1776 fand sich im Kontinentalkongreß die notwendige Einstimmigkeit für die Unabhängigkeitsresolution, zumindest unter den zwölf repräsentierten Kolonien (New York hatte seine Delegierten noch nicht zur Zustimmung bevollmächtigt, und sie blieben der Abstimmung fern). Zwei Tage später wurde die weitgehend von Thomas Jefferson entworfene ausführliche Begründung hinzugefügt. Mit 21 Verletzungen seiner Herrscherpflichten und der daraus resultierenden Willkürherrschaft begründeten die Abtrünnigen den Autoritätsverlust des Monarchen in den Kolonien, gegen die seine Soldaten kämpften. Legitime Regierung beruhte demnach allein auf der Zustimmung der Regierten und auf dem Schutz gewisser „unveräußerlicher Rechte" der „gleich geschaffenen" Menschen, insbesondere ihrem Recht auf „Leben, Freiheit und dem Streben nach Glück und Zufriedenheit". Diese Leitwerte der amerikanischen Aufklärung bildeten fortan den Kern des politischen Glaubensbekenntnisses der liberalen amerikanischen Demokratie.

<small>Proklamation der Unabhängigkeit 4. Juli 1776</small>

Die diplomatische und militärische Lage Europas um 1776 begünstigte den Unabhängigkeitskrieg der Kolonisten. Politisch-ideologische Sympathien spielten dabei keine Rolle, nur Machtkalkül und vermeintlich strategische Interessen der Monarchen, insbesondere Frankreichs und Spaniens. Seit dem Verlust Quebecs 1759 hatten Berater des absolutistischen Monarchen Frankreichs auf eine Gelegenheit gewartet, die Vormachtstellung Großbritanniens zu schwächen. Die Rebellion in den Kolonien nutzte Ludwig XVI. in diesem Sinn, trotz der prekären Finanzlage seines Regimes. Amerikanische Unterhändler brauchten 1775 und 1776 in Versailles nicht lange zu antichambrieren, bis eine mit 1 Million Livres aus der Staatskasse finanzierte Scheinfirma Schiffe voller Musketen, Pulver, Blei und anderer militärischer Ausrüstung in amerikanische Häfen schmuggelte.

<small>Unabhängigkeitskrieg</small>

Die englische Strategie der Isolierung Neuenglands durch die Besetzung des Hudsontals von Kanada aus scheiterte im Oktober 1777 in den Wäldern bei Saratoga mit der Kapitulation der Rotröcke unter Burgoyne. Dieser Sieg der Armee des Kontinentalkongresses überzeugte die französische und spanische Regierung endgültig von den Siegeschancen der Aufständischen; ein Seekrieg gegen den Erzrivalen schien sich zu lohnen. Die förmliche Militärallianz und ein Freundschafts- und Handelsvertrag zwischen dem absolutistischen Herrscher Frankreichs und den aufständischen Republikanern folgten 1778. Damit war der auch als Bürgerkrieg zu verstehende englische Kolonialkrieg erweitert zu einem internationalen Seekrieg, an dem sich ab 1779 die Kriegsmarine Spaniens und ab 1780/81 auch die der Niederlande beteiligten. Es entsprach dem internationalen Charakter des

<small>Allianz mit Frankreich 1778</small>

<small>Internationaler Seekrieg</small>

Krieges, daß die letzte Schlacht im Oktober 1781, die Belagerung des britischen Heeres von 8 000 Mann in Yorktown an der Atlantikküste im Süden Virginias, von Washingtons 9 000 und Marquis de Lafayettes 7 800 Mann zu Lande und zwei französischen Geschwadern, die eine Rettungsaktion der Royal Navy verhinderten, gemeinsam entschieden wurde. In aussichtsloser Lage – er hatte bereits 552 Tote zu beklagen, die Alliierten 262 – kapitulierte General Cornwallis am 18. Oktober 1781, und die Militärkapelle spielte beim Niederlegen der Musketen „The World Turned Upside Down". Der in Paris 1783 ausgehandelte Friedensvertrag erfüllte die zentrale amerikanische Forderung: Die englische Krone erkannte die Vereinigten Staaten als „freie, souveräne, unabhängige Staaten" an. Die Grenze des weiterhin kolonialen Kanada und Spanisch-Louisianas (die Flußmitte des Mississippi, auf dem alle Durchfahrtsrecht genossen) wurden definiert. Spanien erhielt Florida zurück (bis zum Anschluß an die USA 1821). *Kapitulation in Yorktown 1781*

Friedensvertrag von Paris 1783

c) Das neue politische System: Einzelstaatsverfassungen und Konföderation

Wenn man nationales Zusammengehörigkeitsgefühl nicht nur als die Bindung des einzelnen an Familie, Kommune, Region, Sprachgemeinschaft und ethnische oder religiöse Gruppe definiert, sondern auch an das durch die Verfassung des Staates definierte, alle Lebensbereiche berührende und möglicherweise regelnde Gemeinwesen, dann ist in den sich 1776 verselbständigenden dreizehn englischen Kolonien in relativ kurzer Zeit unter großen Teilen (zumindest der nicht versklavten) Bevölkerung ein an der europäischen Norm ausgerichtetes nationales Zusammengehörigkeitsgefühl entstanden. *Anfänge eines Nationalbewußtseins*

Während in Europa das monarchische Prinzip in seiner konstitutionellen oder absolutistischen Variante dominierte – weil es angeblich das leistungsfähigste war –, versuchten die Angloamerikaner erstmalig, auf einem fast grenzenlos anmutenden Territorium die Ausübung der Regierungsgewalt vom Willen „des Volkes" abzuleiten. Die von 1776 bis 1780 in Kraft gesetzten ersten Einzelstaatsverfassungen dokumentieren den auf Erfahrungen mit kolonialer Selbstregierung beruhenden Realismus der Gründerväter. Die an europäischen Aufklärern häufig geübte Kritik des ungerechtfertigt optimistischen Menschenbildes trifft sie nicht. „Representative democracy", Delegation von Kompetenzen und Rechenschaftspflicht der die Regierungsgewalt in Treuhänderschaft Ausübenden schienen ihnen am besten geeignet, die demokratischen Ideale von 1776 annäherungsweise in die Praxis umzusetzen. Franklin, Jefferson und ihre Kollegen setzten keinen neuartig selbstlosen Menschen voraus, sondern gestalteten den politischen Entscheidungsprozeß so, daß selbst menschliche Schwächen wie Eigeninteresse und Machthunger sich zum Wohl des Ganzen auswirken konnten. *Die ersten Einzelstaatsverfassungen*

Deshalb teilten sie die Regierungsgewalt so auf, daß mehrere „Gewalten" sich gegenseitig kontrollierten: Die Gesetze mußten zusätzlich zum Repräsentantenhaus auch von einer stärker dem Eigeninteresse der Grundbesitzer verpflichteten *Gewaltenverschränkung* zweiten Kammer, dem Senat, gebilligt werden, und meist auch noch von dem Gouverneur. In Philadelphia plädierte der Arzt und Politiker Benjamin Rush 1777 für die Zweiteilung der Legislative: „Oft wird gesagt, in Amerika gebe es nur Menschen eines einzigen Standes (*rank*) und deshalb dürfe die Legislative auch nur *eine* beratende Kammer haben. Richtig ist aber nur, daß es bei uns keine künstliche Unterscheidung von Adeligen und Gemeinen gibt. Aber wir sehen doch, daß unterschiedlich große Anstrengungen und Begabungen und vor allem Wirtschaften und Handeln eine Ungleichheit der Eigentumsverteilung unter uns herbeigeführt haben, die wiederum natürliche Unterschiede der sozialen Stellung begründen, die in Pennsylvania ebenso sichtbar und weit verbreitet sind wie die künstlichen Rangunterschiede in Europa" (Flugschrift „Observations upon the Present Government of Pennsylvania", 1777). Das „landed interest" der kleinen Farmer konkurrierte mit dem in den Hafenstädten konzentrierten „commercial interest" und den Interessen der Plantagenbesitzer im Süden.

Interessenkonflikte

Verzicht auf die schon in der Kolonialzeit üblichen Eigentumsqualifikationen für Wähler wurde zwar schon 1776 vereinzelt gefordert, stärker wog aber noch bis in die 1820er Jahre die Furcht vor Mitbestimmung mutmaßlich verantwortungsloser, weil nicht „mit dem Schicksal der Gemeinschaft fest verbundener" Eigentumsloser, wie es Virginias Verfassung 1776 ausdrückte (Virginia Bill of Rights). Von den euroamerikanischen Männern waren in Virginia 1787 etwa ein Drittel Arbeiter mit sehr wenig Eigentum; ein weiteres Drittel waren Farmer mit weniger als 500 *acres*; etwa ein Zehntel besaß zwar selbst (noch) kein Land, verfügte aber über anderes Vermögen und war mit Landbesitzern verwandt; jeder Fünfundzwanzigste besaß mehr als 500 *acres* und ließ 20 oder mehr versklavte Afrikaner für sich arbeiten. Etwa die Hälfte der Landbesitzer Virginias besaß fünf und mehr Sklaven. Großplantagen mit über 100 Sklaven waren auch in Virginia selten; im ganzen Staat gab es 1787 weniger als 100 von ihnen. Die Tabakplantage mit den meisten Sklaven in einer *county* war die von George Washington in Fairfax County mit 352 Sklaven.

Eigentumsqualifikation für Wähler

Besitzverteilung in Virginia

Der ab 1776 republikanisch regierte Großflächenstaat verlangte die Organisationsform des Staatenbundes oder des Bundesstaates, weil in jeder der 13 aufständischen Kolonien eine politische Elite entstanden war, die im Kampf gegen die Kolonialmacht gelernt hatte, die Regionalinteressen in einer eigenen Legislative zu vertreten. Andererseits verlangten nun die Kriegführung, die Errichtung einer neuen politischen Ordnung und die diplomatische Vertretung der amerikanischen Interessen in Europa gemeinsames Handeln. Die Ratifizierung der Konföderationsartikel zog sich jedoch bis zum 1. März 1781 hin, weil Maryland den Zwang zur Einstimmigkeit nutzte, um durch Erpressung ein Föderalismusproblem zu lösen, das nicht durch Diskussion zu lösen war. Einige Staaten beanspruchten seit der Unabhängigkeitserklärung Landstreifen von ihrer Westgrenze bis zum Mississippi. Die Küstenstaaten mit fester Westgrenze, deren *charter* keinen derartigen Anspruch begründete, hatten bislang vergeblich darauf bestanden, das Land zwischen Appalachen und Mississippi gehöre den kriegführenden Kolonien als *public domain*

Anfänge des Föderalismus

Konföderationsartikel 1781

gemeinsam und sein späterer Verkauf an Siedler müsse vom Konföderationskongreß organisiert werden und allen Staaten zugute kommen. Erst an dem Tag, an dem die New Yorker Delegation im Kontinentalkongreß als letzte ihren Landanspruch im Westen an die Konföderation abtrat, unterschrieben Marylands Delegierte die Konföderationsartikel, und die Glocken der Kirchen Philadelphias verkündeten die Konstituierung des Staatenbundes. Die „confederacy" mit dem Namen „The United States of America" sollte eine „perpetual union" der dreizehn namentlich genannten Einzelstaaten sein. In ihrer Delegiertenversammlung, dem „Congress", konnte jeder Staat nur eine Stimme abgeben, über die die Delegationsmehrheit verfügte. Bei einem unentschiedenen Stimmenverhältnis innerhalb einer Delegation entfiel die Stimme des Staates. Alle wichtigen Entscheidungen bedurften der Zustimmung von neun Staaten, z. B. Kriegserklärungen und Militärbündnisse, Münzgeldherstellung und Kreditaufnahmen, und die Finanzierung von Ausgaben für „the defence and welfare of the united states". Die Konföderationsartikel selbst sollten nur mit Zustimmung aller Staaten geändert werden können. Hauptaufgabe der Konföderation sollte die Konfliktschlichtung unter den Mitgliedstaaten sein, aber ein unabhängiges Konföderationsgericht war nicht vorgesehen.

Staatenbund

Die Finanzkrise der Nachkriegsjahre stellte die neu geschaffenen Institutionen auf eine harte Probe, die die Konföderationsartikel nicht bestanden, weil sie keine ausreichend handlungsfähige Regierung vorsahen. Die Kriegsschulden beliefen sich 1783 auf etwa 42 Millionen Dollar, und die Kassen des Kongresses und der Einzelstaatsparlamente waren leer. Der Kongreß konnte keine Steuern erheben, sondern nur Zahlungsaufforderungen (*requisitions*) an die Einzelstaaten verschikken, die sanktionslos ignoriert wurden. Die Kreditwürdigkeit des Kongresses in Europa sank. Als Washington 1783 die Auflösung der Armee vorbereitete, konnte er nicht den gesamten ausstehenden Sold bezahlen. Besorgt schrieb er an die Gouverneure der Einzelstaaten, die Früchte des Sieges stünden auf dem Spiel: „Dies ist der Augenblick, unsere Eigenschaft als Nation für immer zu begründen oder zu zerstören; dies ist der Augenblick, unsere Bundesregierung so einzurichten, daß sie ihre Aufgaben erfüllen kann. Aber dies kann auch der unglückselige Augenblick sein, in der die Macht der Union sinkt, die Konföderation sich auflöst und zum Spielball der europäischen Politik wird, die unsere Staaten gegeneinander ausspielen wird" (8. 6. 1783, Rundbrief an die Gouverneure). Ein Sonderausschuß des Kontinentalkongresses legte am 13. Februar 1786 einen alarmierenden Bericht vor. Die Zahlungsunfähigkeit der Konföderation gefährdete u. a. die Sicherheit der Schiffahrt und des Handels, weil die Piraten vor Algier, Tunis und Tripolis amerikanische Handelsschiffe ausrauben oder erpressen konnten. Auch die Forts an der Indianer-*frontier* und die wenigen Diplomaten in Europa könne der Kongreß nicht mehr bezahlen. Jetzt müsse entschieden werden, ob die Staaten die „Existenz der Union" und ob das Volk seinen „Status als Nation" aufrecht erhalten wolle.

Bankrott der Konföderation

Die Mehrzahl der Einzelstaatslegislativen zog es vor, zur Finanzierung ihrer Kriegsschulden Banknoten zu drucken und die Inflation in Kauf zu nehmen, statt mehr Steuern zu erheben. Auch in Massachusetts verlangten die verschuldeten Farmer billiges Geld, mit dem sie ihre Landkaufkredite bedienen und ihre Grundsteuern zahlen könnten; dann würden auch die Zwangsversteigerungen überschuldeter Farmen aufhören. Als die Bostoner Kaufleute und die Parlamentsmehrheit in Boston diese Forderungen ablehnten, kam es 1786/87 zum folgenträchtigsten Bauernaufstand der amerikanischen Geschichte. Unter Führung des pensionierten Hauptmanns der Kontinentalarmee Daniel Shays verhinderten einige Hundert bewaffnete Farmer in den *frontier*-Bezirken von Massachusetts ab August 1786 die Durchführung von Gerichtsverfahren und damit auch deren Folgen in Gestalt von Zwangsversteigerungen und Einweisungen in das Schuldnergefängnis. Bostons Bürger sammelten 20 000 Dollar, um 4 000 Mann Miliz auszurüsten, die nach kurzem Gefecht die Bauerntruppe im Februar 1787 auseinandertrieben. Die Befürworter einer stärkeren Bundesregierung übertrieben in Presseberichten landauf, landab die Gefahr eines Umsturzes durch Mobherrschaft in Massachusetts. Sie nutzten das Ereignis als zusätzliches Argument für eine stärkere Bundesregierung, die die öffentliche Ordnung, die Unantastbarkeit von Privatbesitz und den Wert des Geldes in allen Mitgliedstaaten der Union besser schützen werde, als schwache Einzelstaatsregierungen dies unter dem Eindruck verantwortungsloser Parlamentsmehrheiten tun könnten.

Shays' Rebellion 1786/87

d) Die Verfassung der Union

Konferenz von Annapolis 1786

Die entscheidende Reforminitiative ging 1786 von einigen Einzelstaatslegislativen aus. Virginias Parlament lud seine Partner in allen Staaten der Union zu einer Konferenz über Handelsfragen für den 11. September 1786 in das Hafenstädtchen Annapolis ein. Als schließlich nur Delegationen aus New York, New Jersey, Pennsylvania, Delaware und Virginia erschienen, beschloß die Rumpfkonferenz lediglich einen Appell an die Entsenderstaaten, erneut zu einer Konferenz im Mai 1787 einzuladen, die sich nicht auf Handelsfragen beschränken, sondern die Verfassung der Konföderation besprechen solle. Diesem Begehren stimmte auch der Kontinentalkongreß am 21. Februar 1787 zu.

Konferenz von Philadelphia 1787

Nur im Nachhinein dürfen wir vom Verfassungskonvent von Phildelphia (25. 5.-17. 9. 1787) sprechen. Denn einberufen wurde eine nicht näher bezeichnete *convention* von Einzelstaatsdelegationen, mit dem Auftrag, „die Verfassung der föderalen Regierung den Erfordernissen der Union anzupassen" („to render the constitution of the Federal Government adequate to the exigencies of the Union"). Diesmal verweigerte nur Rhode Island die Teilnahme. Die Tatsache, daß der bereits wieder ins Privatleben als Tabakpflanzer nach Mount Vernon zurückgekehrte Heerführer der Revolution den Vorsitz führte, verlieh den Beratungen und ihrem Ergebnis zusätzliches Gewicht. (Washingtons Wahl zum ersten Präsidenten der USA sollte 1789 die symbolische Verknüpfung von Unabhängigkeitskampf und Bundesverfassung zu *einem* Akt der Staatsgründung vollenden.)

2. Revolution und Nationalstaatsgründung

Zur Versachlichung der Aussprache und Erleichterung von Kompromissen tagte der Konvent im State House von Pennsylvania unter striktem Ausschluß der Öffentlichkeit und ohne offizielles Protokoll. Erst 1840 wurden James Madisons private Mitschriften veröffentlicht. Die erste weichenstellende Entscheidung zugunsten einer neuen Verfassung fiel am 19. Juni 1787, als die Mehrzahl der Delegationen (darunter die der bevölkerungsreichen Staaten Virginia, Pennsylvania und Massachusetts) bejahte, auch auf Bundesebene eine voll ausgeprägte dreigeteilte Regierung nach dem Vorbild der Einzelstaatsregierungen mit Zweikammerlegislative (je nach Bevölkerungsgröße beschickt), Exekutive und Judikative zu schaffen (Virginia Plan). Überstimmt wurden die kleinen Staaten und der Großstaat New York, die an der Stimmengleichheit aller Staaten und einer schwachen Exekutive festhalten wollten. _{Große gegen kleine Staaten}

Die Befürworter einer starken Zentralregierung beschworen das Prinzip der Volkssouveränität, um zu begründen, daß nicht wie bisher die Legislativen der Einzelstaaten, sondern die breite Wählerschaft die nationale Legislative wählen müsse. Die Sitze sollten der Einwohnerzahl entsprechend unter den Staaten verteilt werden. Die Idee einer reinen Standes- und Grundbesitzervertretung nach dem Vorbild des englischen Oberhauses lehnte selbst South Carolinas Möchtegernaristokrat Charles Pinckney ab. Die im Vergleich zu Europa geringen Vermögens- und Standesunterschiede, argumentierte er, würden dies auch in Zukunft nicht rechtfertigen: „Ich behaupte, daß diese Gleichheit auch in Zukunft bestehen wird, weil in einem neuen Land, in dem es noch riesige Flächen nicht urbar gemachten Bodens gibt, wo zur Einwanderung jeder erdenkliche Anreiz besteht und wo Fleiß mit gutem Auskommen belohnt wird, es nur wenige Arme und Abhängige [unter den Euroamerikanern] geben wird." Statt dessen vereinbarten die großen mit den kleinen Staaten, den Senat zu einer Art Staatenkammer zu machen, in die jedes Einzelstaatsparlament zwei Senatoren entsandte. (Erst ab 1913 mußten auch die Senatoren direkt gewählt werden.) Das Repräsentantenhaus wurde dagegen proportional zur Einwohnerzahl (pro 30 000 ein Abgeordneter) besetzt. Heiß umstritten war die Anrechnung der versklavten Afrikaner bei der Berechnung der Abgeordnetenzahl. Der Abschaffung der Sklaverei, das wußten alle Beteiligten, hätten die Südstaatenvertreter in Philadelphia und die späteren Ratifizierungskonvente in den Südstaaten niemals zugestimmt. Duldung der Sklaverei war 1787 der Preis für die nationale Einheit. Nach harter Debatte gestanden die Nordstaatler dem Süden zu, immerhin Dreifünftel der Sklavenzahl bei der Berechnung der Repräsentantenhaussitze jedes Staates zu berücksichtigen. Die Regelung des Wahlrechts für die Repräsentantenhauswahl und alle anderen Bundeswahlen blieb den Einzelstaatslegislativen überlassen – ein unrühmlicher Kompromiß von 1787, der die politische Rechtlosigkeit auch der freigelassenen Afroamerikaner vorprogrammierte und erst 1865 korrigiert werden sollte. Lediglich zur Beendigung des legalen Sklavenimports ab 1808 reichte der Konsens von 1787.

Das Präsidentenamt wurde nach dem Vorbild des Gouverneurs und nach dem Willen der Befürworter einer handlungsfähigen Einpersonenexekutive gestaltet:

im Unterschied zum englischen Premierminister sollte der Präsident nicht von der Legislative gewählt werden, sondern von direkt gewählten Wahlmännern (*electoral college*). Merkmale des vergleichsweise mächtigen Amtes sind die vierjährige Amtszeit, die unbegrenzte Wiederwählbarkeit (die erst 1951 auf einmalige Wiederwahl begrenzt wurde), ein Veto in der Gesetzgebung, das Repräsentantenhaus und Senat nur mit Zweidrittelmehrheit überstimmen können, die Rolle des Oberkommandierenden und schließlich die alleinige Vertretung der USA im Ausland.

Gewaltenverschränkung

Zur Gewaltenverschränkung und gegenseiten Gewaltenkontrolle gehören auch die Abhängigkeit des Präsidenten von den jährlichen Haushaltsgesetzen und die Möglichkeit der Amtsenthebung des Präsidenten durch Zusammenwirken des Repräsentantenhauses und des Senats. Das Oberste Bundesgericht überwachte u. a. die Kompetenzenverteilung und nahm ab 1803 das im Verfassungstext nicht erwähnte Normenkontrollrecht (*judicial review*) für sich in Anspruch.

Supreme Court

Ratifizierung 1788

Die strikte Einhaltung des Einstimmigkeitsgebots der Konföderationsartikel hätte die Evolution vom Staatenbund zum Bundesstaat unmöglich gemacht. Es bedurfte des 1787/88 konsensuell vollzogenen Verfassungsbruchs: der Verfassungsentwurf proklamierte einfach, daß die Verfassung bei Zustimmung in neun Staaten für diese neun Staaten in Kraft treten werde. Der in New York tagende Konföderationskongreß leitete den Verfassungsentwurf nach einwöchiger Debatte am 28. September 1787 an die Einzelstaaten weiter und billigte damit die Mißachtung der Konföderationsartikel. Nicht die Wählerschaft direkt, sondern ein nur für diesen Zweck in jedem Staat gewählter Ratifizierungskonvent entschied über die Annahme des Verfassungsentwurfs. In der teilweise kontroversen öffentlichen Diskussion gelang es den Befürwortern einer gestärkten Zentralregierung, die irreführende Bezeichnung Federalists für sich und Anti-Federalists für die Verteidiger starker Einzelstaaten durchzusetzen. Zu Recht monierte Samuel Adams, einer der Aktivisten der Unabhängigkeitsbewegung in Massachusetts, den Sprachgebrauch: der entworfene Neubau sei „ein nationales Regierungssystem, keine föderative Vereinigung souveräner Staaten mehr". Adams artikulierte die Skepsis der Verfassungsgegner: „Kann eine nationale Legislative ohne Einschränkung der Freiheit per Gesetz alle inneren Angelegenheiten eines Volkes regeln, das auf einem so großen Gebiet in so verschiedenen Klimazonen lebt und dessen Gewohnheiten und Interessen so verschiedenartig sind? Können allgemeine [Bundes-]Gesetze überhaupt den unterschiedlichen Gefühlen der östlichen [von Pennsylvania bis Massachusetts] und der südlichen Gebiete einer so ausgedehnten Nation gleichermaßen Rechnung tragen?" (Brief an Richard Henry Lee, 3. 12. 1787). Die umfassendste Verteidigung des Verfassungsentwurfs veröffentlichten die Politiker Alexander Hamilton, James Madison und John Jay in Form von 85 anonymen Zeitungsartikeln von Oktober 1787 bis Mai 1788 (auch als zweibändiges Buch *The Federalist* 1788 in New York erschienen). In kompromißloser Juristenprosa erläuterten die Artikel die meisten Verfassungsvorschriften, um alle Bedenken der Verfassungskritiker auszuräumen. Die Aussagekraft der Texte ließ sie schließlich zum authentischen Verfassungskommentar und zur Summa der

Federalists gegen Anti-Federalists

Die Federalist-Artikel

politischen Theorie der amerikanischen Verfassungsväter werden. Die Ausdehnung der Union, erklärte Madison im 10. Artikel, der heute als Frühform der Konzeptualisierung des modernen Interessengruppenpluralismus gilt, stelle keine Gefahr dar, sondern erleichtere die Zähmung des potentiell zerstörerischen Parteienstreits und der dem Gemeinwohl schadenden *factions* – nicht durch griechische Marktplatzdemokratie, sondern durch die repräsentative Republik, d. h. durch die Wahl von Repräsentanten der verschiedenen Regionen und Interessengruppen. Das Repräsentationsprinzip und der Föderalismus verstärkten einander und ermöglichten stabile und freiheitliche Regierung eines großen Territoriums. Zur Bewahrung der Machtbalance innerhalb der Bundesregierung, argumentierte Madison im 51. Artikel, hätten Legislative, Exekutive und Judikative eine voneinander möglichst unabhängige Machtbasis; die vorgesehene Gewaltenteilung und Gewaltenverschränkung werde Machtanmaßungen verhindern: „Machtstreben muß Machtstreben entgegengesetzt werden." Hamilton appellierte abschließend an die Vernunft und den Patriotismus seiner New Yorker Mitbürger, weiteres Zaudern, „eine Nation ohne nationale Regierung", nicht länger zu dulden. Anarchie und Bürgerkrieg drohten, dabei sei der Erfolg zum Greifen nahe.

Am 2. Juli 1788, zwölf Jahre nach der Entscheidung zur Unabhängigkeit, stellte der Präsident des Konföderationskongresses die Ratifizierung der Bundesverfassung fest.

Da die Verfassungkritiker insbesondere das Fehlen eines explizit die Bundesregierung bindenden Grundrechtekatalogs beklagt hatten, besserte der Erste Kongreß der Vereinigten Staaten verabredungsgemäß sofort nach und setzte 1791 die zehn ersten Verfassungsänderungen (*amendments*) mit Zustimmung der vereinbarten drei Viertel der Einzelstaatslegislativen in Kraft. Sie wurden als „Bill of Rights" bekannt und schlossen den 1774 begonnenen Weg von der Kolonie zum Bundesstaat verfassungsrechtlich ab. Die erste Verfassungsänderung ist bis heute das Fundament der Bürgerfreiheiten. Sie untersagt dem Kongreß lediglich, Gesetze zu erlassen, die „an establishment of religion" – also die institutionelle Privilegierung einer Religion – oder deren freie Ausübung betrifft, die Rede- und Pressefreiheit oder das Recht des Volkes, sich friedlich zu versammeln oder Petitionen an die Regierung zu richten, einschränkt. Diese Begriffe zu definieren, sollte zu einer permanenten Aufgabe des Obersten Bundesgerichts werden. Im Schutz des *establishment*-Verbots wurde die anfängliche Dominanz der anglikanischen Staatskirche in den südlichen Kolonien und die der Puritaner in den Neuenglandkolonien durch die normative Kraft der faktischen Vielfalt insbesondere der protestantischen Glaubensgemeinschaften abgelöst.

Die zweite Verfassungsänderung verbot die Einschränkung des Rechtes, Waffen zu besitzen und zu tragen, „weil eine effiziente Miliz für die Sicherheit eines Freistaats unverzichtbar ist". Die eindeutige Zweckbindung wird heute von Hobbyschützen geleugnet. Die weiteren Artikel schützen Wohnhäuser und Personen vor willkürlicher Durchsuchung, garantieren ein faires Gerichtsverfahren mit Aussageverweigerungsrecht und Geschworenen, schützen Privateigentum vor

Randnotizen:
Die Bill of Rights 1791

Staat und Kirchen, Rede- und Pressefreiheit, Versammlungsfreiheit

Waffenbesitz

Durchsuchungsrecht
trial by jury

entschädigungsloser Enteignung, verbieten „grausame und ungewöhnliche Strafen" (womit Foltern, Rädern und Vierteilen gemeint waren). Vor allem sollten die aufgezählten Rechte nicht als komplette Liste mißverstanden werden, denn die dem Bund nicht zugesprochene Kompetenzen sollten bei den Einzelstaaten oder „dem Volk" verbleiben.

Rankes Beurteilung der Amerikanischen Revolution Den Stellenwert der Amerikanischen Revolution im Kontext des auf beiden Seiten des Atlantik um 1760 angebrochenen Zeitalters der demokratischen Revolutionen hat niemand klarer ausgedrückt als Leopold von Ranke. Er bewertete die amerikanische Staatsgründung in seiner Privatvorlesung 1854 vor dem König von Bayern in Berchtesgaden als den Durchbruch des modernen Republikanismus: „Dadurch daß die Nordamerikaner [die Kanadier vergaß Ranke hierbei allerdings], abfallend von dem in England gültigen constitutionellen Princip, eine neue Republik schufen, welche auf dem individuellen Rechte jedes Einzelnen beruht, trat eine neue Macht in die Welt; denn die Ideen greifen alsdann am schnellsten um sich, wenn sie eine bestimmte, ihnen entsprechende Repräsentation gefunden haben. So kam in diese romanisch-germanische Welt die republikanische Tendenz.... Dies war eine größere Revolution, als früher je eine in der Welt gewesen war, es war eine völlige Umkehr des Principes. Früher war es der König von Gottes Gnaden, um den sich alles gruppierte; jetzt tauchte die Idee auf, daß die Gewalt von unten aufsteigen müsse.... Diese beiden Principien stehen einander gegenüber wie zwei Welten, und die moderne Welt bewegt sich in nichts anderem, als in dem Konflikt zwischen diesen beiden" [RANKE, Aus Werk und Nachlaß, hrsg. v. Theodor Schieder u. a., Bd. 2, München 1971, 415, 417].

3. DIE EXPANDIERENDE REPUBLIK, 1789–1860

A) KONTINENTALE EXPANSION: DIE AUSDEHNUNG DES STAATSGEBIETS
BIS ZUM PAZIFIK

Auf die politische und militärische Selbstbehauptung der amerikanischen Republik gegen Europas Expansionsdrang folgte innerhalb weniger Jahrzehnte die Expansion des Staatsgebiets der neuen Nation bis zum Pazifik. Bereits die Gründergeneration von 1776 und 1787 hatte fest an die Überlegenheit ihres Regierungs- und Wirtschaftssystems gegenüber Spaniens autokratischer Kolonialherrschaft und dem stagnierenden Quebec geglaubt. „Unsere Konföderation ist nichts anderes als das Nest, aus dem ganz Amerika, der Norden und der Süden, bevölkert werden wird", schrieb Jefferson bereits 1786 aus Paris einem befreundeten Plantagenbesitzer in Virginia (25. 1. 1786 an Archibald Stuart). England und Frankreich, die stärksten Militärmächte und Wirtschaftsmächte der Zeit, blockierten auch nach dem Friedensvertrag von 1783 noch gegenseitig ihre Kolonialherrschaftsambitionen in Nordamerika. Die Kriege zwischen ihnen von 1793 bis 1815 begünstigten die Expansion der USA. Napoleons Entscheidung 1803, „Louisiana" an Jefferson zu verkaufen, war nicht zuletzt eine anti-britische Entscheidung. Die Westgrenze der USA erreichte 1850 mit der Eingliederung Californias den Pazifik. Fast die Hälfte der Bevölkerung der USA lebte damit bereits vor dem Sezessionskrieg westlich der Appalachen. Die Eroberung und Besiedlung des Westens galt vielen Zeitgenossen, auch in Teilen Europas mit vielen Auswanderungswilligen, als zivilisatorische Großtat und wurde in der amerikanischen Nationalgeschichtsschreibung bis um 1960 als „the winning of the West" gefeiert.

Die Union der 13 Gründerstaaten vermehrte sich in nur zwei Generationen um 20 gleichberechtigte Mitgliedstaaten. Die Abfolge ihrer Aufnahmedaten ist die Chronik einer der erfolgreichsten europäischen Siedlungsbewegungen. Zugleich ist sie die Chronik der unerbittlichen Verdrängung und weitgehenden Vernichtung der Ureinwohner. Die Expansion des Staatsgebiets schuf eine der strukturellen Ursachen des Sezessionskriegs, denn die unvereinbaren Wirtschaftsformen der Nordstaaten und der sklavenhaltenden Südstaaten rivalisierten um die Gestaltung der politisch-sozialen Ordnung in den Weststaaten, d. h. um Verbot oder Duldung der Sklavenwirtschaft im Westen. Da jeder neue Staat zwei Senatoren nach Washington entsenden und damit die Machtbalance zwischen die die Sklavenhaltung duldenden oder verbietenden Staaten beeinflussen konnte, waren die Zulassungsabstimmungen im Kongreß ab 1819 Ausdruck des Kampfes um die Machtverteilung im Senat zwischen Norden und Süden. 1791 wurde Vermont aus Teilen New Yorks und New Hampshires gebildet und als 14. Staat aufgenommen. Damit erlangten die Staaten ohne Sklavenhaltung im Senat eine Mehrheit von 16:12 Stimmen. Kentucky und Tennessee folgten 1792 bzw. 1796 als erste Staaten westlich der Appalachen; beide wurden Sklavenhalterstaaten. 1803 entstand mit Ohio der

<small>Aufnahme gleichberechtigter Staaten in die Union</small>

erste sklavenfreie Staat im Alten Nordwesten. 1812 wurde Louisiana (ein viel kleineres Gebiet als die ehemals französische Provinz gleichen Namens) der erste Staat auf dem neu erworbenen Gebiet westlich des Mississippi; er duldete die Sklavenhaltung. Die Aufnahme der freien Staaten Indiana (1816) und Illinois (1818) und der Sklavenhalterstaaten Mississippi (1817) und Alabama (1819) wahrte das Nord-Süd Gleichgewicht mit je elf Staaten.

<small>Northwest Ordinance 1787</small>
Das Verfahren zur Aufnahme neuer Staaten in die Union regelte die Northwest Ordinance von 1787, das vielleicht wichtigste Gesetz von Verfassungscharakter, das der Konföderationskongreß verabschiedet hatte. Es garantierte den neuen Staaten, die zunächst auf dem bundeseigenen Land nördlich des Ohio und östlich des Mississippi entstehen würden, völlige Gleichberechtigung mit den dreizehn Gründerstaaten. Gebiete mit 5 000 erwachsenen freien Männern konnten sich eine aus zwei Kammern bestehende Gesetzgebende Versammlung wählen, deren Delegierter im Bundeskongreß allerdings noch kein Stimmrecht haben würde. Erst wenn 60 000 „freie" Siedler im *territory* gezählt wurden, konnten sie die Aufnahme in die Union beantragen. Die von ihnen entworfene Einzelstaatsverfassung mußte der (nicht näher definierten) „republikanischen Regierungsform" entsprechen, Religionsfreiheit und andere Grundrechte garantieren und Sklaverei untersagen. Die Ausdehnung des Sklavereiverbots vom Alten Nordwesten auf neue Staaten südlich des Ohio und westlich des Mississippi wurde schließlich zu einer zentralen Streitfrage der amerikanischen Bundespolitik bis hin zum Sezessionskrieg.

<small>Kauf Louisianas 1803</small>
Auf friedlichem Wege, durch Kauf von Frankreich, verdoppelte Jefferson 1803 das amerikanische Staatsgebiet: Die Grenzen des „Louisiana" genannten Gebiets waren im Osten der Mississippi, im Süden die Küste des Golf von Mexiko und im Westen und Norden die Wasserscheide der Rocky Mountains bzw. das Quellgebiet des Missouri und Mississippi. Das neu erworbene Gebiet ließ Präsident Jefferson auf Bundeskosten von 1803–1806 durch die Expedition von Meriwether

<small>Lewis und Clark Expedition 1803–1806</small>
Lewis und William Clark erforschen. Der entbehrungsreiche Marsch der fünfzig Soldaten und *frontiersmen* von St. Louis aus am Oberlauf des Missouri entlang, über die Rocky Mountains bis zur Mündung des Columbia River in den Pazifik und zurück durch auch von Spanien und Großbritannien beanspruchtes Gebiet bewies, daß zumindest der Landweg zum Pazifik zu bewältigen war, auch wenn es die immer noch gesuchte „Nordwestpassage", eine schiffbare Schneise von Flüssen und Seen vom Atlantik zum Pazifik, nicht gab. Die mit exakten Naturbeobachtungen, Beschreibungen der Lebenswelt der meist hilfreichen Indianerstämme und anschaulichen Skizzen gefüllten Tagebücher der Expeditionsleiter wurden seit 1814 in Auszügen vielfach veröffentlicht und gelten heute als Bestandteil der amerikanischen Nationalliteratur. Der gewaltlose Erwerb und die friedlich-wissenschaftliche Exploration des Louisiana-Gebiets erhielten einen hohen Stellenwert in der nationalen Erinnerung als eine gewaltfreie, von Tapferkeit und Entdeckerdrang charakterisierte Leistung, in wohltuendem Unterschied zu den gewalttätigen Szenen des großen Dramas der Eroberung des Westens.

Das Missouri-Kompromiß genannte Gesetz von 1820 sicherte das Gleichgewicht mit der Zulassung des freien Maine (bis dahin Teil von Massachusetts) und des Sklavenhalterstaats Missouri (1821). Das nächste die Balance wahrende Paar wurden Arkansas (1836), der dritte Staat mit Sklaven westlich des Mississippi, und Michigan (1837) im sklavenfreien Alten Nordwesten. Nach Aufnahme der beiden Sklavenhalterstaaten Florida und Texas (1845) wurden nur noch sklavenfreie Staaten in die Union aufgenommen: Iowa (1846), Wisconsin (1848), California (1850), Minnesota (1858) und Oregon (1859). Als Lincoln 1860 gewählt wurde, standen die 36 Senatoren der 18 sklavenfreien Staaten den 30 Senatoren der Sklavenhalterstaaten gegenüber. Seine Ansprüche auf das Oregon Country hatte Großbritannien 1846 aufgegeben und damit die spätere Aufnahme der Staaten Washington (1889) und Idaho (1890) in die Union ermöglicht. Auf dem restlichen 1848 von Mexiko aufgegebenen Gebiet entstanden schließlich die Staaten Nevada (1864), ein Teil Colorados (1876), ein Teil Wyomings (1890), Utah (1896), Arizona (1912) und ein Teil New Mexicos (1912). *Missouri-Kompromiß 1820*

Der Treck in den „Westen" jenseits der Appalachen mit den Verkehrsadern Ohio und Mississippi und ihren Nebenflüssen wurde später als die große Zeit der Pioniere romantisiert. Der von Ochsen gezogene Planwagen – Mutter und Kinder zwischen Kisten und Kasten auf Stroh gelagert, der Vater die Zügel in fester Hand, das Gewehr griffbereit, angebundene Kühe hinterhertrottend – wurden zum Symbol nicht der Flucht vor Armut und Elend oder der Aggression, sondern des friedlichen und natürlichen Besitzergreifens von „jungfräulicher Erde" (*virgin land*). Was die Betroffenen als Strapaze erlebten, feierten die Enkel – allen voran der vom *winning of the West* begeisterte Präsident Theodore Roosevelt – als Opferbereitschaft und Behauptungswille, der die Landnahme ein für alle Male rechtfertigte. In der erfolgreichen Pionierfamilie arbeiteten Frauen wie Männer, Kinder wie Erwachsene unter Einsatz aller Kräfte, um zunächst das Überleben zu sichern und dann so schnell wie möglich zusätzliches benachbartes Land für die Kinder zu kaufen oder aber auf fruchtbareres oder verkehrsgünstiger gelegenes Land weiter zu ziehen und eine erneute „homestead" beginnen zu können. Auf jeder Familienfarm wurde nicht nur gedroschen, sondern auch geschlachtet, geschneidert und geschreinert. Nachbarschaftshilfe auf Gegenseitigkeit vom gemeinsamen *log rolling* zum *barn raising*, *square dances* zur Fiedel auf der Tenne für die Jugend und die immer wieder gerühmte Bereitschaft zur Aufnahme von Gästen auch unter ärmsten Bedingungen waren sinnvolle Reaktionen auf die Lebensbedingungen an der *frontier*. *Pioniertum*

Drei Reisewege führten vor Vollendung der transkontinentalen Eisenbahn (1869) in den „Fernen Westen" und an die Pazifikküste: die Seereisen um Kap Horn, die kombinierte See- und Landreise durch Panama oder der Treck mit dem Planwagen, dem „Prärie-Schooner", aus dem Missourital den Oregon Trail entlang. Über 300 000 Menschen unternahmen zwischen 1840 und 1860 die 3 000 Meilen lange, etwa 130 Tage dauernde strapaziöse Reise in nordwestlicher Richtung nach „Oregon" – einer größeren Region als es der 1859 *Oregon Trail* gegründete Staat gleichen Namens ist – oder in südwestlicher Richtung nach California.

manifest destiny Die Ausdehnung der Vereinigten Staaten bis zum Pazifik rechtfertigten amerikanische Patrioten auch mit dem Vorbildcharakter des republikanischen und christlichen Gemeinwesens für den Rest der Menschheit. Der Propagandist der Demokratischen Partei, John L. O'Sullivan, wiederholte 1839 in seiner Monatszeitschrift United States Magazine and Democratic Review die biblische Vorstellung vom auserwählten Volk: Es sei das offenkundig von Gott gewollte Schicksal der USA (*manifest destiny*), den anderen Nationen ein Vorbild zu sein, „to manifest to mankind the excellence of divine principles, to establish on earth the noblest temple ever dedicated to the worship of the Most High – the Sacred and the True". Auch Schriftsteller rechtfertigten mit diesem Selbstverständnis den amerikanischen Expansionsdrang. James Fenimore Cooper schloß 1823 den ersten seiner populären Lederstrumpf-Romane mit der zum Klischee gewordenen Sonnenuntergangsszene am Rande der Zivilisation im Norden des Staates New York: der naturverbundene Held zieht Richtung Westen, nicht als Einsiedler, sondern als einer der Pioniere, „who are opening the way for the march of the nation across the continent". Auch der nicht als Hurra-Patriot bekannte Romanschriftsteller Auserwähltes Herman Melville beschwor 1850 die Vorbildrolle des amerikanischen Volkes: „We Volk Americans are the peculiar, chosen people – the Israel of our time; we bear the ark of the liberties of the world... God has predestined, mankind expects, great things from our race; and great things we feel in our souls. The rest of the nations must soon be in our rear. We are the pioneers of the world; the advance-guard, sent on through the wilderness of untried things, to break a new path in the New World that is ours" (Kapitel 36 des Romans White-Jacket).

B) BEVÖLKERUNG, BINNEN- UND EINWANDERUNG, ETHNISCHE GRUPPEN

Verzehnfachung Die Bevölkerung der Vereinigten Staaten wuchs von 1790 bis 1860 um das knapp der Bevölkerung Zehnfache, von 3,9 auf 31,4 Millionen. Damit hatte die neue Nation die Bevölkerungszahl der ehemaligen Kolonialmacht überrundet. Auch die Bevölkerung Deutschlands und Frankreichs war um 1860 nur noch geringfügig größer als die der USA. Das amerikanische Bevölkerungswachstum von jährlich 3,3% bei ausbleibender Verelendung widerlegte Malthus' Vorhersage in seinem viel diskutierten *Essay on the Principle of Population* (1798, 1803). Denn im amerikanischen Fall ging die Bevölkerungsvermehrung einher mit der ökonomischen Erschließung des Kontinents. Neo-Malthusianer, die seit den 1820er Jahren Geburtenbeschränkung durch Empfängnisverhütung oder Schwangerschaftsabbruch forderten, fanden vor 1870 nur in Randgruppen öffentliche Zustimmung, wie etwa den Anhängern Robert Dale Owens, der Feministin Frances Wright und der sozialutopischen Oneida Community. Der demographische Übergang zur modernen Familie mit weniger Kindern vollzog sich dennoch in Amerika früher im 19. Jh. als in den meisten europäischen Gesellschaften. Um 1800 brachte eine amerikanische Frau in der Regel etwa 7 lebende Kinder zur Welt. Die konstante Abnahme der Geburtenrate begann bei den euroamerikanischen Frauen spätestens um 1800 und sank bis 1860 auf etwa 5 Kinder. Bei den Afroamerikanerinnen sank sie spätestens ab 1850 von knapp 8 auf 5um 1900.

Nicht Bestandteil des Staatsvolks, sondern unterworfene Andere waren die Indianerstämme. Das Oberste Bundesgericht definierte 1831 ihren Sonderstatus in sich widersprüchlich als „einheimische, abhängige Nationen... im Zustand der Unmündigkeit" (*domestic dependent nations... in a state of pupilage*), die der unmittelbaren Aufsicht der Bundesregierung unterstehen (Fall Cherokee Nation gegen Georgia). Die Bundesregierung gestand ihnen ein gewisses Maß an Selbstregierung zu, das von dem sie umgebenden Einzelstaat nicht eingeschränkt werden durfte (Fall Worcester gegen Georgia, 1832). Der Begriff *nation* wurde in der Rechtssprache beibehalten, um die ansonsten meist *tribes*, *bands* oder *Indian villages* genannten Gemeinschaften zum Vertragspartner in Landabtretungsverträgen aufzuwerten, auch wenn die meisten Verträge binnen weniger Jahre gebrochen wurden, weil weder der Bund noch die Einzelstaaten willens oder fähig waren, die landgierigen Siedler mit der erforderlichen Gewalt zurückzuhalten. *[Randnotiz: Indianer]*

Das Indianerumsiedlungsgesetz (*Indian Removal Act*) leitete 1830 ein Jahrzehnt der gewaltsamen Umsiedlung von etwa 100 000 Indianern auf das 1834 geschaffene Indian Territory westlich des Mississippi (die späteren Staaten Oklahoma und Kansas) ein. Von den 16 000 Cherokees, dem größten der Stämme in Georgia, starben 4 000 auf dem von Miliz und Militär begleiteten Marsch (*Trail of Tears* 1835–1838). Die Verdrängung konnte auch weniger direkt und durch Epidemien und Mangelkrankheiten gefördert erfolgen. In California z. B. bedeutete die Erfolgsgeschichte der Europäer die demographische Katastrophe für die Ureinwohner: 1845, vor der Entdeckung des Goldes, lebten 150 000 von ihnen in kleinen Gemeinschaften in Küstennähe, 1860 waren es noch 35 000, abgedrängt in kleinen Reservaten auf kaum nutzbarem Land. *[Randnotiz: Zwangsumsiedlung, Treck der Tränen 1835–38]*

Ebenfalls als nicht assimilierbare Andere galten die überwiegend versklavten Afroamerikaner. Von 1790 bis 1860 stieg ihre Zahl von 757 000 auf 4,4 Mio., u. a. durch die gegen den Willen des Bundesgesetzgebers auch nach 1808 illegal fortgesetzte Sklaveneinfuhr. Anteilmäßig nahm die Zahl der Afroamerikaner jedoch kontinuierlich ab und machte bundesweit 1860 noch etwa 14% aus (hierzu weiteres in Kapitel 4). *[Randnotiz: Afroamerikaner]*

Die Volkszählung von 1840 registrierte bereits ein Drittel der Gesamtbevölkerung der USA in den neuen Staaten zwischen Appalachen und Mississippi. Regierungen und Eisenbahngesellschaften der neuen Staaten im Nordwesten bemühten sich aktiv um die Bevölkerung ihrer Region. Den Anfang der Westwärtswanderung in den 1820er und 1830er Jahren machten die Binnenwanderer aus Neuengland und anderen Ostküstenstaaten. Einwanderer aus Europa kamen erst nach 1845 in großer Zahl über die von „Yankees" bereits getrampelten Pfade an die *frontier*. *[Randnotiz: Binnenwanderung nach Westen]*

Einwanderung   Die um 1820 einsetzende Masseneinwanderung aus Europa führte bis 1860 nach lückenhaften Hafenstatistiken über 5 Mio. Einwanderer in das Land ohne Paßkontrolle und Einwohnermeldeamt. Sie ließen sich vor allem in den Nordatlantikstaaten, dem Mittelwesten und California nieder, weniger in den sklavenhaltenden Südstaaten. Einige Einzelstaatsregierungen, insbesondere des Mittelwestens, und Eisenbahngesellschaften ließen durch das Verteilen von „Auswandererratgebern" mit teils übertriebenen, teils aber auch detaillierten und richtigen Schilderungen von Klima, Bodenqualität, Landpreisen und sonstigen Erwerbschancen auch in deutscher Sprache in Europa für ihre Region werben. Von 1815 bis 1914 sollten über 50 Mio. Europäer in die USA auswandern. Niemand kennt die Zahl der nicht wenigen enttäuschten Rückwanderer und der erfolgreichen, mehrfach wiederkehrenden Wanderarbeiter.

Das für die zukünftige Zusammensetzung der amerikanischen Gesellschaft wichtigste Merkmal der Einwanderungswelle von 1845–61 war die Herkunft von etwa 53% der Immigranten aus Großbritannien und Irland. Die etwa 32% aus deutschsprachigen Ländern schufen zwar vorübergehend deutschsprachige Stadtviertel und Landkreise, gefährdeten die langfristige Dominanz des Englischen aber ebensowenig wie der größtenteils aus skandinavischen Ländern kommende Rest. Ansätze zur Gründung dauerhaft kulturell deutscher Siedlungsgebiete scheiterten. Großgruppensiedlungen z. B. in Texas 1844/46 durch den Mainzer Adelsverein führten nicht zu den geplanten permanent deutschsprachigen „Kolonien", sondern nur zu einzelnen Ortschaften wie Neu-Braunfels und Fredericksburg, in denen viele noch lange *auch* Deutsch sprachen. Zu einer dem französischsprachigen Quebec im englischsprachigen Kanada vergleichbaren Konfrontation auch territorial scharf definierter Sprachzonen mit politischen Konsequenzen ist es auf dem Gebiet der USA bislang nicht gekommen.

1848er Revolutionsflüchtlinge   Eine politisch besonders aktive und die öffentliche Meinung nicht nur unter Deutschamerikanern beeinflussende Immigrantengruppe waren die Flüchtlinge der in Europa gescheiterten Revolutionen von 1848/49, kurz die „Achtundvierziger" genannt. Schätzungsweise 4 000 bis 10 000 von ihnen kamen zwischen 1849 und 1855 in die USA. Die Anzahl der überwiegend wirtschaftlich motivierten deutschen Einwanderer war um ein Vielfaches größer: 1852 kamen etwa 150 000 und 1854 über 196 000. Viele der politischen Achtundvierziger suchten zunächst nur Zuflucht im Land der noch offenen Grenzen, hofften einige Jahre lang auf die Rückkehr aus dem Exil, um die demokratische Revolution im Heimatland zu vollenden, und starben als mehr oder weniger integrierte amerikanische Bürger – um die Illusion ärmer, die Vereinigten Staaten würden ihre Neutralität aufgeben und bewaffnete Turnvereine nach Frankreich und Deutschland schicken, um die Fürsten zu verjagen und die Republik auszurufen. Viele von ihnen fanden schließlich weniger aufregende Betätigungsfelder auf Bauernhöfen, in Rechtsanwaltskanzleien, in Redaktionsstuben deutschsprachiger und englischsprachiger Zeitungen und in den sozialistischen Gruppen und der Gewerkschaftsbewegung. Der prominenteste Achtundvierziger, Carl Schurz (1829–1906), wurde 1862 General in der Nordstaatenarmee, vertrat Wisconsin im Senat der USA von 1869–75 und war unter Präsident Hayes von 1877–81 Innenminister.

Die größte und erfolgreichste Gruppenumsiedlung organisierten die Mormonen unter Brigham Young (Church of Jesus Christ of Latter-Day Saints). Aus berechtigter Angst vor Unterdrückung und Verfolgung zogen bis 1869 über 70 000 Gläubige, von denen viele aus England und Schweden eingewandert waren, unter großen Strapazen in ihr „neues Zion" am Großen Salzsee. In wenigen Jahrzehnten bauten sie Salt Lake City und kleinere Städte auf, gewannen der Wüste bewässerte Felder ab und hofften auf ein Leben in Isolation. Aber Utah wurde 1850 Territory und 1896 Mitgliedstaat der Union. Das Oberste Bundesgericht zog dem kulturellen Pluralismus der Einwanderergesellschaft eine Grenze, als er beschloß, daß die von einem Teil der Mormonen praktizierte Polygamie zu weit ging und nicht mehr zu dem geschützten Bereich des religiösen „Glaubens", sondern zu sozialem Handeln gehört (Fall Reynolds gegen U.S., 1878).

_{Mormonen}

Der Anteil der im Ausland Geborenen blieb mit etwa 13% der Gesamtbevölkerung zwischen 1790 und 1860 erstaunlich konstant. Dennoch reagierten verunsicherte Einheimische („native-born Americans" – oft genug selbst Einwandererkinder) auf den lokal natürlich höheren Anteil von „foreign born" besonders in den Großstädten mit einer in mehreren Staaten aktiven Anti-Einwanderungsbewegung. Die 1852 gegründete, kurzlebige American Union Party verlangte z. B. (erfolglos) einen Mindestaufenthalt von 21 Jahren vor Erlangung der Staatsbürgerschaft und damit des Wahlrechts (für die Männer) statt der geltenden 5 Jahre. Ein hysterischer Antikatholizismus verstärkte die Fremdenfurcht. Selbst Samuel F. B. Morse, der Erfinder des Telegraphen, warnte 1835 in dem in New York und Boston veröffentlichten Pamphlet *Foreign Conspiracy against the Liberties of the United States* allen Ernstes: „Popery is a political, a despotic system, which must be resisted by all true patriots.... We must awake or we are lost."

Erste Anti-Einwanderungsbewegung

c) POLITISCHES SYSTEM, INNEN- UND AUSSENPOLITIK BIS 1823

Das politische System entwickelte sich anders, als die Verfassungsväter es wollten. Die in der Bundesverfassung nicht vorgesehenen politischen Parteien wurden innerhalb weniger Jahre zur wichtigsten Organisationsform politischer Willensbildung. Bereits in Washingtons zweiter Amtszeit, ab 1793 zunehmend öffentlich erkennbar, bildeten Freunde und Anhänger der beiden Virginier Jefferson und Madison die Partei der „Republicans" oder „Democrats" und Anhänger des Finanzministers Alexander Hamilton die Partei der „Federalists". Die Jeffersonianer wurden bald zu Interessenvertretern von Einzelstaatskompetenzen und Anliegen der weniger Verdienenden, kleinen Farmern und Schuldnern, während die Hamiltonianer die Wirtschafts- und Finanzpolitik einer effizienten Bundesregierung befürworteten, die zuerst den Besitzenden zugute kam. Eine Vielzahl kleiner Parteizeitungen beider Seiten steigerte rhetorisch die tatsächlichen Unter-

Parteien: Hamiltonianer gegen Jeffersonianer

Parteipresse

schiede. Auf Bundesebene wirkte die National Gazette ab 1791 als Zeitung der Hamilton-kritischen Opposition, während die Gazette of the United States Hamiltons und Washingtons Wirtschaftspolitik erklärte und verteidigte. Seit der Terrorherrschaft in Frankreich 1793 mußten die Jeffersonianer den Vorwurf zurückweisen, gottlose Jakobinerherrschaft auch in Amerika einführen zu wollen. Umgekehrt wurden Hamilton und dem Federalist John Adams im Weißen Haus (1797–1801) amerikaschädliche Sympathien für England und aristokratisch-monarchische Neigungen unterstellt.

Gesetze gegen Fremde und Aufruhr 1798 Die erste ernsthafte Gefährdung des Grundrechts auf Rede- und Pressefreiheit brachten 1798 die vier Gesetze gegen Fremde und Aufruhr (Alien and Sedition Acts), mit denen die Mehrheit der Federalists in Repräsentantenhaus, Senat und Weißem Haus die Jeffersonianer im Vorfeld der Wahlen von 1800 schwächen wollte. Zweck der Gesetze war nicht die Eindämmung der Einwanderung, sondern die Einschüchterung noch nicht eingebürgerter irischer und schottischer Journalisten, die Hamiltons Wirtschaftspolitik und ihre Auswirkungen auf die kleinen Leute kritisierten und die Jeffersonianer unterstützten. Das bis 1801 geltende Anti-Aufruhrgesetz beschränkte die Redefreiheit durch das vage Verbot des Verächtlichmachens („bringing into contempt or disrepute") des Präsidenten. Trotz einiger parteiischer Richtersprüche zugunsten der Federalists reichte die abschreckende Wirkung der Zensurgesetze nicht zur Absicherung ihrer Herrschaft aus.

Jeffersons Präsidentschaft Jefferson gewann 1800 das Präsidentenamt sehr knapp nach einem der erbittertsten Wahlkämpfe der amerikanischen Geschichte. Der erste umstrittene Machtwechsel in der noch aus Baustellen und Sümpfen bestehenden neuen Bundeshauptstadt verlief im März 1801 friedlich, und der von den Hamiltonianern prophezeite Kurswechsel zum Schaden der ersten Fabriken und des Fernhandels fand nicht statt. In seiner Amtseinführungsrede rief Jefferson zur Versöhnung auf und bereicherte den politischen Zitateschatz um die Worte: „We are all Republicans, we are all Federalists." Als Präsidenten verhielten sich Jefferson (1801–9) und sein Nachfolger Madison (1809–17) nicht weniger macht- und kompetenzbewußt als Washington und Adams und verteidigten im Konfliktfall Bundeskompetenzen gegenüber Einzelstaatsrechten. Der Kauf Louisianas 1803, das Handels-Embargo von 1807/1809, das die Ausfuhr jeglicher amerikanischer Erzeugnisse verbot, und die Kriegserklärung an Großbritannien von 1812 waren Ergebnisse des massiven Einsatzes der Exekutivgewalt.

Jeffersonian Democracy, Jeffersonian Agrarianism Im heutigen politischen Vokabular bezeichnet „Jeffersonian" zwei Annahmen über die menschliche Natur und soziales Verhalten: (1) die Mehrheit des Wahlvolks werde vernünftig urteilen und verdiene Vertrauen, (2) Landbewohner seien weniger als Stadtbewohner gefährdet, durch Korruption (Wohlleben, Luxus, Intrigen etc.) vom Gebrauch ihrer natürlichen Vernunft abgelenkt zu werden. Agrarier aller Größenordnungen, vom Plantagenbesitzer Jefferson mit 200 Sklaven, der den Lebensstil des englischen Landedelmanns imitierte, bis zum kleinen Familienbetrieb ohne Sklaven (*yeomen farmer*), priesen das tugendhafte Leben des Farmers auf eigener Scholle als die beste Voraussetzung für einen selbstverantwortlichen Bürger der Republik und als ideale Grundlage der amerikanischen Kultur und Gesellschaft (*Jeffersonian agrarianism*). Selbst Daniel Webster, Senator des von der Frühindustrialisierung längst ergriffenen Massachusetts, erklärte 1840, als er sich (erfolglos) um die Nominierung für das Präsidentenamt durch die Whig Partei bemühte: „When tillage begins, other arts follow. The farmers therefore are the founders of human civilization" („Remarks on Agriculture", 13.1.1840).

Das Oberste Bundesgericht entfaltete seine in der Verfassung nicht im Detail geregelte Macht als drittes Regierungsorgan im Verlauf des 19. Jhs. Seine prägende Gründergestalt, John Marshall, leitete das Gericht von 1801 bis 1835 als Chief Justice und verteidigte die Geltung der Verfassung als *supreme law of the land* und die Dominanz der Bundesinstitutionen als den Willen der Verfassungsväter. Im Fall Marbury gegen Madison entschied das Gericht 1803 mit einer richtungsweisenden, aber kaum öffentlich diskutierten Urteilsbegründung, daß das Oberste Bundesgericht die Verfassungsmäßigkeit von Bundesgesetzen ebenso wie von Einzelstaatsgesetzen zu überprüfen hat. Auch ohne explizite Ausformulierung hatten die zahlreichen Juristen unter den Verfassungsvätern den Obersten Richtern diese Aufgabe wahrscheinlich zugedacht. Mit dem von Marshall begründeten Urteilsspruch wurde 1803 erstmals ein Bundesgesetz außer Kraft gesetzt.

Die Judikative, John Marshall

Marbury gegen Madison 1803

Die von der Französischen Revolution ab 1793 ausgelösten Kriege in Europa schufen die Bedingungen, unter denen die Präsidenten Washington, Adams, Jefferson und Madison die Schiffahrtsrechte neutraler Staaten und andere amerikanische Interessen zu verteidigen hatten. Das britische Empire war durch den Verlust des größten Teils der amerikanischen Festlandskolonien durchaus nicht so geschwächt, daß es eine französische Vorherrschaft in Europa hätte hinnehmen müssen. Trotz der Regimewechsel in Frankreich bekämpften sich von 1793 bis zum Ende der napoleonischen Kriege 1815 mit kurzen Unterbrechungen die traditionellen Rivalen Großbritannien (mit wechselnden Koalitionspartnern) und Frankreich (mit Spanien von 1796 bis 1808 an seiner Seite). Präsident Washingtons politisches Vermächtnis (*Farewell Address*) von 1796 im Stil des Fürstentestaments ermahnte seine Amtsnachfolger und Mitbürger, sich nicht im Streit politischer Parteien zu verlieren; in der Außenpolitik warnte er vor der Festlegung auf eine unbefristete Allianz mit irgend einer der europäischen Mächte („steer clear of permanent alliances"), weil Amerika frei sein müsse, mit allen Handel zu treiben.

Außenpolitik

Washingtons politisches Testament 1796

Jeffersons folgenträchtigste außenpolitische Leistung war der erwähnte Kauf Louisianas 1803. Als der Präsident von dem Geheimvertrag erfuhr, in dem Spaniens Krone dem Direktorium Frankreichs unter Napoleon „Louisiana" zurückübertragen hatte (Frankreichs Monarch hatte es seinem spanischen Amtsbruder 1762 abgetreten), formulierte er 1802 kompromißlos das amerikanische Nationalinteresse in der Instruktion an seinen Gesandten in Paris: „Es gibt einen Ort auf

Kauf Louisianas 1803

dem Erdball, dessen Eigentümer unser natürlicher und immerwährender Feind ist. Es ist New Orleans, durch das die Ernte und Erzeugnisse von drei Achteln unseres Territoriums ihren Weg zum Markt suchen müssen.... Frankreich als Kontrolleur dieser Pforte fordert unseren Widerspruch heraus. Spanien hätte sie ohne Aufhebens noch jahrelang behalten können.... Keine andere Entwicklung hat seit dem Revolutionskrieg im ganzen Körper der Nation unangenehmere Gefühle ausgelöst" (an Robert R. Livingston, 18. April 1802). Damit sprach Jefferson den Holzfällern, Tabak- und Weizenfarmern in Kentucky und Tennessee – ob mit oder ohne Sklaven – aus der Seele, als verkünde er ein Naturrecht auf Ausweitung des amerikanischen Staatsgebiets. Napoleon verkaufte überraschend schnell für 15 Mio. damaliger Dollar – aus eigenem Kalkül, nicht etwa aus Angst vor der kaum existenten U.S. Navy. Der Senat billigte den Kauf umgehend mit 24:7 Stimmen. Am 20. Dezember 1803 wurde das Sternenbanner über New Orleans gehißt, und die Spanisch oder den französischen Dialekt Cajun sprechenden Bewohner der Stadt und anderer Siedlungen wurden ungefragt Bürger der Vereinigten Staaten. Sie hatten dieses Ergebnis alteuropäischer Kabinettspolitik und effizienter amerikanischer Sicherheitspolitik hinzunehmen, nicht anders als die Einwohner europäischer Städte und Regionen seit Jahrhunderten Souveränitätswechsel durch Friedens- oder Heiratsverträge zwischen Herrscherfamilien hatten hinnehmen müssen.

Der Krieg von 1812–15   Ein zweiter Krieg der USA gegen England von 1812 bis 1815 sollte die tatsächliche Kontrolle über den Alten Nordwesten östlich des Mississippi herstellen, die Handelschancen neutraler Mächte bei Seeblockaden zwischen anderen Ländern sichern und merkantilistische Handelsbeschränkungen mit dem britischen Empire abbauen. Kriegstreiber im Repräsentantenhaus waren Abgeordnete der Süd- und Weststaaten, die der britischen und der spanischen Regierung mit Angabe von Beispielen vorwarfen, daß sie in ihrem jeweiligen Grenzgebiet (im alten Nordwesten bzw. Florida) Indianerstämme zum Widerstand gegen amerikanische Siedler motivierten und ausrüsteten. Hinzu kam der Zorn über die Zwangsrekrutierung von Matrosen durch Kommandos der königlichen Marine auf amerikanischen Handelsschiffen und über die Anwendung der englischen Blockade des von Napoleon beherrschten Teiles Kontinentaleuropas auch auf amerikanische Schiffe. Gegner der Kriegserklärung am 18. 6. 1812 waren viele der Fernhandelskaufleute in den Mittel- und Neuenglandstaaten, denen der Seekrieg unmittelbar schadete und die richtig vorhersahen, daß Großbritannien seinen Markt doch nicht voll öffnen würde. Mehrere Versuche, Kanada zu besetzen, scheiterten 1813–14; Zweck der schlecht vorbereiteten Kampagne war vor allem der Erwerb eines Faustpfandes für die Friedensverhandlung, wohl kaum die Beendigung englischer Kolonialherrschaft auf dem nordamerikanischen Festland. Die überlegene Royal Navy blockierte die meisten Atlantikhäfen, einschließlich der Chesapeake Bay. Am 24. 8. 1814 legten britische Truppen Feuer im Kapitol und im Präsidentenpalast der USA. Die Beseitigung der Brandspuren mittels weißer Farbe gab dem Haus bald seinen populär gewordenen Namen.

Baltimore wurde hingegen am 13. und 14. 9. 1814 erfolgreich verteidigt, und das Nationalhymne
im Morgengrauen stolz flatternde Sternenbanner inspirierte den Rechtsanwalt
Francis Scott Key zu dem patriotischen Text, den der Kongreß 1931 zur Nationalhymne erklären sollte. Gekräftigt wurde der frühe amerikanische Nationalismus auch durch die Verteidigung von New Orleans durch 4 500 Mann unter
General Andrew Jackson im Januar 1815. Der Sieg bei New Orleans war aller- Friede von Gent
dings unnötig, denn im flämischen Gent war bereits Weihnachten 1814 der Friede 1814
vereinbart worden, weil die englische Regierung ihre Kriegsanstrengungen gegen
Napoleon konzentrieren wollte. Präsident Madisons Unterhändler erreichten
angesichts der amerikanischen Schwäche keines der Kriegsziele: Großbritannien
verpflichtete sich nicht, die Rechte Neutraler auf See zu respektieren und etwa auf
Zwangsrekrutierungen und Blockaden zu Lasten Dritter zu verzichten. Auch die
Engländer erhielten nicht, was sie wollten: eine für Indianer reservierte Puffer-
zone, ein Großreservat, zwischen Ohio und den Großen Seen. Als erfolgreich
erwies sich jedoch die Einsetzung einer britisch-amerikanischen Kommission zur
späteren Definition der umstrittenen Grenzabschnitte zwischen den USA und
dem weiterhin britischen Kanada. In der Rückschau urteilte Albert Gallatin, der
aus der Schweiz eingewanderte Finanzminister Jeffersons und Madisons: „Der
Krieg hat nationale Gefühle und Eigenschaften erneuert, die in der Revolution
geweckt worden waren.... Jetzt fühlen und handeln die Amerikaner mehr denn je
als eine Nation, und ich hoffe, daß der Bestand der Union damit dauerhaft gesichert ist" (Brief vom 7. 5. 1816).

Drei Vorstöße europäischer Monarchen reizten Präsident Monroe (1817–25) Monroe-Doktrin
zum Widerspruch: (1) Zar Alexander I. hatte 1821 angekündigt, der von Rußland 1823
kolonisierte 100 Meilen breite Streifen der amerikanischen Pazifikküste nördlich
des 51. Breitengrades (bei Vancouver) stünde nur noch russischen Schiffen und
Siedlern offen; (2) die spanischen und französischen Regierungen hatten bekun-
det, der Unabhängigkeitsbewegung in Mexiko und anderen spanischen Kolonien
in Lateinamerika mit Gewalt entgegentreten zu wollen; (3) die englische Regierung plante, den erwarteten Zerfall der spanischen Kolonialherrschaft im Interesse des britischen Lateinamerikahandels zu nutzen. Statt, wie von den Engländern angeboten, eine gemeinsame anglo-amerikanische Erklärung gegen weitere
europäische Interventionen in Amerika abzugeben, entschieden sich Monroe und
sein in dieser Frage besonders aktiver Außenminister (und Amtsnachfolger) John
Quincy Adams zum Alleingang und erklärten die USA zur Schutzmacht des ganzen Doppelkontinents. Monroe verschickte keine diplomatischen Noten, sondern teilte dem Kongreß in seiner Jahresbotschaft am 2. 12. 1823 die Auffassung
mit:

The American continents [Plural!], by the free and independent condition which they have
assumed and maintain, are henceforth not to be considered as subjects for future coloniza-
tion by any European powers.... The political system of the allied powers [d. h. die Heilige
Allianz] is essentially different from that of America.... We owe it, therefore, to candor and
to the amicable relations existing between the United States and those powers to declare that

we should consider any attempt on their part to extend their system to any portion of this hemisphere as dangerous to our peace and safety....
With the existing colonies or dependencies of any European power we have not interfered and shall not interfere. But with the Governments who declared their independence... we could not view any interposition for the purpose of oppressing them, or controlling in any other manner their destiny, by any European power in any other light than as the manifestation of an unfriendly disposition toward the United States.

Der Präsident verlangte also dreierlei von den europäischen Monarchen: (1) Verzicht auf weitere Kolonisierung in Amerika; (2) Verzicht auf die Einführung monarchisch-aristokratischer Regierungsweisen in den bestehenden Kolonien; und (3) Verzicht auf die Niederwerfung von Unabhängigkeitsbestrebungen in den bestehenden Kolonien. Als Gegenleistung würden die USA die existierenden Formen der Kolonialherrschaft – also z. B. Großbritanniens kanadische Kolonien – respektieren. Das Schutzmachtbewußtsein ging allerdings nicht so weit, den um ihre Unabhängigkeit von Spanien kämpfenden Ländern, die um handfeste Unterstützung baten, zu helfen. Die Monroe-Doktrin begründete keinen antikolonialistischen Kampfbund der Republikaner, sondern proklamierte nur eine machtpolitisch mit Sicherheitsinteressen der USA begründete Aufforderung an die Europäer, nicht mehr aktiv in Lateinamerika zu intervenieren. Präsident Theodore Roosevelt erweiterte die Doktrin schließlich 1904 zur Rechtfertigung amerikanischer Interventionen in lateinamerikanischen Ländern.

d) Politik im Zeitalter des *common man*, 1824–50

Jacksonian Democracy
Eine neue Phase der Demokratisierung des amerikanischen Regierungssystems war 1824 erreicht, als die meisten Einzelstaaten die Elektoren des Präsidenten nicht mehr von ihrer Einzelstaatslegislative bestimmen ließen, sondern durch allgemeine Wahl. Mindestbesitzklauseln für Wähler („Zensuswahlrecht") spielte keine Rolle mehr; die allermeisten erwachsenen euroamerikanischen Männer konnten abstimmen (Frauen erhielten erst 1920 bundesweit das Wahlrecht). Diese Erweiterung der Aktivbürgerschaft und Belebung der Parteienentwicklung wird mit dem Namen des Demokratischen Politikers Andrew Jackson verbunden (*Jacksonian Democracy*).

Bedeutung der Parteien
Obwohl die Existenz von Parteien als Ausdrucksform des Bürgerwillens in der Bundesverfassung ignoriert wird, wurde die Konkurrenz meist nur zweier Parteien um die Besetzung der öffentlichen Ämter in Kommune, Einzelstaat und Nation zum Merkmal der amerikanischen Demokratie, noch bevor in den meisten europäischen Ländern politische Parteien im modernen Sinn gegründet wurden. Bereits um 1830 nahm die Demokratische Partei in uns fast vertraut erscheinenden Wahlkämpfen mit viel Rhetorik, Parteipresse und Volksbelustigung und hoher Wahlbeteiligung die Gestalt einer modernen Partei an. Die Anzahl der politischen Parteien blieb begrenzt, trotz der sozialen und regionalen Interessenvielfalt, weil

das einfache Mehrheitswahlsystem in Verbindung mit einem klar definierten Föderalismus (regionale Minderheiten wurden nicht bundesweit addiert) die Rivalität nur zweier Parteien um die Besetzung öffentlicher Ämter begünstigte. Die für Wandel erforderliche politische Dynamik wurde weitgehend innerhalb der Parteien durch z.T. regional organisierte Flügelkämpfe oder aber durch außerparteiliche Reformbewegungen entwickelt. Auch die Einwanderergruppen gründeten keine eigenen Parteien, sondern versuchten, sich Einfluß innerhalb der bestehenden Parteien zu schaffen. Nur *eine* Neugründung sollte langfristig erfolgreich sein, die der Republikanischen Partei 1854, und in sie gingen Fragmente der bestehenden Parteien ein (siehe Kap. 4).

Bei der Präsidentenwahl von 1824 erhielt Andrew Jackson die meisten Wählerstimmen, aber nicht die Mehrheit der Elektorenstimmen. Das Repräsentantenhaus sprach daraufhin die Präsidentschaft dem konservativeren John Quincy Adams zu, ebenfalls ein Kandidat der fragmentierten Demokratischen Partei. Er betrieb zusammen mit Außenminister Henry Clay eine betont nationale Entwicklungspolitik, die vom Straßenbau auf Bundeskosten bis zur Staffelung der Einfuhrzölle reichte. Der letzte von den Idealen der amerikanischen Aufklärung geprägte Präsident schlug u. a. die Errichtung einer nationalen Universität vor (die nie gebaut wurde), und er verzichtete weitgehend auf Ämterpatronage. Ohne Hausmacht und Popularität verlor Adams die Wahl 1828 an „General Jackson", für den der volksnahe Flügel der neu organisierten Demokratischen Partei 56% der abgegebenen Stimmen mobilisierte. John Quincy Adams 1825–29

Zwischen Jefferson und Lincoln wurde Andrew Jackson während seiner beiden Amtszeiten als Präsident (1829–37) die dominierende Gestalt der amerikanischen Politikgeschichte. Die Historiker bescheinigen seinen Einfluß mit der Epochenbezeichnung „das Zeitalter Jacksons" (um 1830 – um 1850). Jacksons regionale Verankerung in Tennessee verknüpfte ihn mit den expandierenden *frontier*-Staaten zwischen Appalachen und Mississippi. In seinen politischen Feldzügen gegen die unverdient Privilegierten und insbesondere gegen die Kapitalisten und Unternehmer der Ostküstenstädte konnte der schottisch-irische Einwanderersohn auf seine ganz persönliche Leistung als „self-made man" verweisen, der sein Schicksal mit 13 Jahren als Waise selbst in die Hand genommen hatte. Als junger Rechtsanwalt war er 1788 aus North Carolina mit einem Packpferd über die Berge in das Städtchen Nashville gezogen. Nun besaß er eine Baumwollplantage mit etwa 40 Sklaven. Prägend für seine Politik wurde das Gemisch von Wertvorstellungen und Interessen der politikentscheidenden Klasse der Region, die seine politische Heimat war: der noch längst nicht saturierten Plantagenbesitzer, die zugleich Landspekulanten und Kaufleute waren und ihre Zukunft abhängig von der Kontrolle und wirtschaftlichen Erschließung des Kontinents bis zum Pazifik sahen. Dafür brauchten sie eine nicht zu schwache Bundesregierung, die aber die divergierenden Interessen der Einzelstaaten respektieren sollte. Andrew Jackson 1829–37

Jackson machte den Glauben an den „einfachen Mann" zu seinem politischen Manifest und behauptete, jeder wahlberechtigte Bürger einer Republik sei auch Politik Jacksons fähig, selbst ein öffentliches Amt zu übernehmen. Jedenfalls verteidigte er so nach gewonnener Wahl die Neubesetzung von 919 der 10093 zur Exekutive gehörenden Stellen mit seinen Parteigängern *(rotation of office)*. Das Ausmaß dieser Ämterpatronage wurde von Jacksons Kritikern als Beutesystem *(spoils system)* übertrieben. Volksstimmung entsprach Jacksons Bereitschaft zur Vertreibung der Indianer in den Transmississippi-Westen. Viele Einwandererstimmen verdankten die Jacksonianer ihrer Ablehnung der moralistisch-"puritanischen" Temperenzler und der protestantischen Eiferer für strikte Sonntagsruhegesetze. Jackson und seine Kongreßmehrheit reduzierten die Bundeskredite für Entwicklungsprojekte wie Straßen- und Kanalbau, weil sie durchschnittlichen Steuerzahlern weniger nutzten als den Kaufleuten und Fabrikanten, die von der „Marktrevolution" des Produzierens und Verkaufens am meisten profitierten. Jackson lehnte die Verlängerung der Lizenz der Second Bank of the United States (1816–36) nach einer heftigen ideologischen Debatte ab, die als „Bank War" in die Politikgeschichte eingegangen ist. Die Jacksonianer hielten die Bundesbank mit ihrem einflußreichen Vorsitzenden Nicholas Biddle für ein ihnen gefährliches Machtzentrum von Kapitaleignern und deponierten die Bundesfinanzen statt dessen bei 23 Einzelstaatsbanken. Auf die Macht des Präsidenten war Jackson aber sehr wohl bedacht. Als 1832 die Legislative South Carolinas und ein von ihr einberufener Konvent die Zollgesetze von 1828 und 1832 für unwirksam erklärten *(nullified)* und die Miliz darauf vorbereiteten, die Zollerhebung zu unterbinden, sah Jackson seine Autorität gefährdet. Er erklärte, Calhouns *doctrine of nullification* sei auch im Bundesstaat eine Absurdität, und „disunion by armed force" sei Verrat (10.12.1832).

Whig Partei 1834–54

Die Kritiker Jacksons organisierten zum Wahlkampf 1834 die Whig Partei. Die Namenswahl spielte auf die bekannte Karikatur Jacksons als herrschsüchtiger „König Andrew" an, der nun gestürzt werden solle, so wie die englischen Whigs 1788/89 König James II. in der Glorreichen Revolution verjagt hatten. Die neue konservative Partei wurde von Henry Clay aus Kentucky und Daniel Webster aus Massachusetts angeführt, also einem Vertreter des an Entwicklungspolitik sehr wohl interessierten *frontier*-Staates und einem Repräsentanten Neuenglands, der Wiege der Frühindustrialisierung. Die Wählerforschung hat Mehrheiten für die Whigs in wirtschaftlich besonders erfolgreichen und exportorientierten Gebieten nachgewiesen, insbesondere unter etablierten Protestanten, die auch Reformbewegungen wie Temperenz und Verbessungen der Schulen unterstützten. Die Wahlkampfkarikatur, die Jacksonianer von den Whigs zeichneten, machte sie zu Möchtegernaristokraten und Plutokraten. Die Whig-Präsidenten Harrison und Tyler, Taylor und Fillmore (siehe Präsidententabelle im Anhang) bewirkten zwischen 1841 und 1853 jedoch weder eine Rückkehr zur nationalen Planungs- und Entwicklungspolitik im Stil John Quincy Adams', noch eine Entschärfung des Süd-Nord-Gegensatzes. Die Partei der unentschlossenen Konservativen zerbrach vielmehr an den Folgen des Kompromisses von 1850. Ihr nördlicher Flügel, der die Ausdehnung der Sklavenhaltung in die neuen Weststaaten ablehnte, wurde eines der Reservoire der 1854 gegründeten Republican Party (siehe Kap. 4).

Demokratisch-republikanische Regungen außerhalb der USA ließen Jackson kalt. Die um ihre Unabhängigkeit von Spanien bzw. Portugal ringenden lateinamerikanischen Kolonien von Mexiko bis Argentinien hofften vergebens auf aktive Unterstützung der Jacksonianer. Jackson befürwortete unverhohlen die Annexion von Texas. Als die spanische Kolonie Mexiko 1821 ihre Unabhängigkeit erlangte, hatte deren Provinz Texas nur 52 000 nicht-indianische Einwohner. Um mehr Siedler anzulocken, ermöglichten die Präsidenten Mexikos auch Bürgern der USA und Einwanderern aus Europa – darunter auch Deutschen – günstigen Landerwerb. Die zugewanderten Yankees erwiesen sich bald als Eroberer. Ihr bewaffneter Kampf von 1836 gegen die mexikanische Armee wird von der heute in Texas dominanten Gründungsgeschichte „The Texas Revolution" genannt, als Verteidigung der Freiheit gewertet und ebenso gefeiert wie der Unabhängigkeitskrieg von 1776 gegen Großbritannien. Die am 6. März 1836 im Fort Alamo (1724 als spanische Missionsstation gegründet) vor San Antonio nach zweiwöchiger Belagerung getöteten 189 „Americans" – darunter die bereits in ganz Amerika bekannten *frontiersmen* Jim Bowie, der Messerwerfer, und Davie Crockett, der Scharfschütze mit der Wildkatzenschwanzmütze, wurden sofort und werden bis heute als Freiheitskämpfer gefeiert. „Remember the Alamo" diente als erfolgreicher Schlachtruf der Expansionisten. Die nach der nächsten siegreichen Schlacht 1836 ausgerufene Lone Star Republic wurde 1845 gegen den Willen Mexikos entsprechend dem Wunsch der Siedlermehrheit in die Union der Vereinigten Staaten aufgenommen. Als Mexiko versuchte, Texas zurückzuerobern (Mexican-American War, 1846–48), verlor es zusätzlich California und New Mexico (Vertrag von Guadalupe Hidalgo, 1848). Der Streit über diese Kriebsbeute beschleunigte sofort den Süd-Nord-Konflikt über die Ausdehnung der Sklavenhaltung nach Westen (siehe Kap. 4).

Nach außen gerichteter Nationalismus ergriff die einen (immerhin hatten sich 50 000 Kriegsfreiwillige gemeldet, von denen 13 000 starben); auf die Verbesserung der amerikanischen Gesellschaft konzentrierten sich die nicht minder intensiven Emotionen anderer. Die Gegner des freien Alkoholverkaufs reagierten auf den in Stadt und Land im frühen 19. Jh. erschreckend hohen Alkoholkonsum zwischen 1840 und 1860 mit der Organisation einer öffentlichkeitswirksamen Temperenzlerbewegung. Erstmals erreichten sie 1851 mit Hilfe protestantischer Kirchen im Staat Maine das Verbot der Herstellung und des Verkaufs alkoholischer Getränke. Dreizehn weitere Staaten folgten Maines Beispiel innerhalb von vier Jahren. Die Agitation für ein entsprechendes Bundesgesetz, an der Frauen besonders aktiv mitwirkten, führte erst 1919 zum Erfolg.

Die aktive Rolle der Frauen in der Antialkoholbewegung und in der Antisklavereibewegung kam auch der Frauenrechtsbewegung selbst zugute. An das Erbe der Aufklärung konnten die das Stimmrecht auch für Frauen fordernden nur rhetorisch anknüpfen, eine organisatorische Kontinuität gab es nicht. Lediglich der

Margin notes: Expansions- und Außenpolitik; Annexion von Texas 1845; Krieg gegen Mexiko 1846–48; Temperenzler; Frauenrechtsbewegung

Staat New Jersey hatte von 1790 bis 1807 grundbesitzende unverheiratete oder verwitwete Frauen und Afroamerikaner wählen lassen, weil New Jerseys Verfassung geschlechtsneutral von *inhabitants* sprach; ab 1807 sorgte die Formel *free white male citizens* auch in New Jersey wieder für klar diskriminierende Verhältnisse. Etwa 300 Frauen und Männer folgten 1848 der Einladung Lucretia Motts und Elizabeth Cady Stantons zur ersten nationalen Frauenrechtskonferenz in Seneca Falls, New York. Die beschlossene Declaration of Sentiments wurde das Gründungsmanifest der amerikanischen Frauenrechtsbewegung. Es folgte in Aufbau, Argumentation und Rhetorik so eng wie möglich der Unabhängigkeitserklärung von 1776: Den Anspruch auf gleiche Rechte (damals der Kolonisten, jetzt der Frauen) sahen sie im Naturrecht begründet; damals verweigerten König und Parlament den Kolonisten gleiche Rechte, heute die Männer den Frauen. Die Frauen mußten Gesetze befolgen, an deren Zustandekommen sie nicht mitwirken konnten. Verheiratete Frauen waren „civilly dead" und mußten ihr in die Ehe mitgebrachtes oder geerbtes Vermögen und Selbstverdientes dem Ehemann überlassen, auch wenn er es vertrank oder verspielte. Die Scheidungsgesetze der Einzelstaaten gewährten dem Mann – ohne Rücksicht auf Schuld oder Unschuld – meist das Sorgerecht für die Kinder. Das Bildungswesen verhinderte, daß Frauen Theologen, Ärzte oder Juristen wurden; auch die allgemeinbildenden Colleges waren den Frauen noch verschlossen. Die Kirchen schlossen Frauen von ihren Ämtern aus. Und eine heuchlerische Doppelmoral prangerte „moral delinquencies" von Frauen an, die sie Männern zubilligte.

Seneca Falls Convention 1848

E) AGRARWIRTSCHAFT UND FRÜHINDUSTRIALISIERUNG

In den ersten Friedensjahren nach 1815 kauften die Europäer amerikanischen Weizen und andere Lebensmittel in großem Umfang. Die Westexpansion der USA, das Wachstum der Ostküstenstädte, die amerikanische Binnenwanderung, die zunehmende Einwanderung aus Irland, England, Nord- und Mitteleuropa und die Industrialisierung waren miteinander in einem großen transatlantischen Kreislauf von Gütern, Arbeitskräften und Kapital verbunden. Ohne die große Nachfrage nach Baumwolle bzw. billigem Tuch in Europa hätte der Anreiz für die Ausdehnung der Sklavenhaltung bis nach Alabama, Mississippi und schließlich Texas gefehlt. Von 1831 bis 1836 verdreifachte sich der Wert der nach Europa exportierten Baumwolle (mehr zur Südstaatenwirtschaft im 4. Kapitel). Historiker, die moralische Verantwortung für Sklaverei und Indianervertreibung zuweisen wollen, sollten auch die Nutznießer des nordatlantischen Wirtschaftskreislaufs in Europa nicht vergessen.

Nordatlantischer Kreislauf

Die Landwirtschaft blieb bis um 1870 die materielle Basis der amerikanischen Gesellschaft. Der spektakulärste Wachstumsschub begann 1793 mit Erfindung der Baumwollentkernungsmaschine, einer von Hand zu drehenden Holzwalze in einem Trog, deren lange Stacheln die begehrte Baumwolle von den Resten des

Landwirtschaft

Stengels und Blütenblatts trennte. Das billige Verfahren machte insbesondere die robuste kurzstengelige Baumwolle profitabel. Der amerikanische Anteil an der weltweiten Baumwollerzeugung stieg in den Jahren 1791 bis 1850 von 0,5% auf 68%. Auch andere arbeitssparende Landwirtschaftsmaschinen erhöhten die Produktivität, so daß der Verdienst der Farmer ohne Sklaven nicht weit hinter dem der Sklavenhalter zurückblieb.

Ihr eigenes Land im Westen (*the public domain*) nutzte der Bundesregierung erst, wenn es durch Verkauf, Bewirtschaftung und Besteuerung Gewinn einbrachte. Allerdings kostete die Vermessung, der Verkauf und die Registrierung in *land offices* letzten Endes mehr als den Erlös. Die Verkaufsmethode widersprach zunächst den Interessen durchschnittlicher bargeldloser Farmer. Denn gegen Bargeld konnten Landspekulationsgesellschaften das beste Land aufkaufen und mit Profit unter ihren Bedingungen an kreditabhängige Farmer weiterverkaufen. Bei Versteigerungen des bundeseigenen Landes mußte man 1800 noch mindestens 640 *acres* zu mindestens $2 pro *acre* ersteigern; 1820 waren es nur noch 80 *acres*. Ab 1830 begannen die Auktionen mit $1,25 je *acre*, ab 1841 erhielten *squatters* – illegale aber echte Siedler – ein Vorkaufsrecht zum amtlichen Mindestpreis für das dank ihrer Arbeit bereits urbar gemachte Land (jedoch nicht mehr als 160 *acres*). Der Spitzenpreis für bestes Ackerland betrug 1817 $50 je *acre*. Die bekannten Konjunktureinbrüche von 1819, 1837 und 1857 bewirkten einen jeweils drastischen Rückgang des Landverkaufs. Die Verkaufszahlen für Bundesland im Westen fluktuierten mit dem inneramerikanischen Konjunkturzyklus der Preise für Landwirtschaftsprodukte. Die Expansion des kaum regulierten Bankwesens vor 1860 diente u. a. der Bereitstellung von Krediten für Landkäufe und die Erstausrüstung mittelloser Farmer und der Zirkulation von Papiergeld.

Erst 1862, nach dem Auszug der Südstaatler aus dem Kongreß, fand sich eine Mehrheit für die alte Forderung der Free Soil Partei nach einem Familienfarmgesetz (Homestead Act), das auch völlig mittellosen Siedlern und neu Eingewanderten den Landerwerb ermöglichte. Wer zumindest seine Absicht erklärt hatte, die amerikanische Staatsbürgerschaft anzunehmen – ob Frau oder Mann –, konnte bis zu 160 *acres* (d. h. etwa 80 Fußballfelder) für $1,25 pro *acre* kaufen oder den Besitztitel durch die fünfjährige Kultivierung, den Bau einer bewohnbaren Unterkunft und eine Registriergebühr von $30 erwerben. Zum Vergleich: die Eisenbahngesellschaften verlangten durchschnittlich 3 Dollar je *acre* für nahe an ihrer Strecke liegendes Land; sie setzten auf späteren Gewinn durch hohe Frachtpreise. 1 Dollar war um 1860 der übliche Tageslohn für einen ungelernten Arbeiter.

In der Frühphase der Industrialisierung verbanden verbotswidrig ausgewanderte englische Facharbeiter und Ingenieure die in England bereits fortgeschrittene industrielle „Revolution" mit der amerikanischen. Die erste Fabrik in den USA spann ab 1790 im ländlichen Pawtucket/Rhode Island Baumwolle zu Garn: ein Wasserrad betrieb Hunderte voll mechanisierter Spindeln, die nur noch gewartet, nicht mehr einzeln gedreht werden mußten. Die Herstellung von Uhren, Gewehren und Schuhen wurde mit der Einführung präzise standardisierter und deshalb einfach zusammensetzbarer und leicht austauschbarer Einzelteile ebenfalls verbilligt und beschleunigt. Die traditionelle Werkstatt wurde zur Werkshalle erweitert. Die Arbeitsplätze waren nicht mehr im Wohnhaus – so wie früher ein Spinnrad und ein Webstuhl im Haus des Bauern standen. Technische Innovation brauchte Kapital zur Finanzierung der Experimente und ersten Ausrüstung der Betriebe. Zu diesem Zweck legten 1813 Kaufleute in Boston $400 000 zusammen und gründeten die Boston Manufacturing Company. Im ländlichen Lowell und Waltham bauten sie 1822 mit Wasserkraft betriebene Baumwolltuchfabriken, in denen Bauerntöchter aus der Umgebung Arbeit fanden. Die „Lowell girls" wohnten in gut beaufsichtigten Heimen, deren Leiterinnen sich zur Beruhigung der Eltern für Leib und Seele ihrer Schützlinge verantwortlich erklärten. Die Arbeiterinnen in Lowell waren mit ihren niedrigen Löhnen so unzufrieden, daß sie 1834 und 1836 aus Protest die Arbeit niederlegten und mit ihrem ersten Streik in die Geschichte der amerikanischen Arbeiterbewegung eingingen. Auch unter Facharbeitern, die sich in ihrem Status als ausgebildete Handwerker bedroht sahen, kam es in New York und Philadelphia in den 1830er Jahren zu koordinierten Streiks, u. a. mit dem Ziel, die Arbeitszeit auf 10 Stunden zu begrenzen.

Um 1850 hatte die amerikanische Nationalwirtschaft eine neue Qualität angenommen. Jeder fünfte Arbeiter war in einer der kleinen Fabriken mit weniger als 10 Arbeitern beschäftigt; zusammen erwirtschafteten sie bereits ein Drittel des Bruttosozialprodukts.

Die Erschließung des Westens und die Herstellung eines nationalen Marktes für Güter und Personen verlangte bessere Verkehrsverbindungen. Das Land östlich des Mississippi wurde nach 1815 so schnell durch Überlandstraßen, Kanäle und schließlich Schienen erschlossen, daß Historiker von der *transportation revolution* zwischen 1807 und um 1850 sprechen. Nicht „der Markt" baute die Straßen und Kanäle, sondern von Bund und Einzelstaaten kräftig unterstützte Gesellschaften. Der Bund finanzierte einen wesentlichen Teil der 1815 begonnenen ersten Nationalen Überlandstraße (Cumberland Road) von Maryland ins Ohiotal; 1850 erreichte die Pionierlandstraße über Pittsburgh und Columbus/Ohio die Präriestadt Vandalia in Illinois. Seit 1807 ließ Robert Fulton den ersten Raddampfer auf dem Hudson fahren. Die Fahrt stromaufwärts von New Orleans nach Louisville/Kentucky schaffte 1817 ein Raddampfer in vier Wochen, ein Treidelboot hatte dafür vier Monate gebraucht. Auf dem Atlantik behaupteten sich Segelschiffe für den Güter- wie den Personenverkehr bis etwa 1860. Zwischen New York und Liverpool pendelte ab 1848 ein Frachtdampfer der Firma Samuel Cunard. Für die Fahrt nach Europa brauchte er durchschnittlich 18 Tage; die Lastsegler benötigten durchschnittlich 35 Tage. Um 1860 galten zwei Wochen bereits als langsame Atlantiküberquerung.

Noch größere Investitionen verlangten die für die Ost-West-Verbindung notwendigen Kanäle. Der erfolgreichste von ihnen, der 1825 eröffnete Eriekanal, verband den Oberlauf des Hudson mit dem Eriesee und schuf einen Wasserweg von New York (also auch Bremen und Hamburg) nach Detroit, Milwaukee und Chicago. Für den Mais und Weizen des Mittelwestens gab es keinen schnelleren und billigeren Weg nach New York als den neuen Kanal. Die knapp 4 000 Meilen Kanäle, die 1850 in Betrieb waren, verloren ihre Aufgabe jedoch schon bald an die Eisenbahn.

1825 ließ John Stevens, der über entsprechende Experimente in England gut informiert war, einen ersten Dampfkessel auf Rädern vor Hoboken in New Jersey fahren. In Baltimore gründeten 1828 private Investoren die Baltimore and Ohio Railroad. 1833 baute South Carolinas Haupt- und Hafenstadt Charleston 136 Meilen Schienen in ihr Hinterland; und ab 1853 verbanden Schienen Chicago mit den Ostküstenstädten. Im ganzen Land lagen 1860 über 30 000 Meilen Schienen – dreimal so viele wie im englischen Heimatland der Dampfmaschine. Der Eisenbahnbau ist ein weiteres Beispiel für das öffentlich-private Mischsystem wesentlicher Teile der amerikanischen Wirtschaft. Selbst nach 1850, als es längst nicht mehr um Experimente ging, schenkten Bund und Einzelstaaten den der Rechtsform nach privaten Eisenbahn-Aktiengesellschaften nicht nur das Land für den Schienenstrang, sondern über 190 Mio. *acres* zu besiedelndes Land auf beiden Seiten der Strecke – das waren 10% der Landfläche der USA. Die Eisenbahnfahrt von New York nach Pittsburgh dauerte ab 1857 nur noch einen Tag, Winter wie Sommer; Pferdefuhrwerke brauchten in der günstigsten Jahreszeit über zwei Wochen. Im Sezessionskrieg sollte sich die Eisenbahn als kriegsentscheidende Waffe erweisen. Der Wirtschaftsfaktor Eisenbahn ging über die Funktion des Transportmittels weit hinaus. Bereits um 1860 waren die Eisenbahngesellschaften wichtigster Abnehmer von Eisen und Messing, Glas und Filz sowie natürlich Holz und Kohle.

<small>Eisenbahnen</small>

Die Nachrichtenübermittlung revolutionierte Samuel Morse 1844 mit der ersten Telegraphenverbindung zwischen Baltimore und Washington. Schienen und Telegraphendrähte durchquerten von nun an in praktischer Partnerschaft das Land. Noch vor Ausbruch des Sezessionskriegs war California mit Washington per Telegraphendraht verbunden. Auch die Beförderung der Post über den Kontinent wurde erheblich verbessert und verbilligt. Bis 1851 hatte die Bundespost pro 300 Meilen 5 *cents* kassiert, nun beförderte sie für die Standardbriefmarke von 3 *cents* einen Brief in jeden Landesteil.

<small>Telegraphie, Post</small>

Das Oberste Bundesgericht wirkte zunächst der Monopolbildung entgegen. Es erlaubte 1837 die Annullierung eines 1785 von der Legislative Massachusetts' gewährten Brückenmonopols zugunsten einer zweiten Brücke zwischen Boston und Charlestown. Privateigentum müsse zwar geschützt werden, aber nicht um jeden Preis: „The object and end of all government is to promote the happiness and prosperity of the community" (Fall Charles River Bridge gegen Warren Bridge, 1837). Die Anwendung dieses hehren Prinzips sollte den Supreme Court mit zunehmender Industrialisierung immer wieder beschäftigen.

<small>Bundesgericht gegen Monopole</small>

F) Ausprägung einer nationalen Kultur vor 1860

Nationalismus und Kultur   Als Präsident John Quincy Adams am 4. Juli 1828 den ersten Spatenstich zum Bau des Chesapeake & Ohio Kanals tat, beschränkte er sich nicht auf Bemerkungen zum erhofften wirtschaftlichen Gewinn. Er lobte zwar „the spirit of internal improvement", sprach dann aber über „the transplantation of learning and the arts to America", die mit der wirtschaftlichen Erschließung des Kontinents einhergehen müsse. Der gebildete Präsident verband das Bibelzitat „Macht Euch die Erde untertan!" mit der im 18. Jh. verbreiteten Vorstellung von der historischen Wanderung der großen Kulturreiche (translatio imperii) westwärts aus Persien über Griechenland nach Rom (und Nordeuropa) und schließlich über den Atlantik in die Neue Welt. Hintergrund dieser präsidentiellen Kulturphilosophie war die in England und Amerika geführte zeitgenössische Debatte über das Ausmaß der seit 1776 erlangten kulturellen Eigenständigkeit der emanzipierten Kolonialengländer. In seinem Eröffnungsleitartikel der 1837 gegründeten Zeitschrift der Jacksonian Democrats United States Magazine and Democratic Review bekannte der Herausgeber John O'Sullivan rundheraus: „We have no national literature. We depend almost wholly on Europe, and particularly England, to think and write for us, or at least to furnish materials and models after which we shall mould our own humble attempts." Kunst- und Kulturhistoriker haben später diese Selbsteinschätzung bestätigt.

Keine Kulturrevolution   Dieser bis weit in die erste Hälfte des 19. Jahrhunderts hinein vorherrschende Zustand bedeutet aber nicht, daß die begriffliche Unterscheidung zwischen homogener „Kulturnation" und kulturell vielgestaltiger „Staatsnation" vom Typ der Schweiz Wesentliches zur Erklärung der amerikanischen Entwicklung beiträgt. Die Priorität der politischen Eigenständigkeit und die anhaltende kulturelle Abhängigkeit von bzw. Teilhabe an der englischen Kultur ergaben sich zwangsläufig aus dem Kolonialstatus. Der Kampf der Kolonialengländer galt lediglich ihrer politischen Selbstbestimmung. Nur wenige Kulturnationalisten wie Noah Webster, der selbsternannte Sprachlehrer der neuen Nation, lehnten sich seit den 1790er Jahren gegen die Fortdauer der kulturellen Abhängigkeit von der besiegten Kolonialmacht auf. Websters antienglische Kulturrevolution kam aber nicht viel weiter als bis zur Streichung des „u" in *labour*, eines „g" in *waggon*, der Umstellung von „r" und „e" in *theatre* und der Vereinfachung von *plough* zu *plow*. Englische Romane erzielten weiterhin Verkaufserfolge. Noch 1820 waren 80% der verkauften Bücher Importe aus England. Raubdrucker in Philadelphia und New York unterhielten Agenten in London, die mit allen ihnen zur Verfügung stehenden Mitteln Druckfahnen so rechtzeitig beschafften, daß vor dem Eintreffen der englischen Auflage bereits der Raubdruck in den Buchläden von Boston bis Charleston auslag. Englischer Hochmut und amerikanischer Stolz prallten schließlich nach dem Krieg von 1812 in einem Jahrzehnte anhaltenden Zeitschriftenkrieg über den Wert amerikanischer Literatur aufeinander.

Historienmalerei   Die darstellenden Künste hatten keinen leichteren Start als die Literatur. Mit der Staatsgründung entstand ein neuer Bedarf an Architektur und Malerei. Mit öffentlichen Gebäuden begann die Republik sich selbst darzustellen. Historien- und Porträtmaler wie Benjamin West und John Singleton Copley konnten nun auch Persönlichkeiten und Ereignisse von landesweitem öffentlichem Interesse darstellen. Der Kongreß beauftragte 1817 John Trumbull, den in Connecticut als Sohn des Gouverneurs geborenen, in London von Benjamin West ausgebildeten, nun in New York lebenden Historienmaler mit der Ausschmückung der Rotunde des Capitols. Die vier heute noch zu besichtigen Kolossalgemälde verherrlichen die Unterzeichnung der Unabhängigkeitserklärung, die Kapitulation des englischen Generals Burgoyne bei Saratoga (1777), die Kapitulation der englischen Armee unter Lord Cornwallis bei Yorktown (1781) und George Washingtons Abschied als siegreicher Oberkommandierender (1783).

Die erste Generation der Architekten und Maler mußte ihre Ideen gegen die republikanischen Ideale der Sparsamkeit, Strenge und Schlichtheit durchsetzen, denn Luxus und Leidenschaft konnten bekanntlich ein Volk korrumpieren und seine Freiheit untergraben. Im Unterschied zu einer Monarchie und Adelsherrschaft bedurfte es im neugeschaffenen amerikanischen Freistaat einer im politischen wie persönlichen Sinn tugendhaften Bürgerschaft. Die Parallele von Washington und dem ebenfalls vom Pflug wegberufenen und zum Pflug zurückkehrenden Cincinnatus verlieh dem Ideal sichtbaren Ausdruck. Nach der anfänglichen Betonung von Freiheit und republikanischer Tugendhaftigkeit rückten in der nationalen Ikonographie seit etwa 1825 die Motive Wohlstand und Frieden in den Vordergrund. Für die neuen öffentlichen Gebäude zumindest in den Mittel- und Südstaaten konnte sich der streng neo-klassizistische, auch „American Classical" genannte Stil durchsetzen, weil er sich als Absage an das ausschweifende Barock europäischer Fürsten rechtfertigen ließ. Als 1793 der mit der Planung der Bundeshauptstadt beauftragte Ausschuß die Stadtväter von Bordeaux um die Entsendung einiger erfahrener Baumeister bat, erläuterten sie ihre Städtebauphilosophie: „Wir wollen die Großzügigkeit des Entwurfs [des Franzosen Pierre L'Enfant] in jener republikanischen Einfachheit und wahren Eleganz der Proportionen verwirklichen, die maßvoller Freiheit entsprechen; Frivolität, die Freude kleiner Geister, wollen wir vermeiden."

<small>Republikanisch schlichte Architektur</small>

<small>„Federal City" Washington</small>

Die ersten literarischen Zeugnisse spezifisch amerikanischer Lebenserfahrung und Geschichte, die schließlich zum Grundstock der amerikanischen Nationalliteratur wurden, entstanden Jahrzehnte später, als Noah Webster sie eingefordert hatte. Zu ihnen gehören Emersons poetisch-philosophische Essays („Nature" 1836, „The American Scholar" 1837, „Self-Reliance" 1841), Thoreaus Tagebuch eines naturverbundenen patriotischen Dissidenten (Walden 1854), Hawthornes allegorische „romance" The Scarlet Letter (1850), Melvilles symbolträchtiger Walfängerroman Moby Dick (1851) und Whitmans hymnische Gesänge über das Land des *common man* Leaves of Grass (1855). Whitmans visionärer „Song of Myself" besang das zeitgenössische Amerika, die Gefühle der „great masses", das für Amerika typische Völkergemisch, „not merely a nation but a teeming nation of nations". Aber Whitman besang nicht einen kollektiven Erfolg, sondern die glorreiche Frei-

<small>Nationalliteratur</small>

heit des einzelnen, einschließlich der Chance zu scheitern. Anerkennung als erster Barde der Nation konnte Whitman erst nach dem Sezessionskrieg und nach viel Spott und Hohn erringen. Dabei half ihm nicht nur sein Trauergedicht nach Lincolns Ermordung, sondern auch die Anerkennung, die seine Texte schließlich bei englischen Kritikern gewannen.

Publizistik Die literarischen Leistungen Emersons, Thoreaus, Hawthornes, Melvilles und Whitmans konnten nur erbracht und ihre Wirkung als Wegweiser einer im Aufbau begriffenen amerikanischen Kultur nur entfaltet werden, weil in den ersten Jahrzehnten des 19. Jhs in und um Boston, New York, Philadelphia und Charleston intellektuelle Zirkel und private Institutionen, und seit den 1830er Jahren insbesondere Verlage, Zeitschriften und Zeitungen entstanden, die die nötigen menschlichen und materiellen Voraussetzungen für das Gestalten und öffentliche Rezipieren von Literatur und anderen Formen expressiver Auseinandersetzung mit den Lebensbedingungen in der neuen Nation schufen.

Öffentliche Schulen Die Jahrzehnte der territorialen Expansion waren auch die Periode des Ausbaus des öffentlichen Schulwesens, für das die Einzelstaaten verantwortlich waren. Obwohl bereits die Puritanergesellschaft um der Bibellektüre willen Wert auf die Weitergabe der fundamentalen Kulturtechniken Lesen und Schreiben gelegt hatte und die Aufklärer Benjamin Rush in Philadelphia und Thomas Jefferson in Virginia den Ausbau und die Verbesserung des öffentlichen Schulunterrichts gefordert hatten, kam es erst mit dem Wachstum der Städte und der Masseneinwanderung nach 1830 zum quantitativ bedeutsamen Aufbau des öffentlichen Schulwesens. Von nun an konkurrierten die beliebten privaten Kirchenschulen mit öffentlichen. Massachusetts erklärte 1852 als erster der Staaten der Union den Schulbesuch zur Pflicht.

Tocquevilles Interpretation der amerikanischen Demokratie 1835, 1840 Den einflußreichsten zeitgenössischen Kommentator zum Zeitalter Jacksons lieferte der französische Politiker und Historiker Alexis de Tocqueville. Nach einer ausgedehnten Reise 1831 analysierte er 1835 und 1840 in zwei Bänden den Zustand der amerikanischen Gesellschaft. Der Titel De la démocratie en Amérique zeigt an, daß ihn mehr als alles andere das Funktionieren des amerikanischen Regierungssystems interessierte. Er vermutete richtig, daß die prinzipielle Gleichheit aller Bürger, die in den Vereinigten Staaten in der Theorie bereits anerkannt war, auch Europas Zukunft sei. Um seine Landsleute vor Fehlentwicklungen wie der möglichen Tyrannei einer „demokratischen" Mehrheit zu warnen, beschrieb der liberale Jurist u. a. die amerikanischen Institutionen, Entscheidungsregeln und Lebensgewohnheiten, die der ungehemmten Durchsetzung des Mehrheitswillens in Kommune, Einzelstaat und Bund entgegenwirkten. Zu den regulierend wirkenden Faktoren gehörten kompetente lokale Selbstverwaltung, die Rechte des einzelnen schützende Rechtsprechung, die von der Vielzahl der gleichberechtigten Religionsgemeinschaften erzwungene Trennung von Staat und Kirchen, ein weitgehend an materiellem Wohlstand orientierter Individualismus, aber auch die patriotischen *sentiments* der auf ihre junge Nation stolzen Amerikaner. Tocquevilles an Europäer gerichtete Erklärung der Strukturen, Prinzipien und Tendenzen wurde sofort ins Englische übersetzt und dankbar lobend zur

Kenntnis genommen, oft allerdings deshalb, weil der blendend formulierte Kommentar als im Detail empirisch überprüfte Zustandsbeschreibung mißverstanden wurde.

Kritischer als der Besucher Tocqueville urteilte der Präsidentenenkel und *gentleman-scholar* Henry Adams, als er 1889 in seiner großen Geschichte der ersten Jahrzehnte der Bundesregierung zurückblickte: Henry Adams' Kulturkritik

Zahllose Demagogen versuchten, die niedrigsten Instinkte dieser neuartigen Gesellschaft ignoranter Halbbarbaren anzustacheln und die bislang mäßigenden Schranken ihrer Leidenschaften zu beseitigen. Habgier, Machtlust und Sehnsucht nach der sinnlosen Leere wilder Freiheit, wie Indianer und Wölfe sie genießen – das sind die Feuer unter dem großen Kessel der amerikanischen Gesellschaft, die die alte bewährte und bewahrende Kruste von Religion, Regierung, Familie und normalem Respekt vor Alter, Bildung und Erfahrung zusehends wegschmelzen ließen, ja bereits in Stücke zerbrochen hatten, die von dem Abschaum beseite gestoßen wurden, der in immer größerem Umfang an die Oberfläche kam, wie konservative Zeitgenossen es befürchtet hatten.

Der Skeptiker versuchte zwar, seine Wertung durch den Zusatz abzuschwächen, all dies seien Ängste konservativer Federalists angesichts der „demokratischen Tendenzen" um 1800 gewesen, aber seine detaillierte Beschreibung der Politik und Gesellschaft in Jeffersons und Madisons Amerika entkräftete die Befürchtungen nicht, sondern ließ die Frage offen, ob die den Kontinent erobernde demokratische Gesellschaft es auch vermochte, „die moralischen und intellektuellen Bedürfnisse der Menschen zu befriedigen" [478: History of the United States, Bd. 1 (1889) 125].

4. DER ALTE SÜDEN, DIE SKLAVENWIRTSCHAFT, DER SÜD-NORD-KONFLIKT, 1789–1860

a) Der Süden als Region

Die Fahne der von 1861 bis 1865 abtrünnigen Confederate States of America – „Stars and Bars" statt „Stars and Stripes" genannt – ist nicht etwa als Symbol des Landesverrats verboten oder museales Sammlerobjekt; die Konföderationsfahne wird vielmehr heute noch in einigen Südstaaten auf Regierungsgebäuden gehißt, und sie ist prominenter Bestandteil der Einzelstaatsflaggen von Georgia und Mississippi. Keine der anderen Großregionen der USA hat bis heute ein so starkes und für Politik und Wählerverhalten relevantes Regionalbewußtsein entwickelt wie „The South". Definiert wurde die Region endgültig durch den Sezessionskrieg. Die gegen die Union kriegführenden elf konföderierten Staaten waren Alabama, Arkansas, Florida, Georgia, Louisiana, Mississippi, North Carolina, South Carolina, Tennessee, Texas und Virginia. Dieser Schicksalsgemeinschaft der besiegten Sklavenhalter gehörten nicht die bei der Union verbliebenen sklavenhaltenden Randstaaten Delaware, Maryland, Kentucky und Missouri an, die sogenannten „border states". Das Statistische Bundesamt definiert als heutigen „statistischen Süden" zusätzlich zu den elf CSA-Staaten noch Delaware, Maryland, West Virginia, Oklahoma und den mit der Hauptstadt Washington identischen District of Columbia. Einige kulturell-ethnisch präzisere Definitionen rechnen das westliche Texas nicht mehr zu „Dixie", sondern zum spanisch geprägten „Südwesten".

Definitionen des Südens

Die bis heute andauernde Vergangenheitsbewältigung bewußter Südstaatler unterscheidet drei Entwicklungsphasen des Südens, die jeweils so interpretiert werden, daß nicht Scham und Schuld, sondern Stolz auf die Heimatregion geweckt werden: (1) In der etwas gestelzt „antebellum South" genannten Expansionsphase von 1815 bis 1860 trugen die expansionsfreudigen und migrationsbereiten Farmer des Südens zum wirtschaftlichen Aufschwung des ganzen Landes bei; die schwarzen Sklaven hatten Anspruch auf lebenslange und komplette Fürsorge des Besitzers (*paternalism*), während in den Nordstaaten die Arbeitskraft der ersten Generationen von Industriearbeitern ausgebeutet und die Arbeitslosen, Kranken und Alten brutal ihrem Elend überlassen wurden. (2) Der „Civil War" oder „War between the States" wird in zahllosen Schriften, Bildbänden, Filmen, Heimat- und Schlachtfeldmuseen und Jubiläen nicht als Landesverrat geächtet, sondern als ehrenhafte, wenn auch tragisch endende Verteidigung der Heimat gegen eine Invasion aus dem Norden dargestellt (*The Lost Cause*). (3) Der politische Wiederaufbau des Südens unter Aufsicht der Unionstruppen von 1865 bis 1877 war eine zu Recht gescheiterte Art von Besatzungsregime oder Fremdherrschaft.

Vergangenheitsbewältigung

4. Der Alte Süden, Sklavenwirtschaft, Süd-Nord-Konflikt

Der wirtschaftliche Erfolg des Südens steigerte den Unmut über die fortbestehende Abhängigkeit der Pflanzer von den nordstaatlichen Reedern, die den Transport des Tabaks und der Baumwolle zu den Fabriken in den Nordstaaten und Europa monopolisierten und die Frachtpreise diktieren konnten. Das Gefühl, übervorteilt zu werden, war bei einigen Publizisten so stark, daß sie dem Norden vorwarfen, den Süden wie eine auszubeutende „Kolonie" zu behandeln, z. B. durch hohe Einfuhrzölle für Industrieprodukte, worunter die Südstaatler am meisten litten, weil sie die meisten Fertigwaren aus dem Norden oder Europa importieren mußten. Daraus leiteten einige schon Jahrzehnte vor dem Sezessionskrieg die Forderung ab, der Süden müsse sich zur eigenständigen Nation entwickeln; sie behaupteten, auch eine kulturelle Grundlage für einen *Southern nationalism* sei vorhanden. Der Süden als „Kolonie" des Nordens

Richtig ist, daß auf der Ebene der Populärpsychologie Nord- und Südstaatler seit dem 18. Jh. mehr oder weniger zutreffende Klischeevorstellungen voneinander hatten. Zu den Merkmalen des stereotypisierten weißen Südstaatlers gehörten geringe Arbeitsmoral (*the lazy South*), ein übertriebener Sinn von verletzter Ehre (*Southern pride*) und eine niedrige Hemmschwelle vor der Gewaltanwendung, die etwa an der Anzahl von Duellen wegen verletzter Ehre zu messen ist (*the violent South*). Häufiger noch als die anderen Merkmale kommentierten Nordstaatler die ständige Angst der weißen Südstaatler vor dem Verlust ihrer *white supremacy*, der totalen Kontrolle über die Versklavten. Zum gepflegten Eigenbild des Südens gehörte das aus England übernommene und adaptierte Erziehungsideal eines *Southern gentleman*, der die christlichen Tugenden mit Vaterlandsliebe und Opferbereitschaft verbindet (im regionalen Sinn der Südstaaten definiert), der die Frauen (*the Southern belle*) achtet und schützt, dessen Fürsorgepflicht die Sklaven einbezieht und dessen standesgemäße Selbstachtung ihm unlautere Geschäftemacherei und hemmungsloses Gewinnstreben verbietet. Diesem Ideal wurde die Karikatur des kulturlosen Yankee-Aufsteigers gegenübergestellt, dessen oberster Wert sich mit dem Dollarzeichen ausdrücken ließ. Der Süden im Stereotyp

Aus deutscher Perspektive gehört zur spezifisch südstaatlichen Erfahrung seit 1865 das öffentliche Nachdenken über kollektive Schuld, über Rassenwahn und das Versagen einer Elite, das in einem grausamen Krieg im eigenen Land für eine unmoralische Sache endete, für den eine irregeführte Bevölkerung das höchste Opfer brachte. In anderen Regionen der USA, wo jeder sich mit der Erfolgsgeschichte des Siegers identifizieren zu können glaubt, fehlt diese Sensibilität für die Dimensionen von Schuld, Versagen und Niederlage.

b) Sklaverei und Plantagenwirtschaft

Dem politischen Sonderweg des Südens lag der wirtschaftliche zugrunde. Seit dem 17. Jh. fußten die gewinnbringenden Monokulturen von Tabak, Reis, Baumwolle und Zuckerrohr auf der Arbeit versklavter Afrikaner. Sklavenhaltung bedeutete unter anderem die Festlegung von Kapital, denn ein Feldsklave kostete 1795 durchschnittlich $ 300, um 1860 über $ 1200. Jefferson hatte um 1780 noch geglaubt, die Sklaven würden in ein oder zwei Generationen durch freie Arbeiter aus Europa abgelöst und die freigelassenen Afrikaner könnten in einer eigenen Kolonie im Südwesten der USA zusammenleben oder nach Afrika zurückkehren. Das Gegenteil trat ein. Die europäischen Migranten bevorzugten den Norden und Mittelwesten, die Plantagenwirtschaft dehnte sich in zwei Generationen bis Texas und Missouri aus und die Anzahl der Versklavten stieg bis 1860 auf 3,95 Mio. Die Sklaven machten in den Jahrzehnten vor 1860 etwa ein Drittel der Gesamtbevölkerung der fünfzehn Südstaaten aus.

Ausbreitung der Sklavenhaltung

Eigentümer der knapp 4 Mio. Sklaven waren 1860 nur 383 000 Weiße; das bedeutet, nur jede vierte weiße Familie besaß Sklaven. Als *planter* galt um 1860, wer mindestens zwanzig Sklaven besaß. Ab dieser Zahl landwirtschaftlicher Arbeitskräfte konnte man so profitabel für den weltweiten Tabak-, Zucker-, und nach 1815 vor allem Baumwollmarkt wirtschaften, daß der Lebensstil im großen Herrenhaus finanzierbar wurde. Nur jeder zehnte Sklavenbesitzer war nach diesem Merkmal auch ein Plantagenbesitzer. Über Großplantagen mit mehr als 200 Sklaven verfügten 1860 nur 254 Südstaatler. Für die Südstaatenpolitik war entscheidend, daß auch die meisten sklavenlosen Südstaatler es akzeptierten, daß die Sklaveneigentümer, und insbesondere die Plantagenbesitzer, die Interessen der Südstaaten insgesamt definierten.

Verteilung der Sklaven

Eigentümer waren keineswegs frei, mit ihrem angeblichen „persönlichen Besitz" zu machen, was sie wollten. Die Einzelstaatslegislativen bestimmten in engmaschigen *slave codes*, daß Kinder einer Sklavin – wer auch immer der Vater war – ebenfalls Sklaven waren. Die Freilassung wurde im 19. Jh. immer mehr erschwert, auch dadurch, daß Freigelassene gezwungen wurden, den Staat zu verlassen. Vor Gericht konnte ein Sklave weder als Kläger noch als Zeuge über das Verhalten eines Weißen auftreten. Auch in Notwehr durfte ein Sklave keine Gewalt gegen einen Weißen anwenden. Die Ermordung eines Sklaven war verboten, es sei denn, der Weiße handelte in Notwehr. Der Eigentümer konnte einen Sklaven durch Auspeitschen oder Brandmarken für Diebstahl, Fluchtversuch u. a. bestrafen. Gerichte bestraften Brandstiftung, Vergewaltigung einer Euroamerikanerin und Verschwörung mit dem Tod, wenn nicht eine *lynching party* dem ordentlichen Gericht zuvorkam. Da ein Sklave kein Rechtssubjekt war, konnte er kein Eigentum besitzen und keine bindenden Verträge abschließen, auch keine Eheverträge. Fremde Weiße durften nicht in das Sklavenquartier eingeladen werden, aber Patrouillen der Miliz durften sie nach Waffen absuchen. Jeder Weiße konnte jeden Sklaven außerhalb einer Plantage anhalten und sich den *pass*, die schriftliche Genehmigung des Eigentümers zeigen lassen. Die Weißen Mississippis hatten solche Angst vor einem Aufstand ihrer Sklaven, daß sie ihnen das Trompeteblasen und Trommeln verboten. Manche Eigentümer respektierten und förderten die de facto Familienbildung, ließen Ehen segnen und die Kinder bei den Eltern; andere taten, was das Gesetz ihnen erlaubte, behandelten die Sklaven wie

Unterdrückung der Sklaven

Tiere und verkauften Mann, Frau oder Kinder je nach Marktlage. Es war auch üblich, daß Pflanzer sich einigten und den de facto Ehepartner von einer benachbarten Plantage kauften, um die Familienbeziehungen zum Vorteil aller Beteiligten zu stabilisieren. Die Säuglingssterblichkeit war hoch, auch unter Weißen. Wegen des Eheverbots zwischen Schwarz und Weiß (*miscegenation laws*) spielten sich die mit Gewalt erzwungenen wie freiwilligen sexuellen Beziehungen zwischen weißen Männern und schwarzen Frauen in einer statistisch nicht erfaßbaren Grauzone ab. Sicher ist, daß zahllose Euroamerikaner ihre eigenen Kinder versklavten; aber auch Fälle der Freilassung hellhäutiger Sklaven durch den im Sterben liegenden Vater sind bezeugt. miscegenation

Die Plantagen beschäftigten Sklaven nicht nur als Landarbeiter und Hauspersonal für alle Tätigkeiten im großen Herrenhaus – von der „Mammy" genannten Ersatzmutter der Pflanzerkinder bis zur Näherin –, sondern auch als Schmiede, Schreiner, Sattler, Schuhmacher und Maurer. Nicht ausgelastete versklavte Handwerker wurden um 1860 für über $500 im Jahr „verpachtet". In den Städtchen und wenigen Städten des Südens lebte 1850 nur etwa jeder zehnte Sklave und arbeitete als Handwerker oder Dienstpersonal, als „ausgeliehener" Tagelöhner in einer der wenigen Fabriken zur Baumwoll- oder Tabakverarbeitung, in Kohle- oder Eisenerzbergwerken oder als Gleisarbeiter für eine Eisenbahn. Der typische Arbeitsplatz der überwiegenden Mehrheit der Sklaven war das Baumwollfeld, dessen langsam wachsende Stauden das ganze Jahr über Pflege mit der Hacke brauchten, bis die „Woll„bäusche mit der Hand abgezupft werden konnten. Dem ersten Pflanzen der Stauden ging das mühsame erstmalige Pflügen voraus. Beaufsichtigung und Antreiben durch den Besitzer oder auf den Plantagen durch einen Aufseher waren nötig, weil jeglicher Arbeitsanreiz durch Lohn oder Prämien fehlte; die Angst vor der Peitsche sollte ihn ersetzen. Die Gemeinschaftsverpflegung und Unterkunft in überfüllten Holzhütten auf den Plantagen waren so billig wie möglich, Schlafen auf Strohlagern in fensterlosen Hütten war keine Ausnahme. Der Minderheit der Haussklaven ging es im Herrenhaus besser. Auf größeren Plantagen hielten schwarze Prediger, insbesondere Baptisten und Methodisten, Gottesdienste für die Sklaven, in etlichen Fällen aber auch für die Pflanzerfamilie und die Sklaven gemeinsam; auch in den Kleinstädten gab es beides nebeneinander, eigene Kirchengemeinden der Afroamerikaner und gemeinsame Gottesdienste mit getrennten Bänken. Christliche Demut, Gehorsam und die Hoffnung auf ein besseres Leben im Jenseits waren naheliegende Predigtthemen. Weil die Christianisierung auch das Studium der Bibel verlangte, ließen sich Versuche, Sklaven das Lesen- und Schreibenlernen zu verbieten, nicht durchsetzen. Es gab beides: Eigentümer, die ihre Sklaven aus religiösen wie praktischen Gründen Lesen und Schreiben lernen ließen – einige besonders mutige organisierten sogar kleine Leseschulen –, und solche, die es verboten. Reguläre Schulen für Afroamerikaner gab es erst nach Abschaffung der Sklaverei.

Arbeits- und Lebensbedingungen

c) ENDE DER SKLAVEREI IM NORDEN, WIDERSTAND DER SKLAVEN,
GEGNER DER SKLAVEREI

Die Abschaffung der Sklaverei auf dem amerikanischen Doppelkontinent begann 1776 in einigen der um ihre Unabhängigkeit kämpfenden Vereinigten Staaten und endete 1888 mit dem Verbot der Sklaverei in Brasilien. Die Kolonialmacht England beschleunigte den Prozeß, als 1772 Lord Chief Justice Mansfield verkündete, das Recht Englands kenne den Rechtsstatus des Sklaven nicht (Somerset-Fall). Daraufhin erlangten die 15 000 Sklaven in England ihre Freiheit. Ab 1807 verbot das Parlament den Sklavenimport in das britische Empire und 1833 die Sklavenhaltung im Empire. In den USA gaben sich die „Gradualisten" mit der Freilassung der erwachsenen Kinder der jetzigen Sklaven zufrieden. Von 1776 bis 1804 leiteten alle Nordstaaten die schrittweise Freilassung der Sklaven ein. In Pennsylvania z. B. erhielten die nach dem 1. November 1780 geborenen Kinder von Sklavinnen (den Vater, gleich ob Afrikaner oder Europäer, ignorierte das Gesetz) ihre Freiheit an ihrem 28. Geburtstag, nicht etwa am 21., dem Tag der Mündigkeit freier Bürger. Zur Begründung hieß es: Da die Sklavenhalter für den Verlust ihres Eigentums nicht vom Steuerzahler entschädigt wurden, mußten die jungen Sklaven so lange für ihren Eigentümer arbeiten, bis sie die Kosten für ihre keinen Gewinn einbringende Kindheit erarbeitet hatten. Die Wirkung dieser Formel war so graduell, daß die Bevölkerungszählung von 1840 letztmalig einige Sklaven in Pennsylvania erfaßte. Im Staat New York trat das generelle Sklavereiverbot am 4. Juli 1827 in Kraft. In Massachusetts interpretierte das Oberste Gericht schon ab 1783 die Gleichheitsklausel in der Einzelstaatsverfassung als Sklavereiverbot. Nur das als Staat nicht anerkannte Waldgebiet von Vermont verbot explizit und ab sofort in seiner Verfassung 1777 die Sklavenhaltung. In den Südstaaten jedoch, wo 1790 über 90% der Sklaven lebten, hatte sich die Sklavenarbeit als so profitabel erwiesen, daß die Angst der meisten Sklavenhalter, auch der einer christlichen Kirche angehörenden, vor dem wirtschaftlichen Verlust stärker war als das schlechte Gewissen.

Die Wortführer des Südens waren um die Rechtfertigung der *peculiar institution* genannten Rechts- und Lebensform der Sklavenhaltung nicht verlegen. In zahlreichen Flugschriften, Zeitungs- und Zeitschriftenartikeln, einigen längeren gelehrten Abhandlungen und sogar Predigten wiederholten sie in verschiedenen Kombinationen fünf Argumente: (1) Das kulturhistorische Argument: auch die griechische und römische Hochkultur habe die Sklavenhaltung gekannt und nicht verteufelt. (2) Das biblische Argument: das Alte Testament erwähne die Sklaven Abrahams und Isaaks, ohne Sklavenhaltung zu mißbilligen; auch das Neue Testament bezeichne Sklavenhaltung nicht als Sünde. (3) Den Vergleich mit den Industriearbeitern im Norden: Das Verhältnis des Pflanzers zu seinen Sklaven, für die er von der Geburt bis zum Tod sorge (wenn er sie nicht vorher weiterverkaufte), sei ein natürlicheres, organischeres als die brutale Ausbeutung der nur scheinbar freien Arbeiter in einer Fabrik. (4) Das rassistische Argument: Die meisten

Schwarzen seien unfähig, in Freiheit für sich selbst zu sorgen. (5) Und schließlich das politisch wichtigste demokratische oder verfassungsrechtliche Argument: Die auf Demokratie beruhende Verfassungsvereinbarung von 1788 habe dem Bund nicht das Recht übertragen, einem Einzelstaat die Sklavenhaltung zu verbieten; auch jeder neue Staat im Westen müsse frei sein, in seiner Einzelstaatsverfassung demokratisch selbst zu bestimmen, ob Sklavenhaltung erlaubt sei. Die Kompromißlosigkeit dieser Argumente, die keine Bereitschaft zur schrittweise Freilassung andeuteten, alarmierte Nordstaatenpolitiker wie Abraham Lincoln, als sie sie z. B. in den Schriften des virginischen Rechtsanwalts und Publizisten George Fitzhugh lasen (Sociology for the South; or, the Failure of Free Society, 1854, und Cannibals All! or Slaves without Masters, 1857).

Die alltäglichen Lebensumstände machten es weiblichen wie männlichen Sklaven fast unmöglich, Widerstand gegen *master* und *mistress* und die gefürchteten Aufseher mit ihren Peitschen zu leisten. Häufiger waren dagegen Boykott durch das Vortäuschen von Krankheiten und langsames Arbeiten, alltäglicher Diebstahl, Sabotage durch Zerstören von Werkzeug und Brandstiftung. Fluchtversuche wurden durch Auspeitschen vor allen anderen grausam bestraft. Viele Geschäftsbücher von Plantagen verzeichnen Selbstmorde männlicher wie weiblicher Sklaven. Wie häufig die Flucht in den Norden oder in versteckte Camps in den Sümpfen Virginias und Floridas (*maroons*) gelang, ist statistisch nicht erfaßt. Die häufigen Steckbriefe in Zeitungen mit Kopfprämien und die Einzelstaats- und Bundesgesetze, die das Ergreifen flüchtiger Sklaven verlangten, deuten auf eine hohe Zahl von Fluchtversuchen hin. Die Kette der weißen und schwarzen Fluchthelfer im Süden wie im Norden wurde ab 1831 Underground Railroad genannt, weil sie sichere Verstecke am Tag, Geleit in der Nacht, Essen und Ruderboote über den Ohio bereitstellten. Ein gefälschter Paß und ein geliehenes weißes Baby im Arm ermöglichte z. B. einer Geflohenen die sichere Reise als Kindermädchen aus South Carolina nach Philadelphia. Einzelne weibliche wie männliche schwarze und weiße Fluchthelfer gaben nach 1865 an, Hunderten, ja Tausenden flüchtiger Sklaven geholfen zu haben. Ob die höchste der geschätzten Gesamtzahl, 100 000 zwischen 1810 und 1850, der Wirklichkeit nahe kommt, ist fraglich. Auch das Bild von der durchorganisierten „Eisenbahn" übertreibt und wird dem oft spontanen und unkoordinierten Handeln nicht gerecht. Der unterstellte regelmäßige Abtransport reizte jedoch die Sklavenbesitzer zu dem Vorwurf, die Nordstaaten organisierten und duldeten den Diebstahl wertvollen Eigentums, und führte zur Verschärfung der Gesetze zur Rückführung geflohener Sklaven.

Den großen Sklavenaufstand produzierte nur das schlechte Gewissen in der Phantasie der Herrenrasse. Zwei Versuche der organisierten bewaffneten Selbstbefreiung nach 1800 scheiterten kläglich. In Charleston, South Carolina, plante der freigelassene Denmark Vesey als Laienprediger 1822 die Plünderung der Waffenkammer der Stadt. Der Plan wurde verraten, und 36 Schwarze wurden hingerichtet. Von Plantage zu Plantage zogen im August 1831 etwa 120 mit Äxten bewaffnete Sklaven unter Führung des Laienpredigers Nat Turner in Southampton County/Virginia und erschlugen die ersten 55 Weißen, die sie trafen. Die Miliz stoppte den Zug am dritten Tag; 100 Aufständische wurden gleich erschossen, die restlichen zwanzig nach einem Prozeß hingerichtet.

Abolitionism   Erst nach 1830 gewann die radikalere Forderung nach sofortiger Freilassung aller Sklaven (*abolitionism*) so große öffentliche Unterstützung, daß die Südstaaten sich herausgefordert fühlten und z. B. mit Beförderungsverboten der Zeitschriften und Traktate der Abolitionisten reagierten. Verschiedene Gruppierungen von Gesinnungsethikern wirkten auf unterschiedliche Weise getrennt für das gemeinsame Ziel. Unter den strikten Abolitionisten waren viele evangelische Christen, die die sofortige Freilassung aller Sklaven verlangten, weil sie Zwischenlösungen als Kompromiß mit der Sünde und Fortsetzung des Paktes mit dem Teufel empfanden; sie stärkten sich für den Kampf gegen die indifferente bis feindliche Umwelt – auch in den Nordstaaten – durch ein enges soziales, über den gemeinsamen Gottesdienst hinausgehendes Zusammenleben. Andere Sklavereigegner appellierten in ihrer Rhetorik an die kapitalistischen Grundwerte freier Lohnarbeit und der Konkurrenz freier Individuen auf dem Arbeitsmarkt. In Boston verlangte ab 1831 William Loyd Garrison in der Zeitschrift The Liberator das sofortige, vollständige und entschädigungslose Sklavereiverbot. In New York unterstützte ihn ab 1833 der Puritanernachfahre William Goodell in der von ihm für die American Anti-Slavery Society veröffentlichten Zeitschrift The Emancipator. Zum Wortführer der afroamerikanischen Abolitionisten wurde Frederick Douglass, Sohn einer Sklavin und eines Euroamerikaners, der 1838 aus Baltimore nach New York in die Freiheit geflohen war. Als reisender Redner für die Antislavery Society, Autor und Herausgeber der Zeitung Northstar (1847–64), warb er in den Nordstaaten und in Großbritannien für die sofortige und entschädigungslose Freilassung aller Versklavten. Seine Schriften Narrative of the Life of Frederick Douglass (1845) und My Bondage and My Freedom (1855) sind ebenso populäre und wirksame Texte der Sklavenbefreiungsbewegung gewesen wie der aufrüttelnde Roman und Bestseller Uncle Tom's Cabin (1852) der weißen Pastorentochter Harriet Beecher Stowe, der ursprünglich keineswegs als Kinderbuch gedacht war. Ein einmaliger Vorfall blieb die Besetzung des Waffenarsenals der U.S. Army in Harper's Ferry am Potomac im heutigen West Virginia am 16. Oktober 1859 durch 18 Weiße und 5 Schwarze. Ihr Anführer, der fanatische weiße Abolitionist John Brown, träumte von einem Partisanenkampf als Initialzündung für den großen Sklavenaufstand, der allen Sklaven die Freiheit bringen würde. Statt aufständischer Sklaven aus der Nachbarschaft umgaben ihn in wenigen Tagen Miliz und Bundestruppen. Das von der nationalen Öffentlichkeit verfolgte Gerichtsverfahren machte den unter Realitätsverlust leidenden John Brown im Norden zum Märtyrer der Abolitionistenbewegung. Im Süden galt sein Tod durch den Strang am 2. Dezember 1859 nicht als Beweis der offenkundigen Ohnmacht der Antisklavereibewegung, sondern als Signal der Bereitschaft von Nordstaatlern, den Süden mit Gewalt zu zwingen, die Sklavenhaltung zu beenden.

Browns Überfall stärkte nur noch die Bereitschaft des Südens zur Abwehr eines imaginären Generalangriffs auf das Sklavenarbeitssystem. Auch als Bewegung insgesamt scheiterten die Abolitionisten auf Einzelstaats- wie auf Bundesebene. Ihr Ziel, die Abschaffung der Sklaverei mit friedlichen Mitteln, erreichten sie nicht. Dennoch waren sie eine erfolgreiche radikale Minderheit, weil sie das Gewissen der Mehrheit schärften und möglicherweise die Opferbereitschaft im Krieg gegen die Südstaaten stärkten.

Scheitern der Abolitionisten

d) Die Eskalation des Süd-Nord-Konflikts 1850–1860

Mit dem Austritt aus der Union hatten bereits vor 1860 verschiedene Landesteile gedroht. Die als Essex Junto bekannten extremen Federalists von Massachusetts wollten 1803/04 der Herrschaft der Jeffersonianer durch die Gründung einer Northern Confederacy entkommen, zu der auch New York gehören sollte. Erst die klare Absage des New Yorkers Hamilton und anderer Nationalisten ließ das Projekt scheitern. Der 1800 gegen Jefferson unterlegene New Yorker Demokrat Aaron Burr, Vizepräsident der USA von 1801 bis 1804, nährte durch sein abenteuerliches Pläneschmieden mit dem Gouverneur des Louisiana Territory, General James Wilkinson, das Gerücht, er wolle New Orleans besetzen, einen Südweststaat außerhalb der Union gründen und ihm ein von Spaniens Herrschaft befreites Mexiko angliedern. 1807 wurde Burr des Landesverrats angeklagt und wegen Mangels an Beweisen freigesprochen. (Nie bestraft wurde Burr auch für die Ermordung Hamiltons im Duell 1804.) In Neuengland gewannen Separatisten 1814 politischen Einfluß, weil der Krieg von 1812–14 und das vorausgegangene Handelsembargo von 1807 empfindliche wirtschaftliche Nachteile für die Reeder und Händler gebracht hatte. Die Parteidelegiertenversammlung von Hartford in Connecticut beschloß im Anklang an die Kentucky und Virginia Resolutions von 1798/99, daß Einzelstaatslegislativen ihre Bürger vor verfassungswidrigen Maßnahmen des Bundes zu schützen hätten; andernfalls seien die „Souveränität" des Einzelstaats und „die Freiheiten" des Volkes bedroht. Eine offene Sezessionsdrohung lehnte die moderate Mehrheit ab. Die fast gleichzeitige Nachricht vom amerikanischen Sieg bei New Orleans und dem Friedensvertrag mit England ließ diese Initiative der New England Federalists zwar ins Leere laufen, aber die politische Öffentlichkeit hatte zur Kenntnis genommen, daß ein Nordstaatenkonvent die einseitige Austrittserklärung aus der Union zumindest als eine Option diskutiert hatte. Diese Diskussion führten der Senator von South Carolina John C. Calhoun und die Legislative South Carolinas 1832–33 fort, als sie beschlossen, ein besonders gewählter Einzelstaatskonvent könne ein Bundesgesetz – z. B. die für North Carolina nachteilhafte Erhebung hoher Schutzzölle seit 1828 – für ihren Staat außer Kraft setzen (*nullify*): Solche Einzelstaatskonvente hätten 1788 der Bundesverfassung zugestimmt und sie in Kraft gesetzt, also könnten sie auch die Verletzung der Übereinkunft beurteilen und gegebenenfalls die Verfassungswidrigkeit

Sezessionsdrohungen und Einzelstaatsrechte vor 1860

Calhouns Drohung mit dem Einzelstaatsveto 1832–33

eines Gesetzes feststellen. Das Oberste Bundesgericht sei dazu nicht befähigt, da es selbst eine Kreatur der Übereinkunft von 1787/88 und parteiisch zugunsten des Bundes sei. South Carolinas Volksvertreter drohten Präsident Andrew Jackson mit der Sezession, falls er die Zölle mit Gewalt eintreiben lassen würde. Jackson entschärfte die Konfrontation durch ein neues Gesetz mit niedrigeren Zöllen. Die verfassungsrechtliche Konfrontation aber blieb bestehen. In seiner einzigartigen Botschaft des Präsidenten an die Bevölkerung nur eines Staates der Union hatte Jackson am 10. 12. 1832 in South Carolina erklärt, die Doktrin des Einzelstaatsvetos löse die Union auf; sie widerspreche dem obersten Verfassungsziel, das der erste Satz der Präambel verkündet: „to form a more perfect union". Die Bundesverfassung habe 1788 nicht einen Staatenbund geschaffen, sondern „a government,... a single nation", und aus einer Nation gebe es kein Recht auf Sezession. Jackson drohte so klar mit Militärgewalt und warnte so direkt vor einem Bürgerkrieg, daß Lincoln 1861 seine Worte hätte wiederholen können:

Verfassungsverständnis des Nordens

An attempt, by force of arms, to destroy a government is an offense, by whatever means the constitutional compact may have been formed; and such government has the right by the law of self-defense to pass acts for punishing the offender... The laws of the United States must be executed... Those who told you that you might peaceably prevent their execution deceived you.... Disunion by armed force is *treason*...[I am determined] to execute the laws, to preserve the Union by all constitutional means.

South Carolinas Politiker nahmen die Verfassungsinterpretation und Drohung des Präsidenten nicht ernst und optierten für den Machtkampf.

Die Steigerung des Süd-Nord-Konflikts bis hin zum Krieg läßt sich an der Abfolge sogenannter Kompromisse ablesen, die vor allem Konzessionen des Nordens waren. Der Demokratische Abgeordnete Pennsylvanias, David Wilmot, fand 1846 im Repräsentantenhaus Zustimmung für den Kompromiß, Texas den Sklavenhaltern zu überlassen, New Mexico und California aber freien weißen Siedlern zu reservieren. Dieses Wilmot Proviso scheiterte im Senat an den Südstaatendemokraten, die unter ihrem Wortführer John Calhoun jede Entscheidung der Sklavenfrage durch ein Bundesgesetz als verfassungswidrig ablehnten und in allen neuen Staaten volle Entscheidungsfreiheit der Siedler verlangten; nur diese von ihnen „popular sovereignty" der unmittelbar Betroffenen (außer den Sklaven) genannte Lösung entspreche den Grundsätzen der Volkssouveränität und Demokratie.

Konzessionen des Nordens

Die von 1848 bis 1854 aktive Free Soil Partei bündelte die Interessen nördlicher und mittelwestlicher Demokraten und Whigs, die mit der kompromißlerischen Haltung der alten Parteien unzufrieden waren. Ihr Wahlprogramm lehnte alle Versuche des Südens ab, Sklavenhaltung nach Westen auszudehnen, und es verlangte die Vergabe von Bundesland im Westen an freie Siedler, wie sie das Homestead-Gesetz ab 1862 ermöglichen sollte; daher die Wahlparole „Free Soil, Free Speech, Free Labor, and Free Men". Zu einer Präsidentenwahl reichten die Stimmen nicht, aber die Partei sammelte Politiker und mobilisierte Wähler, die sie zur Vorstufe der erfolgreicheren Republican Party von 1854 machten.

Free Soil Partei 1848–54

4. Der Alte Süden, Sklavenwirtschaft, Süd-Nord-Konflikt

Einen letzten Kompromiß zwischen Norden und Süden über die Ausdehnung der Sklaverei in die von Mexiko erbeuteten Gebiete verabschiedete der Kongreß 1850 nach sieben Monaten hitziger Debatten. Er bestand aus fünf separaten Gesetzen: (1) California wurde als sklavenfreier Staat in die Union aufgenommen. (2) Dem Territorium von New Mexico (das doppelt so groß war wie der spätere Staat) blieb es überlassen, zum Zeitpunkt der Aufnahme in die Union als Staat selbst zu entscheiden, ob Sklavenhaltung erlaubt sein würde. (3) Auch das von Mormonen besiedelte Territorium von Utah sollte die gleiche Entscheidungsfreiheit haben. (4) Flüchtende Sklaven wurden nicht mehr vor ordentliche Einzelstaatsgerichte mit Jury gestellt, sondern Commissioners des Bundes vorgeführt, die eidesstattlichen Erklärungen des Eigentümers Glauben zu schenken hatten und für die Rückführung eines Geflohenen mit $10 belohnt wurden. Fluchthilfe konnte mit $1000 bestraft werden. (5) Aus der Bundeshauptstadt wurde der Sklavenhandel verbannt.

Der Kompromiß von 1850

Die erhoffte Entspannung trat nicht ein. Der Free Soil Party und erst recht den Abolitionisten gingen die Konzessionen an den Süden zu weit; die Verpflichtung zum Einfangen geflohener Sklaven und die Entmachtung der Einzelstaatsgerichte lösten helle Empörung im Norden aus und motivierten Harriet Beecher Stowe zum Schreiben von Uncle Tom's Cabin (1852). In South Carolina und Georgia hingegen sahen Calhouns Parteigänger die Einzelstaatsrechte verletzt und die Bundeskompetenzen verfassungswidrig ausgeweitet.

Den letzten Schritt zur Selbstaufgabe tat der mehrheitlich Demokratische Kongreß, als er 1854 mit dem Kansas-Nebraska Gesetz beschloß, darauf zu verzichten, selbst zu entscheiden, in welchen der jenseits des Mississippi entstehenden Staaten Sklavenhaltung erlaubt sein sollte. Die Entscheidung blieb nun den Einwohnern des jeweiligen Territoriums überlassen. Damit war die Forderung des Südens nach „popular sovereignty" erfüllt. Die Entscheidung widerrief den Missouri-Kompromiß von 1820, der nördlich des Breitengrades 36° 30' und westlich von Missouri die Sklavenhaltung verboten hatte. Die Entscheidung im Repräsentantenhaus war mit der knappen Mehrheit von 113:100 Stimmen gefallen, im Senat mit 37:14. Der schwache, konzeptlose Demokratische Präsident Franklin Pierce (1853–57) stimmte zu. Die Demokratische Partei sollte bald über der Sklavenfrage in ihre regionalen Bestandteile zerbrechen. Bürgerkriegsähnliche Gefechte im Territorium von Kansas zwischen Sklavereigegnern und zugewanderten Sklavenhaltern, die ihrer Seite die Mehrheit für die bevorstehenden Wahlen zum Verfassungskonvent sichern wollten, dramatisierten 1855/56 das Versagen des Prinzips der „popular sovereignty".

Kansas-Nebraska Gesetz 1854

Die Empörung über das abermalige Nachgeben gegenüber dem Süden mobilisierte in den Nordstaaten die Gegner der Sklavereiexpansionspolitik und führte sie noch im gleichen Jahr in der neuen Republican Party zusammen. Der Name sollte an die Grundwerte von 1776 erinnern, und das erste Wahlprogramm verlangte die Annullierung des Kansas-Nebraska Gesetzes und des Gesetzes zur Ergreifung flüchtender Sklaven sowie das Verbot jeglicher Sklavenhaltung in der

Gründung der Republikanischen Partei 1854

Bundeshauptstadt. Das Fortbestehen der Sklavenhaltung in den Südstaaten nahmen die Republikaner also hin; sie waren keine Abolitionisten im strengen Wortsinn. In der Wahl 1856 errang der Demokrat James Buchanan mit 45% der Wählerstimmen noch einmal die Präsidentschaft (1857–61). Der Republikaner John C. Frémont erhielt 33% und die American Party mit ihrem Appell an einwandererfeindliche und nativistische Emotionen 21%.

<small>Staatsbürgerschaft aller Afroamerikaner geleugnet 1857</small>

Das Oberste Bundesgericht vermittelte nicht zwischen den sich verhärtenden Fronten, sondern ergriff Partei. Es verbot den Einzelstaaten, das Gesetz zum Ergreifen entflohener Sklaven von 1850 durch Einzelstaatsgesetze außer Kraft zu setzen. Außerdem verweigerte es 1857 dem Sklaven Dred Scott aus Missouri das Recht, in einem Bundesgericht auch nur Klage zu erheben, weil er kein Bürger der Vereinigten Staaten sei. Denn an der Gründung der Vereinigten Staaten hätten Menschen afrikanischer Abstammung keinen Anteil gehabt: „It is too clear for dispute that the enslaved African race were not intended to be included, and formed no part of the people who framed and adopted this declaration [of independence].... The unhappy black race were separated from the whites by indelible marks." Diese historische Tatsachenfeststellung über die politische Praxis und Theorie von 1776–1788 war in ihrer kategorialen Schärfe falsch. Zusätzlich erklärten die Richter mit 6:3 Stimmen, (a) Scott sei auch nach vier Jahren Aufenthalt auf sklavenfreiem Territorium nach seiner Rückkehr in Missouri wieder Sklave und (b) das Missouri-Gesetz von 1820 sei verfassungswidrig gewesen, weil das in ihm enthaltene Sklavenhaltungsverbot das Eigentum von Bürgern ohne ein angemessenes rechtliches Verfahren verringert habe, ohne den *due process of law*, den die 5. Verfassungsänderung verlange. Der Urteilsspruch löste eine Welle der Empörung in den Nordstaaten aus, das Oberste Bundesgericht hatte seine Glaubwürdigkeit und Autorität verloren. Die Hoffnung auf eine friedliche Lösung des Süd-Nord-Konflikts sank gegen null. Es bedurfte der 13. und 14. Verfassungsänderung von 1865 und 1868, um das Scott-Urteil zu korrigieren.

<small>Die Wahl Lincolns 1860</small>

Die Spaltung der Demokratischen Partei in einen nördlichen und einen südlichen Flügel machte die Republikaner zur stärksten politischen Kraft. Ihr Präsidentschaftskandidat, der Rechtsanwalt und ehemalige Abgeordnete im Repräsentantenhaus der USA (1847–49) Abraham Lincoln aus Illinois, erhielt 1860 39,8% der Wählerstimmen (alle in den Nordstaaten, California und Oregon) und damit die 180 Stimmen fast aller sklavenfreier Staaten im Elektorenkolleg. Die Nordstaaten-Demokraten erhielten 29,5%, die Südstaaten-Demokraten 18,1% und eine ad-hoc gebildete Partei der konstitutionellen Einheit 12,6%. Die reflexhafte Reaktion der meisten Südstaatenpolitiker auf Lincolns Wahlsieg – nun sei die Konfrontation total – war weder mit der Person noch durch das Republikanische Wahlprogramm zu begründen. Denn das Programm lehnte nur die Ausdehnung der Sklavenhaltung in neue Gebiete ab; den bestehenden Staaten garantierte es unmißverständlich das alleinige Recht „to order and control its domestic institutions". Und Lincoln hatte gerade deshalb vom Republikanischen Parteitag 1860 die Nominierung erhalten, weil er moderater als andere Wortführer der Partei aufgetreten war und kein generelles Sklavereiverbot gefordert hatte. Im Norden entsprach er dem Bild des aufrichtigen und gradlinigen *frontier*-Amerikaners, dessen natürliche Klugheit und Menschlichkeit ihn zu einem prinzipienfesten, aber nicht radikalen Politiker machten. Lincoln hatte allerdings 1858 vor dem Republikanerkonvent erklärt, die Nation werde auf die Dauer nicht bestehen, „half slave and half free", und die Bibel zitiert: „A house divided against itself cannot stand." Und in seinem verlorenen Wahlkampf um einen der beiden Senatssitze von Illinois hatte Lincoln die Sklaverei als „a moral, a social, and a political wrong" bewertet (Lincoln-Douglas-Debatte, 1858).

5. DER SEZESSIONSKRIEG UND DIE WIEDERHERSTELLUNG DER NATIONALEN EINHEIT

a) Sezession, Gründung der Confederate States of America

Sezession 1860/61 — Als die Nachricht von der Wahl Lincolns in Charleston, der Hauptstadt South Carolinas, eintraf, beschloß das Einzelstaatsparlament ohne Gegenstimmen, sofort die Sezession einzuleiten. Am 20. Dezember 1860 verkündete ein Sonderkonvent den Austritt South Carolinas aus der Union. Innerhalb weniger Monate, bis Juni 1861, folgten diesem Schritt alle Südstaaten außer den an den Norden grenzenden Sklavenhalterstaaten Delaware, Maryland, Kentucky und Missouri. Bereits am 8. Februar 1861 beschloß eine Delegiertenkonferenz in Montgomery/Alabama einen Verfassungsentwurf und setzte eine vorläufige Regierung mit Jefferson Davis als Präsident ein. Sich selbst erklärte der Konvent zur neuen Legisla

Verfassung der Confederate States of America — tive. Formal glich die Konföderationsverfassung der Bundesverfassung von 1788, bis auf wenige aber entscheidende Klauseln: Sie garantierte z. B. den Mitgliedstaaten ihre „Souveränität" und Sklavenhaltung als eine Form von Eigentum. Der Vizepräsident der Confederate States of America (CSA), Alexander Stephens, rechtfertigte die Sezession am 21. März 1861 in Savannah in seiner als „Eckstein-Rede" in die Bürgerkriegsgeschichte eingegangenen Erklärung, die Verfassung der alten Union habe das falsche Ideal der Gleichheit aller Menschen vorausgesetzt. Die neue Konföderation tue dies nicht mehr: „Its foundation is laid, its cornerstone rests, upon the great truth that the negro is not equal to the white man; that slavery, subordination to the superior race, is his natural and normal condition. This, our new government, is the first, in the history of the world, based on this great physical, philosophical, and moral truth." Sezession und Konföderation wurden in der Südstaatenpresse propagandistisch mit der falschen Unterstellung begründet, Lincoln und die ihn tragende Republikanische Partei würden per Bundesgesetz alle Sklavenbesitzer entschädigungslos enteignen und damit deren „Freiheit" vernichten.

Reaktion Lincolns — Der amtierende Demokratische Präsident James Buchanan sprach sein Bedauern über den Zerfall der Union aus, tat aber nichts. Präsident Lincoln verkündete bei seiner Amtsübernahme am 4. März 1861 nicht etwa den Kreuzzug gegen die Sklaverei in den Südstaaten. Zu Beginn seiner Karriere als Politiker hatte er 1849 in der Partei der Whigs um Zustimmung zu einem Bundesgesetz für die stufenweise Freilassung der Sklaven geworben. Demnach hätte der Bund Sklavenhalter in der Hauptstadt Washington mit der Zahlung des Marktwertes für jeden Freigelassenen entschädigt; ab 1850 in Washington geborene Kinder von Sklavinnen sollten allerdings frei sein. Als sich noch nicht einmal dieser Kompromiß in der Whig Party als mehrheitsfähig erwies und auch andere Entscheidungen zur Entschärfung des Süd-Nord-Konflikts ausblieben, wandte sich Lincoln von der zerbröckelnden Organisation der Whigs ab und unterstützte (wie zahlreiche andere ehemalige Whigs) ab 1856 in Illinois aktiv den Aufbau der im Nachbarstaat Wisconsin bereits 1854 gegründeten Republican Party und ihre entschiedene Ablehnung der weiteren Ausdehnung der Sklavenhaltung in neue Staaten und nach Westen. Zwar mißbilligte Lincoln die Sklaverei und sah wirtschaftlichen und sozialen Fortschritt in den Vereinigten Staaten nur durch „freie Arbeit auf freier Scholle" gewährleistet *(free soil, free labor, free men)*, die allein den in der Unabhängigkeitserklärung niedergelegten Grundwerten Freiheit und Gleichheit entspreche. Aber das Verbot der Sklavenhaltung in allen Staaten der Union verlangten er und die Mehrheit der Republikanischen Partei noch nicht. Fundament seiner Politik war die Einheit der Nation, wie der 1787/88 eingegangene Bund sie konstituiert hatte. Zur Erfüllung von Buchstabe und Geist der Bundesverfassung gab es für ihn deshalb keine Alternative. Ein Bundesgesetz zur Rückgabe flüchtiger Sklaven, auch wenn sie einen freien Staat erreicht hatten, akzeptierte er im Prinzip, weil der 4. Verfassungsartikel diese Regelung vorsah. Allerdings, fügte Lincoln hinzu, hätten die Verfassungsväter, als sie diesen Kompromiß eingingen, angenommen, daß die Sklaverei eine aussterbende Institution sei und auch mit diesem Bestandteil ihres Denkens müsse die Politik Rechnung tragen. Die gewalttätigen Abolitionisten verletzten die sakrosankten „constitutional obligations" (Reden in Alton am 15. 10. 1858 und Ottawa/Illinois, 21. 8. 1858).

Das Parteiprogramm der Republikaner, mit dem Lincoln im November 1860 antrat, zitierte salomonisch die Unabhängigkeitserklärung mit dem Gleichheitspostulat und der „Zustimmung der Regierten" als alleinige Quelle legitimer Regierungsgewalt in einer Republik. Die Kompetenzen des Bundes müßten ebenso beachtet werden wie die der Einzelstaaten, und die Drohungen mit der Auflösung der Union, die Mitglieder der Demokratischen Partei im Kongreß ausgesprochen hätten, seien zurückzuweisen, ebenso wie die von den Bewohnern Kansas' nicht gewollte Pro-Sklaverei Verfassung des neuen Staates. Es widerspreche der Absicht der Verfassungsväter, die 1787 Sklavenhaltung auf dem bundeseigenen Land im Nordwesten verboten hatten, daß auf anderem bundeseigenen Land mit dem Übergang zum Mitgliedstaat der Union die Sklavenhaltung eingeführt werde.

Parteiprogramm der Republikaner 1860

In seiner Antrittsrede am 4. März 1861 wiederholte Präsident Lincoln seine Überzeugung, daß die Union der Vereinigten Staaten unzerstörbar und die Sezessionserklärungen unwirksam seien. Er werde die Bundesgesetze seinem Amtseid entsprechend ausführen; die Verantwortung für einen Bürgerkrieg trügen diejenigen, die sich dem widersetzten. Noch im zweiten Kriegsjahr wiederholte Lincoln öffentlichkeitswirksam in einem Brief an den Zeitungsverleger Horace Greeley: „My paramount object in this struggle is to save the Union, and is not either to save or to destroy slavery. If I could save the Union without freeing any slave, I would do it, and if I could save it by freeing all the slaves, I would do it; and if I could save it by freeing some and leaving others alone, I would also do that" (Brief 22. 8. 1862). Lincoln behandelte die aufständischen Staaten während des Krieges

Bundesstaatliche Einheit über alles

und danach unbeirrbar als fortbestehende Staaten der Union, deren besetzte Gebiete lediglich vorübergehend der militärischen Kontrolle des Bundes unterstanden.

b) Der Sezessionskrieg als erster „moderner" Krieg

Wirtschaftliche Voraussetzungen — Wirtschaftliches Wachstum hatte die Kolonien befähigt, Krieg gegen die Kolonialmacht zu führen und ihre staatliche Unabhängigkeit zu erkämpfen; wirtschaftliches Wachstum bestärkte ebenso um 1850 die politische Elite der meisten Südstaaten in der Überzeugung, ihre Interessen mit Gewalt durchsetzen zu können, falls der demokratische Entscheidungsprozeß auf Bundesebene den Regionalinteressen zuwiderlaufen sollte. Erst ein verlustreicher vierjähriger Krieg beseitigte die Illusion der Sklavenhalter und der restlichen Mehrheit der weißen Südstaatenbevölkerung, ihre bevölkerungsmäßige und wirtschaftliche Unterlegenheit durch Kampfgeist, durch den Vorteil des Verteidigers des eigenen Terrains und durch Hilfe aus Europa wettmachen zu können. Die englischen und französischen Textilfabriken, nahmen sie fälschlicherweise an, seien von den Baumwollieferungen aus dem amerikanischen Süden so abhängig, daß sie dem Norden nicht erlauben würden, sie von dieser Quelle abzuschneiden.

Kriegsbeginn — Die Regierung South Carolinas hatte nicht nur als erste den Austritt aus der Union erklärt, sie ergriff auch militärisch die Initiative und setzte die anderen Südstaaten ebenso wie den Präsidenten und Oberkommandierenden der USA unter Zugzwang, indem sie das vor der Hafeneinfahrt von Charleston liegende Bundesfort Sumter belagerte und am 12. April 1861 vom Festland aus 34 Stunden lang beschoß, bis die wehrlose, ausgehungerte kleine Truppe der U.S. Army die weiße Fahne hißte und aus den Kasematten an Land kam. Oberbefehlshaber Lincoln erklärte die Region zum Aufstandsgebiet. Da er nur über 12 000 Bundestruppen verfügte, verlangte er von den Einzelstaaten 75 000 Milizsoldaten für einen dreimonatigen Feldzug zur Niederwerfung der *insurrection*. Aus den drei Monaten wurden vier Jahre.

Nationaler Einigungskrieg und „moderner" Krieg — Das Kriegsziel des Nordens, den Zusammenhalt der Nation gegen den Willen einer großen abtrünnigen Region zu bewahren, machte den Konflikt zu einer Mischung aus Bürgerkrieg (Civil War, War of the Rebellion) und nationalem Einigungskrieg. Der Sezessionskrieg entwickelte sich durch die entscheidende Rolle von neuer Waffentechnik zum ersten modernen Krieg: Das um 1850 entwickelte neue Gewehr erhöhte die tödliche Schußgenauigkeit auf über 400m. Damit wurden die Kavallerieangriffe im Stil Napoleons zum heldischen Selbstmordkommando, und der Schützengraben wurde zum Merkmal moderner Infanterie. Erste Tauchboote mit Torpedos wurden gegen gepanzerte Dampfschiffe eingesetzt; Eisenbahnen schafften den industriell gefertigtem Nachschub zu den Truppen, deren Ränge durch die allgemeine Wehrpflicht gefüllt wurden; Tausende Gefangener krepierten im Schlamm hinter Stacheldraht; das Merkmal des „totalen" Krieges, die Aufhebung der Unterscheidung zwischen Militär in Uniform und Zivilbevölkerung wurde erreicht, als im letzten Kriegsjahr den ausweichenden Südstaatentruppen ihre Operationsbasis entzogen wurde: Die verfolgenden Unionstruppen brannten Weizen- und Maisfelder nieder und zerstörten Plantagen, Ansiedlungen und Eisenbahnlinien. Die Nordstaatenarmeen zählten am Schluß 360 000 Tote, die Konföderiertenarmee 260 000. Über alles berichteten per Telegraph erstmalig im Kampfgebiet anwesende Zeitungsreporter. Und Mathew Brady fuhr mit seiner klobigen Kamera auf der Pferdekarre hinterdrein und dokumentierte das Gesicht des modernen Krieges.

Die naheliegende Strategie des Südens mit einer Bevölkerung von nur 6 Mio. Euroamerikanern und knapp 4 Mio. versklavten Afroamerikanern war es, die Besetzungsversuche des Nordens mit einer Bevölkerung von über 20 Mio. so lange abzuwehren, bis sich im Norden die Nachgiebigen durchsetzten, denen der Preis für die Unterwerfung des Südens zu hoch war. Den bis kurz vor Kriegsende ausschließlich weißen Südstaatensoldaten wurde gesagt, sie verteidigten die Freiheit ihrer Heimat gegen Besatzungstruppen aus dem Norden, so wie ihre Großväter gegen die britische Kolonialmacht gekämpft hätten. Die Unterstützung des Krieges durch einige der christlichen Kirchen ging so weit, daß mehrere Geistliche sich zu Generälen der Konföderationsarmee ernennen ließen. Auch Einwanderer aus Deutschland kämpften in der Südstaatenarmee. Mehrere überwiegend deutschstämmige Landgemeinden wie z. B. Fredericksburg in Texas lehnten 1861 die Sezession zwar ab, aber der allgemeinen Wehrpflicht für Euroamerikaner konnten sich auch die Deutschtexaner nicht entziehen. Lynchjustiz gegen Unionsanhänger im Süden erstickte ernsthaften Widerstand, gleich welcher Bevölkerungsgruppe. Deshalb kam es nicht zu nennenswerten Aufständen loyaler Unionisten im Süden gegen die Separatisten, mit einer Ausnahme: Der jenseits der Appalachen gelegene Teil Virginias spaltete sich ab und blieb als der neue Staat West Virginia in der Union.

Strategie des Südens

Allenfalls das Bündnis mit einer europäischen Großmacht hätte dem Süden langfristig eine Siegeschance eröffnen können – so wie Frankreich 1778–81 der Union im Krieg gegen die Kolonialmacht zum Sieg verholfen hatte. Ein solches Bündnis kam jedoch nicht zustande. Die Arbeitsplätze Tausender von Arbeitern in der französischen Textilindustrie in Lyon hingen vermeintlich von der Baumwolle aus dem amerikanischen Süden ab, und es war bekannt, daß Napoleon III. ein Interesse an der Schwächung der USA bzw. der kriegführenden Nordstaaten hatte, weil ein geschlagener Norden die Wiedereinführung der Monarchie in Mexiko unter französischer Protektion kaum würde verhindern können. Als 1863 der Gesandte Frankreichs in Washington die Dienste seiner Regierung als ehrlicher Makler zwischen den Bürgerkriegsparteien anbot, verurteilte der Kongreß jedoch am 3. März 1863 Vermittlungsangebote prinzipiell als „foreign intervention" in inneramerikanische Angelegenheiten. Napoleon III. nutzte 1863 die Schwäche der Nordstaaten und ließ trotz amerikanischen Protests Mexiko Stadt durch eine französische Armee besetzen und am 10. 4. 1864 einen österreichischen

Frankreich und England im Kalkül des Südens

Erzherzog zum Kaiser von Mexiko ausrufen. (Nach dem Abzug der französischen Truppen 1867 erschossen ihn mexikanische Guerillas.)

Englands Neutralität   Frankreichs großer Rivale England war zugleich auf die Baumwolle des Südens und den Mais und Weizen der Nordstaaten und des Westens angewiesen. Der Zufall wollte es, daß 1860 ein ungewöhnlich ertragreiches Jahr für die Baumwollernte gewesen war und die britischen Vorratslager im Frühjahr 1861 so voll waren, daß kein akuter Nachschubmangel in den Textilfabriken von Manchester zu befürchten war. Zudem begann auch die Lieferung von Baumwolle aus Ägypten und Indien. Die bevölkerungsreicheren und prosperierenden Nordstaaten schienen zudem der lukrativere Absatzmarkt für britische Fertigwaren zu bleiben. Auch militärstrategische Überlegungen sprachen gegen ein Engagement der britischen Regierung zugunsten der Südstaaten: Die Schiffe des Nordens hätten im Fall eines dritten Krieges gegen England den englischen Nordatlantikhandel empfindlich treffen können. Zudem bestand die Gefahr, daß die kanadischen Kolonien im Kriegsfall – zumindest vorübergehend – von den expansionsbereiten Yankees besetzt worden wären. Die Neutralitätserklärung der englischen Krone im Mai 1861 erzürnte Lincoln, weil sie als Anerkennung der von ihm in offiziellen Texten „Aufständische" (*insurgents*) genannten Südstaatler als kriegführende Nation interpretiert werden konnte. Im November 1861 löste Lincoln eine diplomatische Krise aus, als er zwei nach England segelnde Diplomaten der Südstaaten auf offener See von einem britischen Schiff herunter verhaften ließ. Premierminister Palmerston stornierte Waffenlieferungen an den Norden, bis die Südstaatler freigelassen wurden und Lincolns Regierung sich entschuldigte. Die nächste Krise löste 1862 der private Verkauf zweier schneller Kampfschiffe von einer Werft in Liverpool an die Südstaaten aus. Als bewaffnete Freibeuter versenkten sie zusammen mit anderen Schiffen der kleinen CSA-Marine bis Kriegsende 257 Handelsschiffe des Nordens im Atlantik.

Lincoln als Oberkommandierender   Die Bürgerkriegssituation verlangte die engste Verbindung von politischen und militärischen Strategien. Zu einem begeisterten Kreuzzug wider die Sklavenhalter war die öffentliche Meinung der Nordstaatler im Frühjahr 1861 nicht bereit. Lincoln konnte ihnen Opferbereitschaft nur stufenweise abverlangen, so wie die Rettung der nationalen Einheit es gebot. Daher die langsame Eskalation der Kriegsanstrengung und die Anfangserfolge des Südens. Lincolns Leistung als Oberkommandierender und Regierungschef beruhte auf der realistischen Einschätzung seiner begrenzten Möglichkeiten, allerdings in Verbindung mit dem unerschütterlichen Verfolgen seines Hauptzieles: die Südstaatenarmee zu besiegen, aber auf dem Fortbestand der politischen Strukturen zu bestehen, um die Wiederherstellung *Wahl 1864* der Union nach dem Waffengang nicht zu gefährden. Die Präsidentschaftswahl mitten im Bürgerkrieg – an ihre Verschiebung war gar nicht zu denken – dramatisierte Lincolns eingeschränkten Handlungsspielraum. Die Demokratische Partei warb 1864 mit Ex-General George Clellan als „Friedenskandidat", der zu einem „Frieden ohne Sieg" bereit war und der Südstaatenkonföderation sofort Waffenstillstandsverhandlungen anbieten würde. Die Weichen waren gestellt für ein dauerhaftes Nebeneinander der USA und der CSA. Doch Clellan erhielt nur 45% der abgegebenen Stimmen, Lincoln 55% und die überwältigende Mehrheit der Elektorenstimmen.

Die Isolierung des Südens durch eine Seeblockade gelang nur langsam und teilweise, weil die Bewachung der 5 600 Kilometer Küstenlinie der aufständischen Konföderierten Staaten mehr Schiffe verlangte, als die U.S. Navy 1861 besaß. Die Besetzung von New Orleans und die Kontrolle über den ganzen Mississippi gehörten ebenfalls zur Blockade. Im Landesinneren versuchten mehrere Armeen des Nordens, die Südstaatenverbände zu stellen. Die Milizverbände und die Zahl der Freiwilligen reichten im dritten Kriegsjahr nicht mehr aus, und der Norden beschloß im März 1863 das erste Wehrpflichtgesetz. Etwa ein Viertel der weißen Soldaten der Union waren außerhalb der USA geboren. Eingewanderte meldeten sich in großer Zahl bei der Unionsarmee, weil sie darauf hofften, mit der Landprämie für Veteranen auf dem Bundesland im Westen eine Familienfarm begründen zu können. Die Deutschen waren so zahlreich, daß sie einige deutschsprachige *companies* bildeten. Dem vermeintlichen politischen Gewicht der Deutschamerikaner als Wähler Lincolns verdankten die Achtundvierziger Revolutionsflüchtlinge aus Deutschland Franz Sigel und Carl Schurz ihre Generalspatente. In der blutigsten Schlacht des Krieges bei Sharpsburg in Maryland, 80 km nordwestlich von Washington (von den Nordstaatlern nach dem Flüßchen Battle of Antietam genannt), stießen am 17. September 1862 70 000 Unionssoldaten auf 40 000 Konföderierte. Am nächsten Morgen lagen auf den bewaldeten Hügeln im Umkreis von 5 km 4 808 Leichen und 18 578 Verwundete, etwa gleich viele von jeder Seite. Die Nachricht von diesem Unentschieden mit einem Vorteil für den Norden (weil Lees Truppen sich nach Virginia zurückzogen) hielt die britische und die französische Regierung davon ab, die CSA diplomatisch anzuerkennen. Lincoln fühlte sich durch diesen kostspieligen Sieg ermutigt, nun offen auch die Abschaffung der Sklaverei zum Kriegsziel zu erklären. Am 22. September 1862 proklamierte er in seiner Eigenschaft als Oberkommandierender, daß ab 1. 1. 1863 diejenigen Sklaven frei seien, die sich in den aufständischen Gebieten befanden, d. h. in Gebieten, die die Unionsameen noch nicht besetzt hatten. Praktisch bedeutete dies fast nichts, bis auf wenige Überläufer in Frontgebieten. Die allermeisten Sklaven blieben während des Krieges notgedrungen auf den Plantagen ihrer Eigentümer. Zum großen Sklavenbefreiungstag wurde erst der 18. Dezember 1865, als die 13. Verfassungsänderung in Kraft trat. Die militärische Wende zugunsten des Nordens zeichnete sich am 4. Juli 1863 ab, als bei Gettysburg in Pennsylvania nach dreitägiger Schlacht die Südstaatenarmee unter Robert E. Lee vertrieben wurde.

Zur Ehrung der 4 058 Toten von Gettysburg wurde am 19. November 1863 ein Teil des Schlachtfeldes zum nationalen Friedhof geweiht. Dabei verlas der Präsident zehn von ihm selbst geschriebene Sätze, die den Krieg zur großen Probe der Gründungsideale von Freiheit und Gleichheit und der Überlebensfähigkeit einer demokratisch regierten Nation erklärten. Er forderte alle auf, dafür zu kämpfen „that government of the people, by the people, for the people shall not perish from the earth". Dem Süden signalisierte Lincoln mit dieser Ansprache seine Entschlossenheit, keinen Kompromißfrieden zu suchen, der die Sklavenhaltung dulden würde. Nach seiner Ermordung am 15. April wurde diese Beschwörung der nationalen Grundwerte zusammen mit der Grundrechteklausel der Unabhängigkeitserklärung zum politischen Glaubensbekenntnis der Nation, das heute jedes amerikanische Schulkind auswendiglernen muß.

Kapitulation der Südstaatenarmee 1865

Am 2. April 1865 konnte die Südstaatenkonföderation ihre Hauptstadt, Richmond in Virginia, nicht mehr vor den Unionstruppen schützen, und 70 km weiter westlich, bei Appomattox Courthouse, kapitulierte am 9. April 1865 der ausgehungerte Hauptteil der Südstaatenarmee von 26 000 Mann. Die letzte Leistung ihres in Westpoint ausgebildeten Generals Robert E. Lee war es, die Niederlage zu akzeptieren und damit das Weiterkämpfen von Guerillaverbänden zu verhindern. Kriegshandlungen hatten etwa zwei Drittel des Vermögens (*wealth*) in den Südstaaten zerstört: z. B. die Hälfte der Landwirtschaftsmaschinen und der Straßen und zwei Fünftel des Viehs. Jeder vierte männliche Weiße im kriegsdiensttauglichen Alter war umgekommen. Es ist deshalb nicht verwunderlich, daß die Niederlage von der Mehrheit der weißen Südstaatler als endgültig akzeptiert wurde. Zu den im Süden befürchteten Racheakten der befreiten Afroamerikaner gegen ihre früheren Herren kam es nicht. Die ohne Entschädigung für Generationen der Sklavenarbeit Freigelassenen waren vollauf mit dem Kampf ums Überleben beschäftigt.

c) „Reconstruction": Die Wiedereingliederung des Südens in die Union

Sklavenbefreiung 1865

Der Norden gewann den Krieg und verlor den Frieden, wenn man unter Gewinnen des Friedens die rechtliche Gleichstellung der freigelassenen Sklaven, ihr Mitwirken als gleichberechtigte Bürger bei Wahlen und eine Bodenreform zu ihren Gunsten versteht. Die am 18. 12. 1865 in Kraft getretene 13. Verfassungsänderung verbot Sklavenhaltung im Geltungsbereich der Verfassung der Vereinigten Staaten. Als freie Personen machten die Afroamerikaner nun auch Gebrauch von dem ihnen bislang vorenthaltenen Recht auf einen Familiennamen. Viele wählten sich einen Präsidentennamen wie Washington, Jefferson oder Jackson. Daher sind heute 93% aller amerikanischen Washingtons Afroamerikaner. Viele persönlichen Zeugnisse bestätigen eine weitverbreitete Freude über die Autonomie oder Macht zur Gestaltung des eigenen Lebens: Ehepartner, Eltern und Kinder und andere Verwandte zogen los, um einander zu suchen, ließen sich ihre von den Sklavenhändlern mißachteten Ehen von Beamten des Freedmen's Bureau kostenlos beurkunden und adoptierten Kinder von Verwandten, um sie vor dem Waisenhaus der Weißen zu bewahren. Laienprediger organisierten ihre Kirchengemeinden nun richtig als selbständige Pastoren. Frauen konnten endlich das Kopftuch der Sklavin ablegen und sich Hüte aufsetzen, die denen der alten Herrin in nichts nachstanden. Männer konnten sich endlich einen Hund kaufen oder ein Gewehr als Symbol der Freiheit mit sich herumtragen. Die Freiheit, zu reisen und seinen Wohnort selbst zu bestimmen, löste eine Landflucht aus, die in den fünf Nachkriegsjahren die Anzahl der schwarzen Einwohner der zehn größten Städte des Südens verdoppelte; erste Slums arbeitsloser Schwarzer entstanden an den Stadträndern.

Viele ehemalige Sklavenbesitzer empfanden es als ungerecht, daß ihnen ihr „Eigentum" weggenommen worden war, und sie glaubten allen Ernstes, daß ihnen die siegreiche Bundesregierung eine Form des Schadenersatzes etwa durch Verzicht auf Steuererhebung schuldete, stellte Carl Schurz in seinem Report on the Condition of the South (1865) erstaunt fest. Sie verwiesen auf die Entschädigung der Eigentümer von 750 000 Sklaven auf den britischen westindischen Inseln durch den englischen Steuerzahler in Höhe von 20 Mio. Pfund Sterling. Die Exsklavenbesitzer behielten wie selbstverständlich das Land, das ihnen die Sklaven erarbeitet hatten. Deshalb konnten sie die Ausbeutung der Arbeitskraft der Exsklaven in der Rechtsform des Pächters und in der Wirtschaftsform des *share croppers* fortsetzen. Zu einer Bodenreform oder auch nur zur ansatzweisen Wiedergutmachung oder materiellen Ausrüstung der Freigelassenen für ihre neue Rolle auf dem Arbeitsmarkt kam es nicht.

<small>Freigelassene und ehemalige Besitzer</small>

Viele weiße Südstaatler lehnten die Unionsarmee wie die Besatzungstruppen eines fremden Staates ab und hielten vereinzelte Gewalt- und Sabotageakte für patriotisch. Der Norden übte sich in politisch klugem Großmut und verzichtete nach einigen Versuchen auf die soziale und politische Umgestaltung des Südens. Kein Offizier der Südstaatenarmee wurde wegen Hochverrats in Form der Kriegführung gegen die Bundesregierung angeklagt. Da der Kongreß keinen Plan für die Behandlung des besiegten Südens vorbereitet hatte, ließ der als Vizepräsident Lincolns nachgerückte Präsident Andrew Johnson (1865-69) den alten Eliten des Südens, und damit der Demokratischen Partei, weitgehend freie Hand, wenn sie auch nur die wesentlichen Folgen des Krieges anerkannten und ihre Sezessionsbeschlüsse aufhoben. Amnestie war auch für Funktionäre des abtrünnigen Regimes mit einem persönlichen Schreiben an den Präsidenten leicht zu erhalten. Neue Einzelstaatsgesetze diskriminierten die Freigelassenen fast noch wie Sklaven. Die empörten, zu mehr Hilfe für die Afroamerikaner im Süden entschlossenen Radikalen Republikaner in Repräsentantenhaus und Senat verweigerten den in Washington anreisenden gewählten Exoffizieren der CSA ihre Sitze im Parlament und legten 1866 Gesetze zur Verlängerung des Freedmen's Bureau und zum Schutz der Bürgerrechte der Afroamerikaner vor. Präsident Johnson verweigerte die Unterschrift, die Zweidrittelmehrheit der Republikaner aber setzte beide Gesetze in Kraft (New Freedmen's Bureau Bill, Civil Rights Act von 1866), und die Zerstrittenheit der Sieger war perfekt. Der Fundamentaldissens von Präsident und Kongreß über die Bedingungen der Wiedereingliederung des Südens lag dem Amtsenthebungsverfahren (*impeachment*) zugrunde, das die Radikalen Republikaner 1868 gegen Johnson einleiteten, nach-

<small>Politische Folgen des Krieges</small>

<small>Präsident Johnsons Politik 1865-67</small>

<small>Wiedereingliederungspolitik der Radikalen Republikaner</small>

<small>Amtsenthebungsversuch 1868</small>

dem er in gesetzeswidriger Weise den Kriegsminister entlassen hatte. Im Senat fehlte eine Stimme an der Zweidrittelmehrheit zur Amtsenthebung.

14. Verfassungs-änderung 1868

Um die Gleichstellung der Afroamerikaner auch im Verfassungstext zu verankern, brachten die Radikalen Republikaner im Juni 1866 die 14. Verfassungsänderung auf den Weg; sie garantierte erstmalig allen Bewohnern der USA „equal protection of the laws" auf Bundesebene und erklärte alle in den USA geborenen Personen zu Bürgern der USA (die Indianer bildeten eine Ausnahme). Aktiven „Aufständischen und Rebellen" sprach die Verfassungsänderung das passive Wahlrecht ab, und sie verbot dem Bund und den Einzelstaatsregierungen die Zurückzahlung von Schulden, die „Aufstand und Rebellion" zugute gekommen waren. Als die neuen Südstaatenlegislativen mit dem alten Personal die Ratifizierung ablehnten, machten die Republikaner die Ratifizierung kurzerhand zur Vorbedingung für die volle Wiederaufnahme in die Union. Die wichtigste Verfassungsänderung seit 1791 wurde auf diese Weise als direktes Kriegsergebnis in ultimativer Form vom Sieger dem Besiegten abgerungen. Bis zum 28. Juli 1868 zog sich die widerwillige Ratifizierung hin; 1870 war der letzte Südstaat wieder voll mit Abgeordneten und Senatoren in Washington vertreten. Um die Mitwirkung von Afroamerikanern als Wähler und als Inhaber öffentlicher Ämter zu erzwingen, verabschiedeten die Radikalen Republikaner die Wiedereingliederungsgesetze von 1867, die zehn Jahre lang das politische Leben in den Südstaaten prägten und vielen Afroamerikanern und liberalen reformbereiten Euroamerikanern in der Republikanischen Partei die Teilnahme an der Selbstregierung ihres Staates ermöglichten. Sechzehn Afroamerikaner kamen als Abgeordnete nach Washington, über 600 wurden in die Einzelstaatslegislativen gewählt, Hunderte übernahmen lokale öffentliche Ämter vom Jurymitglied und Sheriff bis zum Friedensrichter.

Ende der *Reconstruction* 1877

Gegen den zähen Widerstand der von den *Reconstruction governments* ausgeschlossenen, in der Demokratischen Partei organisierten alten (rein weißen) Eliten konnten sich die Radikalen Republikaner auf die Dauer nicht behaupten. Der Widerstand der überstimmten konservativen Weißen steigerte sich in Extremfällen bis zum Terror des Ku Klux Klan. Sie machten sich über unbeholfene und ungebildete Amateurpolitiker lustig und übertrieben die natürlich eintretenden Korruptionsfälle als symptomatisch. Korrupte Glücksritter aus dem Norden, die die Wirren des Umbruchs zur persönlichen Bereicherung nutzten, wurden als *carpetbaggers* angeprangert. Die 1873 einsetzende Konjunkturkrise schwächte die Reformregimes weiter, und die Dominanz der Radikalen Republikaner ging zu Ende. Die Kongreßwahlen von 1874 bescherten der Demokratischen Partei sogar die Mehrheit im Repräsentantenhaus. Auch die Präsidentenwahl brachte 1876 keine klare Mehrheit für den Republikanischen Kandidaten Rutherford B. Hayes mehr. Die Elektorenstimmen in drei Südstaaten waren umstritten. Hayes sicherte sich schließlich die Mehrheit der Stimmen im Repräsentantenhaus durch das Versprechen, die letzten Bundestruppen mit Besatzungsaufgaben abzuziehen, wenn die Demokraten ihm den Weg ins Weiße Haus freimachten. Er wurde Präsident (1877–81), und in kurzer Zeit waren alle Südstaatenregierungen wieder in Demokratischer weißer Hand. Die 1870 in Kraft gesetzte 15. Verfassungsänderung verbot zwar die Einschränkung des Wahlrechts aufgrund von Rasse, Hautfarbe oder früherem Sklavenstatus; das Bürgerrechtsgesetz von 1875 verbot zudem Rassendiskriminierung in „places of public amusement", in Gasthäusern und im Verkehr. Dennoch konnten in den folgenden Jahrzehnten die Südstaaten durch Einzelstaatsgesetze und städtische Vorschriften ein bis um 1960 effektives Apartheidsystem errichten. Denn 1883 erklärte das Oberste Bundesgericht das Bürgerrechtsgesetz für verfassungswidrig, weil es auf einer zu weitgehenden Interpretation der 14. Verfassungsänderung beruhe, die die verbliebenen Einzelstaatskompetenzen mißachte (Fall Civil Rights Cases).

15. Verfassungsänderung 1870, Bürgerrechtsgesetz 1875

Supreme Court blockiert 1883

d) Mentale Folgen: Nationalismus und Vergangenheitsbewältigung nach dem Sezessionskrieg

Der Sieg der Union über die Separatisten steigerte das amerikanische Nationalbewußtsein im Norden zu einer neuen, manchen europäischen Nationalismus übertreffenden Intensität. In Tausenden von Feldpostbriefen und Tagebuchaufzeichnungen – der Anteil Lese- und Schreibkundiger war ungewöhnlich hoch für Armeen des 19. Jahrhunderts – hatten Nordstaatensoldaten sich selbst und ihren bangenden Müttern und Bräuten mit Verweisen auf nationale Gefühle und Pflichten Mut zugesprochen. Der Sieg des Nordens schuf also nicht erst einen amerikanischen Nationalismus, sondern setzte ein gewisses Ausmaß patriotischer Überzeugung voraus. Für die vielen eingewanderten Iren und Deutschen beschleunigte die Feuerprobe im Dienste der neuen Nation die Amerikanisierung nicht nur der freiwilligen Soldaten, sondern der ganzen ethnischen Gruppe.

Präsident Lincoln erlangte nach seinem Tod die Stellung eines zweiten Landesvaters, des Retters der Einheit der Nation durch einen opfer-, aber siegreichen Feldzug gegen die Sklaverei. Im Unterschied zu Washington war er kein Vertreter der durch Besitz und Bildung privilegierten Klasse, sondern Symbol des erfolgreichen *common man* von der *frontier*. Seine Kindheit und Jugend in der Blockhütte am Waldrand – so das Bild – prägten einen starken und geradlinigen „amerikanischen" Charakter, der den Schicksalskampf um den Erhalt der Nation mit dem aristokratisch angekränkelten und durch Sklavenarbeit korrumpierten Süden führen konnte, ohne den Versuchungen des Machtmißbrauchs und Siegesrauschs zu erliegen. Sein Staatsbegräbnis mit der Überführung des Sarges von Washington nach Springfield, Illinois, wurde zum größten nationalen Trauerzug des 19. Jhs., den Dichter wie Walt Whitman und Carl Sandburg besangen.

Lincoln als Märtyrer der Nation

Die Südstaaten bewältigten die Niederlage mehr durch trotzige Erinnerung an die Opfer im Dienste des idealisierten *Lost Cause* als durch Schuldeingeständnisse und Scham. Lincolns Gegenspieler, Südstaatengeneral Robert E. Lee, wurde und wird bis heute als patriotischer Kriegsheld gefeiert und nicht etwa als Hochverräter betrachtet. Die Kriegerdenkmäler, die heute auch im kleinsten Ort der Südstaa-

Der Lost Cause des Südens

ten an die Gefallenen von 1861–65 erinnern, tun dies nicht reumütig, sondern stolz und ohne jedes Unrechtsbewußtsein. Die ursprünglich deutsche Siedlung New Braunfels in Texas z. B., die samt der sie umgebenden *county* über 300 Freiwillige in die Armee der CSA entsandte, verkündet auf der nach Kriegsende an zentraler Stelle im Ort aufgestellten Erinnerungstafel, daß es die Aufgabe der gefallenen Helden war „to prevent the Federal invasion of Texas" und „to make the Confederacy an Ocean to Ocean nation". Ein besonders prominentes Beispiel ist das 1901 vor dem zentralen Regierungsgebäude, dem Capitol von Texas, in Austin aufgestellte 10 Meter hohe Denkmal „The Southern Confederacy" mit CSA-Präsident Jefferson Davis lebensgroß auf der Spitze, von vier Soldaten aus rötlichem Marmor nach allen Seiten hin bewacht. Die Hauptschrifttafel enthält die Südstaateninterpretation des Krieges:

DIED
FOR STATE RIGHTS
GUARANTEED UNDER THE CONSTITUTION.
The people of the South, animated by the Spirit of 1776, to preserve their rights, withdrew from the Federal Compact in 1861. The North resorted to coercion. The South, against overwhelming numbers and resources, fought until exhausted. During the war, there were 2257 engagements, in 1882 of these, at least one regiment took part. Number of men enlisted: Confederate Armies 800 000; Federal Armies 2 859 132. Losses from all causes: Confederate 437 000; Federal 485 216.

Jahrzehnte später begann der von professionellen Historikern beeinflußte National Park Service, die großen Schlachtfelder wie z. B. das von Gettysburg in Pennsylvania als patriotische Gedenkstätten herzurichten. Sie dienen auch als anschauliche Unterrichtsstätten, die Generation um Generation von Schülern und Touristen an den Preis für die Einheit der Nation in Freiheit und Gleichheit erinnern. Besonders im Süden ist die Erinnerung an die Niederlage zum Bestandteil der den Süden auf die Dauer definierenden Kulturregion geworden. Schriftsteller wie William Faulkner bezeugen dies. Weniger anspruchsvolle historische Romane beschönigen und romantisieren, wie es z. B. Margaret Mitchells Roman „Gone with the Wind" (1936) tut. Er wurde 1939 erstmalig verfilmt, und wahrscheinlich haben er und die späteren Verfilmungen die romantisierte Südstaatenversion der Erinnerung an den zerstörerischsten Krieg auf amerikanischem Boden mehr Menschen zur Kenntnis gebracht, als historische Handbücher es jemals mit ihrer nüchternen Sprache der Wahrheitssuche erreichen werden.

Treitschkes Urteil 1864

Über die europäischen Reaktionen auf den amerikanischen Bruderkrieg nur so viel: Die bis 1860 erfolgreiche amerikanische Form des Föderalismus hatte seit dem Vormärz die besondere Aufmerksamkeit der die nationale Einheit Deutschlands anstrebenden Liberalen gefunden. Um so triumphierender befand Heinrich von Treitschke 1864, mitten im Sezessionskrieg: „Selbst dies klassische Land des demokratischen Selfgovernment, dies Land einer streng föderalen Geschichte – selbst diese Union sah sich genötigt, in den Tagen des Krieges und angestrengter auswärtiger Politik eine Bundesgewalt zu ertragen, deren Gewalt der Macht eines

Einheitsstaats sehr nahe kam und doch kaum ausreichte, die ungeheure Schwierigkeit der Lage zu bewältigen. Um wieviel weniger können wir hoffen, unser von Feinden rings umdrohtes Vaterland durch eine Bundesverfassung auf die Dauer zu sichern! Wir gebieten nicht über die colossalen Hilfsmittel einer jungfräulichen Natur und eines schrankenlosen socialen Lebens" [Bundesstaat und Einheitsstaat, in: TREITSCHKE, Historische und politische Aufsätze, Bd. 2, 7. Aufl. Leipzig 1913, 171].

6. INDUSTRIALISIERUNG, 1860–1900

a) Die führende Industrienation

In den fünf Jahrzehnten zwischen dem Sezessionskrieg und dem Ersten Weltkrieg überflügelten die Vereinigten Staaten England als führende Industrienation. 1895 hatte die Industrieproduktion der USA etwa den doppelten Wert von der des Deutschen Reiches, der zweitgrößten Industriemacht. England war nach diesem Indikator bereits auf Platz drei der Industrieländer zurückgefallen. Die Amerikaner verbanden die Vorteile der Größe ihres Marktes mit der unaufhörlichen Suche nach technischer Innovation. Mit 26,4 Millionen Tonnen produzierten die amerikanischen Stahlwerke 1910 mehr als ihre britischen und deutschen Konkurrenten zusammen. Die amerikanische Kohleförderung übertraf 1913 die gesamte europäische. Die ertragreichste wirtschaftliche Tätigkeit der Amerikaner blieb jedoch bis in die 1880er Jahre die Landwirtschaft. Der Wert der Agrarerzeugnisse wurde erst 1890 vom Wert der Industrieproduktion überholt. Die amerikanische Landwirtschaft konnte in der zweiten Jahrhunderthälfte zur produktivsten der Welt werden, weil von den drei entscheidenden Produktionsfaktoren Boden, Arbeit und Kapital der Boden in Amerika auch weiterhin billig blieb, die Mechanisierung fortschritt und die Einwanderung die Binnenwanderung ergänzte. Industrie und Landwirtschaft waren stärker denn je auf den Export angewiesen. Insbesondere Europa war der Absatzmarkt für einen beträchtlichen Teil der amerikanischen Industrieprodukte und Landwirtschaftserzeugnisse. Das 1903 von Präsident Theodore Roosevelt eingerichtete Handels- und Arbeitsministerium (Department of Commerce and Labor) sollte die verzweigten Handelsinteressen von Wirtschaft und Bundesregierung besser koordinieren. Ein eigenständiges Department of Labor wurde 1913 geschaffen. Umgekehrt betrachteten Millionen Europäer die USA als Teil eines nordatlantischen Arbeitsmarktes, und nach 1880 kam es zu einer erneuten Einwanderungswelle, insbesondere aus Ost- und Südeuropa (siehe Kapitel 7).

Boden, Arbeit, Kapital

b) Günstige Bedingungen der Industrialisierung

Die auch Zweite Industrielle Revolution genannte Phase der Hochindustrialisierung in den USA nach dem Sezessionskrieg wurde zwar anfänglich durch den Wiederaufbaubedarf nach den Kriegszerstörungen verstärkt, baute aber im wesentlichen auf den Ergebnissen der Frühindustrialisierung vor 1860 auf und führte durch den Krieg unterbrochene Entwicklungen fort. Der schnellen Industrialisierung weiterhin günstig waren die reichen natürlichen Rohstoffvorkommen; die seit etwa 1815 kontinuierlich verbesserten Transportwege zu Wasser und zu Lande; Arbeitskräfte, die in der zunehmend mechanisierten Landwirtschaft nicht gebraucht wurden und zusätzlich aus Europa und Asien einwanderten; eigene und aus Europa übernommene technisch-wissenschaftliche Innovationen; und die Investitionsbereitschaft auch europäischer Kapitaleigner. Der Sieg des Nordens im Sezessionskrieg schuf ein staatlich garantiert stabiles Rechts- und Finanzwesen, das Bundes- und Einzelstaatsgesetze und Gerichtsurteile laufend ergänzten. Militärstrategisch und politisch wünschenswerte Projekte subventionierte die Bundesregierung. So erhielten z. B. die privaten Eisenbahngesellschaften als Anreiz zur Vollendung der transkontinentalen Verbindung (1869) von 1862 bis 1872 über 30 Millionen *acres* Land entlang ihrer Strecke zwischen dem Mississippi und dem Pazifik geschenkt. Einer besonders entscheidungs- und risikofreudigen und nötigenfalls auch rücksichtslosen Gründergeneration von Großunternehmern blieb es überlassen, unter günstigen Rahmenbedingungen all diese Faktoren in profitabler Weise zusammenzuführen. Immer größer werdende Unternehmen produzierten in nie dagewesenem Umfang für einen durch keine Zollgrenzen gehemmten stets wachsenden Binnenmarkt und für den Export.

Schrankenloser Binnenmarkt, freie Unternehmer

c) REGIONALE DIFFERENZIERUNG

Nach dem Sezessionskrieg hielt im Norden das Wirtschaftswachstum auf hohem Niveau an: Die Industrialisierung steigerte sich zu einer nächsten Phase und der Transmississippi-Westen wurde wirtschaftlich erschlossen und von Euroamerikanern besiedelt. Nur einen geringen Anteil am nationalen Aufschwung hatte der z. T. erheblich zerstörte Süden, insbesondere der „Baumwollgürtel". Die Konjunkturdepression 1873–78 verschlechterte die Lage der von den Getreide- und Baumwollpreisen völlig abhängigen schwarzen *sharecroppers*, und 1900 waren in den Südstaaten von den schwarzen und weißen Farmern zusammen 70% derart abhängige Pächter. Die relative Verarmung des Südens schritt fort. Die Bundesregierung verlangte von den Ex-Sklavenstaaten eine Bodenreform zugunsten der Ausgebeuteten. Die meisten großen Plantagen blieben jedoch bestehen. An die Stelle der Sklavenarbeit trat die nicht minder produktive und profitable Ausbeutung von Pächtern unter dem System des *sharecropping*. Die mittellosen freigelassenen Sklaven schlossen z.T. mit ihren früheren Besitzern Pachtverträge ab, die sie etwa zur Hälfte am Erlös der wie früher vom Plantagenbesitzer verkauften Ernte (meist Baumwolle) beteiligten. Von ihrem Anteil wurde jedoch so viel für die Pacht des Landes, die Miete für die Hütte und den Pflug abgezogen sowie für den Kredit zum Kauf des Esels, des Saatguts, und der Lebensmittel (bis auf das im kleinen Hausgarten gezogene Gemüse), Kleidung und sonstigen Gebrauchsgütern, daß der Durchschnittspächter keine Chance hatte, der Verschuldung und damit der völligen Abhängigkeit von seinem Gläubiger zu entkommen. In manchen Regionen betrieben die Großgrundbesitzer oder der örtliche Bankier auch den einzigen *general store*, in dem die Pächter zu stark überhöhten Preisen einkaufen

Norden

Süden

Sharecropping

konnten. Um dort Kredit – mit hohen Zinsen – zu erhalten, mußten sie ihre nächste Ernte verpfänden (*crop-lien*). Die Gläubiger verlangten von den Schuldnern den Anbau der leicht verkäuflichen Baumwolle und des Tabaks (*cash crops*) und erzwangen so die Fortdauer der wirtschaftlich wie klimatisch und ökologisch nachteiligen Monokulturen. Auch arme Weiße sanken ab in diesen Status des in Lateinamerika *peón* genannten, durch Schulden an einen Großgrundbesitzer gebundenen Landarbeiters. Der Anteil der abhängigen Pächter unter den Baumwollfarmern im *cotton belt* von Virginia bis Texas nahm von einem Drittel i.J. 1880 bis zu 2/3 i.J. 1920 zu.

Wenig Industrie im „Neuen Süden"
Die industrielle Überlegenheit, die dem Sieg der Nordstaaten über die abgefallenen Südstaaten zugrundelag, nahm auch nach 1900 weiter zu. Publizistische Vertreter der Regionalinteressen des Südens wie Henry W. Grady in Atlanta beschworen um 1880 zwar das Bild eines nur auf Investitionen wartenden politisch und sozial stabilen „Neuen Südens". Sie überzeugten aber wenige New Yorker Investoren. In den Südstaaten arbeiteten i.J. 1900 nur 18% der Beschäftigten außerhalb des nicht-landwirtschaftlichen Sektors. Erfolgreiche Anfänge wurden mit einigen Textilfabriken gemacht (die vor allem Frauen beschäftigten, die niedrigere Löhne als Arbeiter im Norden erhielten und sich gewerkschaftlich nicht organisierten), mit der Tabakverarbeitung in North Carolina und der Eisen- und Stahlgewinnung in Birmingham/Alabama, die um 1890 immerhin 20% der amerikanischen Eisen- und Stahlverarbeitung ausmachte. Der Lebensstandard blieb in den Südstaaten auch nach 1900 merklich niedriger als im Norden und Westen. Die meisten Schwarzen auf dem Land genossen um 1900 kaum einen höheren materiellen Lebensstandard als zur Zeit der Sklaverei. Das jährliche Pro-Kopf-Einkommen in den Südstaaten erreichte 1900 nur die Hälfte (51%) des nationalen Durchschnitts. Der wirtschaftliche wie der politische Wiederaufbau im Süden mißlangen. Die von manchen Optimisten als „Neuer Süden" beschworene neue Mischung aus Industrie, Handel und Landwirtschaft sollte erst im Gefolge der Rüstungswirtschaft für den Zweiten Weltkrieg entstehen.

d) Neue Waren, Dienstleistungen und Techniken

Eisenbahn
Eine bunte Kombination neuer Waren, Dienstleistungen, Techniken und Wirtschaftsformen ergab die amerikanische Variante der modernen Industriegesellschaft größtenteils bereits vor der Jahrhundertwende. (1) Das immer dichter werdende Netz von Eisenbahnlinien verband Stadt und Umland und die konkurrierenden Metropolen von Küste zu Küste untereinander; regionale Märkte wurden zu einem großen nationalen Markt verknüpft. Ab 1869 verband ein durchgehender Schienenstrang New York und San Francisco; seit 1887 brachten eisgekühlte Waggons Frischfleisch aus den Schlachthäusern von Chicago nach New York. Zu den 35 000 Meilen Strecke, die 1865 lagen, kamen bis 1916, dem Zeitpunkt der

größten Ausdehnung des amerikanische Eisenbahnnetzes, noch 220 000 Meilen Strecke hinzu.
Von 1917–20 unterstellte sich die Bundesregierung vorübergehend die Eisenbahnen im Rahmen des Rüstungsprogramms. Zu einer dauerhaften Verstaatlichung der Eisenbahnaktiengesellschaften sollte es jedoch in den USA nicht kommen.

(2) Aus Europa übernommene Verbesserungen in der Stahlherstellung (Siemens-Martin-Prozeß 1858 erfunden) ermöglichten ab 1868 die Befriedigung des ungeheuren Bedarfs an Stahl für den Ausbau des Schienennetzes, für Boiler, Lokomotiven und Fahrgestelle und für die in Chicago, New York und anderen Großstädten gebaute erste Generation der Hochhäuser mit Stahlgerippe. Die amerikanische Stahlproduktion verzehnfachte sich von 1880 (1,25 Mio. Tonnen) bis 1900 (10 Mio. Tonnen). Nach 1870 wurden Orte, an denen Eisenerz und Kohle relativ billig zusammengebracht werden konnten, zu den Zentren der Hochindustrialisierung: Pittsburgh im westlichen Pennsylvania, Cleveland und Detroit am Erie-See, Chicago und Gary am Michigan-See, und Birmingham/Alabama am Südausläufer der Appalachen. — Stahl

(3) Erdöl war so gefragt (zunächst als Schmiermittel für den industriellen Maschinenpark), daß John D. Rockefeller bereits 1870 die Standard Oil Company gründete, ein Jahrzehnt nach Inbetriebnahme der ersten kleinen Ölpumpen im westlichen Pennsylvania i.J. 1859. 1882 exportierten die USA bereits Erdöl und Erdölprodukte im Wert von 52 Mio. Dollar, vor allem nach Europa. Bis 1910 verdoppelte sich der Wert auf 107 Mio., 1920 erreichte der Wert 593 Mio. Dollar. Einen höheren Exportwert erzielten 1920 nur noch der für 597 Mio. Dollar exportierte Weizen und das für 821 Mio. Dollar exportierte Weizenmehl. — Erdöl

(4) Die in sicheren Leitungen handhabbar gemachte Energieform der Elektrizität begann in den 1880er Jahren, die Dampfmaschinen als Energiequelle abzulösen. Die 1879 von Thomas Edison erfundene Glühlampe ermöglichte die Beleuchtung von Fabrikhallen, Bürgerhäusern und Stadtstraßen. Aber erst 5% der Stadthäuser und wenige Straßen wurden 1900 elektrisch beleuchtet. Ab 1900 begann die elektrische Straßenbahn die Pferdebahn abzulösen. Erst mit fallendem Strompreis (1890: 20 *cents* die Kilowattstunde, 1920: 7 *cents*) konnte sich die Elektrizität in den Städten durchsetzen. — Elektrizität

(5) Ab 1866 verband ein auf dem Meeresboden liegendes Kupferkabel Neufundland mit Irland, und Telegraphensignale mit wirtschaftlichen, militärischen und sonstigen Nachrichten konnten von New York über das kanadische Halifax nach London geschickt werden. Um 1890 betrieb die American Telephone and Telegraph Company ein Netz von fast 500 000 Telefonen, 1915 bereits über 9 Millionen. Ab 1915 konnten New Yorker Ferngespräche mit San Francisco führen. — Telegraph, Telefon

Zu den neuen Dienstleistungen gehörte auch die Entwicklung eines nationalen Börsenmarktes. Um 1850 konkurrierten 250 Börsenplätze miteinander; um 1900 hatte sich die New York Stock Exchange als zentraler Umschlagplatz endgültig — Börse durchgesetzt. Der Telegraph und der 1870 von Thomas Edison verbesserte Börsenfernschreiber vernetzten die Börsen bis nach San Francisco in Sekundenschnelle. Charles Dow und Edward Jones gründeten 1889 die Börsenzeitung The Wall Street Journal, in der sie ab 1896 den von ihnen geschaffenen Dow-Jones Aktienindex veröffentlichten. Dieser Gradmesser des Verkaufswertes von zunächst nur einem Dutzend der wichtigsten Aktien zeigt seither ununterbrochen das Auf und Ab von Konjunktur und Flaute bzw. Zusammenbruch der amerikanischen Wirtschaft an.

Näh-, Schreib- und Rechenmaschinen
(6) Remington Schreib- und Rechenmaschinen, Sekretärinnen und Buchhalter(innen) lösten den Kanzleischreiber, Kopisten und Kontoristen in den 1890er Jahren endgültig ab. Wieder veränderte eine technische Neuerung – vergleichbar der von Isaac Singer 1854 patentierten Nähmaschine – das Berufsfeld insbesondere von Frauen.

Versandhandel
Eine neue Form der Dienstleistung insbesondere für den Verbraucher auf dem Lande begann 1872, als der Versandhändler Montgomery Ward aus Chicago den Farmern im Mittleren Westen seinen ersten Warenhauskatalog ins Haus schickte. Noch erfolgreicher im neuen *mail order*-Geschäft war ab 1894 Sears, Roebuck and Company, die ebenfalls von dem Eisenbahnknotenpunkt Chicago aus die Familienfarm mit allem versorgte, vom Handtuch und der Nähmaschine bis zur Tabakdose und dem Pflug; der Umsatz erreichte 1900 bereits 10 Millionen Dollar. Die garantierte Postzustellung auch in den entlegensten Hof (*rural free delivery*) ab circa 1890 und die Paketzustellung ab 1913 erleichterten den Versandhandel noch weiter.

Automobil
(7) Bereits 1896 hatten in Detroit Charles Edgar und James Frank Duryea 13 *motor wagons* in ihrer Werkstatt gebaut; ihre Kunden waren Millionäre auf der Suche nach einem Spielzeug. Den fabrikmäßigen Bau von Personenkraftwagen begann 1903 der Maschinenschlosser und Kaufmann Henry Ford in Dearborn/ Michigan mit einer Jahresproduktion von 1 700 Autos. 1908 produzierte er 10 000 in allen Ersatzteilen standardisierte Billigautos zum Preis von 500 Dollar, das unverwüstliche schwarze Modell „T". Ab 1913 richtete Ford die *sliding assembly line* ein, zu der ihn die Transportbänder in Chicagos Schlachthöfen inspiriert hatten. 1910 rollten 468 000 und 1919 über 7,5 Mio. Automobile über Amerikas noch für Pferdefuhrwerke gebaute Landstraßen.

Taylorismus
Zur Produktivitätssteigerung trug auch der Ingenieur Frederick Winslow Taylor bei, der Konzernleitungen mit seinen als Taylorismus in die Wirtschaftsgeschichte eingegangenen *Principles of Scientific Management* (1911) beriet. Mit der Stoppuhr in der Hand bestimmte er die schnellsten und einfachsten Handgriffe in Werkshallen und Büros; auch Anfänger sollten sie in kürzester Zeit lernen können; Arbeiter sollten sich selbst so effizient bewegen wie Maschinen.

Konjunkturschwankungen
Auch diese einzigartige industrielle Wachstumsphase unterlag den Schwankungen der Marktwirtschaft. Die erste ernsthafte Wirtschaftsdepression des Industriezeitalters in Amerika von 1873–78 korrigierte den spekulativen, wirtschaftlich nicht gedeckten hektischen Eisenbahnausbau und Aktienverkauf. Stagnation

der am Eisenbau beteiligten Zulieferergewerbe vom Streckenarbeiter bis zum Stahlkocher und eine Serie von Bankenpleiten folgten. Der noch ernsthaftere Konjunktureinbruch von 1893–97 – von den Zeitgenossen ebenso *Great Depression* genannt wie die nächste große Wirtschaftskrise von 1929–40 – wurde ebenfalls durch Eisenbahnaktienspekulation und unseriöse Bankgeschäfte ausgelöst. Der Abzug europäischen Kapitals verstärkte die Finanzkrise, und binnen kurzem erklärten 491 der nicht abgesicherten, frei wirtschaftenden Banken den Bankrott.

e) Geldpolitik, Goldstandard und Silbermünzen

Zur Finanzierung des Krieges beschloß der Kongreß bereits im Februar 1862 die Ausgabe nationalen Papiergeldes, der *greenbacks*, durch das Finanzministerium; ab 1863 kursierten zusätzlich einheitliche Noten der National Banks im ganzen Land; seit der Gründung des Federal Reserve System 1913 werden schließlich alle Dollarnoten *greenbacks* genannt. *greenbacks*

Der mehrheitlich Republikanische Kongreß war um die Konsolidierung der Unionsfinanzen und die Höhe der Preise besorgt und verfolgte eine Politik des „harten Geldes". Er beschloß 1873, die Bundesmünze keine neuen Silberdollars prägen zu lassen; Gold wurde alleiniger Münzstandard, weil die Republikaner sich vom Goldstandard den größeren Schutz vor Inflation erhofften. Schon vor dem Sezessionskrieg waren die Silbermünzen als Zahlungsmittel verschwunden, weil sie eingeschmolzen mehr wert waren. Im Sezessionskrieg wurden sie als normales Zahlungsmittel von den grünen Noten des Schatzamts abgelöst. Von nun an verlangten 25 Jahre lang die Silber-Lobby der Senatoren und Abgeordneten der eifrig silberabbauenden Staaten im Westen und die Interessenvertreter von Schuldnern, denen Inflation zugute kam, lautstark „billigeres" Geld durch „free silver„: Der Bund sollte große Mengen Silber aufkaufen und zusätzlich zu den knappen Goldmünzen Silbermünzen prägen. Ein erster Kompromiß von 1878 verpflichtete den Bund, jeden Monat Silber für 2 Mio. Dollar zum Marktwert anzukaufen. Die meisten Silberbarren blieben aber im Gewahrsam des Schatzamtes, weil neue Scheine aus praktischen Gründen beliebter waren; sie gelangten deshalb in Form von *silver certificates* im Gegenwert des eingelagerten Silbers neben den *greenbacks* in Umlauf. Im Interesse der Silberlobby wurde 1890 die vom Bund aufzukaufende Silbermenge noch einmal verdoppelt. Auf diese Weise wurden der Geldmenge von 1878 bis 1893 über 500 Millionen Dollar hinzugefügt. Aber der Geldwert fiel nicht, wie die hypothekenbelasteten Farmer es erhofften; nur die Preise für ihren Weizen und andere Landwirtschaftserzeugnisse fielen. Politik des „harten" Geldes

Silber-Lobby

Der jahrzehntelange Streit der Parteien um „freies Silber" (Demokraten) oder „solides Geld", das der Übergang vom „Bimetallismus" zum reinen Goldstandard vor Entwertung schützen sollte (Republikaner), bewegte deshalb die breite Öffentlichkeit und entschied zahlreiche Wahlkämpfe, weil auf beiden Seiten dahinter der Glaube stand, *eine* einzige Maßnahme könne die Anpassungspro- Parteienstreit

bleme zwischen unaufhaltsam wachsender Industrieproduktion (mit inneramerikanischen Konjunkturzyklen und harter transatlantischer Konkurrenz besonders
aus Großbritannien), immer produktiverer Landwirtschaft (mit sinkenden Preisen für ihre Erzeugnisse) und der Haushalts- und Geldpolitik des Bundes schnell
lösen. Der populäre Katechismus der pro-Silberlobby, William Hope Harveys
millionenfach verbreitetes Heft *Coin's Financial School* (1894), erklärte die niedri-
gen Preise für Landwirtschaftserzeugnisse und das knappe, harte Geld als Folge
einer internationalen Verschwörung der Bankiers und Kapitalisten von New York
und London. Die Fesseln, die sie den amerikanischen Farmern und allen Schuldnern angelegt hätten, würden erst gesprengt werden, wenn alles neue Silber zu

Bryans „cross of   Dollarmünzen geprägt werde. Diese Vorstellung machte sich auch der Demokra-
gold"   tische Präsidentschaftskandidat William Jennings Bryan 1896 zu eigen, als er im
Wahlkampf den Goldstandard (verbunden mit der Schutzzollpolitik der Republikaner unter McKinley) als „ein Kreuz aus Gold" anprangerte, auf das die Wohlha-
benden den ärmeren Teil der Menschheit nagelten. Trotz der Unterstützung auch
durch die Populisten unterlag Bryan; die industrialisierten Nordoststaaten optierten 1896 mehrheitlich für McKinleys Protektionismus und stabiles Geld.

Goldstandard   Gelöst wurde die Krise erst Ende 1896 durch die Wende in der Handelsbilanz:
Als die Europäer mehr amerikanische Güter kauften, stiegen die Preise, und Gold
floß zurück in die USA. Die weltweit verfügbare Goldmenge wuchs zudem durch
die Erschließung neuer Goldbergwerke in Südafrika und die technische Verbesserung der Goldgewinnung. Im Goldstandard-Gesetz von 1900 konnte der Kongreß es sich leisten, das Schatzamt auf eine Reserve von Gold im Wert von
150 Mio. Dollar für den eventuellen Eintausch von *greenbacks* zu verpflichten.
Nur *ein* Metall sollte fortan den Dollar definieren: 1 505 Gramm Feingold. Erst
die Weltwirtschaftskrise nach 1929 und in ihrem Gefolge das Legal Tender-Gesetz
von 1933 und das Goldreserve-Gesetz von 1934 leiteten in den USA den Übergang vom Goldstandard zum Zeitalter des nur noch vom erklärten Willen des
Gesetzgebers abgesicherten Papiergeldstandards ein. Gesetzliches Zahlungsmittel
war seit 1933 nicht mehr der Golddollar, sondern die Dollarbanknote des Federal
Reserve System. Nur gegenüber ausländischen Notenbanken blieb der Dollar
noch in Gold konvertibel, bis Präsident Nixon 1971 auch diese letzte Bindung der
amerikanischen Währung an das Gold aufhob.

F) KONZENTRATION, KARTELLE, MONOPOLE, TRUSTS

Die Rechtsform und Geschäftspraktiken des *trust* und der *holding company*
gewannen nach 1870 Bedeutung als dominante Organisationsform der Ansamm-
lung von Kapital und der Bildung von Kartellen und Monopolen. *Big business*
ging in den amerikanischen Wortschatz ein. Da die Einzelstaaten miteinander um
die Ansiedlung der Großunternehmen konkurrierten, gestattete z. B. New Jersey
in den gesetzlichen Rahmenbedingungen für die Bildung von Konzernen (*business*

corporations) neue Formen der Konzentration. Der Trustbildung entgegen kam z. B. die Duldung verbundener Direktorien (*interlocking directorates*), die die Legislative New Jerseys erlaubte. Mehrere Konzerne von nationaler Bedeutung errichteten deshalb ihren Firmensitz um 1900 in New Jersey.

Den ersten Konzern in Form einer *trust company* von 14 bis dahin eigenständigen Firmen bildete 1882 die Standard Oil Company unter John D. Rockefellers Leitung. Innerhalb eines Jahrzehnts gelang es ihm, über 90% der Erdölverarbeitung in den Vereinigten Staaten zu kontrollieren. In der United States Steel Corporation legten 1901 Andrew Carnegie, J. P. Morgan und andere Großerzeuger die Ressourcen und Kontrolle von 228 an einem der vielen Schritte der Stahlherstellung beteiligten Gesellschaften in Gestalt der größten *holding company* zusammen. Damit verfügten sie über 70% der Eisen- und Stahlerzeugung. Die Zusammenlegung der Eisenbahnen erreichte 1904 einen Höhepunkt. Über tausend ursprünglich selbständiger Gründergesellschaften bildeten jetzt nur noch sechs Konzerne, die ihrerseits von der finanziellen Kontrolle entweder Morgans oder Rockefellers abhängig waren. Diese Eisenbahnaktiengesellschaften machten mit ihrem Kapital von etwa 10 Mrd. Dollar den größten Industriezweig aus. Sie besaßen bei Kriegseintritt der USA 1917 zwei Drittel des gesamten amerikanischen Streckennetzes.

Standard Oil Company 1882

United States Steel Corporation 1901

Eisenbahnen

Alle Konzerne (*corporations*) zusammen beschäftigten 1920 86% der Lohnempfänger und erzeugten 87% des Wertes der *manufactured goods* . Die neue soziale Gruppe der mittleren Angestellten trug die Verantwortung für die reibungslose Organisation von Menschen und Material; zur Fabrikation kam die Bürokratie unter Leitung der neuen Funktionselite angestellter *managers* hinzu.

Das Oberste Bundesgericht schützte die Großunternehmen in mehreren Entscheidungen ab 1873 weitgehend vor gesetzlichen „Eingriffen" der Einzelstaaten und des Bundes in die Wirtschaft, indem es der Aktiengesellschaft als juristischer Person viele der Rechte und Freiheiten einer natürlichen Person einräumte und die Gleichbehandlung ihrer Erzeugnisse oder Dienstleistungen in allen Einzelstaaten erzwang. Dem Staat Minnesota z. B. untersagte das Gericht 1890, auf seinem Territorium die Eisenbahnfrachtpreise durch eine staatliche Behörde festsetzen zu lassen. Dem Bundesgesetzgeber band das Gericht weitgehend die Hände, als es 1895 zwischen dem „Handel", den der Bund laut Verfassungstext regulieren darf und der „Herstellung" von Waren unterschied, für die der Bund nicht zuständig sei (s. Antitrust Gesetz). Das Kinderarbeitsverbot des Bundes erklärte das Gericht 1918 mit dieser Begründung für verfassungswidrig. Der Legislative New Yorks untersagte das Gericht 1905, die Arbeitszeit von Bäckern auf 10 Stunden am Tag zu begrenzen, weil jeder Mann frei sein müsse, einen Arbeitsvertrag seiner Wahl einzugehen. Ein vergleichbares Gesetz des Staates Oregon zur Begrenzung der Fabrikarbeitszeit von Frauen auf 10 Stunden hatte das Gericht allerdings 1908 wegen der besonderen gesellschaftlichen Rolle der Frau und Mutter stehenlassen. Die „vertikale Integration" von Monopolen rechtfertigte des Gericht 1896, als es Eisenbahngesellschaften erlaubte, auch Hotels zu betreiben, weil dies ein „not-

Gerichtsurteile zugunsten der Konzerne

wendiger oder praktischer" Bestandteil ihres Geschäftes sei. Die dem ungeregelt freien Markt freundliche Tendenz bestimmte bis 1937 die Verfassungsrechtsprechung des Obersten Bundesgerichts.

Drastische Senkung der Herstellungskosten und Massenumsatz durch niedrige Preise war zwar die Rechtfertigung der Kartell- und Monopolbildung. Aber die rigorose Ausnutzung der jeweils regionalen Monopolstellungen brachte Gewinne ein, die nicht nur hohe Dividenden an die Aktienbesitzer ermöglichten, sondern durchsetzungskräftige Konzernleiter und Großaktionäre dazu motivierten, ihre Wirtschaftsmacht in politischen Einfluß bis hin zur Korruption von Abgeordneten und Senatoren auf Einzelstaats- und Bundesebene umzusetzen. Auf den Mißbrauch wirtschaftlicher Macht und unseriöse Aktienausgabe (*watered stock*) reagierte der Kongreß 1887 mit Einsetzung der Interstate Commerce Commission. Als erste unabhängige, d. h. vom Präsidenten zwar eingesetzte aber nicht absetzbare und nicht seiner Weisung unterstehende Bundesaufsichtsbehörde (*regulatory commission*) konnte die ICC zwar Frachtpreise für unangemessen erklären, sie unterlag aber oft bei der gerichtlichen Durchsetzung, weil Richter die Vertragsfreiheit und die Unantastbarkeit von (Aktien-) Eigentum höherwertig einstuften als z. B. die Wirtschaftlichkeit kleiner Farmen.

Erste Bundesaufsichtsbehörde 1887

Die nötige Mehrheit im Kongreß, um die Bildung eines Trust als „combination in restraint of trade" zu verbieten, fand sich 1890 (Sherman Antitrust-Gesetz). Die Bundesgerichte wandten das Gesetz jedoch bald zugunsten der bestehenden Konzerne und zum Schaden der Gewerkschaften an. Das Oberste Bundesgericht räumte dem Bundesgesetzgeber nur die Regelung von *interstate commerce*, nicht aber von *manufacturing* ein. Erst ab 1914 schuf das genauere Clayton Antitrust-Gesetz die nötige Voraussetzung für eine wirkungsvollere Aufsicht der Bundesregierung über die Monopole und Kartelle.

Erstes Antitrust-Gesetz 1890

Clayton Antitrust-Gesetz 1914

Eine bestimmte Art fundamentalen Eingreifens in die freie Weltwirtschaft war den Trusts stets willkommen: protektionistische Einfuhrzölle. Unter Führung der Republikanischen Partei erreichte die Schutzzollpolitik einen Höhepunkt, als 1890 ein breites Spektrum von Einfuhrgütern mit durchschnittlich 50% ihres Wertes verzollt werden mußte; 1897 stieg der Satz auf knapp 60%. Seine Halbierung auf 25% 1913 unter dem Demokratischen Präsidenten Wilson war wegen des Weltkrieges von kurzer Wirkung.

Hohe Schutzzölle

G) ARBEITER, GEWERKSCHAFTEN, STREIKS

Auf ihre zum Teil menschenunwürdigen Arbeitsbedingungen und unsicheren Lebensverhältnisse reagierte ein Teil der Arbeiterschaft mit gewerkschaftlicher Organisation. Für eine systemverändernde sozialistische Arbeiterpartei europäischen Musters fehlten jedoch wesentliche Voraussetzungen: insbesondere politische Repression, eine rigide Klassenstruktur und wirtschaftliche Hoffnungslosigkeit für nichtorganisierte Arbeiter. Der 1878 aus einem Geheimbund hervorge-

Knights of Labor 1878

gangene Gewerkschaftsverband der Knights of Labor vermochte sich aber mit seinem Konzept der alle Facharbeiter und Ungelernten in einem Betrieb umfassenden Organisationsweise nur ein gutes Jahrzehnt lang zu behaupten. Die 1886 über 700 000 „Ritter der Arbeit" forderten u. a. die gesetzliche Beschränkung des Arbeitstages auf acht Stunden. Als während einer Demonstration für den Achtstundentag 1886 auf dem Haymarket in Chicago eine Bombe sieben Polizisten tötete, wurden sieben als „Anarchisten" polizeibekannte Demonstranten in einem politisch motivierten Indizien-Prozeß – wahrscheinlich unschuldig – zum Tode verurteilt; vier von ihnen wurden trotz heftiger öffentlicher Proteste gegen das unfaire Verfahren gehängt. Obendrein schadete die gewaltsame Haymarket-Demonstration nicht nur den wenigen militanten Anarchisten, sondern der gesamten Gewerkschaftsbewegung und den sozialistischen Gruppierungen, weil sie der Wählermehrheit zu bestätigen schien, daß die Feinde allen Privateigentums den gewaltsamen Umsturz vorbereiteten. Haymarket-Demonstration 1886

Die ab 1886 die Knights of Labor verdrängende American Federation of Labor (AFL) beschränkte sich unter der Führung von Samuel Gompers (1886–94; 1896–1924) auf die Gesamtvertretung der in selbständigen Einzelgewerkschaften organisierten Facharbeiter. Gompers beschränkte die gewerkschaftlichen Forderungen auf „Brot und Butter„-Fragen: Mehr Lohn, kürzere Arbeitszeit, mehr Sicherheit am Arbeitsplatz und, als Grundlage allen gewerkschaftlichen Einflusses, die Anerkennung der Gewerkschaftsvertreter als Tarifpartner im *collective bargaining* (*business unionism, Gomperism*). Die reformistischen AFL-Mitgliedsgewerkschaften verlangten auch die Begrenzung der Einwandererzahl und riefen je nach örtlicher Lage zum Boykott eines Unternehmens auf, zum Streik oder zur Stimmabgabe zugunsten eines von der Demokratischen oder auch Republikanischen Partei aufgestellten Kandidaten. Von den 2,6 Millionen gewerkschaftlich organisierten Facharbeitern 1914 – also etwa jeder Zehnte der 25 Millionen außerhalb der Landwirtschaft Beschäftigten – ließen sich 2 Millionen von der AFL vertreten. Die 1905 gegründeten militanteren Industrial Workers of the World mit sozialistisch-revolutionärer Zielsetzung zählten auf ihrem Höhepunkt kurz vor dem Kriegseintritt der USA 1917 schätzungsweise 100 000 Mitglieder. American Federation of Labor 1886

Industrial Workers of the World 1905

Die AFL lehnte die Gründung einer Arbeiterpartei ab. Zur Vereinigung gewerkschaftlicher und sozialistischer Forderungen in Gestalt einer der englischen Labour Party oder der deutschen Sozialdemokratischen Partei entsprechenden großen Partei von nationaler Bedeutung kam es in den USA nicht. Die Socialist Party erzielte auf ihrem Höhepunkt 1912 mit dem Präsidentschaftskandidaten Eugene V. Debs lediglich 897 000 Wählerstimmen – etwa sechs Prozent der abgegebenen. Keine Arbeiterpartei

Die Fabrikarbeiterschaft verdreifachte sich von 1880 bis 1920. Die gesetzliche Regelung der Arbeitsbedingungen blieb minimal. Die Ford Motor Company erregte 1914 Aufsehen mit dem Tageslohn von 5 Dollar für seine Monteure am Fließband – das war mehr als das Doppelte des üblichen – und mit der freiwilligen Begrenzung der Arbeitszeit auf 8 Stunden. Eine starke Gewerkschaftsbewegung Fords Fließbandarbeiter

Streiks konnte Henry Ford damit bis 1941 in seiner Firma verhindern. Die engen Grenzen der Macht der amerikanischen Gewerkschaften zur Zeit der Hochindustrialisierung lassen sich an den gescheiterten großen Streiks ablesen. Erstmalig erfaßte 1877 eine Welle von Streiks das ganze Land. Aus Protest gegen Lohnkürzungen lieferten sich gewerkschaftlich gut organisierte Eisenbahner (erfolglos) in Baltimore, Pittsburgh, Chicago und St. Louis regelrechte Gefechte mit örtlicher Miliz. Als 1892 die 4 000 Stahlarbeiter der Carnegie Steel Company in Homestead/Pennsylvania gegen eine drastische Lohnkürzung streikten, brach die Werksleitung das Gespräch mit der Gewerkschaft Amalgamated Association of Iron, Steel and Tin Workers ab, sperrte die Arbeiter von dem mit Stacheldraht umgebenen Werksgelände aus und heuerte eine Privatarmee von 300 mit Gewehren bewaffnete Pinkerton-Detektiven, um Streikbrechern Zugang durch den Belagerungsring zu verschaffen. Als am Ende des Tages 7 Tote zu beklagen waren, ließ der Gouverneur Pennsylvanias den ganzen Ort mit 8 000 Mann Miliz besetzen und unter Kriegsrecht stellen. Die negative Reaktion im größten Teil der Presse schadete der geschlagenen Gewerkschaft so sehr, daß sich erst nach 1933 eine effektive Stahlarbeitergewerkschaft durchsetzen konnte.

Pullman-Streik 1894

Ebenso eindeutig war die Niederlage der American Railway Union, die 1894 unter Führung des Sozialisten Eugene V. Debs wegen Lohnkürzungen die Bedienung der Pullman-Wagen boykottierte und dadurch die Eisenbahnen im Mittelwesten lahmlegte und den transkontinentalen Verkehr beeinträchtigte. Die New York Tribune meldete „den größten Kampf zwischen Arbeit und Kapital" in der Geschichte des Landes. Präsident Cleveland entsandte Soldaten als Streikbrecher, und das Bundesbezirksgericht für Chicago untersagte die Behinderung der Bundespost per einstweiliger Verfügung. Wegen Zuwiderhandlung wurden Debs und andere Gewerkschafter inhaftiert.

Schwächung der Gewerkschaften

Zur Vermittlung in Arbeitskonflikten bei den Eisenbahngesellschaften stand ab 1887 die unabhängige Interstate Commerce Commission bereit. Die durch Mitgliederschwund und Prestigeverlust in der Öffentlichkeit geschwächten Gewerkschaften nahmen das Angebot allein bis 1913 über 60mal in Anspruch. Am Ende der Wirtschaftsdepression von 1893-97 zählten die Gewerkschaften nur noch etwa 350 000 aktive Mitglieder. Geschwächt wurde die Durchsetzungsfähigkeit der Gewerkschaften durch die Aufspaltung der Arbeiter nicht nur nach Berufen und Fähigkeiten (*skilled - unskilled*), sondern auch nach Einwanderungsgruppen und Geschlecht. Mit fortschreitender Mechanisierung konnten Frauen zu niedrigeren Löhnen immer mehr Aufgaben übernehmen und zwar nicht nur in den Büros, in denen die Schreibmaschine in den 1890er Jahren ihre 100jährige Herrschaft begann. Die Näherinnen in den New Yorker Kleiderfabriken bewiesen mit ihrer Gewerkschaft, der International Ladies' Garment Workers Union, daß sie durch Streiks (1909-11) ihre Löhne und Arbeitsbedingungen verbessern konnten. Nur etwa 6% der außer Haus arbeitenden Frauen waren 1920 in Gewerkschaften organisiert, die meisten von ihnen arbeiteten in der Bekleidungsindustrie.

H) LANDWIRTSCHAFT

Mitten im Bürgerkrieg, 1862, hielt Präsident Lincoln es für nötig, ein Department of Agriculture einzurichten, um den Belangen der Farmer prompte Aufmerksamkeit angedeihen zu lassen. Auch nach 1865 war weiterhin Land im Westen von den Eisenbahngesellschaften oder aus Bundes- und Einzelstaatsbesitz von Migranten aus dem Osten und von jenseits des Atlantik zu erwerben, die darauf versessen waren, Land urbar zu machen und sich mit der großen Zähigkeit von Pionieren das Gefühl der Sicherheit und Freiheit auf eigener Scholle zu verschaffen. Weite Teile des Kontinents auch westlich des Mississippi, insbesondere die Prärie und California, erwiesen sich trotz der teilweise sehr geringen Regenmengen als fruchtbar. Die landwirtschaftlich genutzte Fläche verdoppelte sich von 407 Mio. *acres* (1860) auf 879 Mio. *acres* (1916). Im Mittelwesten (den *North Central States* des statistischen Bundesamtes) kamen zwischen 1870 und 1880 über 200 000 Quadratmeilen (etwa die Größe Frankreichs) unter den Pflug. Die jährliche Weizen- und Maisernte verdoppelte sich in diesem Gebiet zwischen 1860 und 1880. Die Mechanisierung kam auch der Produktivität der Landwirtschaft zugute. Der Anteil der in der Landwirtschaft Beschäftigten an der gesamten *labor force* fiel von 53% i.J. 1870 auf 27% i.J. 1920. Brauchte die Erzeugung von 100 *bushel* Weizen 1840 noch 233 Arbeitsstunden, bedurfte es 1900 nur noch 108 Stunden. Pflug-, Mäh- und Dreschmaschinen wurden weiter technisch verbessert, Dampfschiffe auf Ohio und Mississippi und später die Eisenbahn brachten Vieh, Milchprodukte und Getreide (aus dem Mittleren bzw. Prärie-Westen), Baumwolle, Tabak, Reis und Rohrzucker (aus dem Süden und Südwesten), Obst und Gemüse (aus dem Umland der Großstädte im Nordosten) schneller und billiger als je zuvor zum Markt.

<small>Verdoppelung der Anbaufläche</small>

<small>Mechanisierung</small>

Die Farmer nahmen trotz reicher Ernten nicht voll Teil am allgemeinen Wohlstand, weil ihre Überproduktion die Preise für Landwirtschaftsprodukte sinken ließ. Das durchschnittliche Jahreseinkommen von Arbeitern in den nicht-landwirtschaftlichen Sektoren betrug 1900 bereits 622 Dollar, in der Landwirtschaft nur 260 Dollar. Im Mittleren und Fernen Westen litten die üblicherweise mit Hypotheken belasteten Familienfarmen unter dem Preisverfall ihrer Ernte und der Abhängigkeit von den Frachtpreisen der meist einzigen Eisenbahnlinie der Region. Die Unzufriedenen organisierten sich in der Granger-Bewegung, dem ersten politisch aktiven Bauernverband, der Einzelstaats- und Bundesgesetze im Sinne der Erzeuger und gegen die Interessen der Eisenbahnen und anderen „Mittelsmännern" zwischen Farmer und Verbraucher vertrat. Um 1885 übernahm die Farmers' Alliance die gleiche Aufgabe und formulierte die Forderungen an die Landwirtschaftspolitik, die 1892 zum Programm der People's Party wurde (siehe Kapitel 7). Erst die um 1900 steigende Nachfrage in Europa, die der Erste Weltkrieg zusätzlich anheizte, bescherte den amerikanischen Farmern einige gute Jahre.

<small>Preisverfall, Verschuldung der Farmer</small>

<small>Granger-Bauernverband, 1867</small>

7. GESELLSCHAFT UND POLITIK, 1877–1900

a) Bevölkerung, Einwanderung, Urbanisierung

Das „Ende" der *frontier*
Zur Zeit der Hochindustrialisierung und wild wuchernden urbanen Konzentration zwischen 1870 und 1900 verdoppelte sich die Bevölkerung der USA von knapp 40 Millionen auf 76 Millionen. (Zum Vergleich: Die Einwohnerzahl des Deutschen Reiches stieg von 1871 bis 1900 nur von 41 Millionen auf 56 Millionen.) Das neue großstädtische und das traditionelle ländliche südliche und mittelwestliche Amerika und die noch am wenigsten bevölkerten Prärien zwischen Mississippi und den Rocky Mountains existierten nebeneinander, und zwar in einer durchaus dynamischen wirtschaftlichen und bevölkerungsmäßigen Wechselwirkung. Die Bevölkerungszählung von 1890 stellte fest, daß es fortan keine zusammenhängende *frontier*-Zone mehr gab. Als *frontier* definierte das statistische Bundesamt die Gebiete, in denen nur zwei nicht-indianische Einwohner je Quadratmeile wohnten.

Frederick Jackson Turner, 1893
Die Bekanntgabe dieses oft mißverständlicherweise als „Ende der *frontier*" bezeichneten siedlungshistorischen Befundes inspirierte den jungen Historiker Frederick Jackson Turner zu seinem in die amerikanischen Nationalgeschichtsschreibung eingehenden Vortrag vor dem amerikanischen Historikertag von 1893 in Chicago über *The Significance of the Frontier in American History*. Die prägende Kraft der amerikanischen Nationalgeschichte erkannte Turner in der seit 1607 von Generation um Generation wiederholten Erfahrung des Urbarmachens der (von den Indianern nicht in diesem Sinn erschlossenen) Wildnis. Diese *frontier*-Erfahrung machte aus den übergesiedelten Europäern Amerikaner mit einer neuen gemeinsamen Identität, die der Nationalstaatsgründung von 1776/1788 zugrundelag.

Die letzten Indianerkriege
Der Eisenbahnbau durch den Transmississippi-Westen beschleunigte die Ausrottung der Bisonherden, entzog den Prärie-Indianern die Lebensgrundlage und öffnete die Great Plains für Rinderzüchter und Farmer und die Gold- und Silberbergwerke der Rocky Mountains den durch nichts aufzuhaltenden Glücksrittern. Die in diesen Gebieten jagenden Sioux widersetzten sich den Versuchen der Bundesregierung, alle Stämme auf klar definierte Reservate zusammenzudrängen und als ihre Mündel zu behandeln. Der Einsatz der U.S. Army gegen Indianerstämme zwischen 1865 und 1880 kostete die Bundesregierung 22 Mio. Dollar. Immer noch galten die Ureinwohner im wesentlichen als potentieller Feind. Wie eindeutig insbesondere kleine Stämme ohne feste Ansiedlung nach europäischem Muster als völlige Außenseiter und Bedrohung wahrgenommen wurden, veranschaulicht die Meldung in der deutschsprachigen *Freien Presse für Texas* in San Antonio, Texas, am 16. Januar 1879: „Das Hauptquartier [der U.S. Army in San Antonio] hat Nachrichten erhalten, daß in der Nähe von Fort Davis sich räuberische Indianer herumtreiben. Eine Abteilung der Kavallerie ist beordert worden, die Rothäute zu vertreiben."

Soldaten mit Bürgerkriegserfahrung wurden nach 1865 von der U.S.-Armee in den Territorien westlich des Mississippi eingesetzt, um die Reservatepolitik der Domestizierung insbesondere der noch nicht seßhaften Teile der Sioux ihrer unrühmlichen Vollendung entgegenzuführen. Unterbeschäftigte Kriegsberichterstatter der Großstadtzeitungen reisten nun nach Westen und schrieben auflagensteigernde Berichte über den Fortschritt des Eisenbahnbaus, bedrohliche Wilde, unschuldige, Zivilisation und Christentum ausbreitende Siedler und Ordnung schaffende patriotische Soldaten. Ehrgeizige Generäle und Politiker glaubten, die verantwortungslosen Stimmungsbilder nicht ignorieren zu können. Der Kongreß beschloß 1867, aus Kansas und Nebraska die noch frei herumziehenden Stämme nach Norden (South Dakota) und Süden (Oklahoma) abzudrängen. 1875 ließ er das Black Hills Reservat in South Dakota vertragswidrig von 15 000 Euroamerikanern auf der Suche nach Gold besetzen. Die das Reservat als eine Art Gefängnis ablehnenden Lakota-Gruppen unter der Führung von Sitting Bull errangen zusammen mit Cheyenne 1876 einen letzten militärischen Sieg am Little Bighorn River, als der Kavallerieoberst George Custer meinte, mit 260 Mann eine Sommersiedlung von etwa 7 000 Menschen, darunter etwa 2 000 Krieger, überfallen und deportieren zu können. Er riß 225 U.S.-Soldaten und etwa 100 Indianer mit sich in den Tod. Dennoch wurde er als Märtyrer im Dienste der Nation betrauert und schließlich in einem Ehrengrab der Militärakademie von Westpoint, New York, beigesetzt. Zu einer letzten Schießerei, die heute nicht mehr *battle*, sondern *massacre* von Wounded Knee genannt wird, kam es in der verschneiten Prärie South Dakotas im Dezember 1890, als die U.S.-Kavallerie etwa 200 bereits umzingelte Sioux (davon 62 Frauen und Kinder) erschoß, weil sie sich dem Abtransport in ein Reservat widersetzten. Custers „letztes Gefecht" 1876

Massaker von Wounded Knee 1890

Das ursprüngliche Reservatekonzept gab die Bundesregierung mit dem Landverteilungsgesetz von 1887 (Dawes Severalty Act oder General Allotment Act) bis 1934 vorübergehend auf. Sein Ziel war die Zerstörung des kollektiven Stammeseigentums am Reservat durch die Überschreibung von 160 *acres* an jedes Familienoberhaupt und 80 *acres* an jeden weiteren Erwachsenen. Um den Weiterverkauf der Indianer-Farmen zu verhindern, hielt die Bundesregierung wie ein guter Vormund 25 Jahre lang ihre schützende Hand über das zugeteilte Land. Dann erst sollten die zu Landbesitzern gereiften Indianer das volle Verfügungsrecht und zugleich auch die amerikanische Staatsbürgerschaft erhalten. Das nicht zugeteilte Land übernahm der Bund. Auf diese Weise verloren die Stämme bis 1917 über 60% des Landes, das noch 1887 Bestandteil der 187 Reservate gewesen war. Den Angehörigen mehrerer Stämme war schon im Verlauf des 19. Jahrhunderts die amerikanische Staatsbürgerschaft zuerkannt worden; seit 1924 wurden alle Indianer durch Bundesgesetz ohne eigenes Zutun zu Staatsbürgern. Schwächung der Reservate

Industrialisierung und Urbanisierung waren im amerikanischen Fall unauflöslich miteinander verbunden. Die Anzahl der Großstädte mit mehr als 100 000 Einwohnern stieg von 14 i.J. 1870 auf 38 i.J. 1900 und 68 i.J. 1920. Sie nahm unaufhörlich weiter zu und erreichte i.J. 1980 174 und 205 i.J. 1990. 1870 lebte nur ein Viertel Urbanisierung der Amerikaner in Ortschaften von über 2 500 Einwohnern, 1920 war es über die Hälfte. Die Konzentration von immer mehr Menschen in einem Dutzend miteinander konkurrierender regionaler Metropolen, von denen keine die nationale Dominanz Londons oder Paris' erlangte, bewirkte ebenso wie die neue Wirtschaftsweise vielfältigen Wandel in allen möglichen Lebensbereichen: Ein Preis für das schnelle Wachstum waren die bald als *slums* bekannten Elendsviertel. In New York lebten 1879 über 21 000 Menschen in mehrstöckigen, auf engstem Raum gebauten Mietshäusern (*tenements*) mit z.T. licht- und luftlosen kleinen Räumen und minimalen sanitären Anlagen; i.J. 1900 waren es über 1,5 Millionen Menschen. In allen Großstädten entstanden nach Einwanderergruppen definierte Stadtviertel, die neue Anforderungen an das öffentliche Schulwesen und die Kirchen mit ihren privaten Schulen und Krankenhäusern stellten. Im Süden wuchsen auch kleine geschlossene Siedlungen langsamer. 1910 wohnten erst 20% der Südstaatler in Ortschaften mit mehr als 2 500 Einwohnern. Armut nahm auf dem Land noch zu, aber Reformpolitiker fanden kaum das ihrer Sache günstigere urbane Milieu. Ein weiteres Merkmal der Südstaatenbevölkerung: 90% der Afroamerikaner lebten auch 1910 noch in den Südstaaten. Bis 1975 sank diese Zahl durch Migration in die nördlichen Industriezentren auf 52%.

Rassendiskriminierung

Seit dem Ende des Besatzungsregimes i.J. 1877 nahm in den Südstaaten die Rassentrennung durch örtliche Apartheid-Vorschriften und Einzelstaatsgesetze, sogenannte *Jim Crow*-Vorschriften, zu. Das Parlament von Florida erließ 1887 das erste rigorose Segregationsgesetz für Eisenbahnen: Die privaten Eisenbahngesellschaften waren nun nicht mehr frei, selbst zu entscheiden, ob sie den Reisenden etwa nur in der ersten Klasse oder in allen Klassen getrennte Abteile zuweisen wollten; die Freiheit der Privatwirtschaft von staatlicher Regulierung sollte in der Rassenfrage nicht gelten. Auch weißen Passagieren wurde ein Grundrecht durch das Verbot eingeschränkt, sich etwa zusammen mit ihren Dienern in ein „schwarzes" Abteil zu setzen. Andere Einzelstaatsgesetze machten Afroamerikanern die Ausübung ihres Stimmrechts seit den 1880er Jahren zunehmend unmöglich. Das Oberste Bundesgericht billigte 1896 im Fall Plessy gegen Ferguson „getrennte aber gleiche" (*separate but equal*) Eisenbahnabteile für Schwarze und Weiße als mit der Bundesverfassung vereinbar. Richter John Harlan lehnte als einziger das Gesetz als verfassungswidrig ab. Das Schicksal der beiden Rassen, erklärte er in seinem Minderheitenvotum, sei in Amerika unauflöslich miteinander verbunden: „Beider Interessen verlangen, daß die gemeinsame Regierung aller Amerikaner es nicht zuläßt, daß die Saat des Rassenhasses auch noch mit der Billigung von Recht und Gesetz gesät wird." Das Urteil rechtfertigte bis 1954 auch die Rassentrennung im Bildungswesen, in Restaurants, Theatern, Kinos, Parks, auf Badestränden etc. Der in der 14. Verfassungsänderung 1868 garantierte „gleiche Schutz der Gesetze" wurde den Afroamerikanern nicht gewährt; sie waren seit 1865 zwar amerikanische Bürger, aber bis 1954 de facto und de jure Bürger zweiter Klasse.

Afroamerikanische Intressenvertreter

Bescheiden ausgestattete Schulen, Colleges und Universitäten mit fast nur afroamerikanischen Schülern und Studenten in den Südstaaten wurden von philanthropischen Stiftungen aus dem Norden unterstützt. Der schwarze Wortführer und Bildungsexperte Booker T. Washington (1856–1915) propagierte *self-improvement* durch Grundschulunterricht und handwerkliche Ausbildung als notwendigen nächsten Schritt. Das Einklagen der politischen Mitwirkungsrechte hielt er nicht für vordringlich. Sein Kritiker und jüngerer Konkurrent um die Meinungsführerschaft der Afroamerikaner, der Geschichtsprofessor W. E. B. Du Bois (1868–1963; Studium in Berlin 1892–94; Ph.D. Harvard University 1895), gab sich mit Washingtons Basisforderungen nicht zufrieden. Die von Du Bois und anderen 1909 gegründete National Association for the Advancement of Colored People (NAACP) entwickelte sich bald zur bis heute erfolgreichen Rechtshilfeorganisation, die u. a. Musterprozesse gegen Rassendiskriminierung in allen Lebensbereichen führte. Die NAACP vermochte aber nicht zu erreichen, daß dem Gleichbehandlungsgebot (*equal protection of the laws*) Drittwirkung zukam; die wirtschaftenden Bürger blieben frei, einander in Restaurants und Clubs, auf Sportplätzen und Hochschulen zu diskriminieren. Noch nicht einmal die Selbstjustiz in Form der Lynchmorde ließ sich im Süden eindämmen, trotz entsprechender Initiativen weißer Frauenverbände. Von den 1559 zwischen 1891 und 1900 Gelynchten waren 1132 Afroamerikaner; zwischen 1911 und 1920 waren es 554 von 606 öffentlich Ermordeten. Lynchmorde

Drei Bedingungen zogen Einwanderer aus Europa und Asien an: Die Hochindustrialisierung bedeutete u. a. Bedarf an ungelernten, billigen Arbeitskräften, Urbanisierung bedeutete billige Wohnmöglichkeit unter Gleichsprachigen, und jenseits von Ohio, Mississippi und Missouri gab es Arbeit in der Landwirtschaft und urbar zu machendes Land, das zu außergewöhnlich günstigen Bedingungen auch von kapitallosen Siedlern erworben werden konnte (Homestead-Gesetz, 1862). Die guten Erwerbsmöglichkeiten in Amerika lockten zwischen 1865 und 1917 über 19 Millionen Europäer und Asiaten in die USA. Um den anschwellenden Strom administrativ bewältigen zu können, richteten die Bundesregierung und der Commissioner of Immigration des Staates New York auf der Hafeninsel Ellis Island 1892 eine Empfangsstation ein, die bis 1938 über 12 Millionen Einwanderer registrierte. Etwa zwei von hundert wurden vor 1914 abgewiesen und der Reederei, die sie gebracht hatte, zur Deportation zurückgegeben. Nicht willkommen waren seit dem Einwanderungsgesetz von 1882 Geisteskranke und Personen, die wahrscheinlich der Armenfürsorge zur Last fallen würden. Hinzu kamen nach dem Gesetz von 1891 Personen mit „ekelerregenden oder gefährlichen ansteckenden Krankheiten", wozu seit dem Gesetz von 1907 auch Tuberkulose, Epilepsie und die zu Blindheit führende Augenkrankheit *trachoma* gehörte, die in Ost- und Südeuropa verbreitet war. Im Jahr 1905 blieben in diesem Sieb 12 724 Personen hängen, das waren weniger als ein Prozent der in diesem Jahr Einwandernden. Die anderen Einwanderungshäfen (Boston, Philadelphia, Baltimore und New Orleans) fertigten die Einwanderer unter provisorischeren Bedingungen ab. In der Bucht von San Francisco diente die Insel Angel's Island als Einwandererstation der Asiaten.

Die neue Einwandererwelle

Im bisherigen Spitzenjahr 1907 gingen insgesamt 1,28 Mio. Einwanderer, vor allem aus Europa, in den amerikanischen Häfen von New York bis San Francisco an Land. Nach 1880 kamen anteilmäßig immer weniger Einwanderer von den britischen Inseln, Skandinavien und Deutschland und immer mehr aus dem Osten und Süden Europas: jüdische und andere Polen und Russen, Italiener, Griechen u. a. Die billigen und schnellen Dampfschiffpassagen machten die Nordatlantikanrainerstaaten zu *einem* Arbeitsmarkt, und der Anteil der Saisonarbeiter und Rückwanderer, die statistisch nicht zu unterscheiden waren – meist ledige Männer zwischen 18 und 40 Jahren –, betrug in den Jahrzehnten vor und nach 1900 in einigen Jahren über 50% der Migranten, insbesondere aus Großbritannien, Italien, Kroatien, Slowenien und anderen Balkanländern.

Jüdische Einwanderer

Schätzungsweise zwei Millionen jüdische Auswanderer verließen zwischen 1882 und 1914 die krisengeschüttelten mittel- und osteuropäischen Reiche der Habsburger, Hohenzollern und Romanoffs, um in New York, Chicago und kleineren amerikanischen Städten ein angstfreieres, nicht von Pogromen bedrohtes Leben unter Beibehaltung ihrer jüdische Kultur führen zu können. Viele schlossen sich existierenden orthodoxen oder reformierten Gemeinden an oder gründeten eigene Tempel in den ärmeren Stadtvierteln. Die reformierten Gemeinden waren weitgehend von der früheren Einwandergruppe der deutschsprachigen Juden gegründet worden, die sich längst als Amerikaner empfanden. Nun lösten „die armen Verwandten" aus Polen und Rußland heftige Debatten aus: um die gottgefälligste Verbindung der Bewahrung traditionellen Glaubens, der zionistischen Bewegung und der teils als Verweltlichung kritisierten, teils als Chance zur Normalisierung gepriesenen Assimilation im Sinne der Amerikanisierung. Zurück nach Europa konnten sie nicht, und manche sensible Persönlichkeit zerbrach an der neuen Spannung zwischen wirtschaftlicher Not, neuer sozialer und politischer Freiheit und anerzogenen Normen. Stärker noch als die anderen Einwanderergruppen nutzten die jüdischen die kostenlosen öffentlichen Schulen und Hochschulen als Aufstiegschance für ihre Kinder.

Deutsche Einwanderer

Von 1880 bis 1900 kamen etwa 2 Mio. Deutsche in die USA. Durch ihre örtliche Konzentration waren sie ebenso wie die anderen großen Einwanderergruppen der Iren und Italiener unübersehbar: In Chicago, dem nach New York zweitgrößten Zentrum der Deutschstämmigen, machten 1870 die 52 000 in Deutschland Geborenen etwa 17% der rapide wachsenden Stadtbevölkerung aus; im Staat Illinois insgesamt lebten 1870 203 000 in Deutschland Geborene. Die in Chicago hergestellte *Illinois Staatszeitung* (1848–1922) druckte 1900 täglich über 23 000 Exemplare. Sie konkurrierte u. a. mit der sozialistischen *Chicagoer Arbeiterzeitung* (1879–1919) um die schätzungsweise 400 000 Deutsch lesenden Einwohner des Staates Illinois. In New York City registrierte die Bevölkerungszählung von 1870 über 316 000 in Deutschland Geborene, 1890 waren es über 400 000. Die größte deutschsprachige Zeitung in den USA, die *New Yorker Staatszeitung* (1843–1954) erreichte 1900 eine tägliche Auflage von 56 000. Das Schwinden der sprachlichen und demographischen Basis dieses lebendigen bikulturellen Deutschamerikanertums wurde bereits um 1890 von stolzen Wächtern der deutschen Hochkultur beklagt. Auch ohne den Ersten Weltkrieg hätte es nicht mehr als zwei Generationen überlebt.

Die vergleichsweise geringe Zahl der chinesischen und japanischen Einwanderer steht in einem Mißverhältnis zur Lautstärke des Widerstandes, den ihr wirtschaftlicher Erfolg und ihre andauernde kulturelle Eigenständigkeit bald hervorrief. In ganz California lebten 1880 nur 75 000 Chinesen, also etwa 10% der Gesamtbevölkerung. Die Hälfte von ihnen wohnte in San Francisco, wo die meisten von ihnen in Wäschereien und in kleinen Betrieben zur Herstellung von Bekleidung, Schuhen und Zigarren arbeiteten. In California verlangte eine lautstarke Koalition von gewerkschaftlich organisierten Arbeitern und kleinen Geschäftsleuten den völligen Einwanderungsstopp für Asiaten und ihre permanente Entrechtung durch die Verweigerung der Staatsbürgerschaft. Als erste Nationalitätengruppe wurden ab 1882 ungelernte Arbeiter aus China, genannt *coolies*, von der Einwanderung und vom späteren Erwerb der amerikanischen Staatsbürgerschaft ausgeschlossen (Chinese Exclusion Act, in Kraft bis 1943). Chinesen
Chinese Exclusion Act, 1882

Der Kaiser von Japan erlaubte seinen Untertanen ab 1885, Arbeit im Ausland zu suchen. Japanische Arbeiter kamen in den 1890er Jahren in größeren Zahlen nach California, Oregon und Washington. Auf den Zuckerrohrplantagen Hawaiis arbeiteten in den 1880er Jahren über 30 000 japanische Vertragsarbeiter. Nach der Annexion Hawaiis 1898 durften sie auch auf das Festland übersiedeln. Insgesamt wanderten bis zum Quotengesetz von 1924 etwa 300 000 Japaner in die Festlandsstaaten der USA ein. Die meisten arbeiteten in der Landwirtschaft, viele kauften in California Land und bauten Gemüse und Obst an; um 1920 besaßen sie in California über 450 000 *acres*, die überwiegend von Familien bewirtschaftet wurden; andere waren Markthändler und kleine Kaufleute. Präsident Theodore Roosevelt demütigte die Japanischamerikaner und die Regierenden der aufstrebenden Großmacht Asiens, als sie sich im sogenannten Gentlemen's Agreement von 1907/8 verpflichtete, den arbeitsuchenden Auswanderern keine Reisepässe für die USA mehr auszustellen. Familienzusammenführung blieb allerdings möglich und führte zur Erfindung vieler „Söhne auf dem Papier". Im Spitzenjahr 1907 gingen ganze 30 226 japanische Einwanderer in amerikanischen Häfen an Land. Dennoch gab die Schulbehörde von San Francisco einer gewerkschaftlich geschürten populären Stimmung nach und zwang als abschreckende Maßnahme 1906/07 die Kinder japanischer Herkunft, ein Jahr lang in segregierte Schulen zu gehen. 1924 wurde der praktische Ausschluß asiatischer Einwanderer im Quotengesetz festgeschrieben. Japaner

Gegner der unbegrenzten Einwanderung, die um Arbeitsplätze für Amerikaner und die Überfremdung des traditionellen angloamerikanischen Amerika fürchteten, organisierten sich 1894 in der von Bostoner Patrioten angeführten Immigration Restriction League. Sie kam erst mit dem Lesetest von 1917 und den Einwanderungsquotengesetzen von 1921 und 1924 zum Ziel. Antieinwanderungsbewegung

b) Politische Parteien und Bewegungen

Die Dynamik des wirtschaftlichen und sozialen Wandels nach dem Sezessions- oder Bürgerkrieg zwang die politischen Parteien im Süden, Westen und Nordosten zu unterschiedlichen Reaktionen. Die Integration der aus Europa Eingewanderten wurde durch die Konkurrenz der beiden großen Parteien um ihre Stimmen beschleunigt. Durch Bundesgesetz war nur der Erwerb der Staatsbürgerschaft nach fünf Jahren Aufenthalt in den USA geregelt. Die Einzelstaatsparlamente haben laut Bundesverfassung das Recht, auch für Bundeswahlen zu bestimmen, wer wählen darf, und einige Staaten ließen Eingewanderte als Wähler registrieren, wenn sie schriftlich die Absicht erklärt hatten, amerikanische Bürger zu werden. Dies erlaubten 1879 die Staaten Colorado, Georgia, Kansas und Nebraska. Wer sechs Monate lang einen festen Wohnsitz hatte, durfte in Alabama, Arkansas, Missouri, Florida, Indiana, Oregon, Texas und Wisconsin wählen. Anschaulich schilderte die sozialistische deutschsprachige *Chicagoer Arbeiterzeitung* – niemand würde ihr unterstellt haben, den verhaßten „bürgerlichen" Schmelztiegel loben zu wollen –, wie 1896 die Republikanische Partei mit dem Präsidentschaftskandidaten William McKinley und die Demokratische Partei mit William Jennings Bryan um Stimmen warben: „Der schwedisch-amerikanische Club hat es sich zur Aufgabe gemacht, diejenigen Landsleute, die sich verpflichten, für McKinley zu stimmen, das Bürgerrecht zu verschaffen. Auf diese Weise wurden vorgestern in der City Hall nicht weniger als tausend Schweden die Bürgerpapiere ausgehändigt – das macht tausend Stimmviecher mehr" (13. 9. 1896). Seit dem Sezessionskrieg sind das Zweiparteiensystem und das einfache Mehrheitswahlrecht nicht mehr ernsthaft in Frage gestellt worden. Auch den Progressives gelang es nicht, um 1910 Elemente des Verhältniswahlrechts einzuführen. Lediglich einige Einzelstaaten an der Westküste ermöglichten Einflußnahme auf die Einzelstaatsgesetzgebung durch Volksentscheide (*referendum, initiative*) und die Abwahl der Inhaber öffentlicher Ämter (*recall*). Die Abgeordneten und Senatoren auf Bundesebene blieben nur ihrem Gewissen verantwortlich; der Fraktionszwang war verglichen mit europäischen Parlamenten schwach.

Im Süden gewannen nach dem Abzug der Nordstaatentruppen die Großplantagenbesitzer und die Demokratische Partei wieder eine entscheidende Rolle im politischen Prozeß. Die Begriffe „Dixiecrats" und „Bourbon Democrats" erhielten ihre bleibende negative Bedeutung. Die Überbleibsel der Republikanischen Partei vermochten es nach 1877 nicht, sich auch nur zu einer wirksamen Oppositionspartei in den Südstaatenparlamenten zu entwickeln. Bis um 1960 gelang es den konservativen Südstaatendemokraten, ihre Einparteienherrschaft weitgehend zu erhalten. Der Geheimbund Ku Klux Klan verbreitete seit 1866 in den meisten Südstaaten mit Morden und Brennen Angst und Schrecken, um die schwarzen und weißen Anhänger der Republikanischen Einzelstaatsregierungen zu verjagen oder einzuschüchtern und „die Vorherrschaft der Weißen" (*white supremacy*) zu erzwingen. Die agrarische Protestpartei der Populisten wurde in den 1890er Jahren von den „Dixiekraten" ebenfalls als ernsthafte Bedrohung eingeschätzt und mit massivem Wahlbetrug und Gewaltanwendung gebremst. Auch arme Weiße wurden in Südstaaten von der Beteiligung an Wahlen durch Kopfsteuern als Voraussetzung für das Stimmrecht abgeschreckt.

Eine dauerhafte eigenständige Bauernpartei hat sich in den Vereinigten Staaten ebensowenig entwickelt wie eine separate Arbeiterpartei von nationaler Bedeutung. Nur etwa ein Jahrzehnt lang beeinflußte der schließlich in der People's Party organisierte Protest ausgebeuteter Farmer die amerikanische Politik als „dritte" Partei, bis sie sich 1896 von der Demokratischen Partei vereinnahmen ließ. Die Unzufriedenheit und Not der Farmer und Pächter vor allem im Mittleren und Transmississippi-Westen und Südwesten führte in den 1880er Jahren zu agrarischen Selbsthilfe- und Protestbewegungen. Die Farmers' Alliance wurde in den Südstaaten durch den allgegenwärtigen Rassenkonflikt auch unter den Pächtern geschwächt: Afroamerikaner konnten sich nur der Colored Farmer's National Alliance anschließen. Überregionale politische Schlagkraft erlangte die Bewegung 1892 in Gestalt der People's Party. Deren Programmatik verlangte insgesamt die Anerkennung der Farmer als „Produzenten" und ihren Schutz vor den sie ausnutzenden Händlern und Gläubigern, den unproduktiven *middlemen*. Die Farmer forderten: (1) die Verstaatlichung der Eisenbahnen, die mit ihren hohen Frachtpreisen viele Weizen- und Baumwollfarmer unter das Existenzminimum drückten; (2) von der Bundesregierung unterhaltene Erntespeicher und Gutscheine auf noch nicht verkaufte Ernten, die als Papiergeld dienen konnten; (3) Postsparkonten und eine Geld- und Kreditpolitik des Bundes, die den Farmer unabhängig von Privatbanken machten; (4) die Verwendung des billigeren, im amerikanischen Westen gewonnenen Silbers zur Prägung weniger „harten" Geldes; (5) eine der Einkommenshöhe entsprechend gestaffelte Einkommensteuer; (6) die Wahl der Senatoren in allgemeiner Wahl statt durch die Einzelstaatslegislativen; und (7) die deutliche Beschränkung der Einwandererzahlen nicht nur für Asien, sondern auch für Europa. Die Populisten wollten eine gerechtere Gesellschaftsordnung durch wahrhaft demokratische Entscheidungen im Geiste der amerikanischen Verfassung, einschließlich des Schutzes der Freiheit des einzelnen und des Privateigentums auch des kleinen Bürgers. Sie lehnten die sozialistischen Neuerungsvorschläge ebenso ab wie die drohende Dominanz der auch den politischen Prozeß korrumpierenden Großkonzerne.

In den Präsidentschaftswahlen erhielt die People's Party 1892 nur 9% der abgegebenen Stimmen. Erfolgreicher war sie in einzelnen Staaten, z. B. in Nebraska, wo ihre Kandidaten zeitweise die Hälfte des Abgeordnetenhauses ausmachten, und in Kansas, wo sie einen der beiden Bundessenatoren stellte. In einigen Südstaaten unterstützten potentielle Populisten die Demokratische Partei, um nicht durch eine dritte Partei den Stimmblock der Weißen aufzuspalten und die „white supremacy" zu schwächen. Rassenbewußtsein überwog potentielles Klassenbewußtsein.

Richtungswahl von 1896	Der Hoffnung auf eine politische Allianz mit der Industriearbeiterschaft stand der Interessenunterschied zwischen dem lohnabhängigen Mieter in der Großstadt und dem Lebensmittel produzierenden Landbesitzer entgegen. Trotz ihrer endgültigen politischen Niederlage 1896 gingen die Forderungen der Populisten in die amerikanische Reformtradition ein, und spätere Reformer konnten auf sie
Republikanische Partei	zurückgreifen. In der Richtungswahl von 1896 gewannen die Republikaner mit der Vertretung der Interessen der Industriestaaten durch Schutzzölle, „hartes Geld", und Beibehaltung des Goldstandards eine eindeutige Mehrheit. Die Republikanische Partei stellte von 1897 bis 1913 die Präsidenten (William McKinley, Theodore Roosevelt, William Howard Taft) und verfügte über die Mehrheit in
Demokratische Partei	Repräsentantenhaus und Senat. Die Demokratische Partei unter der Führung des Rechtsanwalts und Abgeordneten William Jennings Bryan aus Nevada war durch innerparteiliche Interessengegensätze geschwächt: die Interessenunterschiede der Landbesitzer besonders in den Südstaaten und der Eingewanderten, Arbeiter und unteren Mittelklasse in den Größstädten hinderten die Demokraten jahrzehntelang daran, als Präsidentenwahlverein zu funktionieren. Seit Bryans Kandidatur 1896 haben Demokratische Präsidentschaftskandidaten eindeutiger als ihre Konkurrenten für den vollen Einsatz der Regierungsgewalt zur positiven Gestaltung der amerikanischen Gesellschaft plädiert; Woodrow Wilson, Franklin D. Roosevelt und Harry S. Truman sowie Lyndon B. Johnson sollten Exponenten dieser Grundhaltung werden.
Sozialisten	Die sozialistischen Gruppierungen mit ihren vielen nach Sprachgruppen geteilten Einwanderer-Sektionen und Zeitschriften und ihren engen Verbindungen mit den marxistischen, sozialdemokratischen und anderen Fraktionen in Europa bereicherten zwar die Arbeiterkultur der Großstädte, erstarkten aber nicht zu einer das amerikanische politische System insgesamt gestaltenden Bewegung – es sei denn im negativen Sinn: Ein sozialistisch-kommunistisch-anarchistisches und anti-kapitalistisches Schreckbild vereinte die bürgerlichen Gruppierungen und Parteien und ihre Presse auf der Suche nach einem nicht-revolutionären Weg der Humanisierung der Industriegesellschaft. Zeitungen der anglo-amerikanischen Mittelklasse griffen „Sozialisten" als europäische, fremdartige Revolutionäre an.
Socialist Party	In Wirklichkeit war die 1877 von Daniel de Leon gegründete Socialist Labor Party und ihre Nachfolgeorganisation von 1901, die Socialist Party unter Eugene V. Debs, mit anfangs ganzen 10 000 Mitgliedern keine Kaderpartei, sondern eine
Industrial Workers of the World	ideologisch breit gefächerte Koalition demokratischer Sozialisten. Militant waren allerdings die von William D. Haywood seit 1905 angeführten Bergarbeiter der Industrial Workers of the World (I.W.W., genannt Wobblies). Im Unterschied zu Parteiführer Eugene Debs glaubte Haywood an den kurzfristigen Zusammenbruch des kapitalistischen Wirtschaftssystems und versuchte, die bevorstehende Revolution beschleunigen. Seine Gewaltbereitschaft verschreckte wahlberechtigte Bürger, die im Vorwort des Little Red Songbook (1905) lesen konnten: „Die arbeitende Klasse und die arbeiten lassende Klasse(*the employing class*) haben nichts gemeinsam. Es gibt keinen Frieden, solange Millionen arbeitender Men-

schen Hunger und Not leiden, während den wenigen der arbeiten lassenden Klasse alle guten Dinge dieses Lebens zur Verfügung stehen."

Zwei Sozialreformbewegungen, die um 1840 begannen, erreichten ihr Ziel erst 1919 bzw. 1920: die Alkoholverbotsbewegung und die Frauenrechtsbewegung. Sie appellierten an Kandidaten aller Parteien. Das erste und einzige Bundesgesetz gegen den Alkoholkonsum (National Prohibition Act) verabschiedete der Kongreß 1919 mit Zweidrittelmehrheit in Senat und Repräsentantenhaus gegen das Veto Präsident Wilsons. Es verbot ab Januar 1920 die Herstellung, den Vertrieb, Import und öffentlichen Konsum von Getränken, die ein halbes Prozent oder mehr Alkohol enthielten. Die Argumente für und wider die Klugheit einer solchen Regelung waren in jahrzehntelanger öffentlicher Diskussion in allen Einzelstaatsparlamenten ausgetauscht worden. Die kleine 1869 gegründete Prohibition Party, die 1874 organisierte Women's Christian Temperance Union und die seit 1893 aktive überparteiliche, von vielen Methodisten unterstützte Anti-Saloon League hatten mit wachsendem Erfolg in den Einzelstaaten die zerstörerischen Folgen der Alkoholsucht für das Familienleben und die Wirtschaft angeprangert. Deutsche und andere Einwanderergruppen bekämpften nur teilweise mit Erfolg derartige Gesetze als Ausdruck eines pharisäischen „Puritanertums" und unamerikanischer Einschränkung der persönlichen Freiheit.

Überparteiliche Reformbewegungen

Alkoholverbot

Die amerikanische Frauenrechtsbewegung erreichte ihr 1848 ausgerufenes Ziel erst 1920, als zum ersten Mal in allen Einzelstaaten Frauen an der Wahl des Präsidenten und anderer Inhaber öffentlicher Ämter mitwirkten. Zwar entfaltete die National Women Suffrage Association, die Susan B. Anthony und Elizabeth Cady Stanton 1869 gegründet hatten, ihre Tätigkeit im ganzen Land. Aber noch 1875 billigte das Oberste Bundesgericht die Verweigerung des Frauenwahlrechts in Wahlgesetzen der Einzelstaaten. Die Richter argumentierten einstimmig, Wählen sei kein von der Bundesverfassung auch weiblichen Bürgern garantiertes Recht. „Citizenship" bedeute nur „membership of a nation, nothing more" (Fall Minor gegen Happersett, 1875). Nur Idaho und Wyoming, Utah und Colorado ließen 1910 Frauen wählen. Die Verbitterung gebildeter, aber stimmrechtloser Frauen der Mittelklasse wurde durch den Vergleich mit den seit 1865 zumindest prinzipiell wahlberechtigten afroamerikanischen Männern gesteigert. In Georgia waren 1894 von den 143 471 afroamerikanischen Wählern 116 516 Analphabeten, argumentierte Henry Blackwells 1895 in Atlanta vor der National American Women's Suffrage Association. Rassisten rechneten vor, daß die Stimmenzahl der lesekundigen erwachsenen weißen Südstaatlerinnen die Stimmenzahl der lesekundigen Afroamerikaner übertreffen und die Vorherrschaft der Weißen auf die Dauer sichern würde. Einwanderungskritiker verwiesen auf die mangelhaften Sprach- und Landeskenntnisse vieler wahlberechtigter Neubürger. Durch ihre erfolgreiche Mitarbeit in einer Vielzahl sozialreformischer Vereinigungen, in den Gewerkschaften, der Rüstungswirtschaft usw., mehr noch als durch spektakuläre Einzelaktionen wie die Streikposten um das Weiße Haus 1917, demonstrierten Frauen die zunehmende Absurdität ihrer rechtlichen Diskriminierung. Erst nach Kriegs-

Frauenrechtsbewegung

19. Verfassungsän- ende, im August 1920, trat die 19. Verfassungsänderung in Kraft und verbot
derung 1920 unmißverständlich die Verweigerung des Wahlrechts „on account of sex."

c) Verfassungsrechtsprechung, Föderalismus

Der Sieg des Nordens im Sezessionskrieg bedeutete noch nicht den endgültigen Sieg des Bundes über die Einzelstaaten im Kampf um die Machtverteilung. Das war erst nach 1933 der Fall. Das Oberste Bundesgericht erklärte vielmehr 1869, die Verfassung verlange „an indestructible Union, composed of indestructible States" (Fall Texas gegen White). Das Gericht verteidigte die alleinige Zuständigkeit des Bundes für den Handel zwischen den Staaten der Union und unterband somit manche handels- und verkehrsregulierenden Einzelstaatsgesetze, auch wenn sie von den Wählern eines Einzelstaates gewollt wurden, wie z. B. Eisenbahnfrachtpreisregulierung. Zugleich wahrte das Gericht in mehreren Entscheidungen mit enger Auslegung des Verfassungstextes die Einzelstaatszuständigkeit für die Erteilung von Monopolen (z. B. für das Betreiben eines Städtischen Schlachthofs, 1873). Erst 1897 begann das Gericht, die Einzelstaaten einzuschränken, indem es schrittweise Teile der Bill of Rights des Bundes zur auch sie bindenden Norm erklärte (Fall Chicago, Burlington & Quincy Railroad Co. gegen Chicago). 1895 erklärte das Gericht allerdings eine Bundeseinkommensteuer für verfassungswidrig. Einer der Richter lehnte die Steuer als potentielle Waffe „in einem Krieg der Armen gegen die Reichen" ab (Fall Pollock gegen Farmers' Loan & Trust Co.). Erst die Verfassungsänderung von 1913 erlaubte dem Bund, sich dieser immer wichtiger werdenden Einkommensquelle zu bedienen.

Als das Oberste Bundesgericht 1918 das Kinderarbeitsverbot des Bundes aufhob, bestand es auf einem strikt zweigleisigen Föderalismus (*dual federalism*). Die 10. Verfassungsänderung verlange eben die Entscheidung über „purely internal affairs" allein in den Einzelstaaten (Fall Hammer gegen Dagenhart). Unausgesprochen ließ das letztinstanzliche Urteil die vorausgesetzte Dominanz des Bundes: Das Oberste Bundesgericht allein, ein Teil der Bundesregierung also, entscheidet im Einzelfall, ob ein „rein innereinzelstaatlicher" Sachverhalt vorliegt. Interpret und Hüter der Verfassung war allein der Supreme Court, der sich nur selbst Zurückhaltung auferlegen kann („judicial restraint").

d) Gesellschaftstheorien; Anzeichen einer Kultur der „Moderne"

Fortschrittsbegei- Die Fortschrittsbegeisterung war am Ende des 19. Jhs. in Amerika wie Europa
sterung noch ungebrochen. Ein Visionär, der die kollektiven Gewalttätigkeiten und das Leid von Abermillionen im 20. Jahrhundert richtig vorhergesagt hätte, wäre in der euroamerikanischen Welt von St. Petersburg bis San Francisco verlacht worden. Wissenschaft und Technik erkannten und kontrollierten immer größere Teile der

Naturkräfte und stellten sie in den Dienst des Menschen. Grenzen des wirtschaftlichen Wachstums waren in Amerika nicht abzusehen. Die große Konjunkturkrise von 1893–97 hatte sich wie von selbst geheilt. Monopolistenverhalten von Großkonzernen, Armut und Elend wurden zunehmend von den Einzelstaaten und dem Bundesgesetzgeber als Reformaufgabe akzeptiert. Die nationale Frage war seit dem Sieg des Nordens im Sezessionskrieg 1865 entschieden. Die seit 1776 tradierten demokratischen Ideale und Institutionen des engagierten, durch eine freie Presse informierten Bürgers, fairer Wahlen und unbestechlicher Vertreter des Volkswillens in Stadträten, Einzelstaatsparlamenten und Washington galten unangefochten und waren nicht bedroht durch eine nennenswerte Fundamentalopposition etwa in Gestalt einer einflußreichen sozialistischen Partei mit einer weniger individualistischen Werteordnung. Auch der in manchen Gebieten schockierende Abstand zwischen den Verfassungsidealen und der politischen Praxis hatte sich nicht zu einem revolutionären Potential angestaut.

Im Namen der Freiheit und der Entfaltungsmöglichkeit des einzelnen rechtfertigten Gesellschafts- und Wirtschaftstheoretiker, Journalisten und Politiker eine Wirtschafts- und Sozialpolitik des Laissez-faire im Sinne des Verzichtes auf Gesetzesvorschriften. Sie übernahmen Ideen des englischen Philosophen Herbert Spencer, der seinerseits Charles Darwins 1859 veröffentlichte naturwissenschaftliche Beobachtungen über die Evolution der Arten durch Selektion aus dem Tierreich übertragen und zum Schlagwort vom Überleben der Tüchtigsten (*survival of the fittest*) in der Industriegesellschaft vereinfacht hatte. Der Soziologe der Yale University, episkopalische Geistliche und Publizist William Graham Sumner erlangte mit seinem extremen ökonomischen Indvidualismus nationale Aufmerksamkeit. Er warnte vor der langfristigen Schädlichkeit philanthropischer Abschwächung der Folgen individuellen Versagens; die Gesellschaft übernehme sich, wenn private Wohltätigkeitsvereine oder Regierungen aus eigener Schuld Verarmte behandle wie ein Vormund sein Mündel („What Social Classes Owe to Each Other", 1883). Als Verstöße gegen Gesetze der Ökonomie verurteilte Sumner Schutzzölle ebenso wie gesetzliche Kinderarbeitsverbote, aber auch die Besetzung Kubas 1898. Andrew Carnegie persönlich predigte 1889 in einem spektakulären Zeitschriftenartikel „The Gospel of Wealth": der erfolgreiche Geschäftsmann habe alles Recht, ja die Pflicht um des weiteren Fortschritts willen, sein Kapital weiter für sich arbeiten zu lassen; zugleich verpflichte sein Talent ihn aber auch zum klugen Verteilen und Stiften von Geld zur Förderung des Allgemeinwohls (wie etwa Carnegies Programm der – halben – Finanzierung von Stadtbüchereien in ganz Amerika). Rechtfertigungen der Kolonialherrschaft europäischer Mächte und der USA in Asien und Afrika übertrugen um 1900 die sozialdarwinistische Vorstellung vom Überlebenskampf auf die Konkurrenz der als „Rassen" verstandenen Völker von der staatlichen Gemeinschaft auf die Völkergemeinschaft: Der Stärkere habe ein Recht, zu herrschen.

<small>Sozialdarwinismus und Laissez-faire</small>

<small>Kolonialherrschaft</small>

An Darstellungen und Analysen sozialer Mißstände war kein Mangel. Mark Twain und andere Intellektuelle beklagten den Verlust ethischer Standards und

<small>Sozialkritik</small>

die krassen sozialen Ungerechtigkeiten des „Vergoldeten Zeitalters" (The Gilded Age, 1873), meist ohne Twains Ironie, aber ebenso folgenlos. Anhängerschaft gewannen einzelne spezifisch amerikanische Reformbewegungen wie die Social Gospel Walter Rauschenbuschs und anderer protestantischer Pfarrer, die mehr kooperatives Miteinander und christliche Fürsorge zur Überwindung des Elends in den Städten forderten. Henry Georges Patentrezept in Progress and Poverty (1879) löste eine Club-artige Bewegung außerhalb der etablierten Parteien aus, die forderte, den Wertzuwachs von Grundbesitz abzuschöpfen und für eine aktive Sozialpolitik zu verwenden. In Form von Science Fiction wie Edward Bellamys Bestseller Looking Backward (1888) wurde ein paternalistischer Wohlfahrtsstaat durchaus als ein amerikanischer Gesellschaftsentwurf akzeptiert. Der Photograph Jacob Riis dokumentierte in Wort und Bild das Elend in den Slums von New York (How the Other Half Lives, 1890). Der Journalist Henry Demarest Lloyd erregte mit seiner Dokumentation der gemeinwohlgefährdenden Geschäftspraktiken der mächtigen Standard Oil Company nationale Aufmerksamkeit (Wealth against Commonwealth, 1894); die ausbleibenden Konsequenzen enttäuschten ihn, ohne jedoch seinen Glauben an die Reformierbarkeit der amerikanischen Demokratie zu erschüttern. Lincoln Steffens exponierte die Korruptheit großer Stadtregierungen und ihrer „Bosse", die weniger dem Gemeinwohl als den Geschäftsinteressen z. B. privater Straßenbahngesellschaften dienten und Steuergelder veruntreuten (The Shame of the Cities, 1904). Der gläubige Sozialist Upton Sinclair wollte mit dem Roman The Jungle (1906) über die unmenschlichen und unhygienischen Zuständen in den Schlachthöfen Chicagos das kapitalistische System erschüttern; er erreichte immerhin die beschleunigte Verabschiedung des (auch verfassungsrechtlich) innovativen Pure Food and Drug-Gesetzes und des Meat Inspection-Gesetzes (1906). Die *muckraker*, Schlammaufwühler, genannten kritische Reportagen recherchierender Schriftsteller und Journalisten und die ihre Texte mit Profit verbreitenden Zeitschriften und Verlage vermochten von 1890 bis 1917 zumindest punktuell die Aufmerksamkeit von Wählern, Repräsentanten, Gouverneuren, Präsidenten und Richtern auf Mißstände zu lenken und Reform zu beschleunigen.

Neue Sicht des Verhältnisses von Mensch und Natur

Die frühe Naturschutzbewegung in den USA mußte sich mit den Werten der zu Ende gehenden Epoche auseinandersetzen, in der Wald und von Menschenhand unberührte Natur gleich Wildnis und Unkultur war. Noch im Jahr 1872 feierte eine Werbebroschüre des Staates Minnesota, die deutsche Einwanderer anlocken sollte, die Verdrängung der Indianer und das unaufhaltsame Vordringen der Zivilisation: „Jetzt durchfurcht das Dampfboot die Gewässer, der Dampfwagen eilt auf den Eisenschienen durch die Thäler, die Axt lichtet die mächtigen Wälder und das Werk der Kultur schreitet mächtig vorwärts" (Minnesota, seine Hülfsquellen und sein Wachstum, seine Schönheit, Gesundheit und Fruchtbarkeit und seine Vorzüge und Vortheile als Heimath für Einwanderer, Minneapolis 1872, S. 4). Andere jedoch begriffen, daß den ursprünglichen Landschaften, dem auch von den Europäern bestaunten „Naturwunder" Amerikas, die Zerstörung drohte. Die Bundesregierung und der Staat Wyoming schufen 1872 den ersten Nationalpark, um die malerische Yellowstone-Schlucht und die sie umgebende vulkanische Landschaft in ihrem natürlichen Zustand zu erhalten. Dazu war es nötig, die Forstwirtschaft zu regulieren. Der Grand Canyon – erst 1869 von Euroamerikanern voll ausgekundschaftet – wurde 1893 zur „nationalen Waldreserve" und 1919 zum voll geschützten Nationalpark erklärt.

Die enge Verknüpfung der nordamerikanischen Gesellschaft mit Europa bestand auch aus den Kontakten der kulturellen Eliten, die in New York wie in London, Paris, Rom und Berlin den großen kultur- und geistesgeschichtlichen Umbruch bewirkten, den wir rückschauend als Durchbruch zur „Moderne" bezeichnen. Nun wurde auch das in Amerika „Viktorianismus" genannte Erbe der bürgerlichen Kultur des 19. Jhs. als überholt kritisiert, dessen ästhetische Kategorien als sentimental und historisierend und deren Leugnung und Unterdrückung der Sexualität als heuchlerisch abgelehnt wurden. Seit etwa 1890 eiferten z. B. Vertreter der neuen Kunstauffassung mit eigenen kleinen Galerien im New Yorker Stadtteil Greenwich Village den Bohémiens von Paris im Kampf gegen die Museen und Akademien dominierende realistische Malerei nach. Radikaler noch als die Aufklärer des 17. und 18. Jahrhunderts wiesen die Wortführer der Moderne jegliche tradierte Autorität zurück und bezweifelten die Erfaßbarkeit der vermeintlich „objektiven" Wirklichkeit. Nicht nur Dichter betonten die Relativität aller mentalen Konstrukte und ihre Abhängigkeit von der begrenzten fragmentarischen Erfahrung des einzelnen. Die bislang für eindeutig gehaltenen Grenzen zwischen vorgegebener „Natur" und vom Menschen willentlich gestalteter Umwelt und Gesellschaft einschließlich der festen Rollen des einzelnen in ihr, zwischen einzelnen Wissensgebieten und Tätigkeitsbereichen, zwischen Glauben und Wissen, zwischen Fakten und Fiktion, verloren von nun an ihre einst angenommenen scharfen Konturen.

„Modernist culture"

Die Begründer des Pragmatismus um 1900, Charles Sanders Peirce, William James und John Dewey, trugen auf ihren Lehrgebieten der Philosophie, Psychologie und Gesellschaftstheorie ebenfalls dazu bei, Selbstverständlichkeiten fundamental in Frage zu stellen. In dem programmatischen Vortrag „Philosophical Conceptions and Practical Results" schlug James 1898 vor, die Wahrheit unserer Vorstellungen eines Objekts zu überprüfen, indem wir deren praktische Auswirkungen feststellen. In seinem Hauptwerk Pragmatism (1907) definierte er: „The true is the name for whatever proves itself to be good in the way of belief, and good, too, for definite and assignable reasons". Diese Absage an den Ableitungszwang von a-priori definierten Werten, wie sie z. B. die dominante idealistische Philosophie verlangte, wurde als befreiend, die „modernen" Zweifel an absoluten Wahrheiten berücksichtend, empfunden. Auch John Dewey, Philosoph und Psychologe, aber vor allem Reformpädagoge an der Universität von Chicago, trug durch seine sich konkreten Reformprojekten zuwendenden Essays und Bücher viel zur Verbreitung der Ideen des Pragmatismus bei. In seinem bis heute nachgedruckten The School and Society (1899) berichtete er von den seit 1896 an seiner

Pragmatismus

eigenen Reformschule gesammelten Erfahrungen mit der natürlichen Lernfähigkeit von Kindern, wenn sie nur in einer nicht repressiven Umgebung die Gelegenheit zum eigenen Experimentieren erhalten („learning by doing"). Der Pragmatismus hat sich in Erkenntnistheorie, Psychologie und Gesellschaftstheorie als eine in der demokratischen, multikulturellen, zum Experimentieren gezwungenen amerikanischen Gesellschaft langfristig adäquate Leitvorstellung erwiesen.

8. INTERNATIONALE BEZIEHUNGEN IM ZEITALTER DES IMPERIALISMUS

a) Von der kontinentalen Expansion zum überseeischen Imperialismus

Die gescheiterte Seekriegsstrategie der abgefallenen Südstaaten hatte wieder einmal gezeigt, daß der Atlantik die amerikanischen Interessen nicht von den europäischen isolierte, sondern sie mit Wirtschaft und Politik der europäischen Staaten auf das engste verband. Im strengen Wortsinn „isoliert" oder „isolationistisch" hatte die amerikanische Außenpolitik seit 1776 nie sein können, und im Zeitalter der Hochindustrialisierung verband die weitere Beschleunigung des Transports von Personen, Gütern und Nachrichten die neue mit den alten Welten enger als je zuvor, im Frieden wie im Krieg. Ein Beispiel aus der Hafenstadt Baltimore: Die deutschsprachige Zeitung Baltimore Correspondent kommentierte am 12. Juli 1870 den sich abzeichnenden Krieg zwischen Preußen und Frankreich: „Das europäische Zerwürfnis bildet das Tagesgespräch in allen Kreisen.... Sollte es zum Kriege kommen, so muß eine völlige Umgestaltung der staatlichen Verhältnisse Europas die Folge sein, was nicht verfehlen könnte, seine Rückwirkung auf Amerika zu äußern." Und ein Beispiel präsidentieller Rhetorik: McKinley erklärte auf der weltausstellungsähnlichen Pan-American Exposition in Buffalo 1901 ohne Umschweife: „Isolation is no longer possible or desirable" [267: LaFeber, American Age (1994) 227]. Isolationismus unmöglich

Die territoriale Expansion des Bundesstaates wurde nach dem Sezessionskrieg mit erneuter Energie fortgesetzt. Wichtigste Triebfeder der Expansion bis an die Pazifikküste war die Kombination von Landhunger, Ideen vom „natürlichen" Wachstum von Staaten und ihren Grenzen und Furcht vor dem ungebrochenen Kolonialismus der europäischen Großmächte, die erst schwand, als California (1850) und Oregon (1859) in die Union aufgenommen wurden. Der Kauf Alaskas 1867 von Rußland ging sogar von einer Initiative des Zaren aus, und das Repräsentantenhaus bewilligte ohne Begeisterung den Kaufpreis von 7,2 Mio. Dollar für Außenminister „Seward's icebox". Der Wert des Gebiets, das doppelt so groß ist wie Texas, der insbesondere wegen seiner Bodenschätze hoch ist, wurde der Nation erst allmählich bewußt, nachdem 1886 Goldfunde zunächst am kanadischen Klondike einen *gold rush* auslösten. Gleichberechtigung als Staat in der Union sollte Alaska erst 1959 erlangen. Expansion auf dem Kontinent

Furcht vor dem amerikanischen Expansionismus machten sich Politiker und Publizisten in den verbliebenen nordamerikanischen Kolonien Großbritanniens zunutze, um ihre Forderung nach mehr Autonomie von London und engerem Zusammenschluß der *provinces* genannten Kolonien zu betreiben. Wer konnte denn wissen, wie weit nach Norden das eingebildete „manifest destiny" die Yankees noch treiben würde? „Unionisten" auf kanadischer Seite sahen sogar Vorteile im Anschluß an die große föderale Republik. Nach jahrzehntelanger Diskussion Kanadische Konföderation 1867 als Reaktion beschlossen 1867 das britische Parlament und Königin Viktoria den Zusammenschluß von Ontario, Quebec, Nova Scotia und New Brunswick zum Dominion of Canada. Sechs weitere Provinzen folgten: Manitoba (1870), British Columbia (1871), Alberta (1873), Prince Edward Island (1873), Saskatchewan (1905) und Neufundland (1945).

Imperialismus und Antiimperialismus

Dem sich 1898 voll manifestierenden überseeischen Imperialismus der USA lag die Annahme zugrunde, mit den Europäern um Einfluß und Märkte weltweit konkurrieren zu müssen. Auch die Illusion, soziale Konflikte im Inneren durch Expansion entschärfen zu können, spielte in der öffentlichen Rechtfertigung der Imperialisten unter Führung der Republikanischen Senatoren Henry Cabot Lodge (Massachusetts) und Albert J. Beveridge (Indiana) eine Rolle. Das Gegenteil befürchteten so unterschiedliche Wortführer der Anti-Imperialist League (1898–1900) wie der frühere Innenminister und Republikanische Deutschamerikaner Carl Schurz und Andrew Carnegie. In der Intellektuellen-Zeitschrift Century Magazine erklärte Schurz im September 1898, die neue „imperial policy", die „policy of conquest", erschrecke nicht nur Amerikas Nachbarn und werde das Land so in kostspielige außenpolitische Abenteuer verwickeln, sondern werde auch in den Vereinigten Staaten selbst die Demokratie untergraben. Carnegie befürchtete, daß diktatorisches Verhalten gegenüber zivilisatorisch unterlegenen, für die Demokratie nicht „reifen" Bevölkerungen in Kolonien die Tendenz zu diktatorischem Regieren auch in den USA verstärken werde. Die gleiche Warnung enthielt das Parteiprogramm der Demokraten von 1900, als William Jennings Bryan sich den Wählern (vergeblich) als Alternative zu Präsident McKinley anbot: „No nation can long endure half republic and half empire" – eine offenkundige Analogie zu Lincolns effektvoller Warnung von 1858, eine Nation könne auf die Dauer nicht „half slave and half free" existieren. Ebenso klar wie die Alternative artikuliert wurde, votierten die Wähler: Bryan und andere Imperialismuskritiker verloren. Auch viele Progressives gaben ihre Stimme den Republikanern McKinley und Roosevelt sowie Senatoren und Abgeordneten, die das neue diplomatische und militärische Engagement in Übersee und Lateinamerika befürworteten.

Hawaii

Hawaii lockte amerikanische Investoren mit gutem Klima und Böden für den Zuckerrohranbau; Reeder und Admiräle wollten es als Kohlenstützpunkt benutzen. Der 1875 mit den Ureinwohnern ausgehandelte und 1887 ratifizierte Handelsvertrag machte Hawaii praktisch zum amerikanischen Protektorat. Ab 1887 war Pearl Harbor exklusive Kohlestation der U.S. Navy. Die Annektierung folgte 1898, die Aufnahme als Einzelstaat in die Union erst 1959.

Samoakonflikt 1889

Die Beziehungen der Bundesregierung zum Deutschen Kaiserreich verschlechterten sich in kleinen Schritten. Zu einer ersten Konfrontation kam es 1889, als deutsche, britische und amerikanische imperiale Ansprüche auf den Samoa-Inseln aufeinanderprallten und im Hafen von Apia ein amerikanisches, ein britisches und ein deutsches Kriegsschiff einander belauerten und der Forderung der jeweiligen Regierung nach der Errichtung einer Kohlestation und anderen Vorrechten Nachdruck verliehen. Erst der Weltkrieg entschied 1918 auch diese Rivalität. Die fünf östlichen Inseln sind seit 1900 amerikanisches Protektorat (The Territory of American Samoa), das seit 1981 durch einen nicht stimmberechtigten Abgeordneten im Repräsentantenhaus der USA vertreten wird.

Präsident McKinley und sein kompetenter Außenminister John Hay wollten nicht zulassen, daß die europäischen Kolonialmächte und Japan China als Markt und Einflußgebiet aufteilten untereinander. Durch diplomatische Noten erreichten sie 1899–1900 die – z.T. nur unter bestimmten Bedingungen und halbherzig gegebene – Zusage der Regierungen Großbritanniens, Frankreichs, Deutschlands, Italiens, Rußlands und Japans, sich zu einer Politik der „offenen Tür" in China zu verpflichten, d. h. auf Handelsmonopole innerhalb ihrer jeweiligen „Interessensphäre" – konkret meist ein gepachteter Hafen mit einer Eisenbahnlinie ins Hinterland – zu verzichten und die territoriale Integrität Chinas zumindest theoretisch zu respektieren. Das Freihandelsideal wurde jedoch von keiner der Regierungen, einschließlich der amerikanischen, voll respektiert. Chinas „offene Tür" 1899–1900

Die beiden kurzen Flottenbesuche des Commodore Matthew Perry 1853 und 1854 in der Bucht von Tokyo bzw. Yokohama führten zu einem bescheidenen Freundschafts- und Handelsvertrag (1855), bewirkten aber noch keine dramatische „Öffnung" Japans. Japans politische Führung blieb auch in der Phase des Imperialismus stark genug, um nie wie China zum Spielball europäisch-amerikanischer Interessen zu werden. Spätestens seit 1898, als die Vereinigten Staaten die Zuckerinseln von Hawaii mit vielen japanischen Plantagenarbeitern annektierten, war die japanisch-amerikanische Rivalität um Einfluß und schließlich Vorherrschaft im Pazifik offenkundig. Sie steigerte sich in mehreren Stufen bis zum japanischen Überfall auf die U.S. Navy im Hafen von Pearl Harbor auf Hawaii 1941. Bereits im Ersten Weltkrieg nutzte die japanische Regierung 1914/15 die Gelegenheit, um sich den chinesischen Wirtschaftsraum mit Gewaltandrohung zu sichern. Präsident Wilson bekräftigte daraufhin am 11. 5. 1915 das amerikanische Festhalten am Prinzip der Offenen Tür und der territorialen Integrität des chinesischen Kaiserreichs. Während des Weltkrieges nahmen die amerikanischen Exporte nach Japan einen beträchtlichen Umfang an. Japanisch-amerikanische Rivalität

Venezuelas Regierung bat 1887 Präsident Grover Cleveland, in dem Streit mit Großbritannien um den Verlauf der Grenze der britischen Kolonie Guiana zu vermitteln – unter expliziter Berufung auf die Monroe-Doktrin. Die englische Regierung lehnte das amerikanische Angebot wiederholt ab. Nach einem unterstützenden Votum des Kongresses ließ Cleveland seinen Außenminister Richard Olney am 20. Juli 1895 in einem gutachtenähnlichen Memorandum dem britischen Premierminister Salisbury die bislang extensivste Auslegung der Monroe-Doktrin mitteilen und das Vermittlungsangebot vorlegen: Der Konflikt berühre „die Ehre und Interessen der Vereinigten Staaten" dergestalt, daß sie intervenieren müßten. Denn andernfalls drohe Südamerika das Schicksal Afrikas: die Aufteilung in Kolonien europäischer Großmächte und das Ende von *popular self-government*. Ganz Amerika aber sei eine Schicksalsgemeinschaft, und der Stärkste müsse alle verteidigen: Venezuela Konflikt 1895–97

„Die Vereinigten Staaten sind heute praktisch souverän auf diesem Kontinent; ihr Fiat ist Gesetz. [...] Weshalb? Wegen ihrer hochstehenden Zivilisation, wegen der stets klugen Gerechtigkeit ihrer Maßnahmen; und vor allem wegen ihrer unerschöpflichen materiellen Güter und ihrer sicher isolierten Position, die sie allen anderen Mächten gegenüber unangreifbar macht."

Obwohl die englische Regierung die Monroe-Doktrin als unverbindliche einseitige Erklärung zurückwies, stimmte sie der Einsetzung einer Schiedskommission zu und unterschrieb 1897 einen ihren anfänglichen Forderungen weit entgegenkommenden Vertrag mit Venezuela.

b) Der Krieg gegen Spanien um Kuba und die Philippinen

Kuba   Die Eroberung der spanischen Kolonien Kuba und Philippinen innerhalb von vier Monaten im Jahr 1898 feierte die nationalistische Boulevardpresse von New York bis San Francisco als Befreiung vom Joch der Kolonialherrschaft. Spanisches Militär hatte in der Tat kubanische Selbstbefreiungsversuche grausam unterdrückt. Hinzu kamen langfristige wirtschaftliche und geostrategische Interessen. Investoren, insbesondere die Zuckerindustrie, änderten ihre Meinung. Sie waren zunächst nicht die Kriegstreiber, weil sie sich auch friedlich mit der schwachen Kolonialmacht Spanien arrangieren konnten. Andererseits warf 1896 das Parteiprogramm der Republikaner, die sich als „the party of business enterprise" anboten, der spanischen Regierung vor, amerikanisches Leben und Eigentum auf Kuba nicht zu schützen. Damit waren über 50 Mio. Dollar auf Kuba investiertes Kapital und ein jährliches Handelsvolumen von etwa 100 Mio. Dollar gemeint. Als die kubanischen Unabhängigkeitskämpfer radikaler wurden und ihrerseits amerikanische wirtschaftliche Interessen langfristig zu gefährden schienen, wurde die Besetzung der Insel zur Alternative. Auch Präsident McKinley änderte seine Meinung. Zunächst waren ihm die vermutlichen Kriegskosten zu hoch und eine eventuelle Annexion Kubas mit seiner bunt gemischten Bevölkerung mehr Belastung als Bereicherung der USA. Den Ausschlag gab schließlich der Wert der Philippinen als zusätzlicher Kriegsbeute: als Stützpunkt für amerikanische Handels- und Kriegsschiffe würden sie die Position der USA als Handels- und Ordnungsmacht im Pazifik erheblich verbessern. Im Friedensvertrag gab Spaniens Krone 1898 ihren Herrschaftsanspruch über Kuba, Puerto Rico, Guam und die Philippinen

Friedensvertrag   auf.
1898
Die amerikanische Kolonialherrschaft über die Philippinos begründete der Wortführer der Imperialisten im Senat, der Republikaner Albert Beveridge aus

Philippinen   Indiana, am 9. 1. 1900 dreifach: (1) mit dem göttlichen Auftrag der USA und „unserer Rasse", die (europäisch-amerikanische) „Zivilisation" auszubreiten; zur Selbstregierung seien die Filipinos nicht fähig, sie seien „Orientals,... not a selfgoverning race"; (2) mit Handelsvorteilen: der Pazifik sei „the ocean of the commerce of the future"; „China is our natural customer"; (3) mit dem militärstrategischen Vorteil des Beherrschers der Philippinen im Wettlauf mit den anderen Kolonialmächten, die alle bereit stünden, die Vormachtstellung der USA im Pazifik zu übernehmen. Die idealistischen Imperialisten wurden bald von der häßlichen Wirklichkeit des Guerillakrieges eingeholt, als die einheimischen Rebellen, die bereits gegen die Herrschaft der Spanier gekämpft hatten, noch im Juni 1898 die Unabhängigkeit der Philippinen ausriefen und sich nun auch gegen die amerikanische Fremdherrschaft wandten. Über 20 000 Filipinos und über 4 000 Amerikaner starben in den Dschungelkämpfen 1898–1901. Ein vom amerikanischen Präsidenten ernannter Gouverneur regierte das Land ab 1902; unter Präsident Wilson erhielten die Filipinos 1916 eine beratende gesetzgebende Versammlung; vollständige Unabhängigkeit erlangte die Republik der Philippinen erst 1946.

Die ehemals spanische Insel Puerto Rico wurde 1898 de facto zur amerikanischen Kolonie. Der Supreme Court nannte den Zustand minderen Rechtes 1901 „unincorporated territory". Die Einwohner wurden ab 1917 Bürger der Vereinigten Staaten mit freiem Zugang zum Festland und wählten ihre eigene Zweikammerlegislative, den Gouverneur aber ernannte bis 1948 der Präsident der USA. Die Verfassung des „Commonwealth of Puerto Rico" von 1952 gewährte auch die Wahl eines Vertreters Puerto Ricos im Repräsentantenhaus in Washington, der jedoch bis heute kein Stimmrecht hat. In Volksabstimmungen 1967 und 1993 optierte die Mehrheit gegen Unabhängigkeit oder die volle Integration als 51. Staat der Union und für die Beibehaltung des finanziell vorteilhaften einzigartigen Sonderstatus der überwiegend spanischsprechenden 27 Millionen Puerto Ricaner (1993).

Puerto Rico

II. Grundprobleme und Tendenzen der Forschung

EINFÜHRUNG:
DIE GROSSEN THEMEN UND INTERPRETATIONEN DER AMERIKANISCHEN NATIONALGESCHICHTE

a) Nationalgeschichtsschreibung: Definitionen, Periodisierung, Interpretationsrichtungen

Wenige Historiker der Geschichtsschreibung haben über die Bedeutung der meist als selbstverständlich erachteten nationalen Matrix eines großen Teils der Politik-, Sozial-, Wirtschafts- und Kulturgeschichte der Neuzeit so gründlich nachgedacht wie David Potter [124: The Historian's Use of Nationalism (1962)]. Er stellt insbesondere anhand amerikanischer Beispiele fest, daß Historiker die Nation sowohl deskriptiv als auch normativ verwenden: deskriptiv, wenn sie die langsam wachsende und sich regional ausbreitende oder auch gelegentlich geschwächte Gruppenloyalität beobachten, die sie „Nationalbewußtsein" oder „nationale Identität" nennen; normativ verwenden Historiker „Nation", wenn sie einen bestimmten Nationalstaat als die zentrale Institution darstellen, die allen Bewohnern des jeweiligen Staatsgebiets als höchste weltliche Autorität gegenübertritt und das Gewaltmonopol einfordert. Entstehung und Krisen der Nation strukturieren nach wie vor die professionelle amerikanische Geschichtsschreibung (s.u. „Periodisierung"), und Brennpunkte des Interesses der breiten lesenden und Dokumentarfilme sehenden Öffentlichkeit sind eindeutig die großen nationalen Dramen und ihre Protagonisten: die Amerikanische Revolution und Gründung des Bundesstaates unter Landesvater Washington; die territoriale Expansion und Besiedlung des Westens unter Verdrängung der Indianer und der Herrschaft Spaniens und Mexikos; der Sieg des Nordens über die Sklavenhalterstaaten im Sezessions- oder Bürgerkrieg dank der Leistung des Märtyrerpräsidenten Lincoln; die Großunternehmer und Erfinder von nationaler Bedeutung wie Andrew Carnegie, John D. Rockefeller, Henry Ford und Thomas Edison; die imperiale Expansion im Krieg gegen Spanien und die erste moderne aktive Präsidentschaft Theodore Roosevelts; Amerikas entscheidende Rolle im Ersten Weltkrieg und die tragische Figur des Präsidenten Wilson. Auch die Ergebnisse neuer Forschungsgebiete wie der

Nation und Geschichtsschreibung

Frauen- und Ökologiegeschichte werden dem nationalen Raster der Politikgeschichte eingeordnet, wie die Titel 182 bis 194 und 206 bis 210 erkennen lassen.

Einzelstaaten, Regionen

Die Geschichte der Einzelstaaten ist ebenso wie in Deutschland die Landesgeschichte eine aktive Disziplin mit einer engagierten lokalen Öffentlichkeit und einer ernst genommenen, mit dem neuen Begriff der *public history* bezeichneten volksbildnerischen Aufgabe in Schulen, Museen, Nationalparks und anderen Ausstellungs- und Erinnerungsstätten. Eine gute Auswahl der Fachliteratur bietet 71: PRUCHA, Handbook for Research (Erstaufl. 1987) 110–114, 215–218. Sie muß im vorliegenden Grundriß aus rein praktischen Gründen vernachlässigt werden. Ihre Ergebnisse gehen aber ein in die zur Nationalgeschichte gehörende Entwicklung der Großregionen, z. B. Neuenglands [135: GASTIL, Cultural Regions (1975)], des Südens [140: WILSON u. a. (Hrsg.), Encyclopedia of Southern Culture (1989); 134: ESCOTT u. a. (Hrsg.), Major Problems (1990)] und des Mittleren wie des Transmississippi-Westens [132: CAYTON u. a. (Hrsg.), The Midwest (1990) und 133: CRONON u. a. (Hrsg.), Under an Open Sky (1992)]. FREDERICK JACKSON TURNER ergänzte seinen Essay über die Bedeutung der *frontier* aus gutem Grund um den parallelen Titel 138: The Significance of Sections in American History (1932); den Zugang zur historiographischen Diskussion eröffnet Robert DORMAN in RAH 25 (1997), 369–374.

Nationalgeschichte als Politik- und Gesellschaftsgeschichte

Analysiert man die wissenschaftlich fundierten Gesamtdarstellungen der amerikanischen Geschichte, die seit etwa 1930 von führenden Universitätshistorikern für den akademischen Unterricht im Grundstudium geschrieben wurden, findet man in den meisten eine nur in den Gewichtungen unterschiedliche Verbindung der gleichen Elemente: neben den Basisdaten der Bevölkerungs- und Wirtschaftsgeschichte steht die Entwicklung der gesellschaftlichen Organisation der europäischen Siedlergesellschaft zum Großflächenstaat, also die umfassend verstandene Politikgeschichte im Zentrum der Darstellung. Der politische Prozeß wird zwar in seinem umfassendsten Sinn als die Summe der Entscheidungen, die das Schicksal der Gemeinschaft bestimmen, verstanden; dennoch ist er offensichtlich nur ein Teil des Lebens von Gesellschaften. Auf dessen nicht minder wichtige Dimensionen wie das Erwirtschaften der materiellen Existenzgrundlagen und den öffentlichen Diskurs um Sinngebung, also das kulturelle Leben, wird aber nur ausblickartig verwiesen. Eine breit definierte Politik- und Gesellschaftsgeschichte steht eindeutig im Mittelpunkt; die Wirtschaftsgeschichte und Kultur- und Ideengeschichte werden nur berücksichtigt, soweit sie für das Verständnis der sich entwickelnden nationalen Entscheidungsgemeinschaft nötig ist.

Kanonbildung

Bildung und Wissenschaft liegen verfassungstheoretisch in der Hand der 50 Einzelstaaten. Dennoch haben Verlags- und Unterrichtspraxis eine weitgehende nationale Standardisierung der Geschichtslehrbücher in Schulen und Hochschulen bewirkt. Von 1994 bis 1997 wurden Themenvorschläge für Unterrichtsreihen in amerikanischer Geschichte unter dem anspruchsvollen Titel „National History Standards" in Tageszeitungen wie Fachzeitschriften heftig diskutiert. Das National Center for History in the Schools der University of California in Los Angeles gab in seiner Themenliste 1994 den ethnischen Minderheiten und der Frauengeschichte viel Platz. Kritiker forderten die stärkere Berücksichtigung der gruppenübergreifenden nationalen Wertvorstellungen und der (weißen männlichen) Identifikationsfiguren, die sie bis vor kurzem vertraten. Der Projektleiter und Historiker GARY B. NASH begründete in der Mitgliederzeitschrift der American Historical Association „die Einbeziehung vergessener Amerikaner" mit der Stärkung des nationalen Einheitsgefühls, also unverhohlen politisch. Afroamerikaner, Indianer, andere ethnische Minderheitengruppen und die Frauen seien in der traditionellen Geschichtsschreibung vernachlässigt worden: „Will not Hispanic Americans and Asian Americans, as well as African Americans and ordinary people who toil in mills and mines, on farms and assembly lines, be more likely to feel less alienated from the American past when they see that their own predecessors contributed in important ways to the nation's development? And won't that benefit all Americans who believe in *e pluribus unum*?" [NASH, History in the Classroom, in: Perspectives: American Historical Association Newsletter (October 1996) 10; ausführlicher zur öffentlichen Diskussion NASH u. a., History on Trial: Culture Wars and the Teaching of the Past (1997). Eine umfassende deutschsprachige Erklärung liefert PAUL NOLTE in: GWU 48 (1997) 512–532 u.d.T. Ein Kulturkampf um den Geschichtsunterricht.]. Die inzwischen überarbeitete – völlig unverbindliche und von keiner staatlichen Institution gebilligte – Themenliste wird in den nächsten Jahren kein Handbuchverleger mehr ignorieren.

Stärker als jede Monographie oder jeder Zeitschriftenartikel prägen die Hand- und Lehrbücher (*textbooks*) der amerikanischen Geschichte, die an den Oberschulen und in den meisten Universitäten im Grundstudium verwendet werden, das Geschichtsbild junger Amerikaner. Sie verweben ausgewählte Ereignisse, Personen, Bewegungen, Wertvorstellungen und Institutionen zu Gesamtinterpretationen. Die Autoren sind meist Teams von etwa fünf anerkannten Universitätshistorikern, deren Entwürfe von einem Dutzend von Fachkollegen und Verlagslektoren kritisiert werden. Bis zu einer Million Dollar werden in die Entwicklung der etwa 1000seitigen, aufwendig illustrierten und mit neuesten Literaturangaben versehenen, im Rhythmus der Präsidentschaftswahlen revidierten Handbücher investiert. Neue Schwerpunktbildungen in der Wissenschaft wie etwa die Geschichte der Afroamerikaner und anderer ethnischer Gruppen und der Frauen, der Psychogeschichte und der Ökologiegeschichte fanden auf diese Weise in kurzer Zeit auch in den Handbüchern Beachtung. Eine Auswahl der bekanntesten dieser Handbücher wurde daher für diesen Grundriß ausgewertet [97: BAILYN u. a., Great Republic (1992); 98: BOYER u. a., Enduring Vision (1996); 101: MORISON u. a., Growth of the American Republic (1980); 102: Norton u. a., A People (1990)]. Gleiches gilt für den auch außerhalb der Universitäten verbreiteten von ERIC FONER und JOHN GARRATY herausgegebenen Reader's Companion to American History [81: FONER u. a. (Hrsg.), Reader's Companion (1991)]; zusätzlich zu den üblichen Kurzbiographien und Ereignisbeschreibungen bietet der Band

Hand- und Lehrbücher der amerikanischen Geschichte

Nachschlagewerke

knappe, von Experten verfaßte Problemskizzen mit Literaturangaben, z. B. „Abortion" und „Birth Control" (von James Mohr und Linda Gordon), „Expansion, Continental and Overseas" (von William Appleman Williams), „Economic Growth" (von Stuart Bruchey) und „Labor" (von David Brody).

Neuer Typ von Enzyklopädien

An die Stelle von vielbändigen Darstellungen der Nationalgeschichte aus einer Hand (z. B. von Bancroft und Beard) sind seit etwa 1960 drei- oder vierbändige großformatige „encyclopedias" getreten, in denen Fachleute auf 10–20 Seiten den neuesten Forschungsstand zusammenfassen und die Fachliteratur kommentieren. Erfolgreiche Beispiele dieser in jeder Stadt- und Schülerbücherei stehenden Bände sind 76: Encyclopedia of American Political History (1984) und 145: Encyclopedia of American Social History (1993).

Geschichte der Geschichtsschreibung

Eine enzyklopädische Bestandsaufnahme der Geschichte der amerikanischen Geschichtsschreibung über die eigene Nation von den ersten heilsgeschichtlichen Reflexionen der Puritaner bis zur heutigen Frauengeschichte bietet 92: KRAUS, The Writing of American History [1937, 1953, in 3. Aufl. 1985 von Davis D. Joyce überarbeitet und fortgeführt und mit einer umfassenden Bibliographie versehen]. Mehr als knappe Skizzen der Autoren und Werke vermögen die 460 Seiten angesichts des breiten Spektrums von der traditionellen Politikgeschichte bis zur modernen Psychogeschichte allerdings nicht zu liefern. Leistungen der gesamten amerikanischen Historikerzunft auch zur europäischen, asiatischen, afrikanischen und lateinamerikanischen Geschichte bis hin zur Weltgeschichte erfassen 89: HIGHAM, History (1989) und 91: KAMMEN (Hrsg.), The Past before Us (1980). Abraham EISENSTADT betont in seiner einführenden Orientierung „History and Historians" die Zusammenhänge der dominanten Themen und Interpretationen der amerikanischen Nationalgeschichtsschreibung und der großen Umbrüche in der Ereignisgeschichte. So ist z. B. ohne Kenntnis der die Nation aufwühlenden Bewegungen zugunsten der Bürgerrechte der Afroamerikaner und gegen die amerikanische Beteiligung am Bürgerkrieg in Vietnam nicht zu erklären, weshalb seit den 1960ern das Interesse an der Geschichte der Afroamerikaner und anderer ethnischer Minderheitengruppen sowie der Lage der Frauen und des geschlechtsspezifischen sozialen Verhaltens so schnell zunahm. Erst der leichte Zugang zu Massendaten verarbeitenden Rechnern ermöglichte seit den späten 1960ern die Vielzahl der quantifizierenden sozialgeschichtlichen lokalen Fallstudien [81: FONER u. a. (Hrsg.), Reader's Companion (1991) 499–504]. An der immer wieder proklamierten Norm der Objektivität mißt PETER NOVICK in seiner kritischen Zunftgeschichte seit der Professionalisierung um 1880 die Wortführer der akademischen Geschichtsschreibung [93: That Noble Dream (1988)]; JAMES KLOPPENBERG hat in einer artikellangen Rezension NOVICKS Sozialgeschichte der Zunft gelobt und seine ideengeschichtlichen und methodenkritischen Ausführungen ergänzt bzw. korrigiert [AHR 94 (1989) 1011–1030]. Ebenfalls in vielem zustimmend und kritisch ergänzend rezensierte DAVID NOBLE in RAH 17 (1989) 519–522, mit Verweis auf seine eigene Monographie The End of American History: Democracy, Capitalism, and the Metaphor of Two Worlds in Anglo-American Historical Writing 1880–1980 (1985). Lähmenden „postmodernen" erkenntnistheoretischen Selbstzweifeln begegneten JOYCE APPLEBY, LYNN HUNT und MARGRET JACOB mit einem inzwischen in vielen Seminaren zur Geschichte und Methodik der Geschichtswissenschaft gelesenen Appell an den gesunden Menschenverstand und professionelle Erfahrung; das Kapitel „History Makes a Nation" schlußfolgert: „At the center of American history [im Sinn von Geschichtsschreibung] was an undersocialized, individualistic concept of human nature set in an overdetermined story of progress" [85: Telling the Truth (1994), Zitat S. 125].

FREDERICK JACKSON TURNER wandte ab 1893 mit großem Anklang Kategorien der Evolutionslehre auf die nationale Entwicklungsgeschichte an und prägte einen wesentlichen Teil des progressiven nationalgeschichtlichen Paradigmas [95: Waechter, Scientific History (1995)]. Umfassende Werkanalysen von Turner, Beard und Parrington enthält 90: HOFSTADTER, Progressive Historians (1979). Frederick Jackson Turner

Als *progressive* werden in der Rückschau die zwischen 1900 und 1945 aktiven Interpreten der amerikanischen Geschichte bezeichnet, die wie James Harvey Robinson, Charles Beard und Carl Becker nicht literarischen, sondern sozialwissenschaftlichen Standards zu genügen versuchten und Fragen nach sozialer Gerechtigkeit und der Verteilung von wirtschaftlicher und politischer Macht (mit Sympathie für die Sozialreformer des politischen *progressive movement*) untersuchten. ERNST BREISACH bietet eine Ideengeschichte dieser Historiographie und findet als Gemeinsames der *progressives* ihre Absicht, zur „Modernisierung" der professionellen Geschichtsschreibung im Sinn der Verwissenschaftlichung beizutragen, ohne jedoch die Vorstellungen von Karl Marx über „wissenschaftliche" Geschichtsschreibung zu übernehmen [86: American Progressive History (1993)]. Progressives

Die wahrscheinlich einflußreichste „progressive" Synthese der gesamten amerikanischen Geschichte hat das Ehepaar CHARLES A. BEARD und MARY RITTER BEARD 1927–1942 in vier Bänden ohne wissenschaftlichen Apparat der breiteren Leserschaft vorgelegt [106: Rise of American Civilization]; BEARDS' roter Faden sind die Kämpfe um die Entwicklung einer „humanistic democracy" von der Selbstregierung der Kolonisten bis zur Bewältigung der Folgen der Weltwirtschaftskrise mit den New Deal-Gesetzen. Charles und Mary Beard

Weniger allgemeine Aufmerksamkeit als die BEARDS erlangte 1940 der in vielem ähnlich argumentierende Wirtschaftshistoriker LOUIS HACKER mit seinem 113: Triumph of American Capitalism. Diese immer noch herausfordernde Kritik der amerikanischen politischen Ökonomie zeigt eine logische Abfolge des (1) Handelskapitalismus der Kolonialmacht, der einen Teil der Kolonisten zu Revolutionären und Staatsgründern werden ließ, zu (2) einem Kapitalismus der Großunternehmer in den Nordstaaten, der mit der Plantagen- und Sklavenwirtschaft der Südstaaten in Konflikt geriet, zum (3) Kapitalismus der Bankiers um 1900, dessen Organisatoren 1929 versagten und so den (4) „Staatskapitalismus" provozierten, der unter Roosevelt ab 1933 Gestalt annahm. Nach Hackers Art reformistischer Kapitalismuskritik ohne marxsche Orthodoxie verfaßten nach 1960 insbesondere WILLIAM APPLEMAN WILLIAMS [129: The Contours of American History (1962)] Kapitalismuskritik und, viel lesbarer als der oft mehr behauptende als beweisende WILLIAMS, HOWARD ZINN in seiner für Einführungskurse geschriebenen People's History [104: 2. Aufl. 1995]; sie kann als eingängige *summa* der New Left-Interpretation der amerikanischen Nationalgeschichte gelten. Historiographische und methodische Reflexionen über diese allgemein *radical* genannte Geschichtsinterpretation finden sich in ZINNS Sammelband The Politics of History (Boston 1970). Die Fachzeitschrift The Radical History Review erscheint seit 1973.

Neue Sozialgeschichte nach 1960

Die innovative Kraft der amerikanischen – nicht nur USA-bezogenen – Sozialgeschichtsschreibung nach 1960 erklärt PAUL NOLTE in seinem umfassenden Forschungsbericht [149: Amerikanische Sozialgeschichte (1996)] mit den innovationsfreudigen Grenzüberschreitungen hin zur Wirtschafts-, Kultur-, Politik- und Ideengeschichte (*intellectual history*) und der Anthropologie. Zu Recht beklagt Nolte die fortbestehenden „nationalen Verengungen" in der Geschichtswissenschaft – nicht nur der amerikanischen. Die außerordentliche Vielfalt der neuen Sozialgeschichtsschreibung demonstriert die Encyclopedia of American Social History [145: CAYTON u. a. (Hrsg.) (1993)] im methodisch-historiographischen Teil (S. 235–434) und in der Anwendung auf 13 „Periods of Social Change" (S. 1–234). Ein Beispiel fruchtbaren internationalen Vergleichens gibt TAMARA HAREVEN mit ihrer Bestandsaufnahme der neuen Familiengeschichte insbesondere seit der Industrialisierung [189: The History of the Family and the Complexity of Social Change (1991)]. Die amerikanische Fachliteratur zur Alltagsgeschichte seit der Kolonialzeit hat in besonders gut lesbarer Weise der Jenaer Historiker PETER SCHÄFER zugänglich gemacht [153: Alltag in den Vereinigten Staaten (1998)].

Ökologiegeschichte

Veränderung – oder Zerstörung – natürlicher Landschaften war per Definition Teil der Landnahme der Europäer in Nordamerika. Das Verhältnis von Mensch und Natur war dementsprechend selbstverständlicher Bestandteil der allgemeinen Nationalgeschichtsschreibung in ihren wirtschaftsgeschichtlichen, siedlungsgeschichtlichen und kulturgeschichtlichen Teilen. So werden z. B. die Vernichtung der Bisonherden in den beiden Jahrzehnten nach dem Sezessionskrieg und die Einrichtung des ersten vor wirtschaftlicher Ausbeutung geschützten Nationalparks am Yellowstone 1872 als Tief- bzw. Höhepunkte der nationalen Entwicklungsgeschichte registriert, ebenso wie die weniger spektakulären Fortschritte in *scientific farming* seit der Aufklärung und die Entdeckung der unüberwindlichen klimatischen Grenzen landwirtschaftlicher Nutzung des ariden Westens seit John Powells wissenschaftlichem Report on the Lands of the Arid Region of the United States (1878). Die zunehmende Spezialisierung der Ökologiegeschichte ist gut an den kommentierten Kapitelbibliographien in JOHN OPIES Gesamtdarstellung abzulesen [210: Nature's Nation (1998)], in CAROLYN MERCHANTS Anthologie von Artikeln und Quellentexten [208: Major Problems in American Environmental History (1993)] und dem Literaturbericht 206: CROSBY, Past and Present of Environmental History, in: AHR 100 (1995) 1177–1189. Monographien zur globalen Ökologiepolitik (*international environ-*

mental politics) stellt die Sammelrezension von John Clark vor in: DH 21 (Summer 1997) 453–460. Die Fachzeitschrift Environmental History Review erscheint seit 1977.

Vergleichende Geschichtsschreibung

Systematische Vergleiche größerer Themenbereiche mit sinnvoll vergleichbaren Kulturen sind rar. Einen bescheidenen Einstieg bietet die Vortragssammlung 130: Woodward (Hrsg.), Comparative Approach (1968); Carl J. Guarneri würdigt den Band in einer Retrospektive in RAH 23 (1995) 552–563 als „neglected but valuable" und zeigt mit zwei Dutzend Beispielen den Erkenntnisgewinn vergleichender Studien auch für die jeweiligen Nationalgeschichten. Seine eigene Auswahl präsentiert Guarneri in der wesentliche Stationen und Themen der amerikanische Geschichte seit 1492 umfassenden Anthologie 111: America Compared (1997); die Texte sind bedauerlicherweise ihrer Anmerkungen und Literaturangaben beraubt. Viele der Vergleiche betreffen die anderen Siedlergesellschaften von Europäern in Übersee: in Lateinamerika, Kanada, Australien und Südafrika. Das knappe Vorwort verweist auf das Paradox, daß gerade Vertreter eines „Exzeptionalismus" des auserwählten amerikanischen Volkes theoretisch den Vergleich suchen müßten, dies in der Praxis aber selten tun. Auf den primär politischen und politikrelevanten ideengeschichtlichen Vergleich mit Kanada beschränken sich 122: Lipset, Continental Divide (1990) und, sich teilweise wiederholend, 123: Lipset, American Exceptionalism (1996). Die Künstlichkeit des 49. Breitengrades als Staatsgrenze und der Umgang der kanadischen und amerikanischen Anwohner auf beiden Seiten mit ihr im täglichen Leben, in Handel und Kultur, bis hin zur Regelung der im Präriegebiet heiklen Wasserrechte dokumentiert in Fülle der Sammelband 273: Lecker (Hrsg.), Borderlands (1991).

Grenze USA-Kanada

Vorbildlich vergleichende Monographien zu Einzelfragen sind 110: Fredrickson, White Supremacy (1981), ein Vergleich der Sklaverei und Apartheid in Südafrika und den USA; 605: Kolchin, Unfree Labor (1987), ein erhellender Vergleich der amerikanischen Sklavenhaltung mit der russischen Leibeigenschaft; und 753: Steinisch, Arbeitszeitverkürzung (1986). Zum Methodischen und mit weiteren Beispielen 119: Kolchin, Comparing American History (1982) und 105: Angermann, Challenges of Ambiguity (1991).

b) Die grossen Themen

1. *Territorium: Die Expansion des Staatsgebiets und die Ausprägung der Großregionen*

Primat des Territoriums

Die genannten Handbücher der Nationalgeschichte verankern in ihren Eingangskapiteln die Geschichte „der Vereinigten Staaten" oder „des amerikanischen Volkes" in der weitgehend unberührten und überwältigenden amerikanischen Landschaft, wie sie sich den ersten Europäern im 16. und 17. Jahrhundert darbot [363: Cronon, Changes in the Land (1983)]. Dem gleichen Zweck dienen die ethnographischen Bestandsaufnahmen der vielfältigen Kulturen der Ureinwohner zwischen der Atlantik- und Pazifikküste, zwischen dem Rio Grande und den Großen Seen. Die Lehrbücher werden bei dieser Aufgabe erfolgreich durch die historischen Exponate und Erklärungstafeln des gerade in historischen Erklärungen überaus professionellen National Park Service unterstützt. So erfährt z. B. der Besucher des Grand Canyon, daß die Hopi bereits im Jahr 1200 v. Chr. in der Nähe des Grand Canyon die Ortschaft Old Oraibi gründeten und daß dieses Bergdorf heute die älteste ununterbrochen bewohnte Ansiedlung auf dem Gebiet der USA ist.

Historische Geographie

Der Geograph DONALD MEINIG hat seit 1986 Teile seiner auf drei Bände angelegten großen Gesamtdarstellung der Besiedlung und wirtschaftlichen Erschließung der USA (und großer Teile Kanadas) vorgelegt [197: The Shaping of America (1986–93)]. MEINIG verbindet die Siedlungsgeschichte und Entwicklung der Großregionen (einschließlich ihrer kulturellen Differenzierung) mit politischen Entscheidungen bis hin zu Kriegsstrategien infolge wirtschaftsgeographischer Gegebenheiten und Naturschutzbestimmungen. Er interpretiert „America as a Continuation" (Bd. 1, 4 ff.) und verbindet den Eroberungsimpuls der ersten spanischen und portugiesischen Atlantiküberquerer mit den naturgeographischen Gegebenheiten, die deren Wirken lenkten und zum Erfolg führten.

Expansion Europas

Die Expansion von Teilen der europäischen Bevölkerung, Wirtschaft, Militärmacht und Kultur über den Atlantik seit 1492 machte die spätere „amerikanische" Geschichte zu einem Ableger und damit zu einem organischen Bestandteil der europäischen. An diese Selbstverständlichkeit zu erinnern, hielt bereits LEOPOLD VON RANKE 1824 für nötig. In seiner Geschichte der romanischen und germanischen Völker von 1494 bis 1514 warnte er davor, „Europa und Amerika in einem Gegensatz [zu] betrachten; es findet jenseits lediglich eine Entwicklung diesseitiger Geschlechter statt." RANKE beurteilte sogar die Distanz zu Rußland als größer: „In der Tat gehen uns Neuyork und Lima näher an als Kiew und Smolensk" [RANKE, Sämtliche Werke, Bd. 33/34, Leipzig 1885, Ende der nicht paginierten Einleitung].

„Fragmente Europas"

Noch weltumspannender als RANKE konzipierte 1964 der Politikwissenschaftler LOUIS HARTZ die Expansion Europas nach 1500. In seinem systematisch vergleichenden Sammelband [115: Founding of New Societies] erklärten HARTZ und seine Mitautoren die europäischen Siedlungen in Lateinamerika, Südafrika und Australien ebenso wie die nordamerikanischen Kolonien als „Fragmente Europas", die sich in enger Verbindung mit dem jeweiligen Mutterland, aber unter jeweils spezifisch örtlichen Bedingungen zur wirtschaftlichen, staatlichen und zuletzt kulturellen Selbständigkeit entwickelt haben; HARTZ meinte „Ableger", vermied aber als Politologe die organizistische Metapher. Diese vergleichenden Studien europäischer politischer Kulturen in Übersee, der Entstehung neuer Nationalismen und modifizierter politischer Ideologien, gewinnen ihren Aussagewert im Kontext der amerikanischen Exzeptionalismus-Debatte: Durch systematisches Vergleichen relativieren sie den Einzigartigkeitsanspruch der amerikanischen Nationalgeschichte. (Ein Beispiel: in Kanada hatte die äußerlich sehr ähnliche *frontier* andere soziokulturelle und politische Folgen.)

Die kontinentale Expansion des Staatsgebiets bis nach California und Alaska ist in der amerikanischen Nationalgeschichtsschreibung stets eindeutig von der überseeischen Expansion ab 1898 begrifflich unterschieden und im Unterschied zum kontroversen *imperialism* insgesamt positiv als unabwendbar gewertet worden. Auch der kritische New Left Historiker WILLIAM APPLEMAN WILLIAMS trennt in seinem Lexikonartikel „Expansion, Continental and Overseas"; er erklärt die Expansion der USA mit den Anforderungen und Chancen der im 17. und 18. Jahrhundert unter Führung Englands entstandenen „global political economy" und den ideologischen, ökonomischen (d. h. kapitalistischen) und militärischen Reaktionen darauf. Aber auch dem „anti-imperial outlook" billigt WILLIAMS von Außenminister John Quincy Adams (1821) bis zur Anti-Vietnamkriegsbewegung signifikanten Einfluß auf die amerikanische Außenpolitik zu [WILLIAMS in 81: FONER u. a. (Hrsg.), Reader's Companion (1991), 364–368; zur Expansions- und Imperialismusdiskussion siehe auch die Titel Nr. 490–504 und 835–846].

Territorialer Expansionismus, Imperialismus

Die Bedeutung der regionalen Strukturierung der amerikanischen Nationalgeschichte weit über die Fachliteratur der historischen Geographie hinaus skizziert der Südstaatenhistoriker GEORGE B. TINDALL in seinem Artikel „Regionalism" [145: Encyclopedia of American Social History (1993), 531–541; siehe auch die 18 Artikel in Part VI „Regionalism and Regional Subcultures", 903–1142]. In die ideen- und literaturgeschichtliche Bedeutung des Regionalismus führt MARJORIE PRYSE ein [in 314: Fox u.a (Hrsg.), Companion to American Thought (1995) 574–576]. Am Beispiel des Südens erschließen die Beiträge in AmSt (1997), Heft 2 die neue Regionalismusliteratur auch in der Literatur- und Kulturgeschichte. Der historische Geograph MICHAEL P. CONZEN problematisiert den Begriff *homelands* im Kontext der Entwicklung amerikanischer Kulturregionen [Journal of Cultural Geography 13 (1993) 13–29.]

Regionalismus

FREDERICK JACKSON TURNER maß, wie eingangs erwähnt, den von ihm *sections* genannten Großregionen eine entscheidende Rolle bei: „Our politics and our society have been shaped by sectional complexity and interplay not unlike what goes on between European nations" [138: TURNER, The Significance of Sections (1932) 50]. Seine Kollegen haben den Vergleich mit Europa ignoriert, aber eine Vielzahl politikgeschichtlicher Monographien hat seither den Erklärungswert regionaler politischer Konstellationen und wirtschaftlicher Interessen auch für die großen Entscheidungen auf Bundesebene demonstriert – von den großen Kompromissen der verfassungsvorbereitenden Versammlung in Philadelphia 1787, den Kompromißgesetzen zur vermeintlichen Abschwächung des Süd-Nord-Konflikts, der im Bürgerkrieg endete, bis zu den regionalbedingten Positionen von Abgeordneten und Senatoren bei der Entscheidung über Krieg und Frieden. Die begrifflichen Unterscheidungen von *regions* und *sections*, unterschiedliche Gruppierungsvorschläge und die Charakterisierung einzelner Großregionen werden explizit behandelt in den Titeln Nr. 131 bis 141.

Das statistische Bundesamt (Bureau of the Census) erhöht die Aussagekraft seiner Angaben u. a. durch die Bündelung seiner Daten in vier Großregionen mit jeweils zwei bis vier Unterteilungen (genannt *census regions*): (1) Northeast Region (Maine bis Pennsylvania), (2) North Central Region (Ohio bis Kansas), (3) South Region (Delaware bis Texas), (4) West Region (Montana bis New Mexico und Kalifornien, Alaska und Hawaii) [23: Historical Statistics of the United States (1975) 5.

2. *Bevölkerung: Von der englischen Siedlerkolonie zur multiethnischen Gesellschaft*

Die beste Einführung in die Gesamtentwicklung der amerikanischen Gesellschaft seit der Kolonialzeit, verbunden mit zahlreichen Hinweisen auf das breite Spektrum der sozialgeschichtlichen Fachliteratur von der Demographie bis zur Arbeiter- und Frauengeschichte bieten in 145: Encyclopedia of American Social History (1993) die Artikel „Family Structures", „Labor", „Race", „Slavery", „Social Class", „Wealth and Income Distribution". Ohne ideologische Scheuklappen erörtern sie die seit dem 19. Jahrhundert gängigen Definitionen und Interpretationen von Strukturen und Gruppen der amerikanischen Gesellschaft. Der von Karl Marx' Anhängern propagierte, an der Verfügungsgewalt über die Produktionsmittel orientierte Klassenbegriff hat wenige amerikanische Historiker beeinflußt. Zu eindeutig bedingten auch Rasse und ethnische Gruppe im amerikanischen Fall die Abgrenzung von *classes* – ein durchaus bereits während der Amerikanischen Revolution, meist im Plural benutzter Begriff (*the lower classes, the middling classes*). Zur Wiederbelebung Marxscher Kategorien im Kontext der *new labor history* seit den 1960er Jahren und die Abwägung der Faktoren *class* und *race* in den Interpretationen der Geschichte der Afroamerikaner Jacquelyn Dowd HALL in 314: Fox u.a (Hrsg.), Companion to American Thought (1995) 129–132.

Klassenstruktur

Klasse als Einkommensgruppe erörtert EDWARD PESSEN zupackend in 151: Three Centuries of Social Mobility (1974). PESSENS Artikel „Mobility, Social and Economic" schlußfolgert: „For the most part, the well-to-do and highly successful were born to advantage.... Vertical mobility rates in the 20th-century United States are remarkably similar to those elsewhere in the industrial world" [in 81: Reader's Companion (1991) 740]. Weniger pointiert, mit kontroverser Literatur, berichtet der Artikel „Social Class" von STORY in: 145: Encyclopedia of American Social History (1993) 467–482. Die Herausbildung der amerikanischen Variante des städtischen Großbürgertums – im 19. Jahrhundert oft „business aristocracy" genannt – hat der Soziologe E. D. BALTZELL (der auch das Akronym WASP für die dominante ethnische Gruppe der White Anglo-Saxon Protestants einführte) in Philadelphia bis 1940 nachgezeichnet [789: Philadelphia Gentlemen (1958)]; sein Vergleich der konkurrierenden Metropolen New York und Boston verdeutlicht u. a. die Rolle der „upper class" bei der Bildung einer nationalen Serviceelite durch gemeinsam besuchte Schulen und Hochschulen. Zur öffentlichen Selbstdarstellung der für Aufsteiger offenen soziokulturellen Elite gehörte das seit 1888 jährlich veröffentlichte Social Register der anfangs nur 881 New Yorker Familien, die sich gegenseitig bestätigten, die *best society* der Stadt auszumachen. Das schließlich für jede amerikanische Großstadt veröffentlichte *Social Register* erfaßte 1940 über 38 000 Familien. Kritischer als Baltzell analysierte und beurteilte der Soziologe C. WRIGHT MILLS die Verantwortung der amerikanischen Oberklasse in: The Power Elite (1956). MILLS' 15 Essays wenden marxsche Theorien an und inspirierten die kapitalismuskritische Neue Linke der 1960er Jahre. Die neueren sozialhistorischen Untersuchungen der „Aristocracy of Inherited Wealth" erschließt der gleichnamige Artikel in 145: Encyclopedia of American Social History (1993) 1533–1540.

Die englischen Begriffe *race* und *racial groups* sind in der amerikanischen politischen wie geschichtswissenschaftlichen Diskussion keineswegs tabuisiert, sondern bezeichnen einen auch seit der Sklavenbefreiung nicht verschwundenen Sachverhalt und die zentrale Kategorie einer bis heute nicht abgerissenen öffentlichen Debatte. Der afroamerikanische Chicagoer Historiker THOMAS C. HOLT umreißt die historische Entwicklung und nennt Spezialliteratur in der Encyclopedia of American Political History [Artikel „Race and Racism" in 76: GREENE (Hrsg.) (1984) 1042–1056]. Holts Amtsvorgänger an der University of Chicago, JOHN HOPE FRANKLIN, hat als einer der Wortführer der intellektuellen Selbstbehauptung der Afroamerikaner seit etwa 1950 das wahrscheinlich verbreitetste Lehrbuch der Geschichte der Afroamerikaner verfaßt [178: From Slavery to Freedom (7. Aufl. 1994) mit umfangreicher Bibliographie]. In die Mentalitätsgeschichte des auch die Indianer und Asiaten betreffenden Rassismus Euroamerikaner führt der Sammelband von G. B. NASH ein [321: The Great Fear: Race in the Mind of America (1970)]. _{Rassen, Rassismus}

Erst nach Beendigung der Masseneinwanderung mit dem Quotengesetz von 1924 wurde nach 1930 die Geschichtsschreibung über die Einwanderer zur distanziert-wissenschaftlichen Disziplin. Eine erste umfassende Bestandsaufnahme der neuen wissenschaftlichen Literatur bot 1980 STEPHEN THERNSTROM in 159: Harvard Encyclopedia of American Ethnic Groups; siehe auch die Monographien Nr. 169–177. Eine gut lesbare Zusammenschau der Einwanderungsgeschichte der Europäer mit der Situation der verdrängten Ureinwohner und der versklavten und freien Afroamerikaner bietet auf der Höhe des Forschungsstandes LEONARD DINNERSTEIN u. a. in 173: Natives and Strangers: A Multicultural History of Americans (1996; ohne Fußnoten, aber mit Bibliographie).

Vor 1945 überwogen die philiopietistischen Bestandsaufnahmen, die die Leistung der Pioniere der Einwanderergruppe des jeweiligen Autors besangen und den Beitrag der jeweiligen Nationalitätengruppe zur Bereicherung der amerikanischen Kultur priesen. Stolz auf Errichtung eigener Kirchen, Schulen, Vereine aller Art und die Publikation von Zeitungen in der mitgebrachten Sprache widersprach keineswegs der Genugtuung über die Anzahl der Gouverneure und der in die Einzelstaatslegislativen und das Repräsentantenhaus der USA gewählten

Einwanderung, ethnische Gruppen

Schmelztiegel Landsleuten. Bikulturelles Leben galt nicht als Abnormalität. Der „Schmelztiegel" – ein erst seit 1908 gebräuchliches Bild in der öffentlichen Diskussion zur Betonung der Fähigkeit der amerikanischen Gesellschaft, noch viele Einwanderer aus Europa zu integrieren – ließ den Betroffenen in der vielgestaltigen weiten amerikanischen Wirklichkeit mehr Spielraum, als man vermutet, wenn man das mechanische Bild des Einschmelzens ernster nimmt, als die Betroffenen es taten. Zum Wortgebrauch von *assimilation* und *melting pot* 796: W. P. ADAMS, Assimilationsfrage (1982). Den anthropologischen Begriff „Akkulturation" bevorzugt 797: DOERRIES, Iren und Deutsche (1986); den Bedeutungswandel der Begriffe *Americanization* und *assimilation* skizziert GLEASON in: 159: THERNSTROM (Hrsg.), Harvard Encyclopedia of American Ethnic Groups (1980). Die erst nach 1960 in der täglichen Zeitungssprache verwendeten Begriffe *ethnicity* und *ethnic group* erläutert KANTOWICZ in: 145: Encyclopedia of American Social History (1993), 453–466; er korrigiert zu Recht OSCAR HANDLINS übertriebene Darstellung des Ausmaßes der Entwurzelung und Orientierungslosigkeit in seiner wohl für den Pulitzerpreis geschriebenen patriotischen, streckenweise romanhaften Darstellung des Einwandererschicksals in: 798: HANDLIN, Uprooted (1951). Differenzierter urteilen da die neueren Gesamtdarstellungen, die eine Vielzahl seither erschienener, z.T. quantifizierender regionaler und gruppenspezifischer Fallstudien auswerten konnten, insbesondere 170: BODNAR, The Transplanted (1985); 172: DANIELS, Coming to America (1990). Die politischste der Gesamtinterpretationen des Zusammenwirkens von Einwanderung, ethnischer Gruppenbildung und dem amerikanischen Regierungssystem hat LAWRENCE FUCHS in seinem kompendienartigen American Kaleidoscope formuliert [158 (1990)]. FUCHS hatte als Direktor der Select Commission on Immigration and Refugee Policy umfangreiche Anhörungen organisiert, die schließlich der Vorbereitung der Einwanderungsgesetze von 1986 und 1990 dienten. FUCHS schildert Möglichkeiten und Grenzen der Offenheit der politischen Kultur der USA (*the civic culture*), der es bisher gelang, durch die Zuerkennung der Staatsbürgerschaft und damit des Wahlrechts nach der kurzen Wartezeit von fünf Jahren und dem Erwerb minimaler Sprach- und Staatsbürgerkundekenntnisse ein fundamentales politisches Zugehörigkeitsgefühl entstehen zu lassen, ohne von den Eingewanderten die häufig kritisierte kulturelle „Anglokonformität" zu verlangen. Den gleichen Grundgedanken des politisch verankerten ethnisch-kulturellen Pluralismus erkannte der Soziologe und Gesellschaftskritiker Michael Walzer: „The United States is an association of citizens.... The country has a political center, but remains in every other sense decentered.... A radical program of Americanization would really be un-American" [What Does It Mean to Be an ‚American'? in: Social Research 57 (Fall 1990) 595, 614].

Nativism Den Widerstand gegen unbeschränkte Einwanderung auch aus Europa und gegen die Gleichbehandlung Eingebürgerter, den sogenannten *nativism*, hat JOHN HIGHAM in einer vielbeachteten politik- und ideengeschichtlichen Monographie bis in die 1920er Jahre rekonstruiert [799: Strangers in the Land (1965)]. Die Sonderform des bis zur Zeit des Zweiten Weltkriegs virulenten Antisemitismus analysiert 173: DINNERSTEIN, Antisemitism (1994); weitere Spezialliteratur in der Besprechung Stephen J. Whitfields in RAH 23 (1995) 364–369.

Am Anfang der öffentlichen Anerkennung eines permanenten *cultural pluralism* als Merkmal der Einwanderergesellschaft stehen Texte des Philosophen und Gesellschaftskritikers HORACE KALLEN, insbesondere Culture and Democracy in the United States (1924) und Zeitschriftenartikel von RANDOLPH BOURNE, insbesondere „Transnational America" im Atlantic Monthly (1916). Den damaligen ideengeschichtlichen Kontext und den Kontrast zum gruppenrechtsorientierten *multiculturalism* der 1980er und 1990er Jahre beschreibt knapp und treffend DAVID HOLLINGER im Lexikonartikel „Cultural Pluralism and Multiculturalism" in: 314: FOX u. a. (Hrsg.), Companion to American Thought (1995); ebenfalls kritisch gegenüber einem rigorosen Multikulturalismus äußert sich JOHN HIGHAM in: 318: Multiculturalism (1993). Eine reichhaltige Gesamtdarstellung der Repräsentationen ethnischer Vielfalt in der amerikanischen Literatur seit dem 17. Jh. und ihrer intellektuellen Bewältigung liefern 330: SOLLORS, Beyond Ethnicity (1986) und der von SOLLORS herausgegebene Sammelband 331: The Invention of Ethnicity (1989).

cultural pluralism, multiculturalism

Die um 1965 einsetzende geschichtswissenschaftliche Erforschung der Lage der Frauen in der amerikanischen Gesellschaft wurde nicht etwa in die Alltagsgeschichte oder Wahlrechtsgeschichte im engeren Sinn abgedrängt. Das wäre auch vom Gegenstand her nicht gerechtfertigt gewesen. Denn die öffentlich aktiven und organisierten Frauen beeinflußten seit etwa 1840 in zunehmendem Maß verschiedene politische Bewegungen, insbesondere die der Alkoholgegner, die Antisklavereibewegung und verstärkt ab 1880 die überparteilich-bürgerlichen Gesundheits-, Arbeits-, und andere Sozialreformgesetzgebung der Progressives. PAULA BAKER hat die Ergebnisse von zwanzig Jahren der neuen Frauengeschichtsschreibung auf nützliche Weise nach politikrelevanten Problemkreisen geordnet und bewertet [181: Domestication of Politics (1984)]. Den Diskussionsstand der breit definierten amerikanischen Frauenforschung um 1990 erfassen die Artikel in: 145: Encyclopedia of American Social History (1993): „Feminist Approaches to Social History" (S. 319–334); „Gender" (S. 483–496); „Sexual Orientation" (S. 497–512); „Women and Work" (S. 1541–1556); „Women's Organizations" (S. 1667–1676); „Family Structures" (S. 1925–1944) und „Prostitution" (S. 2157–2166). Die populäre Diskussion um „die Sphäre der Frau" seit dem 18. Jahrhundert skizziert mit Verweisen auf die neueste Fachliteratur NANCY F. COTT im Artikel „Domesticity" in 314: Fox u.a (Hrsg.), Companion to American Thought (1995) 181–183.

Frauengeschichte

Auch die amerikanische Gesellschaftsgeschichte hat seit ca. 1960 *modernization* als integratives Konzept zur Beschreibung und Erklärung der mit der Frühindustrialisierung einhergehenden sozialen Umbrüche verwendet. Monographien zu der Fragestellung lieferten u. a. 142: RICHARD D. BROWN, Modernization (1976); 790: BENDER, Community (1978). Methodenfragen und die Bezüge zur sozialwis-

Modernisierung

senschaftlichen Diskussion seit den 1960er Jahren rekapituliert ADELMAN in 145: Encyclopedia of American Social History (1993), 347–358.

3. Wirtschaft: Vom kolonialen Merkantilismus zur Freihandelspolitik der Weltmacht

Ohne die Wirtschaftspolitik bleibt die amerikanische Politikgeschichte unverständlich. Englands Kolonialpolitik war primär Wirtschaftspolitik, die Trennung der Kolonisten von der Kolonialmacht, die Organisation einer Bundesregierung und die Besiedlung des Kontinents durch Europäer waren in wesentlichen Teilen durch wirtschaftliche Ziele motiviert. Drei knappe historische Überblicke vermitteln auch dem Nicht-Wirtschaftswissenschaftler Einsichten in die wirtschaftlichen Grundlagen der Entwicklung der Nation. ROBERT L. HEILBRONER und AARON SINGER skizzieren die große Transformation von der weitgehend unberührten Natur zur durch und durch von Menschenhand gestalteten Industrielandschaft und „From Laissez Faire to Mixed Economy" (so die Überschrift von Teil IV) einschließlich der Rolle von Regierungen und der sozialen Konsequenzen wirtschaftlichen Handelns [291: Economic Transformation (1984)]. Vom Geist der Zweihundertjahrfeiern der Unabhängigkeitserklärung beflügelt faßte Simon KUZNETS, der Nestor der empirischen Wachstumsforschung in den USA, auf nur 14 Seiten seine Einsichten in den Verlauf von 200 Jahren Wirtschaftswachstum zusammen [295: Two Centuries of Economic Growth (1977)]. Auf die enge Verbindung zwischen Wirtschaftspolitik und Außenpolitik konzentrierte sich der Wirtschaftshistoriker CHARLES P. KINDLEBERGER in einem Längsschnitt von 1776 bis 1976. Er kritisierte ideologisch fixierte Historikerpositionen und wies z. B. wirtschaftlichen Gewinn als Motivation für den Eintritt der USA in den Ersten Weltkrieg zurück: „Aggressive economic designs would have been more readily achieved by staying aloof from the battle" [294: U.S. Foreign Economic Policy (1976) 400]. Speziell für den akademischen Unterricht geschrieben und entsprechend visuell aufbereitet sind die Handbücher 285: ATACK u. a., New Economic History (1994), 292: HOLTFRERICH (Hrsg.), Wirtschaft USA (1991), 293: HUGHES, American Economic History (1993) und 303: WALTON u. a., History of the American Economy (1994). Die Summa seines der breit definierten amerikanischen Wirtschaftsgeschichte gewidmeten Gelehrtenlebens bietet STUART BRUCHEY in 287: Enterprise (1990); jedes der 17 Kapitel – sie reichen von der Tabakkolonie Virginia bis zum Ende des Kalten Krieges – ist ein anspruchsvoller Essay, der sich mit der Fachliteratur auseinandersetzt. Immer wieder verweist BRUCHEY auf Zusammenhänge zwischen dem demokratischen politischen Prozeß und dem Wachstum eines freien Marktes. Die dreibändige Encyclopedia of American Economic History präsentiert das Fachgebiet in seiner ganzen Breite und Systematik und ermöglicht mit dem detaillierten Register schnelle Information auch zu Detailfragen [300: Encyclopedia (1980)].

Die neuere Wirtschaftsgeschichte versucht, zusätzlich zu Kapital und Arbeit auch die ökologischen Kosten und Konsequenzen des Abbaus natürlicher Ressourcen in ihre Berechnungen von Produktivität und Lebensstandard einzubeziehen. Bis um 1970 konzentrierte sich die Fachliteratur auf die Erklärung des krude definierten Wirtschaftswachstums und seiner Zyklen und Krisen. JONATHAN HUGHES kritisierte den zu eng gesteckten Rahmen der alten Wirtschaftsgeschichte: „No one questioned that trees cut down, prairies plowed up, rivers dammed, and suburbs extended were measure of progress... Cutting railroads through virgin prairies is considered progress. The new market value of all activity directed at ‚taming the continent', divided by the population, is national income per capity, and the rate at which the output (the income to those who produce it) expands is economic growth" [293: HUGHES, American Economic History (1993), 2]. Auch dem wirtschaftswissenschaftlich nicht Vorgebildeten verständlich ist der ebenfalls nicht auf das Bruttosozialprodukt fixierte Problemaufriß in Kap. 31 von GARY WALTON und HUGH ROCKOFF [303: WALTON u. a., History of the American Economy (1994)].

Der Begriff der *market revolution* zielt zwar insbesondere auf die mit der Frühindustrialisierung verbundene Erweiterung des Warenangebots und eines zum Selbstzweck werdenden Konsums in den Dekaden vor und nach 1830. Sozial- und Mentalitätshistoriker haben aber inzwischen die ungebrochene Linie vom Kolonialhandel bis zur Einführung der Konsumentenmanipulation durch Werbeagenturen auf der Madison Avenue aufgezeigt. Die Spezialliteratur hat PAUL NOLTE umfassend für das 17. bis 20. Jh. kommentiert [299: Der Markt und seine Kultur]. Eine noch grundlegendere Verbindung zwischen der wirtschaftlichen Erschließung Nordamerikas für die Europäer und der amerikanischen Mentalitätsgeschichte hat der Südstaaten-Historiker DAVID POTTER in der Vortragsreihe 126: People of Plenty (1954) aufgezeigt; seine These von der prägenden Kraft des materiellen Überflusses für die meisten europäischen Siedler in Amerika wurde neben FREDERICK JACKSON TURNERS *frontier*-These (die er kritisiert) bald zu einem Orientierungstext der American Studies. Wirtschaft und Politik sind untrennbar in der 1776 mit der Öffnung der amerikanischen Häfen noch vor der Unabhängigkeitserklärung einsetzenden Außenhandelspolitik der USA verwoben. Sie wird von ALFRED ECKES mit viel Verständnis für Schutzzölle und andere protektionistische Maßnahmen zugunsten der anfangs in der Tat schutzbedürftigen „infant industries" und kritischer Bewertung des kompromißlosen Freihandels im großen Bogen seit 1776 skizziert [289: Opening America's Market (1995)].

4. Politisches System und Innenpolitik: Vom englischen Konstitutionalismus und den republikanischen Idealen von 1776 zur präsidialen Fernsehdemokratie

Der von Historikern und Politologen *democratic* oder *liberal* genannte Fundamentalkonsens der amerikanischen politischen Kultur ist noch nicht oft explizit zum Thema wissenschaftlicher Untersuchung gemacht worden. Die Problemskizze von JAMES KLOPPENBERG zum Begriff *democracy* [314: Fox u.a (Hrsg.), Companion to American Thought (1995) 173–177] verweist deshalb auch auf einen eher knappen Korpus argumentativer Texte seit der Kolonialzeit, die meist nur *einen* gerade umstrittenen Bestandteil einfordern (z. B. religiöse Toleranz, Pressefreiheit, Wahlrecht, Interessenpluralismus, Rechte von und Chancengleichheit für Minderheiten). Eine kanonisierte Rechtfertigungsschrift des demokratischen Systems, die man mit John Lockes philosophischen Two Treatises of Government (1690) vergleichen könnte, hat die amerikanische politische Publizistik bis heute nicht hervorgebracht – auch nicht der als Philosoph der Demokratie einflußreiche JOHN DEWEY [353: WESTBROOK, Dewey and American Democracy (1991)].

Statt dessen greifen amerikanische Politikwissenschaftler ebenso wie Ideenhistoriker meist auf die beiden in der Tat aussagekräftigen, aber intellektuell kargen Aussagen in der Präambel der Unabhängigkeitserklärung und in Abraham Lincolns Gettysburg Address (1863) zurück. Sie zitieren auch oft – und so unkritisch, als sei es Andrew Jacksons persönliches politisches Testament – die aus dem Französischen übersetzten Beobachtungen und Reflexionen des liberalen Aristokraten DE TOCQUEVILLE über das Ausmaß der Gleichheit, das er 1831 unter den männlichen Euroamerikanern beobachtet hatte, und über die möglichen Gefahren für die Freiheit und die Grundrechte der Bürger einer von Mehrheitsentscheidungen regierten Republik [488: De la démocratie en Amérique (1835–40) und 481: EISENSTADT (Hrsg.), Reconsidering Tocqueville's Democracy in America (1988); Beispiele in dem politologischen Lehrbuch 236: WILSON, American Government (6. Aufl. 1995)].

Hartz und die liberale Tradition

Der Politikwissenschaftler LOUIS HARTZ hat seit 1955 für seine pointierte Skizze der seit 1776 unangefochten dominanten *Liberal Tradition in America* viel Zustimmung gefunden. Er erklärt die Abwesenheit einer großen extrem konservativen Partei mit dem Sieg der liberalen Revolutionäre von 1776, der die in Abwesenheit echter feudalistischer Strukturen längst wurzellosen „Tories" vertrieb. Und die Abwesenheit einer großen militanten sozialistischen Bewegung erklärte Hartz mit dem Fehlen des Gegenpols, der ihre Organisation hätte herausfordern können: „One of the earliest sources of American nationalism was a sense of equality that came from knowing that the social conflicts of Europe were not established here" [246: Liberal Tradition (1955) 81]. HARTZ' Absichten, Schwächen und Stärken klären im Zusammenhang mit Grundfragen der vergleichenden Nationalgeschichte die Beiträge von MARVIN MEYERS, LEONARD KRIEGER, HARRY JAFFA und HARTZ' Replik in Comparative Studies in Society and History 5 (1962/63), 261–284, 365–377. Ohne HARTZ kritiklos zu bestätigen, hat der Ideenhistoriker DANIEL T. RODGERS eine Reihe von Schlüsselbegriffen vorgestellt, deren Bedeutung zwar in jeder Situation erneut umstritten gewesen ist, die zusammen aber dennoch den größten Teil der in Amerika öffentlich Diskutierenden seit 1776 miteinander verbindet. Er behandelt u. a. „the common good", „the constitution", „democracy", „empiricism", „equal rights", „freedom", „individualism", „interests", „natural rights", „the people", „pluralism", „popular sovereignty", „pragmatism", „property rights", „public opinion", „republicanism", „slavery", „social contract", „suffrage", und „utilitarianism" [254: Contested Truths (1998)]. Eine bis heute nicht überholte historische Bestandsaufnahme der öffentlichen Diskussion über Grundfragen der amerikanischen Demokratie lieferte 244: GABRIEL, The Course of American Democratic Thought, (3. Aufl. 1986). Vielbeachtete neuere Beiträge zur Theoriebildung auf ideengeschichtlicher Basis lieferten der Politologe ROBERT DAHL [242: Democracy and Its Critics (1989)], der Jurist JOHN RAWLS [350: A Theory of Justice (1971) und 252: Political Liberalism (1993)] und der Soziologe MICHAEL WALZER [352: Spheres of Justice (1983)]. Zur umfassenden Einführung in die amerikanische Diskussion aus politologischer Sicht 351: VORLÄNDER, Hegemonialer Liberalismus (1997) und die Rezension von STEPHEN ALTER in RAH 25 (1997) 89–94. Auszüge aus einzelnen Schriften zur politischen Ideengeschichte bringt 63: HOLLINGER u. a. (Hrsg.) The American Intellectual Tradition (1997): insbesondere Texte von George Bancroft, Henry David Thoreau, John C. Calhoun, Abraham Lincoln, Thorstein Veblen, John Dewey, Gunnar Myrdal, Hannah Arendt, Samuel Huntington und Michael Walzer.

Demokratietheorie und Liberalismus

Noch lose, aber landesweit erkennbar organisierte politische Gruppierungen, die auch bereits *parties* genannt wurden, entstanden in den USA um 1800, also eine volle Politikergeneration eher als in Europa. Die Besetzung der Bundesämter in Exekutive und Legislative durch ein einfaches Mehrheitswahlsystem regte dazu an, und die republikanischen Idealisten der Gründerjahre hofften vergebens, dem aus der englischen Politik und den eigenen Kolonialparlamenten bekannten Parteiengeist durch kluge Verfassungsregeln und eine freie Presse den Boden zu entziehen [219: HOFSTADTER, The Idea of a Party System (1969); 225: MCCORMICK, The Party Period... from the Age of Jackson to the Progressive Era (1986) und MCCORMICKS Zusammenfassung und Einführung in die Fachliteratur in: 76: Encyclopedia of American Political History, GREENE (Hrsg.) (1984) 939–963].

Politische Bewegungen und Parteien

Das Auf und Ab der Vorherrschaft nur zweier großer politischer Parteien bis heute – mehr oder weniger egalitär oder konservativ/elitär, mit erstaunlichen inhaltlichen Wandlungen unter dem gleichen Etikett, z. B. das der 1854 gegründeten Republikanischen Partei – läßt sich in allen nationalgeschichtlichen Überblicken [96 bis 104] und politikwissenschaftlichen Lehrbüchern [224: LOWI (1994), 236: WILSON (1997)] detailliert verfolgen.

Demokratische Partei, Republikanische Partei

Das Ausbleiben einer starken sozialdemokratischen Bewegung oder Arbeiterpartei nach englischem Vorbild im kapitalistischen Amerika hat noch keine historische Monographie systematisch und umfassend erklärt. Der Berliner Staatswissenschaftler WERNER SOMBART formulierte die Frage bereits 1906 vereinfachend griffig in der Schrift „Warum gibt es in den Vereinigten Staaten keinen Sozialismus?" SOMBART benannte eine sozialismusfeindliche Wirkung des vergleichsweise hohen amerikanischen Lebensstandards mit dem Aperçus: „An

Sozialismus

Roastbeef und Apple-Pie wurden alle sozialistischen Utopien zuschanden." Aber SOMBART irrte mit der Prognose, daß „der Sozialismus in der Union im nächsten Menschenalter aller Voraussicht nach zu vollster Blüte gelangen wird" [773: SOMBART, Warum (1906) 141–142]. Die gleichen soziopolitischen Umstände bewirkten die im Vergleich zu Europa merklich langsamere Entwicklung des fürsorglichen Sozialstaates, insbesondere auf Bundesebene. In der risikofreudigeren Pioniergesellschaft fand erst 1935 das erste Bundesgesetz zur sozialen Sicherheit eine Mehrheit im Kongreß (Social Security Act) [257: Leiby, Social Welfare (1978)].

Verfassungsgeschichte, Grundrechte und Supreme Court

Die meisten Konflikte zwischen demokratischer Norm und politischer Praxis wurden nicht nur in der Publizistik artikuliert, die die zahllosen Wahlkämpfe um örtliche, einzelstaatliche und Bundesämter begleitete, sondern erschienen auch in Gestalt von Rechtsstreiten vor den Gerichten. Deren letzte Instanz auf Bundesebene, der Supreme Court, entschied – ab 1803 auch gegen den expliziten Willen des Gesetzgebers – unter Berufung auf seine Rolle als oberster Hüter der Verfassung, wie im Einzelfall die Verfassungsvorschriften für das Handeln der Regierenden und das Verhalten der Bürger untereineinander zu verstehen und anzuwenden seien (*judicial review*). Deshalb enthalten die umfassenden Darstellungen der Verfassungsgeschichte, einschließlich ihrer Analyse der wichtigsten Urteilsbegründungen, zugleich das organisatorische, ideologische und handlungsgeschichtliche Skelett der amerikanischen Nationalgeschichte. Als führendes Handbuch einer so umfassend verstandenen Verfassungsgeschichte hat sich bewährt 220: KELLY u. a., The American Constitution (7. Aufl. 1991). Die Institution des Supreme Court steht im Mittelpunkt von 213: BICKEL, The Least Dangerous Branch (2. Aufl. 1986) und der Problemskizze von KNUD KRAKAU [221: KRAKAU, Der Supreme Court (1989)]. Die volle Institutionengeschichte einschließlich der Richterbiographien und der Verfassungsrechtsdogmatik erfassen der einbändige, aber enzyklopädische Oxford Companion to the Supreme Court [217: HALL u. a. (Hrsg.) (1992)] und die vierbändige Encyclopedia of the American Constitution [223: LEVY u. a. (Hrsg.) (1986)]. Auf die Entwicklung der Grundrechte in Theorie und Praxis konzentriert sich 230: SCHWARTZ, The Great Rights of Mankind (erw. Aufl. 1992). Eine volle historiographische Bestandsaufnahme anläßlich der Zweihundertjahrfeier des Inkrafttretens der Bundesverfassung bot das Septemberheft 1987 des JAH [auch als Buch 234: THELEN (Hrsg.), The Constitution and American Life (1988)].

Präsident

Wegen der leichten Identifizierung des Präsidentenamtes mit einer Person gilt auch unbedeutenden Amtsinhabern unweigerlich die Aufmerksamkeit der Politikhistoriker, und dominierende Persönlichkeiten wie etwa Andrew Jackson und die beiden Roosevelts leisten der als vereinfachend kritisierten, aber oft praktizierten *presidential synthesis* in Ermangelung anderer, überzeugenderer Periodisierungskriterien Vorschub. Für Historiker wie Politikwissenschaftler gleichermaßen ergiebig für die Suche nach Spezialinformationen und Fachliteratur ist die vierbändige Encyclopedia of the American Presidency [214: FISHER u. a. (Hrsg.)

(1994)]. Von systematisch-politikwissenschaftlichen Fragestellungen geleitet wird auch die historische Entwicklung des Amtes im Kontext des amerikanischen Regierungssystems behandelt von 227: NEUSTADT, Presidential Power and the Modern Presidents (1989) und 232: SKOWRONEK, The Politics Presidents Make: Leadership from John Adams to George Bush (1993). Die dem Präsidenten unterstehende Bürokratie der Ministerien (*departments*) nahm auch im Fall der USA mit der Industrialisierung seit dem Sezessionskrieg und dann erneut seit dem Ersten Weltkrieg sprunghaft zu und entwickelte ihre eigene Dynamik [222: KURIAN (Hrsg.) Historical Guide to the U.S. Government (1998) und 229: RIPER, United States Civil Service (1958)]. {Ministerien, civil service}

Die intensive funktionale Gewaltenverschränkung von Exekutive und Gesetzgeber, im Deutschen wie im Englischen meist irreführenderweise als Gewaltenteilung (*separation of powers*) bezeichnet, demonstriert der Politologe NELSON POLSBY in: 228: Congress and the Presidency (4. Aufl. 1986). Umfassend systematisch und historisch informiert die vierbändige Encyclopedia of the United States Congress [212: BACON u. a. (Hrsg.) (1994)]. {Repräsentantenhaus und Senat}

Die Machtverteilung zwischen Bund und Einzelstaaten ist bis heute ein so zentrales Thema der amerikanischen Nationalgeschichte, daß es in allen politikgeschichtlichen Epochendarstellungen stets mitbehandelt wird. Der verfassungsgeschichtliche Einführungsartikel „Federalism" von TONY FREYER in der Encyclopedia of American Political History [76: GREENE (Hrsg.) (1984) 546–564] skizziert die krisenhaften Machtverlagerungen hin zum Zentrum von der Bundesstaatsgründung und dem Sezessionskrieg bis zum New Deal und der nur durch weitere Entmachtung der Südstaaten durchsetzbaren Civil Rights-Revolution der 1960er Jahre. Die historiographische Diskussion und die Rechtsprechung verfolgt seit 1971 die Fachzeitschrift Publius: The Journal of Federalism. Seit den die Bundesstaatsgründung rechtfertigenden Federalist-Artikeln von 1787/88 hat keine der großen Krisen und Veränderungen der amerikanischen Politik eine entsprechend theoretisch anspruchsvolle Analyse des Regierungssystems der USA hervorgebracht; sie liegen jetzt auch komplett und kommentiert in deutscher Übersetzung vor [450: HAMILTON, MADISON und JAY (1994)] {Föderalismus}

Eine fast theorielose, aber einflußreiche, weil einprägsame Politikgeschichte mit liberalen Wertungen präsentierte RICHARD HOFSTADTER in Gestalt von zwölf brillianten biographischen bzw. gruppenbiographischen Porträts [116: The American Political Tradition (1948)]. In seiner Rezension der bis heute für den akademischen Unterricht unverändert nachgedruckten Nationalgeschichte durch Kurzbiographien bedauerte Arthur M. Schlesinger jr. die schwache Vertretung in der konservativen Politiker vom Schlage Alexander Hamiltons und John Marshalls Hofstadters Porträtgallerie. Er begrüßte jedoch Hofstadters neue Hervorhebung des „common climate of American opinion" und des gemeinsamen Glaubens an „die Rechte des Eigentums, die Philosophie des wirtschaftlichen Individualismus und des Wertes des Wettbewerbs", also des oben genannten liberalen Konsenses. {Politische Biographien}

Eine speziell für die Bedürfnisse deutschsprachiger Leser erbrachte Gemeinschaftsleistung der deutschsprachigen USA-Historiker unter Führung JÜRGEN HEIDEKINGS ist 218: HEIDEKING (Hrsg.), Die amerikanischen Präsidenten: 41 historische Porträts von George Washington bis Bill Clinton (1995). Die klassische historische Biographie von Politikern, Geschäftsleuten, Soldaten, Entdeckern und Pionieren, Intellektuellen, Schriftstellern und anderen Künstlern, Sportlern und anderen Frauen und Männern, deren Leistungen die Aufmerksamkeit der Öffentlichkeit auf sich gezogen haben, ist seit dem 19. Jahrhundert ungebrochen die wahrscheinlich einflußreichste Darstellungsart geblieben, in der Berufshistoriker in Konkurrenz mit nicht immer seriösen flinken Federn die nationale Erinnerungskultur gepflegt haben. Den Weg zu seriösen englischsprachigen Biographien weisen die Literaturangaben am Ende der biographischen Artikel in der Encyclopedia Britannica, der Encyclopedia Americana und der Columbia Encyclopedia.

5. Internationale Beziehungen: Aus kolonialer Abhängigkeit zur dominanten Weltmacht

Der Widerstreit der überseeischen Interessen Spaniens, Frankreichs, der Niederlande und Englands hat ein Dutzend Kolonialkriege ausgelöst und die internationale Konstellation herbeigeführt, die es den Kolonisten ermöglichte, ihre staatliche Unabhängigkeit 1775–83 zu erkämpfen. Auch die territoriale Expansion der USA und der Aufstieg zur Handelsmacht im 19. Jahrhundert verlangten Absprachen mit anderen Regierungen – nach mehr oder weniger deutlichen Drohungen mit Gewalt oder handelspolitischen Maßnahmen. Ohne Außenpolitik, ohne Berücksichtigung des Verhaltens der Vereinigten Staaten in der internationalen Politik, kann keine Phase der amerikanischen Geschichte beschrieben werden. Hundert Jahre professioneller Historiographie haben eine kaum noch überschaubare Bibliothek außenpolitischer Fachliteratur und Dokumenteneditionen hervorgebracht. Die meisten Außenpolitikhistoriker lassen in ihren Fragestellungen und Erklärungsversuchen politische Präferenzen erkennen: Sie unterscheiden sich vor allem im Ausmaß der Kritik und des Mißtrauens gegenüber der Machtentfaltung der USA als Weltmacht und gegenüber den vermutlich dahinterstehenden wirtschaftlichen Interessen und Ideologien. Zwei gegensätzliche Pole werden veranschaulicht durch die beiden weit verbreiteten Gesamtdarstellungen von THOMAS BAILEY [260: Diplomatic History (10. Aufl. 1980)] und von WALTER LAFEBER [272: American Age (2. Aufl. 1994)]. BAILEY neigt zur patriotischen Grundüberzeugung von den zunächst einmal guten Absichten, die den meisten außenpolitischen Entscheidungen der Präsidenten, Senatoren und anderen beratenden Personen zugrunde lagen. LAFEBER macht aus seiner Neigung zu Positionen der New Left und ihren macht- und kapitalismuskritischen Präferenzen keinen Hehl. LAFEBERS Darstellung wägt ab, präsentiert die breite Palette der kontroversen Fachliteratur und ist nicht mehr so einseitig affirmativ wie die stark essayistischen

Interpretationsrichtungen

Darstellungen seines Mentors WILLIAM APPLEMAN WILLIAMS [279: A William Appleman Williams Reader (1992)]. Eine historiographische Bestandsaufnahme, die alle Interpretationsrichtungen und Teilgebiete der Geschichte der internationalen Beziehungen erfaßt, einschließlich der politikwissenschaftlichen Theoriebildung, der Psychologie und der Meinungsforschung, bietet MICHAEL HOGANS und THOMAS PATERSONS Sammelband [266: Explaining the History of American Foreign Relations (1991)]. Umfassende Literaturberichte, die die verschiedenen „revisionistischen" historiographischen Debatten der Jahre des Kalten Krieges enthalten, hat HOGAN zusammengestellt in America in the World [267 (1995)]. Die Bezüge zwischen Gegenwartsfragen der diskutierenden Historiker und ihrem Forschungsgegenstand demonstriert JERALD COMBS in American Diplomatic History [263 (1983)]. Ein einflußreiches Beispiel hierfür in Bezug auf die Lateinamerikapolitik seit 1776 liefert die knappe Würdigung des Lebenswerks des Diplomatiehistorikers Samuel Flagg Bemis durch MARK GILDERHUS in: DH 21 (Winter 1997) 1–13; die kritische Würdigung beginnt mit Bemis' The Latin-America Policy of the United States (1943) und stellt auch neuere, weniger patriotisch motivierte Monographien vor; ergänzend hierzu die Sammelrezension von ELIZABETH COBBS Why They Think Like Gringoes: The Discourse of U.S.-Latin American Relations in DH 21 (Winter 1997) 307–316.

Starke Auswirkungen einer bis zum „Missionsbewußtsein" gesteigerten amerikanischen Ideologie auf außenpolitische Entscheidungen weisen die umfassenden Studien von KNUD KRAKAU [270: Missionsbewußtsein und Völkerrechtsdoktrin (1967), 271: KRAKAU, Amerikanische Außenpolitik – ein nationaler Stil? (1985)] und KURT R. SPILLMANN [277: Amerikas Ideologie des Friedens (1984)] seit dem 18. Jh. nach. Die gleiche Charakteristik zeichnet TONY SMITH [276: America's Mission (1994)] von Woodrow Wilson bis Ronald Reagan nach. SMITH konstatiert als „central ambition" der amerikanischen Außenpolitik im 20. Jh. „the effort to promote democracy abroad" (S. 3); weitere Bezüge zum historiographischen Kontext eröffnet THOMAS MCCORMICK in seiner kritisch-würdigenden Rezension in DH 21 (Summer 1997) 481–492. *Ideologie und Außenpolitik*

Sachlich abwägende Überblicke, die die meisten Interpretationsrichtungen berücksichtigen, enthalten die dreibändige Encyclopedia of American Foreign Policy [264 (1978)], die vierbändige Cambridge History of American Foreign Relations [262 (1993)], das zweibändige Lehrbuch von THOMAS PATERSON u. a. [275: American Foreign Policy (4. Aufl. 1995)] und STEPHEN AMBROSE' Pelican-Band für die Jahre ab 1938 [259: Rise to Globalism (8. Aufl. 1997). *Nachschlagewerke, Einführungen*

Knappe deutschsprachige Skizzen liefern HANS-ULRICH WEHLER aus neu-linker Perspektive [278: Grundzüge der amerikanischen Außenpolitik (1984)] und, nach dem Zusammenbruch der Sowjetunion insbesondere auf die Poltikgeschichte des Aufstiegs der USA zur alleinigen Supermacht zurückblickend, DETLEF JUNKER [269: Von der Weltmacht zur Supermacht (1995)]. Eine umfassende institutionen- und ereignisgeschichtliche Darstellung bietet der Politologe HERBERT DITTGEN [830: Amerikanische Demokratie (1998)].

6. Ideen und Werte: Geistes- und Kulturgeschichte vom Puritanismus zum Kulturkampf der Religiösen Rechten um 1990

intellectual history   Der professionelle Erfolg der Sozialgeschichte in den 1960er Jahren löste eine Phase der methodenkritischen Besinnung und Bestandsaufnahme unter Ideenhistorikern aus. Ein Ergebnis begrifflicher Klärungen war der Sammelband 316: HIGHAM u. a. (Hrsg.), New Directions in American Intellectual History (1979); die Existenz eines „national mind", der Platz der Religionsgeschichte und Methodenfragen der Kultur- und Mentalitätsgeschichte werden darin analysiert. Das Journal of the History of Ideas präsentiert seit 1940 klassische Ideengeschichte – weit über die amerikanische Nationalgeschichte hinausgehend. Viele seiner Autoren finden sich im entsprechend universal angelegten Dictionary of the History of Ideas wieder, [hrsg. v. PHILIP WIENER, 5 Bde. New York 1968–1974]. Das aktuelle Diskussionsforum der die amerikanische Geschichte interpretierenden *intellectual historians* ist der seit 1978 jährlich publizierte Intellectual History Newsletter; seit 1997/98 wird er am American Culture Studies Center der Washington University in St. Louis herausgegeben. Band 18 (1996) versammelt auf 70 Seiten kurze grundsätzliche Stellungnahmen führender Ideenhistoriker zum Stand der „Intellectual History in the Age of Cultural Studies." Nicht ersetzbarer Kern des Forschungsgegenstandes der Ideenhistoriker bleibt die öffentlich vorgetragene explizite Argumentation historischer Akteure und professioneller Intellektueller („actual argumentation and reasoning", DAVID HOLLINGER, S. 65). Als Lehrbuch der so verstandenen Ideengeschichte erfolgreich ist die zweibändige Quellentextauswahl mit Literaturhinweisen von DAVID HOLLINGER u. a. unter dem anspruchsvollen Titel The American Intellectual Tradition [63: 3. Aufl. 1997]; die Herausgeber charakterisieren ihre Textauswahl als Erörterungen der „theoretical basis for religious, scientific, artistic, political, social, and economic practice" (S.IX). Das Vorwort und die knappen Einleitungen zu den 9 Kapiteln ergeben einen chronologischen Abriß des heutigen Verständnisses der amerikanischen Ideengeschichte von „The Puritan Vision" und „Republican Enlightenment" zur „Diversity and Postmodernity" um 1990.

Kultur- und   Als ROBERT DARNTON 1980 auf dreißig Jahre der professionellen *intellectual*
Ideengeschichte   *and cultural history* in den USA zurückblickte [in 91: KAMMEN (Hrsg.), The Past before Us (1980) 327–349], begrüßte er die in der Historikerzunft durch die neue Sozial- und Mentalitätsgeschichte ausgelösten Zweifel an der traditionellen Ideengeschichte, wie sie mit großem Erfolg z. B. von Perry MILLER praktiziert worden war [390: MILLER u. a. (Hrsg.) The Puritans (1963), mit Hinweisen auf Millers frühere Werke]. Eher skeptisch bewertete DARNTON den Einfluß der literaturwissenschaftlich fundierten American Studies-Bewegung seit den 1950er Jahren mit ihrer Suche nach einem *American mind* und seinen konsensstiftenden *myths and symbols*. [329: SMITH, Virgin Land (1950)]. Stärkeres Erkenntnispotential billigt Darnton kuturanthropologischen Untersuchungen der Situation versklavter und freier Afroamerikaner zu [601: GENOVESE, Roll Jordan Roll (1974); 337: LEVINE,

Black Culture (1977)]. Darntons Rückblick bestätigt auch die weitgehende Akzeptanz des alle Formen der Sinngebung umfassenden Kulturbegriffs des Anthropologen CLIFFORD GEERTZ unter amerikanischen Historikern; er definierte *culture* 1966 als „an historically transmitted pattern of meanings embodied in symbols, a system of inherited conceptions expressed in symbolic forms by means of which men communicate, perpetuate, and develop their knowledge about and attitudes toward life" [GEERTZ (Hrsg.), The Interpretation of Cultures, New York 1973, 89].

Ein Lexikon mit dem Titel „Begleiter deutschen Denkens" ist als Neuerscheinung heute nicht denkbar; der 1995 tatsächlich erschienene Titel A Companion to American Thought [314: Fox u. a. (Hrsg.)], eine höchst informative Gemeinschaftsproduktion von etwa 200 amerikanischen (sowie 2 englischen, einem kanadischen und einem französischen) Historikern und anderen Geisteswissenschaftlern, war ein gängiges Klischee, kein Anachronismus. Die 800 Seiten bieten z.T. brillante Problemskizzen, Werkinterpretationen und Kurzbiographien mit neuesten Literaturangaben u. a. zu „Darwinism", „Lincoln", „Progressivism", „Managerialism", „Modernism", „Populism", „Prohibition", „pro-Slavery Thought", „Realism", „Romanticism", „Social Darwinism", „Transcendentalism" und „Welfare". Vorgestellt werden „key ideas and key thinkers in history, literature, religion, philosophy, political theory and other social sciences" und den Künsten, aber, der demokratischen Kultur entsprechend, auch die öffentlichen Debatten „outside of academia in journalism, politics, law, the ministry, social work, psychology, and other professions" (S.XIV). Die Synthese und Zusammenhang suggerierenden Begriffe *American thought* und *American mind* erwarben durch die American Studies-Bewegung akademische Seriosität. Besonders erfolgreich als Lehrbücher, die eine nationale Gesamtentwicklung seit der Kolonialzeit nachzeichneten waren 311: CURTI, Growth of American Thought (1964) und 244: GABRIEL, American Democratic Thought (1986). MAX LERNER bevorzugte 1957 die konkurrierende Kategorie *civilization* im Titel seines großen Kompendiums [320: America as a Civilization (1987; Erstauflage auch in deutscher Übersetzung)]. In seinem Nachwort von 1987 definierte Lerner die nationale *civilization* additiv und oberflächlich als ein „System" von acht Subsystemen: (1) Wissen, Information, Kommunikation, (2) ökonomische Grundlage des Lebens, (3) das ökologische System, (4) gesellschaftliche Klassen und ethnische Gruppen, (5) politische Macht, (6) persönliche Beziehungen (Familie, Geschlechter), (7) die Bereiche von Kunst und Unterhaltung und (8) Werte und Ideensysteme (S. 959). Den Leitwert dieser Zivilisation erkannte Lerner in der Schaffung gleicher Lebenschancen für alle („equal access to life's chances", S. 958). Eine anregende tour de force über die Höhepunkte der nicht ganz so breit definierten Kultur- und Ideengeschichte von dem Puritanismus bis zur Postmoderne bietet WINFRIED FLUCK in 79: ADAMS u. a. (Hrsg.), Länderbericht (1998) 719–801, mit weiterführender Literatur. Die Skizzen von PETER HANSEN über „Cultural Criticism" und „Mass Culture" in 314: Fox u. a. (Hrsg.), Companion to American Thought

Nationale Kultur, Identität, American exceptionalism

Massenkultur, popular culture

(1995) benennen die Höhepunkte der inneramerikanischen Diskussion seit etwa 1900; s.a. den Sammelband deutscher Amerikanisten [336: Freese u. a. (Hrsg.), Popular Culture (1994)].

Unter den ernsthaften Antworten auf die in der populärwissenschaftlichen Diskussion immer wieder gestellte Frage nach dem „nationalen Charakter" der USA ragt DAVID POTTERS Monographie hervor [126: People of Plenty (1954)]; auf dem Stand von 1971, also vor Ausbruch der Mulikulturalismusdebatte, hat JAMES HALL seriöse Texte von TOCQUEVILLE bis OSCAR HANDLIN über „Forging the American Character" zusammengestellt und eine kommentierte Bibliographie hinzugefügt [114 (1980)]. Ein bis heute kontroverses Thema der interdisziplinären *American Studies* ist der Widerspruch zwischen dem amerikanischen Anspruch, universales Vorbild für die politische und wirtschaftliche Gestaltung einer demokratischen Gesellschaft schlechthin zu sein, und dem ebenso nachdrücklich artikulierten nationalen Selbstverständnis, eine einzigartige Nation zu sein, die sich sinnvollen Vergleichen mit Europa entzieht. Die Ideen- und Wissenschaftshistorikerin DOROTHY ROSS sieht die Wurzeln des „American exceptionalism" eindeutig im heilsgeschichtlichen Glauben der Puritaner [in: 314: Fox u.a (Hrsg.), Companion to American Thought (1995) 22–23]; s.a. den umfassenden historiographischen Problemaufriß von MICHAEL KAMMEN [118: American Exceptionalism, in: AQ 45 (1993)1–43], den Sammelband von BYRON SHAFER [127: Is America Different? (1991)] und die insbesondere aus Vergleichen mit Kanada gewonnenen Einsichten des Soziologen SEYMOUR MARTIN LIPSET [123: American Exceptionalism (1996)].

Religion, Kirchen

Die institutionelle Trennung von Staat und Kirchen – von der ersten Verfassungsänderung von 1791 verlangt – hat in den USA ein grundlegend anderes Verhältnis zwischen den Kirchen als Institutionen und ihren Mitgliedern entstehen lassen als in den Ländern mit Staatskirchen bzw. staatlich privilegierten Kirchen. Die Kirchen werben aus naheliegenden Gründen stärker um zahlende Mitglieder und konkurrieren miteinander fast wie Firmen um Kunden. Die unter Nr. 341–347 genannten Überblicksdarstellungen sind keine kirchlichen Dogmengeschichten, sondern verbinden aus überkonfessioneller Warte Institutionengeschichte mit Glaubensinhalten und sozialem Verhalten. Die formal-institutionelle Trennung von Staat und Kirchen und der Verzicht auf eine traditionelle christliche Gottesanrufungsklausel in der Bundesverfassung mit dem Erbe der amerikanischen Aufklärung wird historisch begründet in: 343: KRAMNICK u. a., The Godless Constitution (1996). Der Supreme Court hat in Hunderten von Urteilsbegründungen ein liberales Religionsgruppenrecht entwickelt [FREDERICK GEDICKS, „Religion" in: 217: Oxford Companion to the Supreme Court (1992) 717–725]. Weitere Monographien zum Verhältnis von Staat und Kirchen bespricht BERYL SATTER in: RAH 23 (1995) 159–164. Die dennoch prägende Kraft insbesondere des Protestantismus für große Teile des amerikanischen Geisteslebens skizziert LAURENCE MOORE in dem Artikel „Religion" in: 314: FOX u.a (Hrsg.), Companion to American Thought (1995) 578–581.

Die amerikanische Kultur- und Ideengeschichte hat als Teil der akademischen American Studies-Bewegung insbesondere der 1950er und 60er Jahre im Kontext Bewegung des Kalten Krieges einen einmaligen Entwicklungsschub erfahren. In Ermangelung rein literarischer Texte des 17. und 18. Jahrhunderts haben die kanonbildenden Lehrbücher und Anthologien der amerikanischen Nationalliteratur auch zahlreiche Reiseberichte, Indianermythen, Predigten und Tagebücher von Puritanern, erbauliche Kalendertexte von Benjamin Franklin, Thomas Paines revolutionäre Flugschrift Common Sense und Thomas Jeffersons Amtsantrittsrede in den Kanon der Nationalliteratur aufgenommen [64: LAUTER u. a. (Hrsg.), Heath Anthology of American Literature (1994)]. Ein großer Teil dieser Texte ist inzwischen Bestandteil des von jedem Leitartikelschreiber abrufbaren Fundus der erinnerten Gründungsgeschichte. Die inzwischen selbst in die amerikanische Wissenschaftsgeschichte eingegangene konzeptuelle und organisatorische Entwicklung der nicht vollständig zu einem neuen Fach „American Studies" verschmolzenen Disziplinen läßt sich anschaulich und authentisch im Hausorgan der American Studies Association, in dem seit 1949 erscheinenden American Studie Quarterly, verfolgen, z. B. in den Artikeln von MICHAEL DENNING, The Special American Conditions: Marxism and American Studies, in: AQ 38 (1986) 456–80 und ALLEN DAVIS, The Politics of American Studies, in: AQ 42 (1990) 353–74.

1. DIE EUROPÄISCHE EXPANSION, KOLONIALHERRSCHAFT UND KOLONIALGESELLSCHAFTEN, 1600–1763

a) Entdecker und Entdeckte

<small>Integration der Ureinwohner in die Nationalgeschichte</small> Auch Darstellungen, die im Titel lediglich die Geschichte „des amerikanischen Volkes" oder „der Vereinigten Staaten" oder „das Wachstum der amerikanischen Republik" ankündigen, beginnen nicht etwa mit der Unabhängigkeitserklärung am 4. Juli 1776, sondern vor etwa 50 000 Jahren mit der Wanderung ostsibirischer Stämme über die damals noch als Landbrücke begehbare heutige Beringstraße auf den amerikanischen Kontinent und in die später einmal zum Staatsgebiet der USA gehörenden Regionen. In einem typischen Einleitungskapitel der gängigen Schul- und Lehrbücher der amerikanischen Nationalgeschichte wird die Vielfalt der Indianerkulturen positiv bewertet, ihre Symbiose mit den unterschiedlichsten natürlichen Lebensbedingungen in Nordamerika zwischen Pazifik und Atlantik, ihre Landwirtschaft, Sternenkunde, Religiösität, Heilkunde, Gemeinschaftsorientierung und Selbstdisziplin, das Kunsthandwerk und die Größe ihrer Siedlungen (bis zu 40 000 Bewohner Cahokias am Mississippi bei St. Louis um 1100 n. Chr.) usw. Damit ist dann auch die prägende Kraft der „amerikanischen" Umwelt (Landschaft, Klima und andere Lebensbedingungen) etabliert, die später auch aus Europäern Amerikaner machen wird und der Nährboden einer von Europa unabhängigen Gesellschaft, Wirtschaft und Kultur ist. Auf diese Weise wird die amerikanische Nationalgeschichte zu einer die Jahrtausende überbrückenden Entwicklungsgeschichte der Menschheit erweitert, die von den vorgeschichtlichen Jägerkulturen bis zur Landung des ersten Menschen auf dem Mond (1969, mit der amerikanischen Fahne in der Hand) reicht. Die von Europäern herablassend gestellte Frage nach der „Länge" der amerikanischen Geschichte könnte nicht selbstbewußter beantwortet werden: Die Geschichte Amerikas rekapituliert in besonders sichtbarer Weise die Kulturgeschichte der Menschheit. Teil der intellektuellen Vergangenheitsbewältigung ist die ausgefächerte umfangreiche Fachliteratur von Ethnologen und Historikern zur Geschichte der gewaltsamen Verdrängung der Urbevölkerung und der unerbittlichen Landnahme der Europäer. Die unter Nr. 160 bis 168 aufgeführten Titel erschließen diese Literatur und ermöglichen den Zugriff auch auf die Speziallitteratur, etwa über die Vertragspolitik der Kolonialregierungen bzw. der Bundesregierung, mit der die Westwärtswanderung zumindest teilweise hätte gesteuert werden können [166: Prucha, American Indian Treaties (1994)]. Eine fundamentale Schwäche der Ethnographie und Geschichtsschreibung zur Situation der Ureinwohner wird immer sein, daß die Stämme nördlich des Rio Grande selbst keine Schriftsprache entwickelt hatten und erst nach Anleitung durch christliche Missionare ihre eigenen schriftlichen Dokumente zu erstellen begannen.

1. Europäische Expansion, Kolonialherrschaft und Kolonialgesellschaften 159

Die Anzahl der 1492 in Nordamerika zwischen Rio Grande und Eismeer lebenden Ureinwohner ist unter Ethnologen und Historikern umstritten, weil unser Wissen gering und das moralische Engagement groß ist: Das Ausmaß des Beinahe-Genozids bemißt sich an der Zahl der Getöteten. Wegen der nur groben Anhaltspunkte schwanken die Schätzungen außerordentlich. Seit 1928 akzeptierten viele Historiker die Schätzung des Ethnologen James Mooney von etwa 1,1 Millionen Ureinwohnern. Er hatte minuziös die überlieferten Angaben von Stamm zu Stamm addiert und ihm phantastisch erscheinende Berichte von Abenteurern und Missionaren reduziert. Der Ethnologe Henry Dobyns berechnete 1966 und 1983 viel großzügiger die Nahrungsmittelbasis einzelner Stammesregionen und legte mit 18 Millionen die höchste Schätzung vor. Der Geograph William Denevan errechnete 1976 etwa 4,4 Millionen. Wie schwach die Basis all dieser Zahlen ist, erläutert überzeugend 365: JOHN D. DANIELS, Indian Population (1992). Etwa 5 Millionen Ureinwohner nahmen 1990 die Historiker des U.S. National Park Service an, die die permanente Ausstellung des Einwanderermuseums auf Ellis Island einrichteten. Da ein Definitionsmerkmal des Genozids die Absichtlichkeit des Tötens ist, muß wegen der Stärke der moralischen Verurteilung der europäischen „Invasion" [369: JENNINGS, Invasion of America (1976)] immer wieder daran erinnert werden, daß mehr Indianer durch die unabsichtlich übertragenen Krankheitserreger umgekommen sind als durch die Vielzahl der sich bis 1890 hinziehenden Kleinkriege. In ihrer über 10 000jährigen Isolation von der Bevölkerung Asiens und Europas hatten die Indianer keine Abwehrkräfte gegen die Erreger von Windpocken, Masern, Grippe, Keuchhusten, Diphtherie, Tuberkulose, Lungenentzündung, Typhus, Gelbfieber und vor allem die Pocken entwickelt. Die biologische Schwächung der eingeborenen Bevölkerung nutzte den Eindringlingen aus Europa mindestens ebenso sehr wie ihre waffentechnische Überlegenheit, das Pferd und andere Haustiere und die Nützlichkeit des von den auf Wasserwege spezialisierten Indianern noch nicht erfundenen Rades. Ganze Stämme starben nach ersten Kontakten mit einzelnen Europäern dahin [364: CROSBY, Columbian Exchange (1972)].

<small>Anzahl der Ureinwohner zur Kontaktzeit</small>

Einig sind sich die Ethnologen und Historiker über die Vielfältigkeit und Verschiedenartigkeit der Indianerkulturen nördlich des Rio Grande um 1600, auch wenn es keine Hochkulturen der Art der Inkas und Azteken gab. Auch ohne das erst von den Spaniern eingeführte Pferd variierten die Wirtschaftsformen, Kulte und sozialen Organisationsformen von nahezu seßhaften, Fruchtanbau betreibenden Stämmen (Seneca, Huronen) bis hin zu Jägern und Sammlern mit nomadischer Lebensform (Ottawas, Kickapoos), von Überlebenstechniken in Wüstenklima, in Waldland, in der Prärie oder an der Küste bis zur Arktis, von Patriarchat bis Matriarchat. Lebenslange Hierarchien oder soziale Klasseneinteilungen praktizierten u. a. die Natchez im unteren Mississippital und die Tlingit an der nordwestlichen Pazifikküste [361: NASH, Red, White and Black (1992); 162: HURTADO u. a. (Hrsg.), Major Problems in American Indian History (1994)].

<small>Vielfalt der Indianerkulturen</small>

Wenig Vermi- Das Zusammenleben vereinzelter französischer Pelzjäger, der *coureurs de bois*,
schung und englischer *trappers* mit indianischen Frauen und die Entstehung der kleinen
Mischlingsgruppe der Métis in Kanada blieb in Angloamerika eine Randerscheinung, nicht vergleichbar der Mischung der indianischen mit der europäischen und afrikanischen Bevölkerung Lateinamerikas. Präzise Angaben sind offensichtlich nur schwer zu machen. DAVID EDMUNDS berichtet von „many mixed-blood Cherokee leaders" um 1820 [81: FONER u. a. (Hrsg.), Reader's Companion (1991) 546].
GARY MILLS definiert zwar „mestizo" als „1/2 white, 1/2 Indian" und „mustée" als „a mixture of black and Indian", nennt aber keine Zahlen [140: WILSON u. a. (Hrsg.), Encyclopedia of Southern Culture (1989) 438].

Den Widerspruch zwischen dem totalen Anspruch der europäischen Entdecker auf den Kontinent und den vielen Landabtretungsverträgen mit den Ureinwohnern, die große Teile des Westens jenseits der Appalachen bis um 1783 kontrollierten, demonstriert ECCLES in überzeugender Fülle [368: Sovereignty-Association 1500–1783 (1984)]. Das Ausmaß der Selbstbestimmung auch der unterlegenen Indianer und der versklavten Afrikaner sowie den frühen Rassismus der Europäer betont GARY NASHS umfassende Darstellung der Bevölkerungsgeschichte [361: Red, White, and Black (1992)].

B) ERSTE EUROPÄISCHE SIEDLUNGEN

Neuspanien Der historische Geograph DONALD MEINIG liefert im ersten Band seiner Trilogie einen konzentriert informativen Überblick über die Anfänge von „New Spain"
St. Augustine 1565 [197: The Shaping of America (1986)], mit detaillierten Literaturhinweisen. Die 1565 gebaute kleine spanische Garnison St. Augustine in Florida feiert DEAGAN [366: Spanish Saint Augustine (1983)] als ersten amerikanischen „Schmelztiegel".
Neufrankreich Nach dem Vorbild der englischen und niederländischen Handels- und Siedlungsgesellschaften ließ Richelieu ab 1627 die Companie de la Nouvelle France gründen, um Kapital zu sammeln und eine aktive Siedlungspolitik zu betreiben. Die Krone verbriefte großzügig den Landanspruch von Florida bis zum Eismeer, garantierte das Pelzhandelsmonopol und die Zollfreiheit für den Handel mit der Kolonie in beiden Richtungen und stellte zwei Kriegsschiffe und vier Kanonen zur Verfügung. Die private Investition von 300 000 *livres* ermöglichte 1628 tatsächlich die Überfahrt von 400 Siedlern. 1642 folgte die Gründung von „Ville Marie de Montréal". Ein Grund für die geringe Anzahl französischer Kolonisten war möglicherweise die neo-feudale Form des Großgrundbesitzes der Gesellschafter (*seigneuries*) [372: TRUDEL, Beginnings of New France (1973) 169 ff., 268]. Die europäische Erschließung des St. Lorenz-Tals umreißt MEINIG [197: The Shaping of America (1986) 109–117]; der Siedlungsgeograph hebt hervor: „France drove some 200 000 Huguenots into exile, but excluded them from New France„(S. 251). Das wirtschaftliche Fundament Neufrankreichs war unbestrittenermaßen der Pelzhandel. Jedoch wurde er auch strategischen Absichten der fran-

zösischen Krone und der Kolonialverwaltung untergeordnet und Mittel zum politischen Zweck [404: ECCLES, Fur Trade (1983)].

Die prekäre Politik- und Wirtschaftsgeschichte der fast gescheiterten Kolonie Virginia und die Sklavenhaltung als Basis der zunehmenden Freiheit der prosperierenden englischen Siedler hat niemand besser beschrieben und analysiert als EDMUND MORGAN [374: American Slavery (1975)]. ALDEN VAUGHAN erklärt in seiner soliden Biographie des Captain John Smith [377: American Genesis (1975)], weshalb der bürgerliche Söldner und von der Kolonialidee besessene Publizist durch seine Rolle als Notstandsdiktator in der vom Scheitern bedrohten Kolonie Virginia und als vom Marterpfahl von der Häuptlingstochter Geretteter in die nationale Folklore einging. Er bestätigt im wesentlichen die Glaubwürdigkeit der Autobiographie Smiths.

Virginia und die Chesapeake-Kolonien

c) NEUENGLAND UND DER PURITANISMUS

Eine quellennahe Einführung in das religiöse und soziale Denken und Verhalten der Puritaner vermittelt die ausführlich eingeleitete Anthologie von Quellentexten des Vaters der modernen Puritanismusstudien, PERRY MILLER [390: The Puritans (1963); ergänzend dazu 391: MORGAN (Hrsg.), Puritan Political Ideas (1965), und 388: HEIMERT u. a. (Hrsg.), Puritans in America (1985), mit ausführlich eingeleiteten und thematisch gruppierten Quellentexten]. Der Anglist PERRY MILLER begann 1939 die von den Karikaturen des 19. und frühen 20. Jhs. befreite quellennahe Neuinterpretation der präzise artikulierten Geisteswelt der teilweise hochgebildeten reformatorischen Theologen in England und seinen Puritanerkolonien [389: New England Mind]. MILLERS Systematisierung wird als anachronistische Rationalisierung kritisiert von 385: FIERING, Moral Philosophy (1981) und von 386: FOSTER, Long Argument (1991), der die transatlantischen Gemeinsamkeiten betont. MILLERS großen Einfluß würdigen kritisch 382: BUTTS, Myth of Perry Miller (1982), und DAVID HOLLINGER in H&T 7 (1968) 189–202.

Die Puritanerkolonien

Perry Miller

Erinnerungen an das vom Glauben und Gemeinschaftsleben der Puritaner im Jahrhundert nach 1630 geprägte Neuengland sind in den Bestand des amerikanischen kulturellen Lebens eingegangen. Wie verzerrt diese Erinnerungen auch sind – die Puritaner waren z. B. weder prüde noch Abstinenzler [391: MORGAN, Puritan Political Ideas (1965) –, richtig ist, daß sie sich als erste Europäer den schwierigen Lebensbedingungen am Rande der „Wildnis" Nordamerikas stellten und daß sie dabei „amerikanisch" genannte Eigenschaften entwickelten, die sie schließlich von zu Hause gebliebenen Glaubensbrüdern und -schwestern unterschieden [383: CANUP, Wilderness (1990)]. CANUP konstatiert um 1700 eine eindeutige „Amerikanisierung" der Puritanermentalität als Ergebnis von u. a. der Furcht vor einem Rückfall in Anarchie und Primitivität (*degeneracy*).

Waren die Calvinisten/Puritaner Früh- oder Protokapitalisten? Auch die amerikanische und englische Forschung hat MAX WEBERS Frage wiederholt gestellt

Max Webers These

und mit Differenzierungen beantwortet. Viele Puritaner unter den Kaufleuten und Handwerksmeistern in England lehnten die Monopole und die staatswirtschaftlichen Regulierungen des Merkantilsystems der Krone (und später der Kolonialadministration) ab und führten ein diszipliniertes, von Gewissenserforschung ebenso wie von geschäftlicher Bestandsaufnahme geprägtes Leben [388: HEIMERT u. a. (Hrsg.), Puritans in America (1985) 14]. Natürlich erlebten sie bereits in England ebenso wie nach der Auswanderung das Spannungsverhältnis zwischen der Unternehmermentalität eines Risiko und Profit kalkulierenden Fernhandelskaufmanns und den calvinistischen Glaubenspostulaten mit der Ablehnung von Zinsen um des Profits willen [378: BAILYN, New England Merchants (1955); weitere Literatur zur Weberthese bespricht CHARLES L. COHEN in RAH 25 (1997) 19–24].

Intoleranz Der Puritanerpfarrer Roger Williams war trotz seines achtenswerten Kampfes gegen die geistlichen wie weltlichen Oligarchen von Massachusetts und der Respektierung der Glaubensfreiheit in Rhode Island noch kein Vertreter liberaler Demokratie im heutigen Wortsinn, wie GUGGISBERG [387: Roger Williams (1973)] überzeugend nachgewiesen hat. Das Ideal „guter Regierung", insbesondere die saubere Trennung des kirchlichen und des weltlichen Lebensbereichs, hatte Calvin nicht festgeschrieben, es beschäftigte jede Puritaner-Generation in Amerika bis hin zur merklichen Säkularisierung um 1730 erneut [381: BREEN, Character of the Good Ruler (1970)].

Hexenverfolgung Die Hexenverfolgung von Salem 1692 unterschied sich nur in Details von den frühneuzeitlichen Hexenverfolgungen in England und Kontinentaleuropa und markiert das Ende des langfristigen Einflusses mittelalterlichen Satansglaubens bis in die vermeintlich Neue Welt der Puritanersiedlungen am Rand der amerikanischen Wildnis. BOYER und NISSENBAUM versuchen, die Hysterie in Kategorien der Sozial- und Psychogeschichte zu erklären: Bestimmte Familien haßten einander und wollten einander vernichten, weil wirtschaftliche Verunsicherung und Neid sie dazu trieben [380: BOYER, Salem Possessed (1974)].

Puritaner und Indianer Das Schicksal von Indianern geraubter Kinder dramatisiert ein Extrem der Symbiose von Ureinwohnern und Europäern, die selten stattgefunden hat. JOHN DEMOS [384: Unredeemed Captive (1994)] hat den altbekannten, schon zu Puritanerzeiten sensationellen Fall der 1704 aus Deerfield, Massachusetts, von Mohawks entführten siebenjährigen Pfarrerstochter im Kontext einer puritanisch- indianischen Familiengeschichte jüngst in bewußt narrativer und vor Intuition nicht zurückschreckender Weise dargestellt. Als ihr Vater sie als mit einem katholischen Kahnawake verheiratete Frau in der von Jesuiten außerhalb Montreals betreuten Indianersiedlung wiedersah, lehnte sie es ab, ihre indianische Familie zu verlassen und in eine ihr fremd gewordene Kultur, deren Sprache sie vergessen hatte, zurückzukehren. Der Fall illustriert zugleich den gegeneinander gerichteten Vernichtungswillen europäischer Staatsmänner: England und Frankreich befanden sich im Kriegszustand, und die französische Kolonialverwaltung hatte die Mohawks ausgerüstet und zur Zerstörung englischer *frontier*-Siedlungen aufgefordert. Bei DEMOS auch die neueste Spezialliteratur zur Interaktion der Puritaner und Indianer.

d) Die Mittelkolonien New York und Pennsylvania

Den multiethnischen Charakter der Stadt New York bereits in ihrer Frühzeit 1664–1730 stellt JOYCE GOODFRIEND in all seiner Komplexität dar [392: Before the Melting Pot (1992)]. Anhand holländischer Quellen kann sie die Überlagerung der ersten europäischen Siedlerkultur durch die nachkommenden Engländer, Iren, Schotten, sephardischen Juden, Franzosen und Deutschen nachvollziehen. Das Nebeneinander der verschiedenen Gruppen in der Stadt erzwang, wenn nicht immer ein Miteinander, so doch die Duldung von Andersartigkeit und kultureller Vielfalt zum (auch materiellen) Vorteil aller betroffenen Kolonialeuropäer. _{New York}

Die politischen und sozialen Konsequenzen der Glaubensüberzeugungen der Quäker für die Kolonie Pennsylvania analysiert HERMANN WELLENREUTHER [395: Glaube und Politik (1972)]. Diffizile ideengeschichtliche Einflüsse aus den süddeutschen Auswanderungsgemeinden bis nach Pennsylvania und in andere Kolonien verfolgt A. G. ROEBER [394: Palatines (1993)]; er weist auch den Weg zur neueren religionsgeschichtlichen Fachliteratur über die Kolonialzeit. _{Pennsylvania}

e) Britische Kolonialherrschaft

Einen umfassenden Forschungsbericht über die Geschichtsschreibung zur englischen Kolonialherrschaft enthält 362: WELLENREUTHER, Aufstieg des ersten Britischen Weltreiches (1987). Kolonialpolitik hieß vor allem Handelspolitik. Britisch Nordamerika lieferte einen überzeugenden Beweis für FERNAND BRAUDELS These von der überseeischen Expansion Europas als einer der Entwicklungsbedingungen des Frühkapitalismus in Europa, ebenso wie die Ausbreitung überörtlicher Märkte, neuer Anbaumethoden und flexibel „kapitalistischer" Investitionen. Insbesondere die Zucker-, Tabak- und später die Baumwoll-Plantagenwirtschaft entwickelten sich mindestens ebenso sehr nach Maßgabe der europäischen Finanz- und Warenmärkte wie nach Klima und Arbeitskräften vor Ort. Die Plantagenwirtschaft auch in Nordamerika wurde „ferngesteuert von Sevilla, Cadiz, Bordeaux, Nantes, Rouen, Amsterdam, Bristol und Liverpool" [354: BRAUDEL, Civilization and Capitalism II (1982) 273]. Das Welthandelsnetz der Europäischen Seemächte schuf seit dem 17. Jahrhundert auch die primäre Bedingung und den größten Anreiz für die Ausbreitung der Sklavenarbeit auf Plantagen in Latein- und Nordamerika. *Chattel slavery*, der vererbte Sklavenstatus, der Menschen zum verkaufbar-disponiblen Besitz anderer Menschen degradierte, war in der Neuzeit zunächst ein Instrument der Kolonialherrschaft – zu einer Zeit, als die Europäer unter sich nur weniger totale Formen der Leibeigenschaft und Zwangsarbeit prak- _{Merkantilsystem und Frühkapitalismus}   _{Sklaverei}

tizierten [401: BLACKBURN, New World Slavery (1997)]; zu den unterschiedlichen Formen von Sklavenhaltung auf dem Festland Britisch-Nordamerikas, den karibischen Inseln und in Lateinamerika 178: FRANKLIN u. a. (Hrsg.), From Slavery (1994) Kap. 3 und 4, mit detaillierten Literaturangaben.

Kolonialwirtschaft   Nachteile der Handelsregulierung, aber Vorteile des garantierten Marktes und des militärischen Schutzes im englischen Welthandelsreich für die Wirtschaftsentwicklung in den Kolonien werden in Dutzenden regionaler Monographien konkretisiert; ein Buch, das in diese Literatur einführt, ist 403: DOERFLINGER, Vigorous Spirit of Enterprise (1986). Die wissenschaftliche Debatte um die wirtschaftlichen Konsequenzen der englischen Schiffahrtsgesetze in den Kolonien und die Provokation, als die sie von einem Teil der Interessenvertreter der Kolonien empfunden wurden, wägt Joseph REID ab in: 407: Economic Burdens (1978).

F) AMERIKANISCHE SELBSTREGIERUNG

Selbstregierung   Der Klassiker 397: LABAREE, Royal Government in America (1930), LAWRENCE
der Kolonisten   GIPSONS 14bändige Gesamtdarstellung [356: The British Empire (1936–69)] und Dutzende neuerer regionaler und institutioneller Einzeluntersuchungen bis hin zu JOHN MURRINS Enzyklopädieartikel [398: Colonial Government (1984), mit kommentierter Bibliographie] bestätigen, daß die englische Kolonialherrschaft auch in Phasen entschiedenen Durchgreifens weit entfernt blieb von totaler Kontrolle, Fremdbestimmung und Ausbeutung der Wirtschaftskraft der Kolonisten. Die große Bedeutung Philadelphias, Bostons und New Yorks für die Entwicklung eigener politischer Strukturen in den Kolonien dokumentiert 399: NASH, Urban Crucible (1979); dort auch die umfassende regionalgeschichtliche Literatur. Ohne voll entwickelte urbane Zentren hätten die Einwohner der Festlandskolonien ihre Interessen gegenüber der Kolonialadministration weniger effektiv vertreten können. Die vergleichende Analyse des Wachstums Bostons, New Yorks und Philadelphias zwischen 1690 und 1760 und der politischen Reaktionen der Oberklasse und der politisch bereits aktiven Handwerker und Arbeiter (*artisans*) zeigt die Zusammenhänge der materiellen Basis der Kolonisten und ihrer Mentalität auf, ohne in einen dogmatischen wirtschaftlich-marxistischen Determinismus zu verfallen. Den örtlichen Eliten blieb der Spielraum und der Anreiz, Politik in ihrer Region für ihre Region und im Konfliktfall gegen den erklärten Willen von Krone und Parlament zu machen.

2. DIE AMERIKANISCHE REVOLUTION UND NATIONAL-STAATSGRÜNDUNG, 1763-1789

a) Gesamtdarstellungen und Interpretationen

Die gesamte fachwissenschaftliche Literatur zur Gründung der Nation von 1763 bis 1789 kann *ein* Gehirn in ihrer Fülle nicht mehr zur Kenntnis nehmen. Eine Auswahl der bis 1972 erschienenen englischsprachigen und deutschsprachigen Fachliteratur stellt knapp kommentierend vor 441: ADAMS, Republikanische Verfassung (1973), 364-376; eine Auswahl auf dem Stand von 1997 kommentiert LINDA KERBER in 87: FONER (Hrsg.), New American History (1997), Kapitel 2. Alle Interpretationsrichtungen berücksichtigten die Anthologie von JACK GREENE [418: The American Revolution (1987)] und die von ihm und dem englischen Historiker Jack R. POLE herausgegebene einbändige Enzyklopädie [419: Blackwell Encyclopedia (1991)]. Eine Auswahl von kommentierten Dokumenten bis hin zur Verabschiedung der Bundesverfassung präsentieren RICHARD D. BROWN [412: Major Problems (1992)] und in deutscher Übersetzung ANGELA ADAMS u. a. [409: Entstehung der Vereinigten Staaten (1995)].

Die ersten Texte in der amerikanischen Nationalgeschichtsschreibung wurden von Zeitzeugen geschrieben (z. B. David Ramsay, Mercy Otis Warren) und waren noch Bestandteil der Begründung der Nation und der Rechtfertigung der Opfer, die der Unabhängigkeitskrieg gekostet hatte [92: KRAUS, The Writing of American History (3. Aufl. 1985)]. Aber auch die nachfolgenden Generationen von Geschichtsschreibern der Staatsgründungsphase – angefangen mit George Bancroft – lieferten zahlreiche Beispiele für die Feststellung COLIN GORDONS: „Historians of America tend to be intellectual nationalists" [417: Crafting a Usable Past (1989) 671].

<small>Anfänge der Nationalge-schichtsschreibung</small>

Die vollständigste deutschsprachige Darstellung der Amerikanischen Revolution bietet HANS-CHRISTOPH SCHRÖDER [426: Amerikanische Revolution (1982)]. Die umfangreichste, auch die englische Seite voll berücksichtigende englischsprachige Darstellung hat ROBERT MIDDELKAUFF geliefert [421: Glorious Cause (1982)]. Gut lesbare Zusammenfassungen und abwägende Interpretionen schrieben EDMUND MORGAN [422: Birth of the Republic (1992)] und stärker die neue Sozialgeschichte mit scharfem Blick für soziale Fagen auswertend EDWARD COUNTRYMAN [415: American Revolution (1985)]; COUNTRYMAN bilanziert: „The Revolution was no more a simple matter of poor versus rich, or of radicals versus conservatives, or of city versus country, or of good versus bad, than it was a simple matter of American versus British. The revolutionary movement was never a united front facing one enemy. It was a series of coalitions that formed, dissolved and reformed" (S. 7). Aus ähnlich wertender, mehr Demokratie und soziale Gerechtigkeit einfordernder Neu-Linker Perspektive hat ALFRED YOUNG zum 200jährigen Gedenken einen gehaltvollen Sammelband zusammengestellt [431: The American Revolution (1976)].

<small>Darstellungen</small>

Die vielbeachtete stark ideengeschichtliche Darstellung GORDON WOODS [430: The Creation of the American Republic (1969)] könnte man wegen ihrer Wertungen als Neo-Federalist bezeichnen. WOODS noch stärker essayistische Interpretation der Folgen der Revolution, The Radicalism of the American Revolution (1992), die mit dem Pulitzerpreis ausgezeichnet wurde, mißt die amerikanischen Errungenschaften im europäisch-amerikanischen Zusammenhang. WOOD sieht einen tiefgreifenden sozialen und politischen Wandel zwischen 1776 und 1815, der eben die Amerikanische Revolution ausmachte, ohne daß ein gewaltsamer sozialer und politischer Umbruch wie in Frankreich nötig war. Zumindest in den nördlichen Vereinigten Staaten habe sehr bald die Mittelklasse dominiert und Eigenschaften und Funktionen der Oberklasse und der Arbeiterklasse („the working class") absorbiert (S. 347). Größte methodische Schwäche des bunten Teppichs der amerikanischen Gesellschaft von 1776 bis etwa 1815, den WOOD mit vielen kurzen Zitaten aus der zeitgenössischen öffentlichen Diskussion webt, ist der Verzicht auf die Überprüfung des Verhältnisses von (zitierter) Rhetorik und soziopolitscher Realität. Kritik und Würdigung von WOODS einflußreicher Interpretation und anderen Neuerscheinungen enthält das WMQ vom April 1996 unter dem „Forum„-Thema „Rethinking the American Revolution".

Das Versagen der englischen Politik wird in der klassischen Politikgeschichte besonders deutlich, die der englische Englandhistoriker IAN CHRISTIE und der amerikanische Amerikahistoriker BENJAMIN LABAREE in ungewöhnlich intensiver Kooperation gemeinsam verfaßt haben [414: Empire or Independence (1976)]; sie kommen zu dem Ergebnis, daß die Wortführer im Parlament – mit der teilweisen Ausnahme Edmund Burkes – nicht begriffen, daß ihre neue Besteuerungspolitik ab 1764 nicht durchsetzbar war wegen ihres „emotional effront to the colonists", die den planvollen Abbau ihrer Freiheit durch die Willkürherrschaft von Krone und Parlament immer deutlicher zu erkennen glaubten (S0.275–276). Sie bestätigen damit den Befund CHARLES ANDREWS', der unter Hinweis auf die Erfolge des Commonwealth of Nations in den 1920er Jahren bedauernd feststellte: „America became the scene of a political unrest which might have been controlled by a compromise, but was turned to revolt by coercion" [410: The American Revolution (1926) 232].

Transatlantische Gemeinsamkeiten, Aufklärung

Ein nützliches Korrektiv nationalhistorischer Nabelschau ist der Befund des Frankreich-Historikers ROBERT PALMER, der die transatlantischen Gemeinsamkeiten und Bezüge während des „Zeitalters der Demokratischen Revolution" ab 1760 betont [423: The Age of the Democratic Revolution (1959–1964)]. Einen anspruchsvollen Sammelband aus der Perspektive eines Ideenhistorikers des frühneuzeitlichen Europa, der ebenfalls dem Amerikazentrismus entgegenwirkt, hat JOHN POCOCK zusammengestellt [424: Three British Revolutions (1980)]. Diese politik- und politischen ideengeschichtlichen Betrachtungen setzten voraus, was PETER GAY anspricht: die soziokulturelle Elite Britisch-Nordamerikas war aktiver Teil der sich selbst stolz „enlightenment", „Aufklärung" nennenden Bewegung [GAY, „Enlightenment", in 130: Comparative Approach (1997), Kap. 1].

b) Widerstand gegen Besteuerung ohne Repräsentation

Reaktionen der von den neuen Zoll- bzw. Steuergesetzen betroffenen Fernhandelskaufleuten präsentiert STUART BRUCHEY [402: The Colonial Merchant (1966)]. Die Debatte der Wirtschaftshistoriker über das tatsächliche Ausmaß der Belastung und Ausbeutung der Kolonisten durch die Schiffahrts- und Handelsgesetze seit 1660 und ihre Auswirkung als Motivation der rebellierenden Kolonisten eröffnete LAWRENCE HARPER mit: Mercantilism and the American Revolution, in: CHR 23 (1942); er betonte die Vorteile, die das Empire den Kolonisten in Gestalt eines gesicherten Marktes und des Schutzes der Handelsschiffahrt und Küsten durch die Royal Navy bot, auch wenn englische „middlemen" und die Zollstationen abkassierten. Die Debatte resümiert und bereichert JOSEPH REID durch Überlegungen zu den politischen Auswirkungen der wirtschaftlichen Vor- und Nachteile [466: Economic Burden (1978)]. Die Standardmonographie ist 463: ERNST, Money and Politics (1973); den einführenden Überblick bietet der Sammelband 464: HOFFMAN u. a. (Hrsg.), The Economy of Early America (1988).

Handel, Zölle, Schmuggel und Boykott

Erfolgreicher Widerstand von Kolonisten gegen die Kolonialmacht setzte u. a. voraus, daß die über einen tausend Meilen langen Küstenstreifen verteilten Widerstandsbereiten miteinander kommunizieren und ihre Argumente einer aufnahmebereiten und urteilsfähigen Öffentlichkeit mitteilen konnten. Ohne eine weitgehend freie Presse mit einer im ganzen Land verbreiteten politisch aufmerksamen Leserschaft hätten die Repräsentantenhäuser der Kolonisten ihre Ablehnung von Steuergesetzen und ihre Opposition gegen die königlichen Gouverneure nicht zu der breiten Boykottbewegung ausbauen können, die schließlich die Kolonialherrschaft unterminierte [445: BAILYN u. a. (Hrsg.), The Press and the American Revolution (1980), und die Handbücher der Pressegeschichte 237: EMERY u. a., The Press and America (1992) und 239: SLOAN u. a., Media in America (1996), Kapitel „The Revolutionary Press"]. Die wichtigsten Flugschriften waren den deutschsprachigen Einwanderern in Pennsylvania auch in Übersetzung und über deutschsprachige Zeitungen zugänglich [442: ADAMS, Amerikanische Verfassungsdiskussion (1997)].

Freie Presse

Nationalismus im Sinn eines emotionalen überregionalen Zusammengehörigkeitsbewußtseins, das mit Macht ein Zusammenleben in einem unabhängigen Staat verlangt, war nicht die Antriebskraft des Widerstands gegen Krone und Parlament. REGINALD STUARTS Literaturbericht [427: Origins of American Nationalism (1979)] zeigt die Beobachtungen auf, die für die umgekehrte Reihenfolge sprechen: Der Unabhängigkeitskampf von 13 der Kolonien ging dem emotionalen und intellektuellen Nationalismus voraus. Die Komponenten eines nationalen Gemeinsamkeitsbewußtseins waren jedoch um 1760, gegen Ende des Siebenjährigen Krieges, vorhanden [428: VARG, Advent of Nationalism (1964)]. Die Anfänge des amerikanischen Nationalbewußtseins hat TIMOTHY BREEN in engen Bezug zur Ausprägung des durch Kriegserfolge gegen Frankreich und Spanien um 1750 erstarkenden englischen Nationalismus gesetzt und die englische Fachliteratur

Nationalismus

dazu vorgestellt. Nicht nur die Kolonisten, auch die Schotten und Iren mußten sich mit der neuartigen „Britishness" arrangieren: „A newly aggressive English state forced the Americans to leap out of history and defend colonial and human equality on the basis of timeless natural rights." [448: Ideology and Nationalism (1997) 38].

Religion und Kirchen

Inwieweit protestantischer Glaubenseifer und Erfahrung in der Selbstregierung von Kirchengemeinden die Bereitschaft gesteigert haben, Widerstand gegen Kolonialherrschaft wirkungsvoll zu organisieren, ist umstritten. Der Literaturhistoriker ALAN HEIMERT [472: Religion and the American Mind (1966)] wird von Politikhistorikern kritisiert, weil seine Konstruktion einer engen ursächlichen Verbindung zwischen der erfolgreichen evangelistischen Erweckungsbewegung seit 1738, dem *Great Awakening*, und der Widerstandsbewegung als zu weitgehend angesehen wird. Unbestritten ist jedoch die Bedeutung des Glaubens an den baldigen Beginn der tausendjährigen Herrschaft Gottes auf Erden (*millennialism*) für den nationalistischen Überlegenheitsglauben und Expansionismus im 19. Jahrhundert. Parallelen der christlichen Heilsgeschichte und des Glaubens an den allgegenwärtigen, kontinuierlichen Kampf zwischen Gut und Böse einerseits und der politische Glaube an die Verwirklichung von Freiheit und Fortschritt in Amerika andererseits zeigt mehrfach auf 346: NOLL (Hrsg.), Religion and American Politics (1989). Der im Ersten Verfassungsänderungsartikel 1791 festgeschriebene Verzicht auf eine Staatskirche und die daraus abgeleitete strikte Trennung von Staat und Kirchen sind nur im größeren Zusammenhang der Vielfalt religiöser Vorstellungen der Gründergeneration und dem Leitwert der Toleranz der Aufklärer zu verstehen [475: REICHLEY, Religion in American Public Life (1985), Kapitel 3: „Intentions of the Founders"].

c) DER UNABHÄNGIGKEITSKRIEG

Die Begründung der Unabhängigkeit

Die in der öffentlichen Diskussion und der Unabhängigkeitserklärung selbst artikulierten politischen Ideen sind in BERNARD BAILYNS vielbeachteter abwägender Bestandsaufnahme von Polybius bis Montesquieu und Blackstone erfaßt [444: Ideological Origins (1992)]. Kritisch blickt MICHAEL ZUCKERT [461: Natural Rights Republic (1996)] zurück auf die von BAILYN und WOOD [430: Creation of the American Republic (1969)] ausgelöste Historikerkontroverse über eine neue „republikanische Synthese" [SHALHOPE in: WMQ 29 (1972)], über „Republikanismus" oder „Liberalismus" als dem passenderen Etikett für den Kern der politischen Theorie der amerikanischen Gründergeneration. ZUCKERTS bis auf die Antike zurückgreifende ideengeschichtlichen Textanalysen demonstrieren die Dominanz der von John Locke und anderen englischen Whigs formulierten und in den Kolonien rezipierten liberalen Naturrechtsvorstellungen. Ebenfalls wirksam waren die Verfassungsvorstellungen der liberalen englischen Juristen des 17. Jhs., verschiedene protestantische Vorstellungen über das Verhältnis von Religion und

Regierung und die Bürgertugenden einfordernde „classical republican" oder „civic humanist"-Politikvorstellung, auf die in allerdings übertrieben einseitiger Weise JOHN POCOCK aufmerksam gemacht hat [456: Die andere Bürgergesellschaft (1993); die Einführung stellt die von POCOCK 1972 begonnene Diskussion vor].

Militär- und Sozialgeschichte verbindet JOHN W. SHY in seinen Essays [436: A People Numerous and Armed (1990)]; er betont die Rolle der Bürgerwehren der Einzelstaaten (militia) und erinnert an die Leistung der anderen Generäle (z. B. Charles Lee), die keine schlechteren Strategen als Washington waren. Die in der amerikanischen Nationalgeschichtsschreibung vernachlässigte Bürgerkriegssituation, in der auch außerhalb des Zusammenpralls organisierter Armeen Gewalt gegen königstreue Loyalists oder Tories und umgekehrt gegen rebels ausgeübt wurde, untersucht MARION BREUNIG [411: Die Amerikanische Revolution als Bürgerkrieg (1998)]; die Anzahl der sich den königlichen Truppen, königstreuen Milizen und Guerillaverbänden anschließenden Kolonisten – insgesamt etwa 50 000 – entsprach zeitweise fast der Anzahl der unter Washington und in den rebellierenden Milizen Kämpfenden. „In fast allen Gebieten gab es loyalistische Führer, deren Mut und Entschlossenheit das Bild vom verängstigten Tory Lügen straften" (S. 24). Schon vor 1776 hatten die Widerstand gegen die Kolonialherrschaft leistenden „Söhne der Freiheit" mit Brutalität königstreue Nachbarn eingeschüchtert.

<small>Bürgerkrieg, Loyalisten</small>

Die von der Atlantikküste bereits weitgehend verdrängte Urbevölkerung versuchte, sich dem Bruderzwist der Europäer fernzuhalten, und optierte unter Zwang je nach lokaler Interessenlage für die bekannte etablierte Autorität des Königs und seine rotröckigen Truppen oder aber für die neuerdings mächtigeren rebellierenden neuen Herren – jeweils in der Hoffnung, Schutz vor wilden Siedlern und unkontrollierter Landnahme der Weißen zu finden. Vom Verbund der Six Nations im Gebiet der Großen Seen, der Iroquois Confederacy, unterstützten z. B. nur die Oneidas und Tuscaroras die Rebellen. Im Süden suchten große Teile der Creeks und Chickasaws, ihre Selbstbestimmung durch Hilfe für die Amerikaner zu vergrößern [413: CALLOWAY, American Revolution (1995)].

<small>Indianertruppen auf beiden Seiten</small>

Den großen Einfluß der europäischen Mächte auf das Kriegsgeschehen dokumentiert u. a. mit Dokumenten aus französischen Archiven 35: GIUNTA u. a. (Hrsg.), Documents of the Emerging Nation (1998); auch die Friedensverhandlungen 1781–83 und die stete Präsenz der Furcht vor europäischen Einwirkungen in der zweiten Runde der Nationalstaatsentwicklung von Kriegsende bis 1789 belegt dieser vorbildlich edierte Band der National Historical Publications and Records Commission in Washington.

<small>Krieg und Diplomatie</small>

D) VON DER KONFÖDERATION ZUR BUNDESVERFASSUNG

Die politische Ereignisgeschichte auf nationaler Ebene zeichnet JACK RAKOVE quellennah und dennoch gut lesbar nach [425: Beginnings of National Politics

(1982)]. Den einfachen Regierungsapparat der Einkammerlegislative ohne eigenständige Exekutive und Judikative unter den Articles of Confederation, die Verfassungstheorie und -praxis des Staatenbundes von 1776–1788, beschreiben auf der Höhe des Forschungsstandes die Beiträge von JACK RAKOVE, JONATHAN DULL und EDWARD COUNTRYMAN in 419: The Blackwell Encyclopedia of the American Revolution (1991) 289–345. Distanzierter als MERRILL JENSENS Monographien von 1940 und 1950, die dem Staatenbund ausreichende Funktionsfähigkeit attestierten, bilanzieren die jüngeren Autoren Leistungen (z. B. die letzten Endes ausreichende Organisation der Kriegsanstrengung) und Schwächen (z. B. die Unfähigkeit, die gemachten Schulden zu bezahlen). Die gravierenden wirtschaftlichen Probleme während des Krieges und in der Nachkriegszeit zeigen die Beiträge „Currency, Taxation, and Finance 1775–1787" und „Social and Economic Developments after the Revolution", ebenfalls in Blackwells Encyclopedia. Noch detaillierter zur Steuerpolitik der Kolonialmacht und der Einzelstaatsregierungen von 1763–1783 ist 462: BECKER, Revolution, Reform, and the Politics of Taxation (1980). Den Zwitterstatus der „United States in Congress Assembled" – so die offizielle Selbstbezeichnung des Kontinentalkongresses – zwischen Staatenbund und Nation brachte EDWARD COUNTRYMAN mit der Beobachtung auf den Punkt, daß bei den Friedensverhandlungen 1781–83 in der Außenwirkung die Vereinigten Staaten wie eine Nation mit anderen Nationen umgingen; aber untereinander verhielten sie sich wie souveräne Einheiten. Die Einzelstaatslegislativen konnten ihre Delegierten jederzeit aus dem Kongreß abberufen: „Were these men representatives? Were they ambassadors?" [415: COUNTRYMAN, American Revolution (1985) 179–80].

Wirtschaftliche Motivation der Verfassungsväter

Die wirtschaftliche Motivation der Verfassungsväter wurde von 1913 bis etwa 1965 heftig diskutiert. Auslöser war CHARLES BEARDS detaillierte Beschreibung der Besitzverhältnisse der 55 Männer des Verfassungskongresses von Philadelphia und seine Schlußfolgerung, daß Besitz von Regierungsschuldscheinen eine ausschlaggebende Rolle gespielt habe [467: Economic Interpretation (1913)]. Inzwischen wurde bewiesen, daß BEARDS Daten falsch waren [468: BROWN, Charles Beard (1956), und 469: McDONALD, We the People (1963)]. Beards entmystifizierende Insistenz auf dem Einfluß ökonomischer Motive aber hatte insgesamt eine belebende Wirkung auf die Forschung auf einem Gebiet, das zuvor die Domäne patriotischer Historiengemälde gewesen war. Die Wirtschaftswissenschaftler ROBERT MCGUIRE und ROBERT L. OHSFELDT bestätigten durch Quantifizierung die frühere Einsicht von JACKSON TURNER MAIN, daß sich in den großen, wirtschaftlich entwickelten Staaten wie New York und Massachusetts, in denen der Verfassungsentwurf umstritten war, die Parteinahme für eine stärkere Zentralregierung mit der Teilnahme der Staaten am internationalen Markt (von MAIN „commercial cosmopolitan" genannt) erklären läßt; in weniger entwickelten Staaten wurde befürchtet, eine neue Bundesregierung werde Steuern eintreiben, ohne der Region Gegenleistungen zu bieten („agrarian localist" genannt) [470: An Economic Model (1986)].

Umfassend und abwägend stellt JÜRGEN HEIDEKING die Entstehungsgeschichte der Bundesverfassung dar bis hin zur intensiven öffentlichen Diskussion um ihre Ratifizierung zwischen den sich „Federalists" nennenden Befürwortern einer stärkeren Union und den von ihnen so genannten „Antifederalists", die sie ablehnten, weil sie semi-souveräne Einzelstaaten beibehalten wollten [451: Verfassung vor dem Richterstuhl (1988)]. Die einflußreichste Verteidigungsschrift von ALEXANDER HAMILTON, JAMES MADISON und JOHN JAY, ursprünglich 85 für New Yorker Zeitungen geschriebene Artikel, die 1788 als The Federalist in zwei Bänden erschienen, liegen auch in deutscher Übersetzung als Taschenbuch vor [450: Die Federalist-Artikel (1994)]; die ideengeschichtliche Einleitung identifiziert als zentrale Motivation und Zielvorstellung der Verfassungsväter die Gründung eines stabilen Nationalstaats, der stark genug war, um die wirtschaftliche Erschließung des Kontinents und seine Verteidigung gegen den fortbestehenden Kolonialismus und Merkantilismus der europäischen Mächte zu organisieren. Die führende Rolle James Madisons bei der Analyse der Schwächen der Konföderation und bei der intellektuellen wie politischen Vorbereitung und öffentlichen Begründung der Bundesverfassung von 1787/91 bestätigt LANCE BANNING in der Biographie Madisons für die Jahre 1780–1792 [447: The Sacred Fire (1995)]. Die „politische Vorstellungswelt" von Madisons Kampfgefährten Thomas Jefferson stellt differenziert und mit umfassenden Literaturverweisen WERNER HEUN vor [452: HZ 258 (1994)].

Federalists gegen Antifederalists

3. DIE EXPANDIERENDE REPUBLIK, 1789–1860

A) Gesamtinterpretationen, Historiographie

Historiographie Die historiographische Bestandsaufnahme LINDA KERBERS von 1990 zeigt den Wechsel dominanter Fragestellungen und Erklärungsmuster in der professionellen Geschichtsschreibung seit 1900. Von der Betonung ökonomischer Interessenkonflikte auch in der Gründergeneration [467: BEARD, An Economic Interpretation (1913)] verlagerte sich das Interesse auf die ideologischen Gemeinsamkeiten aller republikanischen Patrioten in der Phase der Selbstbehauptung gegen die europäischen Kolonialmächte bis 1815. Seit 1965 sind verstärkt auch die Lebenswelten marginalisierter Gruppen wie der Frauen, der Afroamerikaner und Eigentumsloser erforscht worden [484: KERBER, The Revolutionary Generation (1990) 26; weitere Literatur zur Situation der Frauen vor 1860 besprechen DAVID ZONDERMAN und MARY KELLEY in: RAH 23 (1995) 26–39].

HENRY ADAMS' historiographische Abrechnung mit Jefferson und Madison – Rivalen seines Urgroßvaters – ist ein immer noch lesenswerter Klassiker der vorprofessionellen, an Idealen der literarischen Darstellung orientierten frühen Nationalgeschichtsschreibung. Den Gründern der Demokratischen Partei wies er, einmal im Weißen Haus angekommen, prinzipienlose Machtpolitik nach. Lange vor der Imperialismuskritik der Neu-Linken erklärte Adams die ökonomische Grundlage der Westexpansion und der Freihandelspolitik der USA: Kein Grundsatz des Völkerrechts habe die Plantagen- und Farmbesitzer jenseits der Appalachen – mit und ohne Sklaven – von der Überzeugung abbringen können, „that they had a natural right to sell their produce and buy their home cargoes in the best market, without regard to protective principles.... Their interests required them to maintain the principles of free-trade" [478: ADAMS, History of the United States (1889–91), Bd. 1, 230]. Die faktischen Schwächen des mitreißenden Klassikers korrigiert 480: CUNNINGHAM, The United States in 1800 (1988).

Parteiensystem, Kapitalismus Die territoriale und ökonomische Expansion der Early Republic (1803–1848) ist wiederholt im Zusammenhang mit dem Wandel des Parteiensystems und der Entwicklung der kapitalistischen Wirtschaftsform und Gesinnung seit Jeffersons Wahl 1800 untersucht worden. JOYCE APPLEBY betont die Zukunftsvision der Jeffersonianer, die entgegen dem Klischee vom romantischen Kleinbauern durchaus einen *commercial capitalism* anstrebten, der durch effiziente Landwirtschaft und von Hemmnissen möglichst freien Handel mit allen europäischen Ländern und ihren Kolonien mehr Wohlstand für eine weitgehend klassenlose Gesellschaft erwirtschaften wollten [479: Capitalism (1984)]. Die Expansion und der wirtschaftliche Erfolg der Mittelklasse lagen dem neuen Parteiensystem seit ca. 1824 zugrunde, in dem die überwiegende Mehrzahl der männlichen Euroamerikaner wahlberechtigt war. Jacksons Demokratie wird heute nicht mehr unkritisch als „the era of the common man" gefeiert. Die von diesem Präsidenten organisierte brutale Verdrängung der Indianer in Reservate westlich des Mississippi wird entsprechend bewertet [489: WILENTZ, Society (1990) und die Titel Nr. 543-548].

Die Streitfragen der politischen Ökonomie, die die kapitalistische *market revolution* begleiteten, stehen im Mittelpunkt von CHARLES SELLERS' stark interpretierende Darstellung der Epoche1815-1846 [487: The Market Revolution (1991)]. Sie konstrastiert den „entrepreneurial nationalism" und die „money power" der Whig Partei mit Jacksons „patriarchal democracy" und der stolzen, Autonomie erstrebenden Kleinfarmermoral vieler seiner Wähler. SELLERS Klassenkonflikt-Modell kritisiert als zu einfach REEVE HUSTONS Besprechung in: RAH 23 (1995) 413-420. Intensivierung der Marktwirtschaft und des Konsums

B) EXPANSION BIS ZUM PAZIFIK, INTERNATIONALE BEZIEHUNGEN UND KRIEGE

RAY BILLINGTONS Westward Expansion [131: 1982] bleibt die faktenreichste Gesamtdarstellung. Die besseren visuellen Hilfsmittel und kulturgeographischen bis militärstrategischen Erklärungen bietet der historische Geograph DONALD MEINIG [197: The Shaping of America, Bd. 2 (1993)]. Die Nordgrenze der USA wurde durch den Umstand geprägt, daß das britische Kolonialreich auf dem amerikanischen Kontinent ab 1776 in zwei Staaten zerfiel, zwischen denen an den wenigsten Stellen eine natürliche Grenze verläuft. Die Landschaften und die Siedlungsweise der Ureinwohner und der Europäer überschreiten an den meisten Stellen den Ost-Westverlauf der Staatsgrenze. Dadurch entstand eine breite Grenzzone, ein „borderland", das REGINALD STUART auch in seinen kulturellen und wirtschaftlichen Dimensionen von 1775 bis 1871 einfühlsam nachzeichnet [501: United States Expansionism (1988)]. Er konstatiert eine im wesentlichen nicht aggressive, sondern natürliche Ausdehnungskraft, zu der aufgrund gleicher Sprache und Lebensgewohnheiten (zumindest der Englischsprachigen) auch für beide Seiten vorteilhafte (Heirats-) Märkte und Migration gehörten. Die Zahl der eroberungsbereiten Yankees war verschwindend gering und einflußlos im Vergleich zu denjenigen, die bis zur Gründung der kanadischen Konföderation 1867 annahmen, die gleichlaufenden wirtschaftlichen Interessen würden auch zu einer „Konvergenz" der politischen Systeme auf friedlichem Weg führen. STUARTS Blick auf die langfristige Entwicklung aus der Vogelperspektive darf aber nicht über emotionale und aggressive Konfrontationen wie etwa zur Zeit des Krieges von 1812 hinwegtäuschen. Nordgrenze

Nach 1960 ist auch die Geschichte des Westens zum Spezialgebiet Dutzender Fachhistoriker geworden, die es sich zur Aufgabe gemacht haben, den Mythos vom „winning of the west", von der *frontier* der Trapper, Indianerkämpfer, Cowboys und die Präriescholle brechender und Demokratie praktizierender Farmer zu korrigieren. Ihre „new western history" besteht aus zunehmend differenzierter Regionalgeschichte insbesondere des Territoriums westlich des Missis- Westgrenze, *frontier* sippi. Ihre Befunde werden auf höchstem Niveau zusammengefaßt und interpretatorisch gebündelt in dem anspruchsvollen Handbuch 136: MILNER u. a. (Hrsg.), Oxford History of the American West (1994); die Fußnoten und Literaturberichte ergeben eine umfassende Bibliographie der neuen Geschichtsschreibung über die *frontier* als Erfahrung und den Westen als Region. Geeigneter zur breiten thematischen Einführung ist RICHARD BARTLETTS Synthese [505: The New Country (1974)], die von der Migrationsgeschichte seit Überschreitung der Appalachen und dem Eisenbahnbau bis zur Entstehung der Städte des Prärie-Westens an den Eisenbahnstationen für den Rindertransport die gesamte gesellschaftliche Entwicklung des Westens bis hin zur Bevölkerungszählung von 1890 nachzeichnet.

Oregon Trail   JOHN UNRUHS erschöpfende Darstellung des Oregon Trail [509: The Plains Across (1979)] beweist den kooperativen Charakter der Überlandmigration zur Pazifikküste zwischen 1840 und 1860. Die einzelne Familie zog nicht einfach im Planwagen los, sondern begab sich in einen organisatorischen Zusammenhang, zu dem u. a. die Armee der Vereinigten Staaten gehörte, deren Präsenz etwa in Fort Laramie/Nebraska auf halbem Weg eine Schutzzone für die Umsiedler bot; Mormonen betrieben Fährdienste an den größten Flußübergängen – eine allen zugute kommende Folge der Pionierleistung dieser größten Gruppenumsiedlung – und Händler betrieben profitable Ausrüstungsstationen entlang der bald auf Karten und in Ratgebern detailliert beschriebenen Route.

Indianerkriege   Die U.S. Army und ihre 52 Armeestützpunkte jenseits des Mississippi (1865) spielten bei der Niederwerfung der durch den Migrantenstrom ausgelösten Indianeraufstände die entscheidende Rolle. ROBERT UTLEY hat die oft fehlerhaften Entscheidungen des Kongresses über den Kurs der Indianerpolitik und die militärischen Operationen der ungleichen Gegner gut dokumentiert und kühl wertend für den Zeitraum 1848–1865 umfassend beschrieben [512: Frontiersmen in Blue (1967)]. Die Armee der Bundesregierung und insbesondere ihre Kavallerie spielte eine entscheidende Rolle bei der Vertreibung der Indianerstämme in die Reservate jenseits von Mississippi und Missouri. Die Härte und Zielstrebigkeit ihres Vorgehens rechtfertigt die Bezeichnung *policy of extermination* [Mari Sandoz, Cheyenne Autumn, New York 1953, S.VI].

Außenpolitik und   Den Überblick vermitteln BRADFORD PERKINS [262: Cambridge History of
Kriege   American Foreign Relations, Bd. 1 (1993)] und JONATHAN R. DULL [437: Diplomatic History of the American Revolution (1985)]. Jeffersons Außenpolitik verfolgte Ziele und benutzte Methoden, die auch sein Rivale Hamilton akzeptierte: „Securing American trade routes, promoting American commercial rights, and defending those rights through economic retaliation or military force" – so JAMES SOFKA in: The Jeffersonian Idea of National Security in: DH 21 (Fall 1997) 519–
Krieg von 1812   544. Den 1812 erklärten zweiten Krieg gegen England stellt im umfassenden Kontext von Innenpolitik und diplomatischer Auseinandersetzung mit der alten Kolonialmacht dar, ohne sich in Schlachtengeschichte zu verlieren: 500: STAGG, Mr. Madison's War (1983). Weniger überzeugend sind STEVEN WATTS ideen- und psychogeschichtlichen Interpretationen der Motivation führender republikanischer

Publizisten, die sich von der Kriegsanstrengung eine die Nation moralisch regenerierende Wirkung erhofften und nach dem als Sieg interpretierten Kriegsausgang die wirtschaftliche Expansion mit einem *liberal republicanism* rechtfertigten. Auf die naheliegende Verknüpfung seines Befundes mit dem Modernisierungsmodell verzichtet WATTS [503: The Republic Reborn (1987)]. Leistungen und Lücken der Erforschung der Anfangsphase amerikanischer Außenpolitik von 1776 bis Andrew Jackson erfassen fünf kurze Essays unter dem Gruppentitel A Call to Revolution: A Roundtable on Early U.S. Foreign Relations in: DH 22 (Winter 1998) 63–120.

Monroes Außenpolitik einschließlich seiner vielzitierten Doktrin analysiert HARRY AMMON im Kontext der Gesamtbiographie [526: James Monroe (1971)]. ERNEST R. MAY sieht in Außenminister John Quincy Adams die treibende Kraft hinter Monroes Erklärung, der mit der rhetorischen Befriedigung nationalistischer Politiker (z. B. Henry Clay) seine Chancen im bevorstehenden Präsidentschaftswahlkampf von 1824 zu verbessern hoffte. Um die mangelnde außenpolitische Provokation nachweisen zu können, liefert MAY eingangs ein überzeugendes Tableau der nord- und südamerikabezogenen Politik Englands, Rußlands, Frankreichs und Spaniens [494: The Making of the Monroe Doctrine (1975)]. Die Rezeptionsgeschichte bis 1959 erörtert K. KRAKAU, Die Kubanische Revolution und die Monroe Doktrin, Frankfurt a.M. 1968. {Lateinamerika, Monroe-Doktrin}

In die politische und militärische Annexionsgeschichte der 1830er und 1840er Jahre und die Speziallitteratur führt gut ein 498: PLETCHER, Diplomacy of Annexation (1973). Die besondere Art der Eroberung von Texas, insbesondere den Unabhängigkeitskrieg von 1835–1836, erklärt ANDREAS REICHSTEIN vor allem mit den eindeutigen geschäftlichen Interessen der Familie Austin und anderer großer Landspekulanten [499: Der Texanische Unabhängigkeitskrieg (1984)]. Der mexikanisch-amerikanische Krieg von 1846–1848 ist immer noch nicht von binationalen Forscherteams unter Auswertung aller Quellen auf beiden Seiten befriedigend erforscht und bewertet. Die militärgeschichtlich solide Kriegsgeschichte JOHN S. D. EISENHOWERS z. B. wurde noch 1989 ohne mexikanische Quellen geschrieben [491: So Far From God (1989)]. {Annexion von Texas; Krieg gegen Mexiko}

Eine *frontier*-Erfahrung ganz besonderer Art machten die 90 000 Goldgräber, die 1849/52 im „Goldrausch" nach California zogen – von der Ostküste mit dem Segelschiff um Kap Horn oder über die gefährliche Landroute, und auch direkt aus Skandinavien, Mitteleuropa und China. PAULA MARKS vergleicht den kalifornischen mit den strukturähnlichen späteren *gold rushes* in Nevada, Colorado und Kanada und schätzt, daß von 1000 Goldsuchern 999 arm blieben [507: MARKS, Precious Dust (1993); hierzu auch detaillierter 506: FINZSCH, Die Goldgräber (1982)]. {Gold rush}

c) Bevölkerung, Binnen- und Einwanderung, ethnische Gruppen

Rückgang der Kinderzahl
Den Zusammenhang von Kinderzahl und käuflichem Ackerland in den sklavenlosen Staaten hat RICHARD EASTERLIN mit der abnehmenden Fähigkeit der Eltern erklärt, den Kindern als Lohn für Mitarbeit Land kaufen oder vererben zu können. PAUL DAVID u. a. betonen ergänzend die Altersversicherungsfunktion des steigenden Landwerts, der Kinder als Mittel der Altersversorgung z.T. ersetzbar macht. EASTERLIN und DAVID referiert 293: HUGHES, American Economic History (1990) 102–103.

Einwanderung
Europa und Nordamerika waren *ein* zusammenhängender vielgliedrige Arbeitsmarkt [519: HOERDER u. a. (Hrsg.), People in Transit (1995); 524: VECOLI u. a. (Hrsg.), A Century of European Migrations (1991)]. Die statistischen Grundlagen für die europäische Auswanderung in den Jahrzehnten vor 1820 bietet zuverlässig 517: GRABBE, Vor der großen Flut (1995). Die Verquickung der verschiedenen von Eingewanderten neu zu gestaltenden Lebensbereiche wird besonders anschaulich in den regionalen Fallstudien 515: CONZEN, Immigrant Milwaukee (1976); 520: KAMPHOEFNER, Westfalen (1982); 514: BRETTING, Soziale Probleme

Deutsche Einwanderer
(1981). Bis 1790 kamen so viele deutschsprachige Wiedertäufer, Pietisten, Reformierte und Lutheraner aus dem oberen Rheintal und Württemberg nach Pennsylvania, daß sie nach sehr groben Schätzungen etwa ein Drittel der Bevölkerung Pennsylvanias ausmachten – genug, um der in Deutschland heute noch verbreiteten Legende Nahrung zu geben, Deutsch sei im Zuge der Loslösung von England beinahe zur Landessprache Pennsylvanias oder gar der USA erklärt worden [513: ADAMS, Schmelztiegel (1990) 25]. Die guten Informationen über Lebensbedingungen und Arbeitsmarkt in den USA unter Auswanderungsbereiten in Deutschland belegen Stephan GÖRISCH [516: Information (1991)] und die verdienstvolle Briefedition von WOLFGANG HELBICH u. a. [55: Briefe aus Amerika (1988)]. Die Leistungen des 1827 eingewanderten Liberalen Franz/Francis Lieber, der u. a. die Anfänge der amerikanischen Politikwissenschaft zur Zeit der Jacksonschen Demokratie mitprägte, und sein kulturelles Umfeld unter den 1830er und 1848er Revolutionsflüchtlingen werden umfassend analysiert in dem von PETER SCHÄFER herausgegebenen Konferenzband 522: Franz Lieber (1993). Die deutsch-amerikanischen Perzeptionen zur Zeit der Revolution von 1848 waren auf beiden Seiten von Illusionen verzerrt. Amerikaner, insbesondere Deutschamerikaner, glaubten an den baldigen Sieg der Volkssouveränität und des Republikanismus in Deutschland, ohne zu begreifen, daß die gemäßigten Liberalen die konstitutionelle Monarchie in Kauf nahmen, um einen Bürgerkrieg zu vermeiden. Deutsche Liberale und Demokraten, die auf Amerika als Exempel verwiesen, verkannten die Spannungen zwischen demokratischer Theorie und Praxis im Land der religiösen Vielfalt und des religiösen Fanatismus, des Gleichheitspostulats und der Sklavenhaltung [496: MOLTMANN, Atlantische Blockpolitik (1973) 357–360]. Zu den Projekten und Hoffnungen der Liberalen auch die Dissertationen von STEFFAN VON SENGER [523: Neu-Deutschland (1991)] und HERBERT REITER [521: Politisches Asyl (1992)].

d) Politik und Verfassung von Washington bis Lincoln

Das erste Jahrzehnt der Regierungspraxis der neu definierten Bundesrepublik unter Führung der Federalists porträtieren ELKINS undMcKITRICK [482: Age of Federalism, 1993] in einer großen und detaillierten Synthese von politischer Institutionen- und Mentalitätsgeschichte. Sie zeigen im Detail die immer wieder diskutierten gegensätzlichen Optionen der tendenziell zentralistischen Federalists unter Hamiltons Wortführung und der tendenziell die Macht der Einzelstaaten und die Entscheidungskompetenz der Wählerschaft bevorzugenden Jeffersonianer. Sie ziehen wiederholt Vergleiche mit dem die englische Politik der Zeit prägenden Machtkampf zwischen der Court Party (Federalists) und der oppositionellen Country Party (Jeffersonianer). *Das Jahrzehnt der Federalists*

Die Konsolidierung der Macht der Bundesregierung trotz erstarkenden Widerstandes in einigen Einzelstaaten wurde durch Urteile des Supreme Court unter seinem Vorsitzenden John Marshall, einem Wortführer der Federalists und Gegner Jeffersons, unterstützt. Bereits 1803 erklärte er sein Gericht zum obersten Hüter der Verfassung, indem er die Normenkontrollkompetenz (*judicial review*) auch gegenüber dem Bundesgesetzgeber unwidersprochen in Anspruch nahm (Fall Marbury gegen Madison). Umfassende Rechts- und politische Ideengeschichte zum Marshall Court bietet G. EDWARD WHITE [536: The Marshall Court (1988)]. *Der Zentralismus des Obersten Bundesgerichts unter Marshall*

Einen guten Einstieg in die umfassende Jefferson-Literatur bietet im deutschen Sprachraum 539: HEUN, Die politische Vorstellungswelt (1994). Einbändige, abwägende Jefferson-Biographien haben drei Kenner der gesamten Jeffersonforschung vorgelegt: MERRILL PETERSON [541: Thomas Jefferson (1970)], NOBLE CUNNINGHAM [538: In Pursuit of Reason (1987)] und mit Beschränkung auf die Präsidentenjahre FORREST McDONALD [540: The Presidency of Thomas Jefferson (1976)]. Kritischen Abstand hat sich auch der Biograph des nächsten politischen Weggefährten Jeffersons, James Madisons, bewahrt [542: RUTLAND, James Madison (1981–1990)]. LANCE BANNING betont die Ernsthaftigkeit des Versuchs von Jefferson und Madison, die neue Parteiprogrammatik ab 1801 auch in die Tat umzusetzen, sich von europäischen „entangling alliances" freizuhalten, den Einzelstaaten weitgehende Kompetenzen zu belassen und die Ausgaben des Bundes zu beschneiden [537: The Jeffersonian Pursuasion (1978)]. *Jeffersonian Democracy*

Die Politikgeschichte von 1815 bis 1845 (mit Exkursen in die Wirtschafts-, Sozial- und Geistesgeschichte) skizziert einführend 535: WATSON, Liberty and Power (1993). Der fußnotenlose, aber auf Kenntnis der Fachliteratur beruhende Überblick betont die umfassenden Folgen der nach dem Krieg von 1812/15 einsetzenden *market revolution*. Sie erfaßte alle Wirtschafts- und Lebensbereiche und Regionen und bescherte vielen mehr materiellen Wohlstand, aber auch mehr Verunsicherung in der Werkstatt oder auf der Farm. Die beiden großen politischen Parteien unterschieden sich vor allem durch ihre Reaktion auf den großen Umbruch: Die konservativen Whigs befürworteten und steuerten auf nationaler *Nationale Wirtschaftsentwicklungspolitik*

Ebene die Infrastrukturentwicklung und Industrialisierung, die Demokraten nahmen die Sorgen der sich vom Wandel bedroht Fühlenden und die regionalen Anpassungsprobleme ernster. Ethnokulturelle Konflikte hielt WATSON für politisch weniger relevant. Seine prinzipielle Sympathie für die Jacksonianer geht so weit, daß er nicht mehr ausreichend klar die hemmungslose Expansionslust und die korrupten Praktiken führender Demokraten und ihre Verletzung der Rechte der Afroamerikaner und der Indianer beschreibt und bewertet. Wenig überzeugend ist auch WATSONS Verlängerung des angeblich idealistischen *republicanism* der Revolutionszeit als Ideologie auch der Anhänger Jacksons bis in die 1840er Jahre hinein [vgl. die kritische Rezension von LAWRENCE F. KOHL in: RAH 19 (1991) 188–193]. Das schließlich an den Südstaaten scheiternde Ringen um eine national gesteuerte wirtschaftliche Entwicklungspolitik von 1815 bis 1829 einschließlich der Verkehrswege, Banken und Einfuhrzölle stellt umfassend MARIE-LUISE FRINGS dar [530: Henry Clays American System (1979)].

Jacksonian Democracy Die Wählerforschungsliteratur über die Jacksonianer und das *Second Party System* bespricht LEX RENDA in: RAH 23 (1995) 378–389. EDWARD PESSEN [546: Jacksonian America (1978)] widerlegte den von „progressiven" Historikern überhöhten Klassenkampfcharakter der Jacksonschen Demokratie mit dem Nachweis des Mittelklasse- und Oberklassenstatus der führenden Parteiaktivisten auch der Jacksonianer; die Ungleichheit der Vermögensverteilung nahm aber zwischen 1820 und 1850 zu. LEE BENSON [543: The Concept of Jacksonian Democracy (1961)] fand in New York keine statistisch signifikante Übereinstimmung der Einkommens- und Vermögenslage der Wähler mit ihrem Wahlverhalten; die Gleichung „Ärmere und Arbeiter wählten Jackson" stimmt nicht. Statt dessen maß er eine große Übereinstimmung der ethnisch-kulturellen Gruppenzugehörigkeit mit dem Wahlverhalten. Seine statistischen Analysen von Massendaten machten Benson zu einem der Gründerväter der quantifizierenden Geschichtsschreibung (*cliometrics*) in den 1960er Jahren. Das von den Jacksonianern nicht oft erfüllte Ideal der „informed citizenry", wie es seit der Kolonialzeit von Reformern mit Hinweisen auf die erst Selbstregierung ermöglichende volksbildende Aufgabe öffentlicher Schulen und der Presse immer wieder beschworen worden war, beschreibt RICHARD D. BROWN überzeugend in 571: The Strength of a People (1996).

Andrew Jackson Die Biographie des zum Plantagenbesitzer, General und ersten Präsidenten aus dem Westen aufsteigenden Andrew Jackson hat ROBERT REMINI ein Gelehrtenleben lang erforscht und in einem Band insgesamt wohlwollend im Urteil zusammengefaßt [547: Life of Andrew Jackson (1988); die dieser Zusammenfassung zugrundeliegende Trilogie erschien 1977–1984]. REMINIS Stärke ist die quellennahe detaillierte Beschreibung, nicht die Ursachenforschung. Stärker gegenwartsbezogen wertete hingegen die bislang einflußreichste Jackson-Interpretation ARTHUR SCHLESINGERS [548: Age of Jackson (1945)], der in der Siegesstimmung von 1944/45 schrieb. Er betrachtete die soziale, wirtschaftliche und politische Konstellation der 1820er Jahre, die Jackson und die Demokratische Partei als Interessenvertreter des *common man* an die Macht brachte, aus der Warte des

Sympathisanten des New Deal-*liberal*, der auch in Roosevelt den Interessenvertreter der Arbeiter an der Ostküste und kleinen Farmern im Westen sah. SCHLESINGERS großen Einfluß auf das Jacksonbild seit 1945 und die Erforschung der amerikanischen Gesellschaft vor dem Sezessionskrieg einschließlich der Mängel seiner Interpretation diskutiert DONALD COLE auf dem heutigen Stand der Jackson-Forschung [544: Presidency of Jackson (1993)]. Diese derzeit wahrscheinlich beste politische Biographie entheroisiert Jackson und zeigt im Detail, wie seine Wirtschaftspolitik mit ihren Widersprüchlichkeiten (z.T. Kritik, z.T. Finanzierung der Infrastrukturentwicklung mit Bundesinvestitionen) auf die Ungewißheiten der Umbruchzeit zwischen Agrar- und Industriegesellschaft reagierte, ohne etwa zielstrebig zur heute vieldiskutierten *market revolution* hinzuführen. Jacksons Ambivalenz als (zeitweise allerdings hochverschuldeter) Großgrundbesitzer und Beförderer des Amerikaner aller Klassen und Regionen verbindenden *liberal capitalism* betonte auch RICHARD HOFSTADTER in seiner geschliffenen biographischen Skizze Jacksons in 116: The American Political Tradition (1948). Weitere Einzeluntersuchungen haben das Klischee von Jackson, dem grobschlächtigen Volkshelden und Provinzler im Weißen Haus, inzwischen korrigiert. So bestätigen ihm BELOHLAVEK [490: „Let the Eagle Soar!" (1985)] und COLE [544: Presidency of Andrew Jackson (1993)] Erfolge in der von einem starken nationalen Selbstbehauptungswillen, Selbstgerechtigkeit und Expansionsstreben gegenüber Mexiko geprägten Außenpolitik.

Nach seiner Reise 1831/32 durch Jacksons Amerika schrieb ALEXIS DE TOCQUEVILLE – ein liberaler Aristokrat und Jurist, vom Staatsdienst nur vorübergehend beurlaubt und auf Familienkosten reisend – die einflußreichste aller bisherigen europäischen Amerika-Diagnosen [488: Démocratie (1835, 1840)]. Trotz des Scheiterns der Revolution von 1830 blieb TOCQUEVILLE von der Durchsetzungskraft des republikanischen Prinzips auch in Frankreich und Europa überzeugt. Deshalb betrachtete er die Vereinigten Staaten wie ein Labor, in dem der auf Europa unweigerlich zukommende Wandel hin zu mehr sozialer Gleichheit und Mehrheitsherrschaft bereits begonnen hatte. Am amerikanischen Beispiel wollte der ehrgeizige 26jährige Intellektuelle mit politischen Karriereplänen aufzeigen, wie Sozialstruktur und politische Institutionen einander bedingten (darin der Fragestellung seines großen Vorbildes Montesquieu folgend) und wie die Schwächen und Gefahren uneingeschränkter Demokratie in einer modernen Gesellschaft gemildert werden können. Den Südstaaten mit ihrer vormodernen Wirtschaftsform widmete TOCQUEVILLE wenig Aufmerksamkeit. Die Rezeptionsgeschichte und heutige kritische Bewertung TOCQUEVILLES erfaßt 481: EISENSTADT (Hrsg.), Reconsidering Tocqueville's Democracy (1988). ANDRÉ JARDIN, der auch an der kritischen Tocqueville-Ausgabe mitwirkt, widmet in seiner quellennahen, nüchtern-prüfenden Biographie der Amerikareise und dem Buch fast 200 Seiten [483: Tocqueville (1988)]. — Tocqueville

Die nach 1960 in den USA neu entwickelte Disziplin der Frauengeschichtsschreibung hat inzwischen reichlich Früchte getragen und auch über die rechtli- — Die Situation der Frauen che und soziokulturelle Lage der Frauen in der Agrargesellschaft unter Bedingungen der Frühindustrialisierung vor 1860 eine reichhaltige Fachliteratur vorgelegt. Sie findet sich fast vollständig erwähnt in den Fußnoten von 553: KELLEY, Reading Women (1996). Die unter den Nummern 181 bis 193 im Literaturteil aufgeführten Überblicke enthalten jeweils Kapitel über die formative Phase der amerikanischen Frauenrechtsbewegung und über die Lage der Frauen vor 1860. Die besonderen Leistungen von Frauen an der *frontier* hat z. B. SCHLISSEL [508: Women's Diaries (1982)] anhand der Reisetagebücher von Frauen dokumentiert, die in den 1840er und 1850er Jahren den Treck nach Oregon mitgemacht haben; viele Frauen hatten guten Grund, nur widerwillig oder zögernd die große Reise anzutreten, weil sie zu einer für sie ungünstigen Zeit stattfand: 20% von ihnen waren schwanger und brachten unter den strapaziösen Bedingungen ein Kind zur Welt. Obwohl viele von ihnen während der Reise auch Aufgaben von Männern übernahmen, kehrten sie später in traditionell weibliches Rollenverhalten zurück. Die Duldung des Stimmrechts für unverheiratete oder verwitwete Frauen, die über Eigentum von mindestens 50 Pfund Sterling verfügten, von 1790 bis 1807 in New Jersey hat zu einer Gelehrtenkontroverse geführt [554: KLINGHOFFER, Petticoat Electors (1992)]. Zum späten Erfolg der Frauenwahlrechtsbewegung siehe Kapitel 7.

e) DIE WIRTSCHAFT IN DER PHASE DER FRÜHINDUSTRIALISIERUNG

Frühindustrialisierung und Kapitalismus

Die Anfänge einer „industrial revolution" in Amerika datiert der Wirtschaftshistoriker JONATHAN HUGHES auf das Jahr 1790, als Samuel Slater die Baumwollspinnmaschine des Engländers Richard Arkwrights nachbaute und in der Textilfabrik von Almy und Brown am Wasserfall von Pawtucket, Rhode Island, ab 1793 betreiben ließ [293: American Economic History (1990) 68–69]. Den wissenschaftlichen Diskussionsstand über die Entwicklung der gesamten Wirtschaft bis um 1850 erfaßt der Sammelband von PAUL GILJE [562: Wages of Independence (1997)] mit Beiträgen zur Historiographie, zur „Marktrevolution", zu Plantagenwirtschaft und Kapitalismus, zu den Anfängen des Fabrikwesens und zu den wirtschaftspolitischen Ideen, die das merkantilistische Denken ablösten. Die Spezialliteratur seit 1960 zur Frühphase des amerikanischen Kapitalismus kommentiert MICHAEL MERRILL in seinem Literaturbericht 486: Putting ‚Capitalism' in Its Place (1995). Der Übergang von Subsistenzlandwirtschaft hin zur weltmarktverbundenen kapitalintensiven Landwirtschaft und industriellen Fertigung von Massengebrauchsartikeln vollzog sich auch in den USA nicht so plötzlich, daß man ihn sinnvollerweise als industrielle „Revolution" beschreiben könnte. Die regionalen Entwicklungen und der langgedehnte Verlauf des Wandels von der Gesellschaft der *yeoman farmers* zur kapitalistischen Marktwirtschaft sind nicht mit einer knappen Formel zu erklären und auf ein Jahrzehnt oder zwei zu datieren, wie ALLAN KULIKOFFS Literaturbericht von 1989 belegt; sie begannen mit der

Landnahme der Europäer und waren um 1900 noch nicht überall abgeschlossen [295: Transition to Capitalism (1989)]. Als Korrektur der auch in der Fachliteratur meist ohne Anführungszeichen benutzen Bezeichnungen „aristocrats" und „feudal" ist KULIKOFFS unmißverständliche Aussage zu begrüßen: „Settlers to British North America never established feudal economic relations" (S. 124). In seiner Monographie von 1992 weist KULIKOFF nach, daß die Grundlagen für den Industriekapitalismus des späten 19. Jhs. mit der Kommerzialisierung der Landwirtschaft im 18. und frühen 19. Jh. gelegt wurden. Die Staatsgründung, die verkehrsmäßige Erschließung des Westens und die große Binnenwanderung und Einwanderung nach Westen trugen dazu bei, statt des idealtypisch autonomen *yeoman farmer* teilweise gegen dessen Widerstand die den Westen prägenden *commercial farmers* entstehen zu lassen, deren Prosperität vom Weltmarkt abhing [485: KULIKOFF, Agrarian Origins (1992); vgl. die kritische Rezension von HAROLD WOODMAN in: RAH 23 (1995) 464–471.]

Eine umfassende Bestandsaufnahme der neueren Beiträge zur Erforschung des „Rise of Capitalism" in dem Zeitraum 1776 bis etwa 1830 bieten sieben Artikel bzw. Literaturberichte im Journal of the Early Republic, Bd. 16, Heft 2 (Sommer 1996). Der dortige Beitrag von CHRISTOPHER CLARK (Autor der Monographie 560: The Roots of Rural Capitalism (1990)) über „Rural America and the Transition to Capitalism" benutzt Max Webers drei idealtypischen Merkmale des anfänglichen Kapitalismus (Rationale Kalkulation, um akkumuliertes Kapital in Erwartung zukünftigen Gewinns investieren zu können, Ausrichtung auf einen überregionalen Markt und auf dem Arbeitsmarkt angebotene freie Lohnarbeit) und kommt zu dem Schluß, daß das Zusammenwirken dieser Faktoren in den USA regional stark differenziert verlief und nur dort eintrat, wo Großgrundbesitzer den Anbau von *commercial crops* für den Markt durch Pächter und vorübergehend unfreie weiße „indentured servants" organisierten. In älteren Wirtschaftsformen verharrten nach dieser Definition die kleinen kargen Familienhöfe Neuenglands und die Plantagenwirtschaft im Süden. (Zur Historikerdebatte über die Sklavenwirtschaft als Spielart des agrarischen Kapitalismus mehr im 4. Kapitel.) Der Beitrag von RICHARD STOTT im gleichen Heft über „Artisans and Capitalist Development" dokumentiert das viele Jahrzehnte andauernde Nebeneinander von durchaus prosperierenden alten und neuen selbständigen Handwerkern (z. B. Schreinern, Stukkateuren, Klempnern, Schneidern, Druckern) und fabrikartiger Produktion billigerer Möbel, Bekleidung usw. für den neuen Massenmarkt. Auch die mehr oder weniger selbständige Arbeit von Frauen spielte seit etwa 1790 eine wichtige Rolle für die örtlichen Lebensmittelmärkte (z. B. Butter- und Käseherstellung) und für die Verarbeitung von Textilien in Heimarbeit, wie der Beitrag von JEANNE BOYDSTON im gleichen Heft belegt. DREW MCCOY beschreibt die durchgehend enge Verbindung zwischen sozialen Ideen, Wertvorstellungen und der von der Bundesregierung unterstützten Wirtschaftspolitik bis hin zur Entscheidung zum zweiten Krieg gegen England 1812 [563: The Elusive Republic (1980)]. Die besondere Rolle des Eisenbahnbaus für die Industrialisierung Eisenbahnen bespricht anhand vergleichender Studien (Großbritannien, Frankreich, Preußen) SHEARER D. BOWMAN in: RAH 23 (1995) 567–573.

Textilindustrie   Die führende Rolle der Textilindustrie auf dem amerikanischen Weg hin zur industriellen Produktionsweise demonstriert 565: COCHRAN, Frontiers of Change (1981). Mit den Spinn- und Webmaschinen und dem ganzen sie umgebenden neuen Milieu der Fabrikhalle, der schnell angelernten Arbeiterinnen und Arbeiter, der Abhängigkeit von der Wasserkraft und von dem pünktlichen An- und Abtransport des Rohmaterials und der Fertigware konnte die neue Gruppe der Unternehmer und ihrer Verwalter Erfahrungen sammeln, die wenige Jahrzehnte späteren anderen Industriebereichen von der Eisenverarbeitung bis zur Eisenbahngesellschaft zugute kamen [733: KULIK, Industrialization (1993) 597].

Arbeiterbewegung   In seiner zum Klassiker der frühen Arbeiterbewegung gewordenen New York-Studie hat SEAN WILENTZ [489: Society (1990)] im Zeitraum 1788–1850 die soziokulturellen und politisch-organisatorischen Elemente der frühen Handwerker- und Arbeiterbewegung in der größten amerikanischen Stadt nachgezeichnet. Angeregt durch E. P. THOMPSONS The Making of the English Working Class (1965) rekonstruierte WILENTZ in Reden und Aufrufen u. a. die gemeinschaftsorientierten Ideale des Republikanismus aus der Revolutionszeit auch als Ideale der Arbeiterbewegung bis um 1850. Er findet zwischen 1830 und 1850 politisch relevante Formen eines echten Klassenbewußtseins, z. B. in der Workingmen's Party von 1829–31, denn amerikanische männliche Arbeiter verfügten bereits über das Stimmrecht. Ausgewanderte englische Arbeiter stellten eine lebende Verbindung zur Bewegung der Chartists her.

Landwirtschaft und Leben auf dem Land   In welchem Ausmaß auch 1860 der Nordosten und Mittelwesten der USA noch eine Agrargesellschaft war, wird deutlich in der statistischen Analyse des Bundeszensus von 1860 durch JEREMY ATACK u. a. [559: To Their Own Soil (1987)]. Sie beweist u. a. die andauernde Attraktivität der Familienfarm für die Mehrzahl der 4,1 Mio. Eingewanderten in den Nordstaaten. Die Einwandererfrauen gebaren mehr Kinder als andere Frauen. ATACKS Statistiken weisen auch das Ausmaß der Landwertsteigerung und die damit verbundene Spekulation nach. In einem Jahr konnte z. B. um 1840 ein Farmer im Mittelwesten 10–12 *acres* erstmalig pflügen, womit er den Landwert um 140 bis 200 Dollar steigerte. Diese Summe entsprach dem Jahresverdienst eines Knechts. Gedämpft wurde die Wertsteigerung, sobald der Bund in der Nähe ein Gebiet zur Privatisierung freigab [559: ATACK, 7–10].

F) DIE AUSPRÄGUNG EINER NATIONALEN KULTUR

Natur, Kunst und Nation   Zweifellos prägte das Vorrücken der Euroamerikaner von den Appalachen bis zum Pazifik den frühen amerikanischen Nationalismus und beeinflußte die Herausbildung einer amerikanischen Kultur [329: SMITH, Virgin Land (1950), 126: POTTER, People of Plenty (1954)]. Nicht nur Politiker, sondern auch z. B. die eisenbahnbauenden Bankiers und Großindustriellen beschworen in ihrer Werbung um öffentliche und private Investitionen ab 1820 nationale Werte wie die Einheit und verkehrsmäßige Zugänglichkeit des Staatsgebiets für Migranten, die Stärkung der nationalen Sicherheit und der Demokratie und Zivilisation schlechthin durch technischen Fortschritt im Transportwesen [582: WARD, Railroads and the Character of America (1986)]. Neuere Fachliteratur über die Anfänge einer spezifisch amerikanischen Literatur und Malerei in den Jahrzehnten vor dem Sezessionskrieg bespricht WILLIAM GOETZMANN in: RAH 23 (1995) 47–50.

Protestantismus und Patriotismus gingen zwischen 1790 und 1860 in der Vorstellung vieler Amerikaner eine enge Verbindung ein. Eine Zweite Erweckungsbewegung seit den 1790er Jahren (Second Great Awakening) begleitete die territoriale und ökonomische Expansion der jungen Nation und stärkte die einen emotionalen *Evangelicalism* und *revivalism* praktizierenden protestantischen Kirchen [341: AHLSTROM, Religious History (1972), Kap. 26 und 27]. Viele Christen stärkten zwar die Vielfalt der Sozialreformbewegungen einschließlich der Sklavenbefreiungsgruppen (*abolitionists*) und der Temperenzler. Aber als Institution wirkten die christlichen Kirchen nicht als Anführer der Sklavenbefreiung, in den Südstaaten rechtfertigten Geistliche vielmehr die Versklavung von Kindern Gottes [341: AHLSTROM, Religious History (1972), Kap. 40; 347: WOOD, Arrogance of Faith (1990); 572: CONKIN, Uneasy Center (1995)] Zu den Kirchenspaltungen anläßlich der Sezession BERTRAM WYATT-BROWN in: RAH 23 (1995) 40–46. Obwohl Katholiken seit den 1630er Jahren in einigen Kolonien willkommen geheißen worden waren, hatte die römisch-katholische Kirche auch im 19. Jh. noch mit massiven Vorurteilen der protestantischen Mehrheit zu kämpfen [PAULA KANE zu neuer Literatur in: RAH 23 (1995) 212–218.

Religion, Kirchen

Literatur, Lebensphilosophie und Kulturnationalismus gingen in den 1840er und 1850er Jahren eine enge Verbindung ein, als sich die *Transcendentalists* - in Europa wären sie wahrscheinlich als eine Spielart der Romantiker bezeichnet worden -, allen voran die Schriftsteller Ralph Waldo Emerson, Henry David Thoreau und Margret Fuller, bemühten, dem Individuum auch in einer zunehmend rationalisierten Welt ein seinen geistigen Bedürfnissen entsprechendes spontanes und offenes Verhältnis zur Natur zu bewahren [574: GURA u. a. (Hrsg.), Critical Essays (1982)].

Transzendentalismus

4. DER ALTE SÜDEN, DIE SKLAVENWIRTSCHAFT UND DER SÜD-NORD-KONFLIKT, 1789–1860

A) DER SÜDEN ALS REGION: ÜBERBLICKE, INTERPRETATIONEN, HISTORIOGRAPHIE

Südliches Regionalbewußtsein

War das Regionalbewußtsein in den Südstaaten so ausgeprägt, daß die Bezeichnung „Southern nationalism" angebracht ist? Die Frage verneinte DAVID POTTER mit dem Hinweis auf das Ausmaß und die Widersprüchlichkeit der Lokalinteressen innerhalb der Großregion von Maryland bis Texas [631: Impending Crisis (1976) 469]. Die Existenz einer „nationalen" Südstaaten-Ideologie zwischen 1830 und 1860 zeigt JOHN MCCARDELL auf [639: Idea of a Southern Nation (1979)]; als zu Separatismus und schließlich Eigenstaatlichkeit treibende Kraft sah MCCARDELL die zunehmende Furcht vor der Abschaffung der Sklaverei durch die politische Mehrheit in den Nordstaaten. Sein Verständnis von (nationaler) „Ideologie" übernahm MCCARDELL von dem Anthropologen CLIFFORD GEERTZ [315: Ideology (1964)]. Kritiker der These vom Südstaatennationalismus bezweifeln, daß die Ideologie des „sectionalism" im Süden geschlossen und stark genug war, um einen souveränen Nationalstaat in Konkurrenz zur Nordstaatenunion auf die Dauer zu begründen. Die Harvard Encyclopedia of American Ethnic Groups billigt den Südstaatlern durchaus den Status einer „ethnischen Gruppe" zu [159: THERNSTROM (Hrsg.) (1980) 944–948]. Ausführlicher bietet das Center for the Study of Southern Culture der University of Mississippi auf 1634 Seiten eine alle Bereiche des öffentlichen und privaten Lebens enzyklopädische Darstellung [140: WILSON u. a. (Hrsg.), Encyclopedia of Southern Culture (1989)]. Sie erfaßt als Kernregion die elf kriegführenden Confederate States und die zum „Census South" des Statistischen Bundesamtes gehörenden Randstaaten Delaware, Maryland, West Virginia, Oklahoma und den District of Columbia. Für den akademischen Unterricht eignet sich besonders die Anthologie von Fachliteratur und Quellen 134: ESCOTT u. a. (Hrsg.), Major Problems in the History of the American South (1990). Die Entwicklung der Südstaaten zu einer nicht nur wirtschaftlich eigenständigen Region (*section*) beschreibt umfassend CLEMENT EATON [635: The Growth of Southern Civilization (1961)]. Die seit 1865 immer wieder von den Historikern des Südens und der Sklaverei strittig diskutierte Frage des Sonderwegs der Südstaaten aufgrund der weit verbreiteten Sklavenhaltung als Wirtschaftsform und Form der sozialen Kontrolle und ihre Folgen für die Psyche der Versklavten und der Sklavenbesitzer behandelt mehrfach der Essayband von GEORGE FREDRICKSON [588: The Arrogance of Race (1988)], insbesondere in den historiographischen Kapiteln „The Historiography of Slavery", „C. Vann Woodward and Southern History" und „The Historiography of Postemancipation Southern Race Relations." Die Historikerin DREW FAUST fand unter der Mehrheit der euroamerikanischen Südstaatler nach 1860 den weit verbreiteten Glauben, ihre Region sei so andersartig, daß sie einen unabhängigen Staat brauche [666: The Creation of Confederate Nationalism (1988)]. Der Wandel John C. Calhouns vom Nationalisten im Krieg von 1812/15 zum einflußreichsten Politiker und Propagandisten des Südstaatenseparatismus veranschaulicht wie keine andere politische Biographie die allmähliche Zuspitzung des Süd-Nord-Konflikts [633: BARTLETT, John C. Calhoun (1994)]; zum historiographischen Zusammenhang RICHARD R. JOHN in: RAH 23 (1995) 438–443. Die Eigenarten des politischen Systems der Südstaaten als einer Region vom 18. Jh. bis 1860 und seine Auswirkungen auf die gesamtamerikanische Politik hat WILLIAM J. COOPER überzeugend zusammengefaßt [625: Liberty and Slavery (1983)]. Er zeigt auf, wie die Mehrzahl der kleinen und mittleren Farmer die politischen Interessen der Großplantagenbesitzer teilten, weil alle die Investition eines großen Teiles ihres Besitzes in Sklaven miteinander verband. Deshalb wetteiferten Politiker miteinander in Versprechungen, den Fortbestand der „Freiheit" des Südens in Gestalt des Fortbestandes der Sklavenwirtschaft, zu verteidigen.

b) SKLAVEREI UND PLANTAGENWIRTSCHAFT

Zuverlässige Einführungen in die Entwicklungsgeschichte der Sklavenhaltung seit der Staatsgründung bieten auf dem neuesten Forschungsstand die jeweiligen Kapitel in 178: FRANKLIN u. a., From Slavery to Freedom (1994) und 179: KOLCHIN, American Slavery (1993). Eine Bestandsaufnahme der gesamten historiographischen Debatte – eines permanenten Historikerstreits – bietet auch der Literaturbericht von PETER PARISH in der Broschüre 607: Slavery (1990). *Vergleichende Sklavereistudien*

Die Eigenarten der amerikanischen Sklavenwirtschaft und Rassentrennung treten besonders deutlich hervor in den Vergleichen von CARL DEGLER zu Brasilien [594: Neither White Nor Black (1971)]; GEORGE FREDRICKSON zu Südafrika [110: White Supremacy (1981)]; von PETER KOLCHIN zur Leibeigenschaft russischer Bauern [605: Unfree Labor (1987)] und von SHEARER DAVIS BOWMAN zu ostelbischen Rittergütern mit unfreien Bauern [591: Masters and Lords (1993); hierzu HERRMANN WELLENREUTHERS Besprechung in: WMQ 52 (1995) 380–382].

Noch 1929 publizierte der damals angesehene Südstaatenhistoriker ULRICH B. PHILLIPS Beschreibungen des gesicherten Lebens von mehr oder weniger infantilen, aber zufriedenen Sklaven auf Plantagen, deren Eigentümer sich um ihre Mündel sorgten. Der junge RICHARD HOFSTADTER griff diese in der Wirkung apologetische Darstellung 1944 im Journal of Negro History an [604: U. B. Phillips]. Aufsehen erregte 1959 STANLEY ELKINS mit der psychologischen Erklärung des Anpassungsverhaltens vieler Sklaven: Sie verhielten sich durchaus normal, d. h. wie die meisten Menschen, wenn sie in der außerordentlichen Situation des Unterworfenseins unter die totale Kontrolle durch andere alles taten, um zu überleben – so wie Insassen eines Konzentrationslagers [595: Slavery]. Die so gerechtfertigte Charakterschwäche – verkörpert durch die Figur des vor Weißen scherzenden *Interpretationsschwerpunkte* und tanzenden unterwürfigen „Sambo" – verwarf der afroamerikanische Historiker JOHN BLASSINGAME nach Auswertung von 76 *slave narratives* als unzulässige Verallgemeinerung und unvereinbar mit der tatsächlich zu beobachtenden Stärke der Familienbande und anderer Indikatoren einer tradierten eigenständigen afroamerikanischen Kultur [590: Slave Community (1973)]; Blassingame bietet eine umfassende Darstellung der Erlebniswelt der Versklavten. Die kulturelle Selbstbehauptung der Sklaven unter den schwierigen Bedingungen der Versklavung, auf brutale Weise abgeschnitten von den verschiedensprachigen Stammeskulturen ihrer westafrikanischen Vorfahren, bestätigen auch die Forschungsergebnisse von EUGENE GENOVESE [601: Roll, Jordan, Roll (1974)], HERBERT GUTMAN [603: Black Family (1976)] und LAWRENCE LEVINE [337: Black Culture (1978)]; weitere Beispiele in dem von THOMAS HOLT entworfenen Abschnitt „Black Life" in 140: WILSON (Hrsg.), Encyclopedia of Southern Culture (1989) 131–232. Weniger überzeugt vom Zusammenhalt einer „slave community" und den Familienbanden sind nach 1980 veröffentlichte Monographien, die einige Bestandteile des Revisionismus der 1960er und 1970er Jahre skeptisch überprüfen, worauf PETER KOLCHINS Handbücherrezension im JAH 84 (1998), 1425–1438, mit Literaturangaben hinweist.

Sklaverei und Kapitalismus

Ist die Plantagenwirtschaft mit Sklavenarbeit als spätfeudalistisches Überbleibsel oder als eine besonders verwerfliche Art modernen Agrarkapitalismus zu verstehen? Einen sachkundigen Einstieg in diese Debatte liefern zwei Artikel bzw. Literaturberichte von CHRISTOPHER CLARK und DOUGLAS EGERTON [JERep, 16, no. 2 (Summer 1996)]. Sie bewerten die großen Plantagen als vorkapitalistische Wirtschaftsform und bescheinigen den Eigentümern eine *patrician mentality*, in der angeblich nicht der Markt und die Profitrate die soziale Werteskala prägten. In Vortragsform, aber mit Verweisen auf seine zahlreichen Neuveröffentlichungen zu diesem Thema seit 1965, erörtert GENOVESE die publizistische Rechtfertigung der wirtschaftlichen und ideologischen Widersprüchlichkeiten des Sklavenhaltersystems durch Intellektuelle und christliche Theologen in den Südstaaten in 638: Slaveholders' Dilemma (1990); die paternalistische Kulturkritik der Sklavenhalter an dem von ihnen abgelehnten „Fortschritt" des in den Nordstaaten praktizierten ungehemmten Kapitalismus wurde durch die ungesicherte Lage der nur in engem Wortsinn „frei" zu nennenden Lohnarbeiter des Nordens und Westeuropas erleichtert. Die ausführlichste Dokumentation der in den Südstaaten dominanten Rechtfertigungen der Sklavenhaltung hat DREW FAUST zusammengestellt [596: The Ideology of Slavery (1981)].

Quantifizierende Studien

Der Ökonom und Historiker ROBERT W. FOGEL – 1993 mit dem Nobelpreis in Wirtschaftswissenschaften ausgezeichnet – und sein Mitautor STANLEY ENGERMAN schlußfolgerten aus einer groß angelegten quantifizierenden Analyse des Verhaltens von Eigentümern und Sklaven, daß die Sklavenwirtschaft eindeutig profitabel für die Investoren war und daß die meisten Eigentümer im wohlverstandenen Eigeninteresse handelten, wenn sie die Familienbeziehungen ihrer Sklaven respektierten (auch wenn sie ihre Eheversprechen nicht als rechtsgültige

4. Der Alte Süden, Sklavenwirtschaft und Süd-Nord-Konflikt 187

Verträge anerkannten) und wenn sie eine die Arbeitskraft erhaltende Ernährung und Gesundheitspflege ermöglichten [597: Time on the Cross (1974)]. Die umfassende Kritik, die das Buch auslöste, hat FOGEL veranlaßt, zur gleichen Fragestellung vier Bände herauszugeben, die weitere eigene quantifizierende Untersuchungen und Arbeiten von 18 anderen Autoren enthalten [598: Without Consent (1989–1992)]. FOGEL u. a. gehen in diesen für die Sklavereiforschung nun unverzichtbaren Bänden auf frühere Kritik ein und dokumentieren erneut, daß die Sklavenwirtschaft in der Neuen Welt eine „highly developed form of capitalism" war deren wirtschaftlicher Erfolg darauf beruhte, daß es die totale Kontrolle über die Sklaven dem Eigentümer ermöglichte, sie je nach Bedarf in Gruppen gezielt einzusetzen und hart arbeiten zu lassen. Eine vergleichbar disziplinierte Arbeitsteilung und Arbeitsweise hätten freie Tagelöhner nicht akzeptiert. Hierzu die kritische, aber insgesamt anerkennende detaillierte Besprechung von HAROLD WOODMAN in: JEconH 55 (1995) 367–370. Auch der Wirtschaftshistoriker GAVIN WRIGHT errechnete, daß die Sklaven eine gewinnträchtige Investition darstellten. Die Produktivität je Sklave steigerte sich zwischen 1820 und 1860: Die Sklavenbevölkerung der Baumwollstaaten wuchs in diesen Jahren um das 3,5fache, die Baumwollernte aber um das 13fache [613: Political Economy (1978) 28]. Die Weltmarktnachfrage nach Baumwolle bis um 1860 machte die Plantagen zur rein wirtschaftlich gewinnversprechenden Anlage; aus Plantagenbesitzersicht konnte der Sezessionskrieg durchaus als Verteidigung der wirtschaftlichen Grundlage ihrer Existenz gerechtfertigt erscheinen. Die in den Südstaaten am häufigsten anzutreffenden kleinen Farmen mit bis zu 5 Sklaven stellt JAMES OAKES [606: The Ruling Race (1982)] in den Mittelpunkt seiner Untersuchung. Er findet dementsprechend keinen pseudo-aristokratischen Paternalismus, wie ihn der von ihm kritisierte GENOVESE in seinen Studien über die Großplantagenbesitzer aufgezeigt hat, und keine anti-kapitalistische Rhetorik unter diesen mobilen, ehrgeizigen marktfixierten Zucker-, Reis-, Tabak- und Baumwollproduzenten. Auf der politisch-kulturellen Vormacht der nur zahlenmäßig unterlegenen Großplantagenbesitzer beharrt der kritische Rezensent JAMES ROARK in: AHR 88 (1983) 1066–1067. ROGER RANSOM u. a. errechneten, daß 1859 in den wichtigsten Baumwollstaaten 44% des Gesamtvermögens (*total wealth*) in Sklaven angelegt waren und weitere 25% in Land; für Investitionen etwa in industrielle Unternehmen blieb nicht genug Kapital verfügbar [609: Capitalists without Capital (1988)].

George Fitzhugh und andere publizistische Interessenvertreter der Sklavenplantagenwirtschaft waren sich stets der Gefahren ihrer Monokulturen und ihrer Abhängigkeit von Handel und Textilindustrie in den Nordstaaten und in Europa bewußt, fanden aber keinen Weg aus ihrer andauernden „kolonialen" Abhängigkeit. PERSKY [608: The Burden of Dependency (1992)] weist diese Frühform der Dependenztheorie nach, die in der Entkolonisierungsdebatte nach 1945 insbesondere in Lateinamerika politisch-rhetorische Bedeutung erlangte. — *Vergleich mit Entwicklungsländern im 20. Jh.*

Im Haushalt der Plantagen vor dem Sezessionskrieg waren weiße wie schwarze Frauen in unterschiedlichen Rollen gestaltend aktiv. Auch wenn der Plantagenbe- — *Frauen* sitzer dominierte, die *mistress* war zusätzlich zu ihren Rollen als Ehefrau und Mutter in vielen Fällen die planende und beaufsichtigende Managerin eines Betriebs, der nicht nur Essen, sondern Kleidung u.v.a.m. produzierte, wie ELIZABETH FOX-GENOVESE in ihrer Untersuchung mehrerer Haushalte anhand von Tagbüchern, Briefen usw. nachweist [599: Within the Plantation Household (1988)]. Die im Haushalt arbeitenden Sklavinnen waren oft der zusätzlichen sexuellen Ausbeutung ausgesetzt. FOX-GENOVESES konkretes Bild der alltäglichen Lebensumstände lassen erkennen, wie schwierig es für weibliche und männliche Sklaven war, Widerstand gegen *master* und *mistress* zu leisten. Auch die kulturgeschichtlich ausgerichtete neue Frauenforschung hat frauenspezifische Erfahrungen während der Sklavereizeit untersucht. JEAN FAGAN YELLIN hat rekonstruiert, wie die öffentlich aktiven weißen und schwarzen Frauen der Sklavenbefreiungsbewegung (Angelina Grimké, Sojourner Truth u. a.) in ihrer Agitation die Beschreibungen und bildlichen Darstellungen verfolgter Sklavinnen einsetzten. Eine knieende, für sich und ihre Kinder um Gnade und Schutz flehende Sklavin war ein wiederkehrendes Motiv [624: Women & Sisters (1989)].

c) SKLAVENBEFREIUNG

Umfassende Darstellungen der Antisklavereibewegung bieten 615: DILLON, Slavery Attacked (1991), 621: STEWART, Holy Warriors (1976) und 620: QUARLES, Black Abolitionists (1969). Die Sklavereigegner beriefen sich u. a. auf die freiheitliche Komponente des anglo-amerikanischen Konstitutionalismus, wie etwa auf die Entscheidung des höchsten englischen *common law*-Gerichts 1772 im Somerset-Fall, die in England das Verbot der Sklavenhaltung einleitete. Zur konsequenten Abschaffung von Sklavenhandel und Sklaverei im britischen Empire siehe den umfassenden Literaturbericht von MICHAEL WEINZIERL in: GRETE KLINGENSTEIN u. a. (Hrsg.), Europäisierung der Erde? München 1980, 255–271. Die kompromißlerischere Haltung amerikanischer Richter und Gesetzgeber ab 1776 erklärt die detaillierte verfassungsgeschichtliche Studie WILLIAM WIECEKS [623: Sources of Antislavery Constitutionalism (1977)] mit dem bis um 1820 vorherrschenden „Federal consensus", d. h. der Bereitschaft der Nordstaaten, um der nationalen Einheit willen die Sklavenfrage auf Bundesebene auszuklammern und den Einzelstaatslegislativen zur Regelung zu überlassen.

Der Sammelband von PERRY u. a. [619: Antislavery Reconsidered (1979)] dokumentiert das verstärkte Interesse der Historiker in den 1960er Jahren an der Sklavenbefreiung, weil sie als Bestandteil der Vorgeschichte der Civil Rights-Bewegung und anderer „radikaler" Protestbewegungen der 1960er und 1970er Jahre betrachtet wurde. Die modernen Bürgerrechtler nahmen für sich rhetorisch effektvoll die Rolle der „neuen Abolitionisten" in Anspruch. Auch die aktive und zum Teil führende Rolle von Frauen war beiden Protestbewegungen gemeinsam. Diese regionalen und biographischen Fallstudien machen deutlich, wie sehr amerikanische Historiker sich bei der Beurteilung der militanten Sklavenbefreier auch zu moralischen Urteilen herausgefordert fühlen. FRIEDMAN zeigt in 617: Gregarious Saints (1982), daß viele der strikten Abolitionisten im Norden evangelische Christen waren, die die sofortige Freilassung aller Sklaven verlangten und Zwischenlösungen als sündhaften Kompromiß mit der Sünde und Fortsetzung des Paktes mit dem Teufel ablehnten; sie stärkten sich für den Kampf gegen die indifferente bis feindliche Umwelt – auch in den Nordstaaten – durch ein enges soziales, über den gemeinsamen Gottesdienst hinausgehendes Zusammenleben. Die im wesentlichen publizistisch agitierende Sklavenbefreiungsbewegung war nur eines der Projekte, die seit etwa 1830 von einer Vielzahl protestantischer Sozialreformer betrieben wurden [622: WALTERS, Anti-Slavery Appeal (1976)]. Die politischen Erfolge der Sklavereigegner zunächst in Großbritannien und dann in den amerikanischen Nordstaaten erklärt DAVID BRION DAVIS – ohne die zusätzliche Wirksamkeit der religiösen Motivation zu bezweifeln – mit den kapitalistischen Grundwerten freier Lohnarbeit und Konkurrenz und der Chance, die sich den regierenden Eliten bot, einen Sinn für Gerechtigkeit zur Schau zu stellen, ohne die Arbeitsbedingungen der freien Arbeiter verbessern zu müssen [614: Reflections on Abolitionism (1987)]. Die Gewissensfrage der Anwendung von Gewalt gegen Sklavenbesitzer führte zur Bildung miteinander rivalisierender Gruppierungen unter den Abolitionisten mit unterschiedlich militanten Strategien [618: PEASE u. a., Confrontation and Abolition (1972)].

Quantifizierende Wirtschaftshistoriker haben auch zum Verständnis der moralischen Dimension der Sklavenbefreiung beigetragen. So ergibt sich aus den Berechnungen von FOGEL u. a. [597: Time on the Cross (1974)], daß die zeitlich gestreckt „graduell" wirksam werdenden Sklavenbefreiungsgesetze der Nordstaaten um 1780, die auf eine staatliche Entschädigung der Sklavenbesitzer und der Freigelassenen verzichteten, wegen des fortgeschrittenen Lebensalters (21 bis 28 Jahre bei der Freilassung) bewirkten, daß die Eigentümer schließlich nur etwa 3% des Marktwertes ihres Besitzes einbüßten [Zusammenfassung in: 303: WALTON u. a., History of the American Economy (1994) 279–280]. Eine der seltenen psychohistorischen Interpretationen hat MARTIN DUBERMAN gewagt [616: The Abolitionists and Psychology (1962)].

d) ESKALATION DES SÜD-NORD-KONFLIKTS

Die große Linie der sich zuspitzenden Krise der Union seit dem Friedensvertrag mit Mexiko 1848 zeichnet DAVID POTTER [631: The Impending Crisis (1976)]. Die Gegner der Expansionspolitik der Sklavenstaaten konnten sich weder in der Demokratischen noch in der Whig Party durchsetzen und gründeten 1854 die Republican Party. Ihre Mitglieder und Wähler kamen aus den verschiedenen bestehenden Bewegungen. Abraham Lincoln war ein Whig gewesen, andere waren Demokraten, viele hatten ihre Stimme zuvor der xenophoben und antika-

Gründung der Republican Party

tholischen Know Nothing Party und der Free Soil Party gegeben. Diese die Weichen für den Sezessionskrieg stellende Neuausrichtung der Parteienkonstellation der 1850er Jahre hat die neuere (auch quantifizierende) Politikgeschichte ausführlich beschäftigt. Die Bedeutung der Know-Nothings als Durchgangsstadium oder Zubringer und das Zusammenwirken rein örtlicher Streitfragen mit nationalen Entscheidungen wie dem den Süden begünstigenden Kansas-Nebraska-Gesetz von 1854 betont WILLIAM GIENAPP in kritischer Auseinandersetzung mit der älteren Literatur [531: Origins of the Republican Party (1987)]. Einer der Wortführer der neuen Politikgeschichte, JOEL SILBEY, setzt sich in seiner Aufsatzsammlung [534: Partisan Imperative (1985)] und in seiner Monographie [233: The American Political Nation (1991)] mit dem Zusammenwirken der drei bestimmenden Kräfte des politischen Systems in den Jahrzehnten vor dem Sezessionskrieg auseinander: (1) der Ortsgebundenheit der Akteure und vieler wahlentscheidender Konflikte, (2) dem nationalen Tätigkeitsfeld der die Präsidentenwahl organisierenden beiden großen politischen Parteien und (3) mit der die Urteilsbildung der Politiker und ihrer Wähler beeinflussenden politischen Ideologie, die ihrerseits von ethnisch-religiösen Präferenzen und nicht nur ökonomischen Interessen mitbestimmt war. Die Stärke des sklavereibedingten Nord-Süd-Konflikts unterbewertet SILBEY, so daß er in den Augen seiner Kritiker die Sezession der Mehrzahl der Südstaaten nach der Wahl Lincolns 1860 kaum erklären kann [Anerkennende, wenn auch teilweise kritische Rezensionen von DANIEL W. CROFTS in: CWH 31 (1985) 281–283 und HARRY L. WATSON in: RAH 13 (1985) 538–544].

Die Rivalität nur zweier chancenreicher Parteien im Kampf um die Präsidentschaft tendierte in den 1850er Jahren dazu, den Süd-Nord-Konflikt zu verstärken, so der Befund von MICHAEL HOLT in 628: The Political Crisis (1978). HOLT korrigiert seine starke Beachtung der ethnisch-religiösen Wählermotivation und Parteipolitik in der Einleitung zu seiner Aufsatzsammlung 532: Political Parties (1992), bezweifelt aber nach wie vor, daß die Erfolge der Republikanischen Partei primär mit einem im Norden weitverbreiteten Ressentiment gegen die ihr profitables System der Sklavenarbeit nach Westen ausdehnenden Südstaaten zu erklären seien [kritische Rezension von J. MORGAN KOUSSER in: RAH 21 (1993) 207–212]. Lincolns und anderer Republikaner emotionale Ablehnung der Sklaverei und deren politische Folgen weisen nach 653: COX, Lincoln (1981), und 680: FONER, Reconstruction (1988).

Verfassung und Rechtsprechung
Die verfassungsgeschichtliche Komponente des Machtkampfs zwischen Süden und Norden um den Westen, die enge Verbindung von Rechtsprechung und Politik von 1837–1875, fassen HAROLD HYMAN und WILLIAM WIECEK nach Auswertung der Fachliteratur zusammen [690: HYMAN u. a., Equal Justice (1982)]; auch nicht-öffentlich-rechtliche Themen wie der Wandel des Status der Frauen werden in dieser autoritativen Synthese erfaßt. Die beste Analyse der Abfolge von Kompromissen, die die Nordstaaten seit 1787 eingingen, um die Südstaaten ihre profitable Wirtschaftsform der Sklavenhaltung innerhalb der Union entwickeln zu lassen, bis politische Wortführer des Südens 1860/61 die Sezession wählten, gibt

PETER KNUPFER in 630: The Union As It Is (1991); hierzu sehr kritisch der Rezensent PAUL FINKELMAN in: JAH 79 (1992) 1145: die Südstaatenführer wollten zum Schluß nur noch Konzessionen des Nordens und waren selbst nicht mehr kompromißfähig.

Das Oberste Bundesgericht versagte als möglicher Vermittler. DON E. FEHREN- Fall Dred Scott, BACHER zeigt in seiner umfassenden Analyse des die politische Öffentlichkeit 1857 1857 erregenden Urteils im Fall Dred Scott, das u. a. allen Afroamerikanern den Status von Bürgern der USA mit Klagerecht in Bundesgerichten absprach; auch die Obersten Richter hatten als dritte Gewalt Teil am Versagen des politischen Systems als Weg des friedlichen Interessenausgleichs. Die Verfassungsinterpretation war ein Mittel des Machtkampfes zwischen Süden und Norden [626: Dred Scott (1978)]. Das folgenträchtige Urteil von 1857 spielt auch eine wichtige Rolle in dem Meisterwerk narrativer Geschichtsschreibung von KENNETH STAMPP; seine dramatische Jahreschronik von 1857 zeigt das Zusammenspiel wirtschaftlicher, sozialer und politischer Entwicklungen, in deren Verlauf die Demokratische Partei unter dem unfähigen Präsidenten James Buchanan zerbrach, weitere Kompromisse zur Abwendung der Sklavereiausdehnung nach Kansas unmöglich wurden und der Weg frei wurde für den Wahlsieg der Republikaner 1860 [632: America in 1857 (1990)].

5. SEZESSIONSKRIEG UND REKONSTRUKTION DER NATION, 1860–1877

a) Gesamtdarstellungen, Interpretationen

Der Sezessionskrieg konkurriert nur noch mit der Staatsgründung selbst um das Interesse der Nationalgeschichtsschreiber und die Aufmerksamkeit des lesenden Publikums. Populäre Darstellungen in Schrift und Bild und die wissenschaftliche Literatur haben ein nicht mehr überschaubares Ausmaß angenommen und bilden einen kontinuierlichen Bestandteil der kulturellen Selbstdefinition der amerikanischen Nation. Die mit „Civil War" bezeichneten Regale einer durchschnittlichen Buchhandlung bieten ebenso viel Platz wie die Regale für die restliche amerikanische Geschichte zusammen. Die Fachzeitschrift Civil War History füllt seit 1955 jedes Vierteljahr ihre Seiten mit profunden Texten. Für den Einstieg in Sekundärliteratur und Quellenlektüre eignet sich MICHAEL PERMANS Anthologie [648: Major Problems in the Civil War and Reconstruction (1991)]. Wegen seiner weichenstellenden Bedeutung für die amerikanische Nationalgeschichte ist der Sezessionskrieg zwar nie den reinen Militärhistorikern überlassen worden. Dennoch hat MARIS VINOVSKIS 1990 [649: Toward a Social History of the American Civil War] nachdrücklich das stärkere Engagement der Sozial- und Kulturhistoriker bei der intellektuellen Bewältigung des Krieges eingefordert. Den seltenen Versuch der vergleichenden Bürgerkriegsforschung insbesondere mit Blick auf Kanada und die deutschsprachigen Länder unternahm CARL DEGLER [641: One Among Many (1990)]; seine Analogie von Lincoln und Bismarck geht allerdings zu weit. Im amerikanischen Fall konstituierte der Sezessionskrieg nicht die 1776–91 als Bundesrepublik geschaffene Nation, sondern bekräftigte ihre Existenz unter den Bedingungen der nordstaatlichen Verfassungsauslegung – allerdings in der Tat mit Blut und Eisen.

Lincoln und sein Bild in der amerikanischen Geschichte

Die über 16 000 Einzeltitel zu Abraham Lincolns Leben und Wirken, die die Kongreßbibliothek in Washington gesammelt hat, bezeugen die zum Mythos gesteigerte Rolle des ermordeten Präsidenten in der amerikanischen Nationalgeschichte. Meinungsumfragen beweisen, daß Lincoln heute der amerikanische Präsident mit den meisten Sympathiestimmen ist und gleich nach Washington als zweit„größter" Präsident eingeschätzt wird. MERRILL PETERSON hat die Wirksamkeit dieses Idealbildes im Detail dargestellt, einschließlich des generationenlangen Hasses auf Lincoln unter weißen Südstaatlern [660: Lincoln in American Memory (1994)]. Von den neueren Lincoln-Biographen urteilt ROBERT W. JOHANNSEN besonders kritisch über den politischen Opportunismus [655: Lincoln (1991)]. RICHARD HOFSTADTER stellt sein Lincoln-Portrait unter den Titel „Abraham Lincoln and the Self-Made Myth" und beabsichtigt, das überhöhte Bild zu vermenschlichen: „The Lincoln legend has come to have a hold on the American imagination that defies comparison with anything else in political mythology. Here is a drama in which a great man shoulders the torment and moral burdens of a blundering and sinful people, suffers for them, and redeems them with hallowed Christian virtues." Aber auch HOFSTADTER kann sich der Faszination dieses Charakters und seines Schicksals nicht entziehen, und sein letzter Satz, 43 Seiten später, lautet: Lincoln „had his ambitions and fulfilled them, and met heartache in his triumph" [116: HOFSTADTER, American Political Tradition (1948) 93, 136]. Auch die knappe Biographie des Pulitzerpreisträgers MARK NEELY beschönigt keineswegs die Kompromisse des kriegführenden Präsidenten und seine volle Anwendung des Kriegsrechts ohne Rücksicht auf die Bürgerrechte in besetzten Gebieten [658: Last Best Hope (1993)]. Lincolns volle Inanspruchnahme und Weiterentwicklung der Kompetenzen des Präsidentenamtes zeichnet im Detail PHILLIP PALUDAN [659: Presidency of Abraham Lincoln (1994)]. Die beste moderne Biographie bietet DAVID DONALD auf 714 auch sprachlich durchgefeilten Seiten, in denen er auf die Einsichten eines Gelehrtenlebens im Schatten Lincolns und auf die 97 Mikrofilmrollen der Lincoln Papers in der Kongreßbibliothek zurückgreifen konnte [654: Lincoln (1995)]. Die bisherige vierbändige Standard-Biographie von J. G. RANDALL [661: Lincoln (1945–1955)] konnte dagegen noch nicht alle Lincoln Papers auswerten. Eine auch von den Politikhistorikern ernst genommene psychologische Interpretation lieferte STROZIER [662: Lincoln's Quest (1982)].

B) SEZESSION UND DIE CONFEDERATE STATES OF AMERICA

Die zur Sezessionsentscheidung hinführende Politikgeschichte umreißt einprägsam JAMES RAWLEY in 668: Secession (1990); die 40 ausgewählten Dokumente von 1843 bis 1861 mit präziser Herkunftsangabe machen den kleinen Band der erprobten Anvil-Reihe zu einer ersten Wahl für den akademischen Unterricht; die knappe Bibliographie enttäuscht allerdings.

Der Zusammenhalt und die Leistungsfähigkeit der Regierung der CSA unter Präsident Jefferson Davis ist in der Fachliteratur immer noch umstritten [Besprechung von MARK GRIMSLEY in: RAH 23 (1995) 444–449]. Ein Testfall war das Wehrpflichtgesetz der CSA, das ein Denken in ökonomisch definierten Klassen auch unter den Weißen verrät. Seine Novellierung im Oktober 1862 ermöglichte es Eigentümern von 20 und mehr Sklaven, sich vom Militärdienst freistellen zu lassen. Die große Zahl der kleinen Familienplantagenbesitzer, die oft nur etwa fünf Sklaven beschäftigten, mußte nun erleben, wie während ihrer und ihrer Söhne Abwesenheit ein Teil ihres Landes brach liegen blieb, während der reiche Nachbar um so mehr anbauen konnte [665: ESCOTT, After Secession (1978) 119].

c) KRIEGSVERLAUF

Die Kriegsverlaufsgeschichte präsentiert in Wort, Bild und Landkarten knapp und zuverlässig die bescheiden „Atlas" genannte, über 200seitige Darstellung, die der ausgewiesene BürgerkriegshistorikerJAMES McPHERSON herausgegeben hat [644: Atlas (1994)]. Ein dreibändiges Meisterwerk der narrativen Darstellung des Kriegsverlaufs lieferte 1958 der Romanschriftsteller SHELBY FOOTE aus Mississippi. Er verzichtete auf fiktionale Szenen und komponierte aus den farbigen Details, die ihm die Quellen einschließlich der emotionalen öffentlichen wie privaten Rhetorik der Zeitgenossen im Übermaß lieferten, ein tragisches Epos, das der nationalen Aussöhnung unter den Euro-Amerikanern diente. Er sah *heroism* auf beiden Seiten der Front und bekannte seinen „Stolz auf den Widerstand" seiner Vorfahren „gegen eine Übermacht" und glaubte sich wahrscheinlich zu Recht einig „mit dem durchschnittlichen Amerikaner" und seiner normalen Sympathie für den *underdog* in einer Auseinandersetzung [673: Civil War, I: 816]. Als weißbärtiger Erzähler in Ken Burns' mehrteiligem Dokumentarfilm „The Civil War" (1990) prägte FOOTE mit seiner elegisch-patriotischen Darstellung das Bürgerkriegsbild von mehr Amerikanern, als die fachwissenschaftlichen Texte wahrscheinlich jemals erreichen werden.

HYMAN zögerte 1967 nicht, das seit dem Zweiten Weltkrieg stark negativ geladene Etikett *appeaser* auf die Nordstaatenpolitiker anzuwenden, deren Maxime 1860 gewesen sei: „Jeder Friede ist besser als jeder Krieg" [667: Narrow Escape (1967) 158–159].

Die militärgeschichtlichen Studien kreisen um die Frage, worauf der Sieg des Nordens beruhte. Die eindeutige wirtschaftliche Überlegenheit des Nordens ist nicht zu leugnen, und „der Hauptgrund der Niederlage des Südens war die wirtschaftliche Überlegenheit des Nordens an Menschen und Material, an Produktionsmitteln, Verkehrswegen und wirtschaftlichem Management" [CURRENT in 672: DONALD (Hrsg.), Why the North Won (1960) 25–29]. Darüber hinaus erwiesen sich Lincoln als Oberkommandierender und zumindest einige seiner Generäle als die besseren Militärstrategen [WILLIAMS in 672: Why the North Won (1960) 33–54]. Eine umfassende Bestandsaufnahme der Schwächen des Südens liefern RICHARD BERINGER u. a. in 671: Why the South Lost (1986). Die Hoffnung der Diplomaten der CSA auf eine Intervention baumwollhungriger europäischer Mächte zu ihren Gunsten übersah insbesondere Englands Interesse an den Nordstaaten als Weizenlieferant und als Absatzgebiet für englische Fertigwaren [GRAEBNER in 672: Why the North Won (1960) 55–78]. WALTER LAFEBER bewertet die eventuelle Parteinahme Englands als entscheidend und die Aufgabe des Gesandten der USA in London als besonders delikat: „A single major mistake in London could have changed the course of the Civil War" [272: The American Age (1994) 150].

Die Überlegenheit des Nordens hätte auch verspielt und die Schwächen des Südens hätten durch überlegene Politik und *generalship* ausgeglichen werden können. Dies geschah jedoch nicht, weil Präsident Jefferson Davis gravierende wirtschaftspolitische Fehler machte und den militärischen Oberbefehl nicht effizient organisierte [631: POTTER, Impending Crisis (1976) 91–112].

Die politischen Führer der sezessionsbereiten Südstaaten begingen ihren größten Fehler mit der Annahme, im Norden fänden sich nicht genügend Soldaten mit der Bereitschaft, für einen nationalen Einigungskrieg zu sterben. Der Bürgerkriegsspezialist JAMES MCPHERSON gibt in 646: For Cause and Comrades (1997) die schlichte und überzeugende Antwort: die Mehrzahl der etwa 1 000 Soldaten auf beiden Seiten (mittleres Alter 24 Jahre), die die von ihm ausgewerteten 25 000 Briefe und 250 Tagebücher schrieben, meldeten sich und desertierten nicht, weil sie von einem Gefühl der Pflicht der Gemeinschaft und der persönlichen Ehre den Kampfgenossen gegenüber motiviert waren, das sich an einem bestimmten Männlichkeitsideal maß. Die Freiwilligen der Unionsarmee wußten, daß sie für den Zusammenhalt der Nation und gegen die Ausbreitung und schließlich sogar für die Abschaffung der Sklaverei kämpften. Die Südstaatler motivierte das Ziel, die Yankee-Besatzungstruppen aus ihren Staaten zu vertreiben, damit ihre eigenen Parlamente und nicht Außenseiter über die Fortsetzung der Sklavenhaltung befinden könnten. MCPHERSON setzt sich explizit von dem Pionier der amerikanischen Soldatenforschung BELL IRVIN WILEY ab [650: Life of Billy Yank (1952)], der weniger politisch klare Vorstellungen bei den Angehörigen der Unionsarmee festgestellt hatte. Die deutschsprachigen Bürgerkriegsbriefe und -tagebücher harren noch der umfassenden Auswertung. Damit begonnen haben WOLFGANG J. HELBICH (Bochum) und WALTER D. KAMPHOEFNER (Texas A&M) im Rahmen einer ausführlich kommentierten Edition der Briefe von etwa 60 Personen, vor allem deutschamerikanischer Soldaten in der Unionsarmee.

Auch der Westen jenseits von Mississippi und Missouri war am Sezessionskrieg aktiv beteiligt. Verbände der Südstaatenarmee sind z. B. aus dem noch nicht als Staat in die Union aufgenommenen Territorium von New Mexico den Rio Grande entlang von „hispanischen" Freiwilligen und aus benachbarten Gebieten von indianischen und afro-amerikanischen Truppen vertrieben worden. Die im Sezessionskrieg gewonnene Kriegserfahrung und routinisierte Grausamkeit richtete sich zudem noch während des Krieges und verstärkt danach gegen die „wilden" Indianerstämme, die sich der Domestizierung in Reservaten immer noch widersetzten [677: JOSEPHY, Civil War (1993) XII-XIII].

Der Krieg im Westen

D)„RECONSTRUCTION": WIEDERHERSTELLUNG DER NATIONALEN EINHEIT

Die Anthologie von KENNETH STAMPP [686: Reconstruction (1969)] wurde zum Manifest der neuen, positiveren Bewertung der Reconstruction. Die beste monographische Gesamtdarstellung auf der Basis des Forschungsstandes bietet ERIC FONER [680: Reconstruction (1988)]; die Kurzfassung der über 600 Seiten heißt A Short History of Reconstruction (1990). Der Untertitel, „America's Unfinished

Gesamtbewertungen

Revolution", deutet FONERS kritische Gesamtwertung an: Der Norden hat den Krieg zwar gewonnen, die Südstaatengesellschaft aber anschließend nicht tiefgreifend genug verändert. Foner betont u. a. die Bedeutung der protestantischen Kirchen in der Umbruchsituation. Kirchengemeinden waren ab 1865 die ersten und einzigen von Afroamerikanern in eigener Regie geführten und voll ihren kulturellen und politischen Interessen dienenden Institutionen: „In rural areas, church picnics, festivals, and excursions often provided the only opportunity for fellowship and recreation. The church served as an ‚Ecclesiastical Court House', promoting moral values, adjudicating family disputes, and disciplining individuals for adultery and other illicit behavior. In every black community, ministers were among the most respected individuals, esteemed for their speaking ability, organizational talents, and good judgment on matters both public and private" (S. 92). LEON F. LITWACK [683: Been in the Storm So Long: The Aftermath of Slavery (1979)] schildert den Prozeß der Freilassung aus der Sicht der Sklaven, mit vielen Zitaten aus den Quellentexten.

Politik in den Südstaaten

Das Wahlrecht für männliche Afro-Amerikaner hat auch Lincoln bei der Planung der Nachkriegspolitik nicht zur Vorbedingung für die Wiederzulassung der Vertreter der besiegten Staaten in Senat und Repräsentantenhauses der Union gemacht [G. M. FREDRICKSON, A Man But Not a Brother: Abraham Lincoln and Racial Equality, in: 175: FREDRICKSON, Arrogance of Race (1988) 72]. Die Reformversuche der südstaatlichen Gesellschaftsstruktur und Umverteilungsversuche wirtschaftlicher Chancen scheiterten nicht nur an simplem Interessenegoismus der nur militärisch besiegten Sklavenhalter. Die Reformaufgabe wurde noch erschwert durch rassistische Vorbehalte der Weißen gegenüber den sozialen Fähigkeiten der Exsklaven und durch mangelnde Begeisterung der Freigelassenen für die *free labor*-Ideologie der Republikanischen Partei und das mit ihr verbundene Konsumstreben, den *possessive individualism* und die Arbeitsdisziplin von Industriearbeitern [682: HOLT, Empire over the Mind (1982)]. Die wenigen Jahre weitgehender politischer Beteiligung der Emanzipierten an den Einzelstaatsregierungen dürfen wegen ihrer Langzeitwirkung auf das Selbstbewußtsein der Afroamerikaner nicht gering geschätzt werden [653: COX, Lincoln and Black Freedom (1981)].

E) DIE BUNDESVERFASSUNG UND BÜRGERRECHTE NACH DEM SIEG DES NORDENS

Der neue Föderalismus

Die vordringlichen politischen Aufgaben nach dem militärischen Sieg waren die Neukonstituierung der Einzelstaatsregierungen in den Rebellenstaaten auf verfassungsmäßiger Grundlage und die erneute Repräsentation der abgefallenen Staaten im nationalen Parlament. Dieses Primat der Politik- und Verfassungsgeschichte reklamiert HERMAN BELZ in Reaktion auf GEORGE FREDRICKSON und andere Historiker, die die Vordringlichkeit einer Landreform zugunsten der ehemaligen Sklaven durch Enteignung und Aufteilung von Großplantagen betont hatten [688:

Emancipation (1978)]. Aus europäischer Perspektive scheinen beide Handlungsebenen freilich gleich bedeutsam. Auf seinem Spezialgebiet der Verfassungsgeschichte ist BELZ jedenfalls ein zuverlässiger Führer durch die einen neuen Föderalismus und eine neuartige Garantie von *republican government* und *civil rights* auch für Afroamerikaner als Bürger der USA ergebenden Verfassungsänderungen im Nachkriegsjahrzehnt.

F) VERGANGENHEITSBEWÄLTIGUNG: DER ÖFFENTLICH ERINNERTE BÜRGERKRIEG

Der Sezessionskrieg hat die Nation nicht nur vier Jahre lang geteilt. Die Erinnerung an die Niederlage wurde zum Bestandteil der den Süden auf die Dauer definierenden Kulturregion. Der Mythos vom keineswegs sinnlosen Kampf, dem vielmehr heroischen und tragischen „lost cause", hat die Mentalitätshistoriker des Südens ausführlich beschäftigt [140: Wilson u. a. (Hrsg.), Encyclopedia of Southern Culture (1989) 958–959, 1134–1135]. Nach 1865 organisierten sich unterschiedlich seriöse Gruppierungen, oft im Umfeld von Veteranenvereinigungen bzw. der Daughters of the Confederacy, die selbstbewußt bis trotzig die Erinnerung an die Niederlage pflegten und die Niederlage zu einer zu Unrecht „verlorenen Sache" stilisierten und romantisierten. Die politischen Konsequenzen dieser Umdeutung einer selbstverschuldeten Niederlage zum Mythos vom Süden als Opfer sind umstritten [689: FOSTER, Ghosts (1987)]. Auf den Sezessionskrieg und seine Gedenktage als Teil des nationalen „public memory" im 20. Jh. nimmt mehrfach Bezug JOHN BODNAR, Remaking America: Public Memory, Commemoration, and Patriotism in the 20th Century (Princeton, 1992).

6. INDUSTRIALISIERUNG, 1860-1900

a) Industrie

Der „take-off" nach Rostow
WALT W. ROSTOWS viel diskutiertes Industrialisierungsmodell beschreibt die Phase nach dem *take-off* – in den USA während der 1840er Jahre – als „Schub zur wirtschaftlichen Reife" (*drive to economic maturity*). Mit „reif" meint ROSTOW die volle Anwendung der jeweils modernsten Technik auf die Verwertung der vorhandenen Ressourcen. England erreichte diesen Zustand seiner groben Schätzung nach um 1850, die amerikanische Wirtschaft begann ihren Reifeschub nach dem Sezessionskrieg und erreichte die Reife um 1900, Deutschland und Frankreich um 1910. Verfeinerung der Stahlerzeugung, die chemische Industrie und Elektrizität als Energieform spielten dabei eine wesentliche Rolle. Die anschließende Periode „hohen Massenkonsums", in der einer breiten amerikanischen Mittelklasse die Früchte der Hochindustrialisierung zugute kamen, datierte ROSTOW von 1901 bis 1929 [702: Stages of Economic Growth (1969) 59, 73-76].

Staatliche Regelung, Energiepolitik
Mit vergleichenden Ausblicken auf Europa betonte DOUGLASS NORTH die Zunahme staatlicher Lenkung und Regulierung durch Gesetzgebung und Rechtsprechung auch in den USA, die mit der Organisation der Rüstungswirtschaft im Ersten Weltkrieg den Durchbruch erzielte. Die Wirtschaftspolitik der 1930er Jahre schätzt er daher weniger revolutionär ein als andere Wirtschaftshistoriker [699: Structure and Change (1981), Kap. 14]. Eine neuartige abwägende Zusammenschau der Industrialisierung, der historischen Abfolge neuer Energieträger seit dem 19. Jh. – Kohle, Erdöl, Elektrizität und Atomenergie – und der jeweiligen Energie- und Umweltpolitik liefert MARTIN MELOSI [698: Coping with Abundance (1985)].

Geldpolitik, Goldstandard und Silbermünzen
Ein Steuerungsmittel, das Politiker und Journalisten in den drei Jahrzehnten nach dem Sezessionskrieg leidenschaftlich bewegte, war die Geldpolitik, die vermeintliche Entscheidung des Bundesgesetzgebers zwischen einem „weichen" Dollar (durch Zulassung eines hohen Anteils von Silbermünzen zusätzlich zu Goldmünzen) oder einem „harten" Dollar (durch einen hohen Anteil an Goldmünzen). Der Versuch, mit dem Währungsgesetz von 1873 Silber zu „demonetisieren" und keine Silberdollar mehr zu prägen, war wahrscheinlich eine die Deflation verschärfende falsche Entscheidung der Republikaner im Kongreß, so MILTON FRIEDMANS Rekonstruktion der von den Zeitgenossen als „Verbrechen von 1873" angeprangerten Maßnahme zur Bewahrung eines „harten" Dollar [691: Crime (1990)].

Wirtschaftliche Kosten und Folgen des Sezessionskriegs
Insgesamt waren die rein ökonomischen Kosten des Sezessionskriegs so hoch, daß die von den Zeitgenossen diskutierte Sklavenemanzipation mit Entschädigung der Eigentümer oder die Duldung der Sezession den Steuerzahler der Nordstaaten weniger gekostet hätten [684: O'BRIEN, Economic Effects (1988) 66]. Sehr teuer hat die amerikanische Demokratie den Übergang von einem neofeudalen zu einem modernen, freien Arbeitsmarkt in den Südstaaten bezahlt, auch im Ver-

gleich zur Abschaffung der Sklaverei und der Leibeigenschaft in anderen Ländern [687: WOODWARD, Price of Freedom (1978)]. CHARLES und MARY BEARD werteten die Folgen des Sezessionskriegs, den sie als Zweite Amerikanische Revolution beschrieben, als der Industrialisierung und kapitalistischen Wirtschaftsform höchst förderlich [106: Rise of American Civilization (1927) Bd. 2, Kap. 20]. Der Wirtschaftshistoriker Louis HACKER bestätigte die Interpretation der BEARDS mit dem Bild von der Freisetzung von Kräften: „Under the leadership of the new and vital force released by the Civil War and Reconstruction measures, American industry strode ahead on seven league-boots" [113: Triumph of American Capitalism (1940) 401]. Der Wirtschaftshistoriker THOMAS COCHRAN hingegen bejahte die Titelfrage seines Artikels „Did the Civil War Retard Industrialization?" [708: (1961)]. Er warf den Politikhistorikern die unkritische Weitergabe der Vermutungen der BEARDS vor, weil sie aus einer falschen Fortschrittsgläubigkeit heraus die großen Opfer des Krieges zusätzlich zur Sklavenbefreiung mit einem Wirtschaftswachstumsimpuls rechtfertigen wollten. STUART BRUCHEYS umsichtige Bestandsaufnahme des Diskussionsstandes von 1990 ist ebenfalls negativ: Während des Krieges fiel die Wachstumsrate der Industrieerzeugnisse wie z. B. der Roheisenherstellung, Schienenverlegung und industriellen Baumwollverarbeitung innerhalb der USA; die vorliegenden Detailstudien besagen: „the Civil War inhibited America's economic growth" [287: Enterprise (1990) 257].

B) LANDWIRTSCHAFT; DER „NEUE SÜDEN"; *HOMESTEADS* IM WESTEN

Die Auswirkung des im Süden an die Stelle der Sklavenarbeit tretenden Pacht- und Ernteverpfändungssystems (*sharecropping*) ist einhellig als verheerend beurteilt worden: „The evils of land monopoly, absentee ownership, soil mining, and the one-crop system, once associated with and blamed upon slavery, did not disappear, but were, instead, aggravated, intensified, and multiplied" [821: WOODWARD, Origins of the New South (1951) 180.] Die Chancenlosigkeit der *Sharecroppers* dokumentieren ebenfalls ROGER RANSOM u.a. [712: Conflict and Compromise (1989)]. JOSEPH REID [713: Sharecropping (1973)] vergleicht hingegen das Ausmaß der Selbstbestimmung und persönlichen Freiheit von Pächtern positiv mit der Unsicherheit der vom Tagelohn abhängigen schwarzen oder weißen Landarbeiter. Den Eigentümer verband mit dem Pächter zumindest ein echtes Interesse am (zu teilenden) Ernteerfolg, also auch an der Weitergabe von praktischer Anleitung und der Verhinderung von Mißernten. Die Monographien zum problematischen Wandel vom Sklaven zum Pächter bespricht DANIEL W. CROFTS in: RAH 23 (1995) 458–463.

sharecropping

Das Erfolgsrezept der Mittel- und Nordstaaten ließ sich nicht auf die Südstaaten übertragen. EDWARD AYERS' Bestandsaufnahme von 1992 [818: Promise of the New South (1992)] verdeutlicht die regional sehr unterschiedlichen wirtschaftlichen und sozialen Voraussetzungen für Industrieunternehmen wie für Landwirt-

Ausbleibende Industrialisierung des Südens

schaft von der Atlantikküste Georgias bis in das unzugängliche Bergland Tennessees und die Baumwollfelder Mississippis. Die theoretisch wünschenswerte Industrialisierung wurde in der gesellschaftlichen Praxis u. a. durch rigide Rassentrennung behindert, ebenso wie die agrarische Protestbewegung der Populisten im Süden. Mehrere Statistiken belegen den illusionären Charakter der Hoffnung auf eine nach nördlichem Vorbild stärkere Industrialisierung des „Neuen Süden". Die Ursache lag nicht einseitig in der ungebrochenen politischen wie wirtschaftlichen Macht der Großagrarier des Südens und ihrer Beibehaltung der alten Verbindung leicht kontrollierbarer billiger Arbeitskräfte mit profitablen Monokulturen, sondern auch im Verhalten der nordstaatlichen Investoren. Das von Nordstaatlern kontrollierte Eisenbahnnetz bewirkte z. B. über die Frachtpreise, daß der billigste (viel längere) Transportweg für Baumwolle in Spinn- und Webfabriken die Fahrt nach Massachusetts war [707: COBB, Industrialization (1984)]. Auch nach 1865 und trotz sinkender Baumwollpreise beharrte die Mehrzahl der Landeigentümer und Pächter in den fünf Staaten des sogenannten Tiefen Südens (South Carolina, Georgia, Alabama, Mississippi und Louisiana) auf ihrer Fixierung auf den Baumwollanbau [709: DECANIO, Agriculture (1974)]. Die bescheidenen Erfolge beim Aufbau einer baumwollverarbeitenden Industrie im Süden nach 1880 dokumentiert KENNETH E. WEIHER [715: The Cotton Industry (1977)].

Homestead-Gesetz 1862

Eine lange geforderte Weichenstellung für die Landverkaufspolitik der Bundesregierung im Westen brachte 1862 das Homestead-Gesetz. Es sei nicht weit genug gegangen, weil es z. B. den Neubauern keine billigen Kredite für ihre Ausrüstung und keine fachliche Beratung für die Greenhorns bereitstellte, hat FRED SHANNON kritisiert [725: Farmer's Last Frontier (1945)]. Einem Ratgeber von 1862 zufolge erforderte in der Tat die Erstausstattung an neuen Geräten, Zugtieren, Saatgut usw. für eine Farm von 150 *acres* im Mittelwesten fast 1 000 Dollar [718: BOGUE, Agricultural Empire (1994) 303]. Dennoch ist die historische Bedeutung der Landvergabepolitik des Bundes ab 1862 an tatsächliche Siedler (auch als Korrektiv der Eisenbahngesellschaften und anderer privater Landanbieter) offenkundig: Zwischen 1860 und 1920 wurden nicht weniger als 1,4 Mio. *homesteads* aus der *public domain* in Privateigentum an Pioniersiedler oder ihre Kinder übertragen [718: Agricultural Empire (1994) 289]. Trotz dieser an Jeffersons Ideal vom *yeoman farmer* orientierten Erfolgsgeschichte des *homesteading* nahm der Anteil der abhängigen Pächter von 1880 bis 1900 noch zu, nicht nur in den früheren Sklavenstaaten, sondern auch im Nordwesten und Westen: z. B. von 24% auf 35% in Iowa, von 16% auf 35% in Kansas und von 16% auf 23% in California [718: Agricultural Empire (1994) 294].

Radikalisierung von Farmern

Insbesondere die Preisschwankungen für ihre Erzeugnisse und damit die Ungewißheit ihrer wirtschaftlichen Basis verunsicherten viele Farmer und machten sie empfänglich für radikale Forderungen. ROBERT MCGUIRE fand eindeutige Korrelationen zwischen Gebieten wirtschaftlicher Instabilität und populistischer Agitation [722: Economic Causes (1981)], siehe in Kapitel 7 die Literatur zum Populismus.

c) Neue Waren, Massenkonsum

Neue Formen des Verkaufens und des Werbens in Zeitungen und Katalogen bewirkten um die Jahrhundertwende ein neuartiges Konsumentenverhalten, in den Großstädten durch das Kaufhaus (*department store*) und auf einsamen Farmen durch den Versandhandel (*mail order*). Diesen auch für die Mentalitätsgeschichte einschneidenden Wandel zwischen 1890 und 1930 lotet WILLIAM LEACH aus [695: Land of Desire (1993)]. Die Bedeutung der „Leichtindustrie" als Erwerbszweig in den Städten beschreibt am Beispiel der Bekleidungsindustrie in New York und Paris seit etwa 1870 die große vergleichende Studie von NANCY L. GREEN [731: Ready-to-Wear (1997)]; sie demonstriert in überzeugendem Detail das Zusammenwirken von technischer Innovation z. B. der Nähmaschine, Kapitalinvestition und der billigen Arbeitskraft insbesondere eingewanderter Frauen.

Massenkonsum

„Leichtindustrie"

d) Konzentration, Kartelle und Trusts

Auf die zunehmende Konzentration des „big business" reagierten die Einzelstaaten und der Bundesgesetzgeber mit Anti-Trust-Maßnahmen, Rechtsvorschriften für Beaufsichtigung der Unternehmen, die Wasser, Gas und Strom lieferten, Richtlinien für den Wohnungsbau, Einkommens- und Verbrauchssteuern, Regeln für das Bankgewerbe und das parteipolitisch beeinflußte Auf und Ab der Einfuhrzölle [M. KELLER, Regulating a New Economy. Public Policy and Economic Change in America 1900–1933 (1990)].

Anti-Trust-Maßnahmen und andere „Regulierungen" der Wirtschaft

Einige herausragende Persönlichkeiten spielten in der Wirtschafts- wie in der Politikgeschichte während der Jahrzehnte nach dem Sezessionskrieg eine prägende Rolle. Dem in der Tradition der *muckraker* gründlich recherchierenden und mitreißend schreibenden Journalisten MATTHEW JOSEPHSON gelang es 1934, die Gruppenbezeichnung „Raubritter" (*robber barons*) für die erbarmungslos habgierige Konzerngründergeneration der Rockefellers, Carnegies und Morgans in öffentlichkeitswirksamer Weise in Umlauf zu setzen [732: Robber Barons (1934)]. Seither müssen sich abwägendere Biographen und professionelle Historiker wie ALLAN NEVINS [736: Study in Power (1989)] und JOSEPH WALL [738: Andrew Carnegie (1970)] mit der Gültigkeit der Raubritterthese auseinandersetzen. WALL erfaßt auf über tausend Seiten die ruppige Persönlichkeit des schottischen Einwanderers, dessen Aufstieg vom Telegrafenboten zum Multimillionär und Mäzen, der schließlich 350 Mio. Dollar „for the advancement and diffusion of knowledge" spendete und seinen Erben immer noch 30 Mio. Dollar übertrug. Ebenso quellennah und deutlich dargestellt wird das harte Geschäftemachen Carnegies in der Ölindustrie, im Eisenbahnbau und das Zusammenschmieden des größten Stahlkonzerns seiner Zeit. Wirtschaftswissenschaftliche Unternehmensgeschichtsschreiber wie ALFRED CHANDLER [726: Visible Hand (1977);727: Railroads (1965)] und THOMAS COCHRAN [729: Railroad Leaders (1953)] haben in der Zwi-

Unternehmer

Carnegie

schenzeit im Detail die Entscheidungsspielräume einzelner Akteure – seien es Eigentümer oder angestellte Manager – und die strukturellen Zwänge von Ressourcen, Techniken, Märkten und innerbetrieblichen Entscheidungswegen rekonstruiert. Die Biographie John D. Rockefellers von RON CHERNOW stellt auf über 800 Seiten überzeugend dar, wie die von Machtwillen angetriebenen persönlichen Entscheidungen eines Unternehmers auf die Gefahren hemmungsloser Konkurrenz reagierten [728: Titan (1998)].

Rockefeller

e) ARBEITER, GEWERKSCHAFTEN, STREIKS, EINWANDERER

Bürgerliche und sozialistische Arbeitergeschichte

Ausgangspunkt der amerikanischen Arbeiter- und Gewerkschaftsgeschichte bleiben die materialreichen, 1935 abgeschlossenen vier Bände von JOHN COMMONS u. a. [741: History of Labor (1918–1935)]. Ebenso wie diese „Wisconsin school" der Arbeitergeschichte betonte PHILIP TAFT das im Vergleich zu Europa schwach ausgeprägte Klassenbewußtsein der Amerikaner [754: Organized Labor (1964)]. Einen voll entwickelten Klassenkampf sah jedoch der Marxist PHILIP S. FONER [747: History of the Labor Movement (1947)]. Weniger parteigebunden untersucht DOUGLAS EICHAR die Klassenfrage [745: Occupations and Class Consciousness (1989)]. Das Auf und Ab der bundesgesetzlichen Rahmenbedingungen für den Kampf zwischen Unternehmen und Gewerkschaften seit 1873 rekonstruiert MELVIN DUBOFSKY in einer umfassenden Verbindung von Politik- und Gewerkschaftsgeschichte [743: State and Labor (1994)]; kritisch würdigend zum historiographischen Zusammenhang die Rezension von DANIEL R. ERNST in: RAH 23 (1995) 502–509.

Arbeiterparteien

Die Gründungsphase der amerikanischen Arbeiterbewegung ist mit der Konzentrationsphase der amerikanischen Industrie in den Jahrzehnten nach dem Sezessionskrieg verwoben. Im Unterschied zu den meisten europäischen Ländern entwickelten sich in den USA die regionalen Ansätze zur Bildung einer sozialdemokratischen Arbeiterpartei nicht zu einer politischen Kraft von nationaler Bedeutung. Die Theorie der parteipolitischen Offenheit der Arbeiter für den jeweils pro-gewerkschaftlichsten Kandidaten (ohne Rücksicht auf seine Parteizugehörigkeit) führte jedoch in der Praxis noch vor dem Stillhalteabkommen während des Ersten Weltkriegs insgesamt zur Bevorzugung der Demokratischen Partei [749: GREENSTONE, Labor in American Politics (1969)]. Die Aura des gewalttätigen Anarchismus schadete der Arbeiterbewegung sehr, die von ihren Gegnern immer wieder mit den z.T. gewalttätigen Arbeitskämpfen der 1880er Jahre verknüpft wurde. Das spektakuläre Gerichtsverfahren nach der Haymarket-Demonstration 1886 in Chicago festigte in der amerikanischen _ffentlichkeit das Bild vom gewaltbereiten „foreign agitator", das auch der moderaten Arbeiterbewegung insgesamt dauerhaft schadete [740: AVRICH, Haymarket Tragedy (1984)].

Der politische Arm der Arbeiterbewegung in Gestalt einer „Labor Party" entwickelte sich in den USA nur schwach. Viele Gründe für den amerikanischen Sonderweg der weithin „parteilosen" Gewerkschaftsgeschichte sind vorgeschlagen worden. Die häufig gegebene Erklärung mit den Zwängen des einfachen Mehrheitswahlrechts und präsidentiellen Regierungssystems hat KIM VOSS nicht überzeugt [755: The Making of American Exceptionalism (1994)]; ihre Untersuchung der New Jersey Knights of Labor um 1880 läßt sie nach vergleichenden Blicken nach England und Frankreich vielmehr vermuten: „Had there been more inclusive unions in the United States at the beginning of the 20th century, there would have been more union leaders attempting to surmount the political obstacles thrown up by American political institutions" (S. 248). Voss und andere Literatur über die Knights of Labor bespricht HOWELL JOHN HARRIS in: RAH 23 (1995) 658–662.

Herbert GUTMAN bewies, daß die zeitliche Abfolge der Einwandererwellen aus den ländlichen Regionen Europas seit den 1820er Jahren amerikanische Fabrikherren bis ins 20. Jh. hinein immer wieder mit ländlichen Normen von Zeit, Arbeitsorganisation und kulturellen Präferenzen konfrontierte. Deshalb dauerten um 1900 in Pittsburgh Hochzeiten unter polnischen Bergarbeitern ihre drei Tage, und die Anhänger der griechisch-orthodoxen Kirche verlangten ihre etwa 80 Feiertage auch in Chicago; Maschinenstürmerei erlangte in den USA aber keine Bedeutung [750: GUTMAN, Work Culture and Society (1976)]. Den Beitrag der Masseneinwanderung zur amerikanischen Wirtschaft versuchte PETER JENSEN HILL anhand von 1910 erhobenen Daten über Löhne u.ä. zu messen; er stellte auch bei ungelernten Arbeitern aus Europa einen den amerikanischen Arbeitern grob vergleichbaren Einkommensanstieg fest, insbesondere sobald die Sprachbarriere überwunden war [692: HILL, Economic Impact (1975)]. *Einwanderer als Arbeiter*

Kulturell-mentale Faktoren berücksichtigten ebenfalls DANIEL T. RODGERS [326: Work Ethic (1978)] und DAVID MONTGOMERY [752: Fall of the House of Labor (1987)]. Verharmlost wird hingegen häufig das Ausmaß der durchaus radikalen, d. h. systemkritischen Programmatik des Dachverbandes der Knights of Labor, der auch ungelernten Arbeitern und Arbeiterinnen offenstand. Das Gewerkschaftsprogramm erklärte den derzeitigen Gegensatz zwischen dem Lohnsystem und dem republikanischen Regierungssystem für dringend korrekturbedürftig [746: FINK, Workingmen's Democracy (1983)]. *Arbeitsdisziplin*

An zwei Fronten mußten die lohnabhängigen Frauen kämpfen: gegen die ihnen Billiglöhne aufzwingenden Unternehmer und gegen die vielen Gewerkschafter, die am Frauenbild mit allenfalls vorübergehender Berufstätigkeit außer Haus festhielten und die Frauen in separate Gewerkschaften abdrängten, z. B. die International Ladies' Garment Workers' Union der Näherinnen vor allem in New Yorks Bekleidungsfabriken. Um 1920 hatten sich nur knapp 7% der in der Industrie tätigen Frauen einer Gewerkschaft angeschlossen, im Unterschied zu 20% der männlichen Industriearbeiterschaft. Die Hälfte der organisierten Frauen verarbeitete Stoff, ein Viertel Papier, der Rest Fleisch, Leder, oder arbeitete für die Eisenbahnen, die Elektroindustrie oder Hotels [751: KESSLER-HARRIS, Out to Work (1982)]. Die Probleme und Durchsetzungskraft der Frauen zeigt im Detail PATRICIA COOPER [742: Once a Cigarmaker (1987)]. *Frauen in Gewerkschaften*

Achtstundentag Den Kampf um die Achtstundenschicht in der Eisen- und Stahlindustrie in Deutschland und den USA von 1880 bis 1929 vergleicht IRMGARD STEINISCH. Ihr mustergültig sorgsamer Vergleich zeigt u. a. auf, daß die amerikanischen Unternehmer nach dem Kriegsboom und harten Auseinandersetzungen ab 1923 auch ohne ein Bundesgesetz drei Achtstundenschichten zunehmend als produktiver anerkannten (während die Deutschen in den 1920er Jahren zu zwei Zwölfstundenschichten zurückkehrten): „Richtungweisend war dabei die Frage, ob sich eine Demokratie aus Gründen der Selbsterhaltung soziale Auswüchse von der Art zwölfstündiger und längerer Arbeitszeiten überhaupt leisten könne" [753: Arbeitszeitverkürzung (1986), 558]. Henry Ford begann 1926 sogar mit der Fünftagewoche zu je acht Arbeitsstunden.

7. GESELLSCHAFT UND POLITIK, 1877–1900

a) Das „Ende" der *Frontier*

Auf dem amerikanischen Historikertag, der anläßlich der Weltausstellung 1893 in Chicago stattfand, verkündete der Assistenzprofessor FREDERICK JACKSON TURNER aus Wisconsin anhand der Bevölkerungszählung von 1890 das Ende der *frontier*-Zeit und erklärte in kühnen Verallgemeinerungen „The Significance of the Frontier in American History" [762: Turner, Significance of the Frontier (1920)]. Die neuere sozialwissenschaftliche Regionalgeschichte des Westens distanziert sich von TURNERS Impressionismus und akzeptiert die eindeutige Zäsur nicht mehr. Denn auch im 20. Jahrhundert hat es noch *rushes* auf Ölfelder und in Kohle- und Uranbergbauregionen gegeben; sogar *homesteading* war Anfang des 20. Jahrhunderts keine Seltenheit. Insgesamt betont die neuere Geschichte des Westens die große sozio-kulturelle Vielfalt der Region [812: LIMERICK, Legacy of Conquest (1987)]. Die Mythologie des amerikanischen Westens wird unter Euroamerikanern wie Europäern von der Figur des Cowboy beherrscht. Der knappe aber zuverlässige Rundumblick von WILLIAM SAVAGE zeigt die Gestaltung und Vermarktung der Figur in den USA in Literatur, Film, Musik und Mode [814: Cowboy Hero (1979)]. Der Westen als Region

Den verstärkten Einsatz der regulären Armee nach dem Sezessionskrieg gegen die letzten noch nicht domestizierten Indianerstämme westlich des Mississippi schildert mit militärgeschichtlicher Nüchternheit und ohne Schönfärberei ROBERT UTLEY von der Abteilung für Historical Preservation des National Park Service. Er beurteilt den Angriff des Kavallerie-Oberst George Custer 1876 auf das Sommerlager der Sioux und Cheyenne am Little Bighorn Fluß in Montana, der ihn und 215 weiteren Soldaten sowie etwa 300 Indianern das Leben kostete, als „an appalling violation of elementary military precepts". Das militärisch überflüssige letzte Gefecht 1890 bei Wounded Knee in South Dakota beurteilte UTLEY ebenso wie der verantwortliche General als „an outrageous blunder" und „höchst bedauerliche Tragödie", nicht jedoch als kaltblütig beabsichtigtes Massaker [816: Frontier Regulars (1973) 261, 407–408]. Ganz aus der Perspektive der Opfer beschrieb sehr gut lesbar der Indianer DEE BROWN die Serie von Vertragsbrüchen und letzten Gefechten zwischen 1860 und 1890 [807: Bury My Heart at Wounded Knee (1970)]. Professionelle Historiker haben gravierende Fehler und Fehlurteile aufgezeigt, die dem Bestseller aber nichts anhaben können. Es ist eine Anklageschrift, die durchaus bekannte Dokumente für ihre Argumentation punktuell auswertet. Dialoge sind z.T. konstruiert, und aus der Fachliteratur wird Text ohne Quellenangabe übernommen, wie der durch mehrere Bücher zum gleichen Thema ausgewiesene FRANCIS PAUL PRUCHA in seiner Rezension in: AHR 77 (1972) 589–90 bestürzt feststellte. Letzte Indianerkriege

Die Eroberungsgeschichte aus nationalhistoriographischer Perspektive (nach dem Motto: „How the West Was Won") ist seit den 1960er Jahren um zwei kritische Dimensionen ergänzt worden: die ökologische und die kapitalismuskritische. Beide Dimensionen verbindet WORSTER unter Vermeidung der in dieser z.T. naturwissenschaftlichen, z.T. emotional-politiknahen Literatur anzutreffenden ideologischen Einseitigkeit [141: Under Western Skies (1992)]. Ebenfalls 1992 erweiterten WILLIAM CRONON und andere Historiker des Westens in historiographiekritischen und programmatischen Essays „Western history" zu einer für alle Lebensgebiete und Bevölkerungsgruppen umfassenden Regionalgeschichte; sie verwarfen FREDERICK JACKSON TURNERS Entwicklungsstufenmodell des *frontier*-Westens [137: The Frontier in American History (1920)] als „racist, sexist, and imperialist" [133: Under an Open Sky (1992) 4].

Naturschutzbewegung
Die moderne Naturschutzbewegung begann in den USA nach 1870 mit der Einrichtung der Nationalparks. Die Standardenzyklopädie von RICHARD C. DAVIS [207: Encyclopedia of American Forest and Conservation History (1983)] bietet mit ihren 51 Artikeln (einschließlich Bibliographien) auf über 800 Seiten detaillierte Information zur Geschichte des amerikanischen Waldes und damit auch über einen wesentlichen Teil der Naturschutzbewegung und der Verwaltung des Bundeslandes im Westen, einschließlich biographischer Skizzen von Wortführern wie John Muir (1838–1914) und Gifford Pinchot (1865–1946) und Beschreibungen ihrer Gegner, insbesondere der großen Holz- und Papierfabriken. Die ersten treibenden Kräfte des Conservation Movement vor 1900 waren Einzelgänger und Amateurbiologen wie John Muir, weniger etablierte Wissenschaftler oder in öffentliche Ämter gewählte Parteipolitiker [786: FOX, American Conservation Movement (1985)]. Die fruchtbare Verbindung von Stadt-, Wirtschafts- und Umweltgeschichte gelang WILLIAM CRONON am Beispiel Chicagos [809: Nature's Metropolis (1991)]; in persönlich engagiertem Stil beschreibt er, unter welchen Opfern und mit welchem Erfolg die Planer und Förderer Chicagos die Hafenstadt am Lake Michigan durch Eisenbahnbau mit den Anbaugebieten von Weizen, den Rinderzuchtgebieten und den abholzbaren Urwäldern vernetzten und ein Wachstum erreichten, das Chicago in wenigen Jahrzehnten zur Handelsmetropole in der Mitte des Kontinents machte. Die Unterschätzung der Industrieproduktion für Chicagos Wachstum und die Unkenntnis der wirtschaftswissenschaftlichen Fachliteratur über die Rolle der Landwirtschaft einer Region für die wirtschaftliche Entwicklung der zentralen Stadt der Region rügt der Rezensent PETER COCLANIS in: RAH 20 (1992) 14–20. Der von einem begeisterten Anhänger verfaßte Überblick von ALFRED RUNTE [788: National Parks (1987)] sollte erst in der 2. Auflage von 1987 benutzt werden, die um 100 Seiten erweitert und im Detail verbessert wurde. In einer seiner kulturgeschichtlichen Reflexionen vergleicht RUNTE die Pflege besonders erhabener Landschaften in den USA mit dem Schutz historischer Baudenkmäler in Europa. Zum Naturschutzgedanken in den westlichen Staaten während des 19. und 20. Jahrhunderts 141: WORSTER, Under Western Skies (1992).

National Parks

b) Einwanderung

In seiner sorgfältig quantifizierenden Einwanderungsstudie demonstriert Nugent [803: Crossings (1992)] die Fruchtbarkeit von internationalen Vergleichen. Zwischen 1870 und 1914 gingen aus Europa 33 Millionen Auswanderer in die Vereinigten Staaten, 5,5 Millionen nach Argentinien, 4,5 Millionen nach Kanada und 3,9 Millionen nach Brasilien. In den beiden lateinamerikanischen Ländern waren der Grad der Integration in die Aufnahmegesellschaft und die Möglichkeiten zum sozialen Aufstieg deutlich geringer als in Nordamerika. Ein Grund für die Differenz – insbesondere zwischen den USA und Brasilien – scheint die Macht der Kaffeeplantagenbesitzer und *rancheros* in Brasiliengewesen zu sein, die einen den *homestead*-Gesetzen entsprechenden billigen Landverkauf an viele Einfamilienfarmen verhinderten.

Eine reichhaltige Sammlung von Fallstudien über politisch-gewerkschaftlich zielbewußtes Verhalten eingewanderter Arbeiter aus sieben europäischen Ländern und Kuba in einem Dutzend amerikanischer Städte enthält 518: Hoerder (Hrsg.), ‚Struggle a Hard Battle' (1986); das Klischee von den als Streikbrechern leicht zu mißbrauchenden und die amerikanische Gewerkschaftsbewegung schwächenden ahnungslosen Fremden wird durchgängig widerlegt.

Die prekäre Situation der Einwanderer aus Asien, insbesondere China und Japan, hat Roger Daniels mit dem objektiven Blick und dennoch moralischen Engagement und kritischen Urteil des selbst nicht zur untersuchten ethnischen Gruppe gehörenden Beobachters beschrieben [Roger Daniels, Asian America, Seattle, WA 1988]. Nicht minder kritisch beurteilt Alexander Saxton das einwanderungsfeindliche Verhalten der kalifornischen Gewerkschaften aufgrund seiner Fragestellungen der politischen Ökonomie und Ideologiekritik [806: Indispensable Enemy (1971)].

Für die jüdischen Einwanderer, die zwischen 1830 und 1880 vor allem aus Deutschland kamen, waren die USA von Anfang an das Land der Emanzipation, um die sie in Europa noch kämpfen mußten. Als sie ihren Platz in der multiethnischen amerikanischen Gesellschaft bestimmen mußten, spürten viele der Deutschsprachigen eine „doppelte Ethnizität" als kulturell Deutsche jüdischen Glaubens. Ihre Situation und die Konfrontationen mit ab 1882 vermehrt aus dem Zarenreich kommenden jüdischen Einwanderern in den amerikanischen Großstädten beschreibt Naomi W. Cohen umfassend in ihrem Buch Encounter with Emancipation: The German Jews in the United States 1830–1914 (Philadelphia, PA 1984); sie schildert auch die Auseinandersetzungen der durchaus reformbereiten Juden mit intoleranten Protestanten, die die USA als christliche Nation definierten; eine gründliche Auswertung deutschsprachiger Quellen zu ihrem Thema hat Cohen zwar nicht geleistet, der Band bietet aber eine gute Einführung ins Thema.

Neue Erkenntnisse über die ausgeprägte kulturelle Eigenständigkeit deutscher Arbeiter zwischen 1850 und 1920 vor allem in Chicago hat Hartmut Keil vorgelegt [800: German Workers' Culture (1988)]; die Chicagoer Arbeiter-Zeitung war eine wichtige Quelle für dieses größtenteils am Münchener Amerika-Institut durchgeführte Forschungsprojekt. Das Verhältnis eingewanderter Deutscher aller sozialer Klassen vom Tagelöhner bis zum Fernhandelskaufmann untereinander und zur englischsprachigen amerikanischen Gesellschaft untersuchte in New York City von 1845–1880 STANLEY NADEL [802: Little Germany (1990)]. Radikale Sozialisten, „Brot-und-Butter"-Gewerkschafter in der American Federation of Labor und der Unternehmer Henry Steinway existierten auf engem Raum nebeneinander. Die liberale New Yorker Staat-Zeitung und die sozialistische Volks-Zeitung bekriegten einander. An eine politisch gemeinsam die Interessen der gesamten ethnischen Gruppe vertretende Organisation war nicht zu denken. Auch die Differenzen zwischen deutschen Regionen wurden nach New York transportiert und beeinflußten das Heiratsverhalten: 1880 waren knapp die Hälfte der Ehepartner von Kindern eingewanderter Bayern ebenfalls Amerika-Bayern.

Afroamerikaner   Die umfassendste Biographie und Schriftenerläuterung (bis 1920) des hochintellektuellen Wortführers der Afroamerikaner, W.E.B. Du Bois (1868–1963) hat DAVID LEVERING LEWIS auf über 700 Seiten vorgelegt [795: W.E.B. Du Bois (1993)]; der Untertitel „Biography of a Race" erhebt den nur teilweise eingelösten Anspruch, anhand der Rolle des umstrittenen und streitbaren Wortführers einen wesentlichen Teil des Schicksals der gesamten afroamerikanischen Bevölkerung mit zu erfassen. Ein weiterer Band für die zweite Lebenshälfte ist geplant.

c) URBANISIERUNG UND SOZIALREFORMEN

Städtegeschichte Die neuere Städtegeschichte (urban history) hat sich erst seit den 1960er Jahren zur Teildisziplin mit eigener Fachzeitschrift – dem seit 1974 veröffentlichten Journal of Urban History – und mit eigens für das Gebiet ausgeschriebenen Professuren entwickelt. ERIC LAMPARD bewertete *urbanization* als zentralen Entwicklungsstrang der amerikanischen Gesellschaft seit dem 18. Jahrhundert [201: American Historians (1961)]. Eine vielbeachtete Bestandsaufnahme lieferte 1969 die Anthologie STEPHAN THERNSTROMS u. a. [793: Poverty and Progress (1964)]. Eines der ersten Handbücher [204: WARNER, Urban Wilderness (1972)] gab bereits im Titel das sozialreformerische Engagement zu erkennen, das einen großen Teil der neuen Städtegeschichte kennzeichnet. Die führende Rolle der städtischen Ansiedlungen in der Entwicklung der amerikanischen Gesellschaft und die Verquickung des Bevölkerungs- und Wirtschaftswachstums auf dem Land und in den Städten wird in der umfassenden historiographischen Bestandsaufnahme von GILLETTE u. a. immer wieder bestätigt [199: American Urbanism (1987)]; die Anthologie dokumentiert auch, daß die politische und soziale Städtegeschichte nur noch ein Teil der multidisziplinären Städteforschung ist und Fragen wie die Stadt als Ort des kulturellen Lebens und als Ort des Aufeinanderprallens der Rassen behandelt werden. Den neueren Diskussionsstand in der umfassend definierten Städtegeschichtsschreibung skizziert STEVEN A. RIESS in 203: The City (1993). Großstadtentwicklung, Einwanderung, das Wachstum von Armenvierteln und Sozialreformbewegungen bedingten einander, wie der historische Geograph DAVID WARD insbesondere am Beispiel New Yorks und Chicagos für den Zeitraum 1840–1925 aufgezeigt hat [794: Poverty (1989)]; er analysiert in diesem Zusammenhang auch die Entstehung der „Chicago School" der Soziologie.

Die sozialen Probleme der wild wachsenden Großstädte haben im 19. Jahrhundert mehr private Wohltätigkeit als staatlich organisierte Sozialfürsorge ausgelöst. Christlicher Missionsdrang, christliche Nächstenliebe und Fortschrittsgläubigkeit motivierten Geistliche und Sozialarbeiter, sich nicht nur um das Seelenheil, sondern auch um das leibliche Wohlbefinden der oft am Existenzminimum lebenden und wegen der in den Armutsvierteln begangenen Verbrechen und ausbrechenden Krankheiten bedrohlich wirkenden *urban masses* zu sorgen. Die beste Darstellung der Gedanken und Taten dieser Großstadtreformer von 1820 bis 1920 gibt PAUL BOYER [791: Urban Masses (1978)] mit Kapiteln u. a. über Feldzüge gegen Prostitution und Kneipen, die YMCA (Young Men's Christian Association) und Sonntagsschulen; zum historiographischen Kontext die Besprechung von BERTRAM WYATT-BROWN in: RAH 7 (1979) 527–534. THOMAS BENDER stellte die Verbindung zur über die Sozialgeschichte hinausgehenden Modernisierungsdiskussion her [790: Community and Social Change (1978)]. Teil der häufig auf Privatinitiative beruhenden Sozialreformbewegungen zwischen 1890 und 1930 war auch der Schutz von Einwanderern vor Betrug und Ausbeutung und Hilfe bei Inanspruchnahme staatlicher Institutionen wie der Gerichte. In dieser Arbeit engagierten sich oft etablierte Mitglieder einer ethnischen Gruppe – z. B. der italoamerikanische Rechtsanwalt Gino C. Speranza in New York – für die Neuankömmlinge der gleichen Gruppe [GEORGE POZZETTA in: D. R. COLBURN u. a. (Hrsg.), Reform and Reformers in the Progressive Era, London 1983, 47–70]. Viele der *mainstream*-Reformer erkannten aber auch in dem ungeregelten, seit den 1880er Jahren beträchtlich steigenden Zustrom von Einwanderern insbesondere aus Ost- und Südeuropa die Quelle sozialer Probleme und befürworteten seine Eindämmung [799: HIGHAM, Strangers in the Land (1965)].

Die eindeutige Kontinuität von weiblichem Führungspersonal und Programmatik auf dem Gebiet der Kindersozialfürsorge und des Kinderschutzes vom Hull House bis zum New Deal belegt MUNCY [Creating a Female Dominion in American Reform 1890–1935, Oxford 1991]. Auch in den privaten philanthropischen Sozialhilfestationen oder Nachbarschaftsheimen (settlement houses) in den Elendsvierteln der Großstädte engagierten sich besonders Frauen der oberen Mittelklasse wie Jane Addams [792: CARSON, Settlement Folk (1990)]. Die modernen Sozialreformer gaben sich nicht mit der traditionellen, mit christlicher Nächstenliebe und persönlichem Mitleid begründeten Philanthropie zufrieden, sondern verlangten von den Regierungen auf allen Ebenen geförderte Bestandsaufnahmen mit sozialwissenschaftlichen Mitteln und daraus abgeleitete aktive Sozialarbeit. Symbolischen Ausdruck fand die neue Grundhaltung z. B. 1909 in der Umbenennung der seit 1897 in New York veröffentlichten Sozialarbeiterzeitschrift Charities in Survey, und die 1874 gegründete National Conference of Charities and Correction nannte sich ab 1917 National Conference of Social Work [765: FINE, Laissez Faire (1956) 349].

Sanitäre Maßnahmen
Die Umweltbelastung durch Industrie und Menschenzusammenballung um 1900 rief Bürgergruppen auf den Plan, die praktische Umweltschutzmaßnahmen wie den Bau von Abwässerkanälen und die Verbesserung der Müllabfuhr durchsetzten, wie die umfassende Anthologie von MARTIN MELOSI insbeondere für New York und Chicago aufzeigt [787: Pollution and Reform (1980)].

d) Politische Bewegungen und Parteien

Einparteiensystem und Rassentrennung im Süden
Der Rückzug der Bundestruppen 1877 ermöglichte in den Südstaaten die Zunahme der Rassentrennung und zunehmend ab 1890 die weitgehende Aberkennung des Wahlrechts durch Einzelstaatsgesetze. An der Präsidentschaftswahl 1880 hatte noch in den meisten Südstaaten die Mehrzahl der schwarzen Männer teilgenommen [820: KOUSSER, Shaping of Southern Politics (1974)]. Die historische Absurdität dieses Trends drückt der Buchtitel „The Strange Career of Jim Crow" [822: WOODWARD (1974)] aus, die Grundlagenlektüre für die Entstehung des Apartheidsystems.

Ku Klux Klan
Der 1866 gegründete rechtsextreme Geheimbund Ku Klux Klan terrorisierte in den Südstaaten insbesondere die Afroamerikaner, die von ihren politischen Grundrechten Gebrauch machen wollten [241: CHALMERS, Hooded Americanism (1987)]. Der Klan verfolgte über alle Phasen seines organisatorischen Wandels hinweg bis heute sein destruktives Ziel: Die Dominanz sehr konservativer Euroamerikaner mit Terror und an der Wahlurne insbesondere dort zu behaupten, wo politisch aktive Afroamerikaner die weiße Vorherrschaft (*white supremacy*) hätten gefährden können [ALLEN TRELEASE in 81: Reader's Companion to American History (1991), 625–626]. Der Romanschriftsteller William Faulkner beschrieb einen Lynchmord, den er 1907 als Kind in seiner Heimatstadt Oxford, Mississippi, beobachtet hatte, in der Kurzgeschichte „Dry September" (1931).

Die Kontinuität der politischen Klasse des Südens vor und nach dem Sezessionskrieg sowie das Ausmaß der Einparteienherrschaft der Demokratischen Partei und der Einschränkung der Wahlbeteiligung hat V. O. KEY 1949 in seiner zum Klassiker der amerikanischen Politikwissenschaft gewordenen Analyse aufgezeigt [767: Southern Politics (1949)]. Auch die armen Weißen wurden aus dem politischen Prozeß weitgehend durch die Kopfsteuer und die willkürlich angewandten Lese- und Verständnisprüfungen bei der Eintragung in das Wählerverzeichnis ausgeschaltet [819: FLYNT, Dixie's Forgotten People (1979)]. BARTLEY schätzt den Anteil der tatsächlichen Wähler zwischen 1900 und 1940 auf durchschnittlich ein Viertel der Staatsbürger; die Entscheidenden nennt er die „plantation-oriented county-seat governing class" und, in den Städten, die „planter-merchant-bankerlawyer governing class" [N. V. BARTLEY u. a., Southern Politics and the Second Reconstruction, Baltimore, MD 1975]. Der Spezialist für quantifizierende Geschichte des Kongresses der USA, DAVID BRADY, hat für die Anzahl der tatsächlich Wählenden in Georgia und Louisiana in dem Jahrzehnt nach 1896 einen dramatischen Rückgang um 80% ausgezählt. Die Vorherrschaft der *white supremacist* Demokratischen Partei in diesen Staaten war erdrückend [764: BRADY u. a., Sectional Differences (1991) 251].

Unzufriedene Bauern, die zur Gewaltanwendung bereit sind und ihren nachhaltigen Einfluß auf die amerikanische Politik ausüben, tauchen an zwei Nahtstellen der amerikanischen Nationalgeschichtsschreibung unweigerlich auf: Shays' Aufstand gegen die Gerichte im Hinterland von Massachusetts 1786/87, der eines der Argumente für eine stärkere Bundesregierung lieferte, und der rein politische Aufstand vieler verschuldeter Farmer des mittleren, südlichen und Transmississippi-Westens, die zwischen 1875 und 1896 in Gestalt des Populist Movement und der People's Party mehr soziale Gerechtigkeit und wirtschaftliche wie politische Selbstbestimmung für die Farmer an der Grenze des Existenzminimums inmitten der Phase der Hochindustrialisierung einforderten. Die politische Ereignisgeschichte der agrarischen Protestbewegung, die ihren Höhepunkt mit der People's Party als im Zweiparteiensystem relativ erfolgreicher „dritter" Partei (1890–96) erreichte, hat JOHN D. HICKS erstmalig umfassend dargestellt [777: Populist Revolt (1931)]. HICKS' Bewertungen der harten Konflikte zwischen Ostküstenkapital und völlig vom jahreszeitbedingten Markt abhängigen Kleinproduzenten bestätigt das Klassenkonfliktmodell CHARLES BEARDS [106: Rise of American Civilization (1929)] und anderer Progressives. Präziser haben inzwischen ideengeschichtliche Analysen die Position der Populisten rekonstruiert, allen voran NORMAN POLLACKS subtile Textanalysen [784: Populist Response (1962); 783: Just Polity (1987); 782: Humane Economy (1990)]. Keine wirkliche Gesamtdarstellung bietet LAWRENCE GOODWYN [776: Democratic Promise (1976); Kurzfassung u.d.T. The Populist Moment (1978)]; er korrigiert zwar zu Recht die Negativbilanz anderer Forscher, die mehr nostalgische Illusionen im Gefolge des romantischen Mythos vom autonomen Bauern auf freier Scholle, mehr Rassismus, mehr Anti-Katholizismus, mehr Anti-Semitismus und mehr anti-elitäre Vorurteile als demokratischen und fortschrittlichen Reformeifer im Verhalten der Populisten aufspürten; aber GOODWYNS eigene Quellenbasis ist zu schmal auf Texas konzentriert, und seine Neigung zur Vermutung von Konspirationen (in populistischer Tradition) hat POLLACKS Rezension [The Historian Bd. 40 (1977), 132–134] aufgezeigt. GOODWYNS Idealbild huldigt den Werten der New Left-Historiographie: Die amerikanischen *frontier*-Erfahrung hätte auch zu stärker genossenschaftlichem Verhalten (*cooperatives*) führen können, als Alternative zum sich durchsetzenden industriellen *corporative capitalism:* „The meaning of the agrarian revolt was its cultural assertion as a people's movement of mass democratic aspirations." BRUCE PALMER bestätigte, daß bäuerliche Kapitalismuskritik ebenso amerikanisch war wie die Ausbreitung des Einflusses New Yorker Banken [781: „Man

Populismus, People's Party

Over Money" (1980)]. Leicht zugänglich ist JAMES TURNERS umfassender Literaturbericht auf dem Stand von 1980 [785: Understanding the Populists (1980)].

Progressive Movement

Im Vergleich zu der agrarischen Protestbewegung relativ erfolgreich waren die vor allem in den Nordost- und Mittelweststaaten seit etwa 1890 aktiven Sozialreformer auf vielen Gebieten, die gebündelt als „progressive movement" bezeichnet werden. Die Fragen nach der Kohärenz der Bewegung(en) und der Motivation der überwiegend zur städtischen Mittelklasse gehörenden Reformer sind umstritten. RICHARD HOFSTADTER von der New Yorker Columbia University hat möglicherweise deshalb besonders scharf auf die Elemente des Rassismus, der Bigotterie und Überheblichkeit unter den meist überzeugt protestantischen und der oberen Mittelklasse angehörenden Sozialreformern reagiert, weil er selbst zur ersten Generation der Kinder jüdischer Einwanderer gehörte und aus eigener Kraft das antisemitische Vorurteil der White Anglo-Saxon Protestants überwunden und eine Professur an einer Eliteuniversität errungen hatte. HOFSTADTER sah keinen Grund, das im Titel seiner vielbeachteten Monographie beschworene „Zeitalter der Reformen" patriotisch-fortschrittsgläubig zu feiern. Statt einer von 1890 bis 1940 glatt durchgehenden einheitlichen Reformtradition erkannte er eine Abfolge unterschiedlicher Reaktionen auf die Fehlentwicklungen der Hochindustrialisierung und Urbanisierung und auf die Einwanderung von Millionen Europäern, deren soziale Integration der Arbeitsmarkt nicht von alleine besorgte. Die Reformer wollten eine vertraute Welt retten, deren Ideale „economic individualism" und demokratische Politik waren, in der nicht Großkonzerne und korrupte Politikercliquen herrschten, sondern gewählte Volksvertreter, Richter und Verwaltungen, die dem Gemeinwohl und dem Wohlergehen des einzelnen dienten. Widerspruch erregte HOFSTADTER mit der psychohistorischen Erklärung der persönlichen Motivation zahlreicher Wortführer der Reformpolitiker: nicht eigene Not, drohender Einkommensverlust oder das Gewissen hätten ab 1870 Kaufleute, Rechtsanwälte, Geistliche, Ärzte, Lehrer und Zeitungsmacher im Kleinstadtmilieu zu Reformpolitikern gemacht, sondern der unaufhaltbare Verlust ihres traditionellen Ansehens und Einflusses in der neuen Gesellschaft, die von Großstädten, Großbetrieben und Großverdienern ohne ethische Maßstäbe beherrscht wurde [HOFSTADTER, The Age of Reform: From Bryan to F.D.R., New York 1955, 5–6, 135]. In Reaktion auf HOFSTADTER betonte der Parteienhistoriker DAVID W. NOBLE die Offenheit der Republikanischen Partei in den Städten des Nordens für eine neue Generation reformorientierter Politiker ab etwa 1890, die die Existenzberechtigung der Großkonzerne aus praktischen Gründen zwar anerkannten, sie aber durch Verordnungen der Städte und Gesetze der Einzelstaaten und des Bundes beaufsichtigen und lenken wollten. NOBLE wertete die Progressives insgesamt nicht als rückwärts gewandt, sondern als vorwärts blickend und die „moderne" Gesellschaft mit ihren Großstädten und Großbetrieben anerkennend und gestaltend [NOBLE, „Progressivism" in 76: Encyclopedia of American Political History (1984) 992–1004]. Weil sie die Schattenseiten des ungebremsten Einwandererstroms sahen und zu mildern versuchten, riefen auch Progressive nach Einwanderungsbeschränkung [799: HIGHAM, Strangers (1965)]. Die stark religiöse Motivation vieler Reformer beschrieb HENRY F. MAY [770: Protestant Churches (1949)]. Der umfassende analytische Literaturbericht von DANIEL T. RODGERS erkannte bei aller Unterschiedlichkeit der Motivationen, Zwecke und Vorgehensweisen der Progressives drei Gemeinsamkeiten in der politischen Diskussion, drei „languages of discontent", die die meisten Progressives sprachen: (1) sie kritisierten jegliche Monopolstellung in Wirtschaft und Gesellschaft, (2) sie appellierten an die Verantwortung der Gemeinschaft und die soziale Natur des Menschen und (3) sie forderten wirksame Entscheidungsstrukturen in der Gemeinschaft [RODGERS, In Search of Progressivism, in: RAH 10 (Dec. 1982), 123–27]. Zur Definitions- und Kontinuitätsfrage auch RICHARD L. MCCORMICK [771: Public Life in Industrial America (1990)] und COLIN GORDON in RAH 23 (1995) 669–674. Die dem wohlwollenden Interpreten der Progressives, GEORGE E. MOWRY, gewidmete Festschrift [D.R. COLBURN (Hrsg.), Reform and Reformers in the Progressive Era, London 1983] bewertet die Historiographie bis 1983 und illustriert die Vielfalt der Reformaktivitäten. Sie reicht von den „muckrakers" genannten Journalisten, die unter großem persönlichem Einsatz und Risiko ausbeuterische Geschäftspraktiken von Trusts und Korruption unter Großstadtpolitikern recherchierten, bis zur ambivalenten Haltung der professionellen Partei„maschinen" der Großstädte (z. B. New Yorks „Tammany Hall") gegenüber idealistischen Reformern. Die Demokratische Partei als Reformpartei analysiert DAVID SARASOHN [The Party of Reform: The Democrats in the Progressive Era, Jackson/Miss. 1989]. ROBERT WIEBES sehr einflußreiche stark interpretatorische Synthese [763: Search for Order (1967)] ist kritisiert worden, weil er häufig sozialen „Kräften" mehr Einfluß zurechnet als bestimmten, handelnden Politikern. Keine gebündelte politische „Bewegung" vermochte PETER FILENE zu erkennen, deshalb nannte er seine Rückschau „An Obituary for the ‚Progressive Movement'" [in: AQ 22 (1970) 20–34].

Die Chancenlosigkeit der sozialistischen Bewegung in den USA auch zu Zeiten Sozialismus
großen sozialen Elends um 1900 wird an der von offenkundiger Sympathie motivierten Darstellung des New Left-Historikers HOWARD ZINN deutlich [104: People's History (1995), Kapitel 13: „The Socialist Challenge"]. WERNER SOMBARTS Artikelserie in Buchform [773: Weshalb gibt es in den Vereinigten Staaten keinen Sozialismus? (1906)] ist immer noch eine nützliche Materialsammlung, endet aber mit der falschen Schlußfolgerung, der Durchbruch einer der britischen Labor Party oder der SPD ähnelnden sozialistischen Volkspartei von nationaler Bedeutung stehe auch in den USA unweigerlich bevor.

e) AUSWÄRTIGE BEZIEHUNGEN

Umfassende historiographische Bestandsaufnahmen der Imperialismusdebatte Imperialismus-
enthalten die Artikel „Imperialism" und „Anti-Imperialism" von DAVID HEALY debatte
bzw. E. BERKELEY TOMPKINS in 264: Encyclopedia of American Foreign Policy

(1978) Bd. 2, 409–416 und Bd. 1, 25–32 und ERNEST MAYS buchlanger „Essay" [839: American Imperialism (1991)]. HEALY besteht auf dem qualitativen Unterschied zwischen dem kontinentalen *expansionism* und dem Übersee-Imperialismus ab 1898. Diese Unterscheidung liegt auch ERIC KOLLMANNS Periodisierung zugrunde [837: Imperialismus und Anti-Imperialismus (1963)], der bis 1890 von der „vorimperialistischen Epoche" spricht. KOLLMANNS einführende Skizze zeigt die ideengeschichtlichen ebenso wie die macht- und wirtschaftsgeschichtlichen Komponenten des amerikanischen Expansionismus seit der antiimperialistischen Unabhängigkeitserklärung von 1776. WALTER LAFEBER betonte die aktive Rolle Präsident McKinleys im Kontext des wirtschaftlichen, publizistischen und parteipolitischen Kräftespiels: „Controlling foreign policy in the way that he did, McKinley became not only the first 20th-century president, but the first modern chief executive." McKinleys amerikanische Form des Imperialismus unterschied LAFEBER klar vom europäischen, weil die der Kolonialherrschaft unterworfenen Gebiete nur 125 000 Quadratmeilen groß waren, während Großbritannien von 1870 bis 1900 in Asien und Afrika 4,7 Mio. Quadratmeilen erwarb, Frankreich 3,5 Mio. und Deutschland 1 Mio.; die Amerikaner wollten Märkte, keine Kolonien [272: American Age (1994) 195–196, 226.]. Weitere Analysen der Imperialismus-Historiographie bei JERALD COMBS [263: American Diplomatic History (1983) 73–112, 182–196, 370–372] und MICHAEL HOGAN [267: America in the World (1995)].

Kriegsmarine   Der militärische Arm des klassischen Imperialismus, die Kriegsmarine, mußte im Fall der USA seit ihrer Gründung im Unabhängigkeitskrieg des öfteren um ihre Finanzierung bangen [280: HAGAN, This People's Navy (1991)]. Admiral Alfred Thayer Mahans geopolitische Reflexionen über: The Influence of Sea Power upon History (1889) stärkte die Position der Imperialisten [843: SEAGER, Mahan (1977)]; weitere Literatur in der Sammelbesprechung von MARK SHULMAN in RAH 23 (1995) 277–283.

Eine Gruppe von Historikern, von denen mehrere vor 1960 an der University of Wisconsin in Madison unter Fred Harvey Harrington studiert bzw. später dort unterrichtet haben, betont die innenpolitischen, insbesondere die wirtschaftlichen Einflüsse auf die außenpolitischen Entscheidungen von Präsident und Kongreß.

William Appleman   Bekanntester Vertreter dieser Interpretationsrichtung wurde WILLIAM APPLEMAN
Williams   WILLIAMS u. a. durch seine essayistisch-advokatorisch geschriebene Interpretation der „Tragödie" der amerikanischen Außenpolitik seit 1898 [845: Tragedy of American Diplomacy (1959, rev.1962)]. WILLIAMS, der auch auf CHARLES BEARDS Untersuchungen zum Verhältnis von wirtschaftlichen Interessen und politischer Praxis verwies, sah die Umsetzung der Ideale amerikanischer Außenpolitik – mehr Wohlstand und Freiheit für alle -durch den dominanten Einfluß global handelnder Großkonzerne auf die amerikanische und auf fremde Regierungen in tragischer Weise in ihr Gegenteil verkehrt. Es sei ihnen gelungen, die Meinung zu verbreiten, „that America's *domestic* well-being depends upon sustained, ever-increasing overseas economic expansion.... The vital question concerns the way in which America gets what it needs and exports what it wants to sell" (S0.10–11)

[mehr von und über WILLIAMS in 129: WILLIAMS, Contours of American History (1988); 279: A William Appleman Williams Reader (1992) und der Festschrift mit Schriftenverzeichnis 265: GARDNER (Hrsg.), Redefining the Past (1986)]. Schwächen, Fehler und Grenzen der „revisionistischen" Interpretation WILLIAMS', aber auch ihren äußerst anregenden Einfluß auf die Historiographie, zeigt BRADFORD PERKINS in: RAH 12 (1984) 1–18. Schüler WILLIAMS' sind WALTER LAFEBER [264: Cambridge History of American Foreign Policy, Bd. 2 (1993); 272: The American Age (1994)], THOMAS J. MCCORMICK [840: China Market (1990)], MICHAEL HOGAN [266: (Hrsg.), History of American Foreign Relations (1991), 267: (Hrsg.), Historiography of American Foreign Relations (1995)] und Lloyd GARDNER. Unter den deutschen Historikern hat sich insbesondere HANS-ULRICH WEHLER vom Ansatz WILLIAMS' inspirieren lassen [278: Grundzüge der amerikanischen Außenpolitik (1984)].

Unter den lateinamerikanischen Historikern ist die Dependenz-Theorie das am weitesten verbreitete Interpretationsmuster zur Erklärung der U.S.-lateinamerikanischen Beziehungen. Die Kategorien *imperialism* und *empire* findet z. B. LOUIS A. PÉREZ weniger hilfreich als die Strukturbezeichnung *dependency*, weil imperialistische Handlungen einzelner Präsidenten als Ausnahme von der Regel interpretiert werden könnten, während „Abhängigkeit" unmißverständlich die dauerhafte Macht „der Metropole" (d. h. der USA) bezeichne [PÉREZ in 266: HOGAN u. a. (Hrsg.), Explaining the History of American Foreign Relations (1991) 99–110]. PÉREZ, andere Dependenz-Theoretiker und ihre Kritiker erläutert JOSEPH A. FRY im Kontext der Entwicklungsländergeschichte [274: MARTEL (Hrsg.), American Foreign Relations (1994) 61–65, Abschnitt „Development and Dependency"].

Dependenz-Theorie

CHARLES und MARY BEARD werteten amerikanische wirtschaftliche Interessen als ausschlaggebend für den zielstrebigen Erwerb von Kolonien. Speziell für Kuba verwiesen sie auf die Kombination von Faktoren: „Here was a combination of economic interest, appealing humanity, ‚good journalism', and popular tumult which drove the United States steadily toward war" [106: BEARD, Rise of American Civilization (1927) Bd. 2, S. 370]. Ein Spielball der Interessen anderer war Präsident McKinley nicht [841: OFFNER, Unwanted War (1992)]. McKinleys Meinungswandel hin zur Bejahung einer Kriegserklärung an Spanien lag sehr wohl die zielstrebige Verfolgung amerikanischer Interessen vor allem im Pazifik zugrunde. Die Philippinen als mögliche Beute gaben den Ausschlag [272: LAFEBER, American Age (1994) 201–202].

Spanisch-amerikanischer Krieg 1898

F) GESELLSCHAFTSTHEORIEN, „MODERNIST CULTURE"

Den Anfang der kritischen historiographischen Bestandsaufnahme des amerikanischen Sozialdarwinismus machte RICHARD HOFSTADTER 1944 mit der zum Klassiker gewordenen Monographie Social Darwinism in American Thought

Sozialdarwinismus

(2. Aufl. 1955), nachdem die große Wirtschaftskrise endgültig den nötigen historischen Abstand geschaffen hatte. Detailliert wissenschaftsgeschichtliche Reflexionen über den amerikanischen Sozialdarwinismus und eine umfassende Bibliographie bietet CARL DEGLER [313: In Search of Human Nature (1991)]. Der Lexikonartikel „Social Darwinism" von DONALD C. BELLOMY warnt vor HOFSTADTERS Überschätzung der Bedeutung des Konzeptes, weist auf die Gefahr der Übernahme von Begriffen und Konzeptionen aus der Biologie in gesellschaftliche Moralvorstellungen hin und schlägt vor, den Begriff zur geschichtswissenschaftlichen Analyse nicht mehr zu verwenden [in 314: Fox u.a (Hrsg.), Companion to American Thought (1995); Langfassung von BELLOMYS Argument in PAH New Series 1 (1984) 1–129].

Pragmatism   Die Begründer des Pragmatismus, des spezifisch amerikanischen Beitrags zur Philosophie und Gesellschaftstheorie um 1900, sind unbestrittenermaßen Charles Sanders Peirce, William James und John Dewey. Kurzbiographien des ungleichen Trios, kommentierte Textauszüge, eine Bibliographie auf dem neuesten Stand und eine artikellange „Introduction to Pragmatism" des Herausgebers enthält 349: MENAND (Hrsg.), Pragmatism (1997). Die hochgelobte, nicht nur dem Fachphilosophen und Psychologen verständliche Dewey-Biographie des Historikers ROBERT WESTBROOK kann auch als eine Geschichte des amerikanischen Pragmatismus und Demokratietheorie in der ersten Hälfte des 20. Jhs. gelesen werden [John Dewey and American Democracy, Ithaca/NY 1991]. Die Verbindung auch zur deutschsprachigen Fachdiskussion stellt HANS JOAS her [348: Pragmatismus (1992)].

„Modernist culture"   Der ideengeschichtliche Umbruch vom fortschritts- und wissenschaftsgläubigen 19. Jh. und seinen moralischen Gewißheiten zur skeptischen, eher Freud- als Darwin-orientierten Moderne und ihrem ethischen Relativismus bahnte sich in den amerikanischen Kulturmetropolen New York und Chicago ebenso wie in Europa um 1900 an. Ein Wortführer der neuen traditionskritischen Spontaneität, der Literaturkritiker VAN WYCK BROOKS, feierte 1915 in America's Coming of Age einen neuen Reichtum „unbewußten Lebens" und „halb-bewußter Gefühle." [H. F. May, The End of American Innocence, New York 1959, 221]. Die Bezeichnung „Modernist culture" bevorzugte der Gastherausgeber des Themenheftes „Modernist Culture in America" des AQ 39 (Spring 1987). Er definierte die neue „sensibility" als Reaktion auf den Viktorianismus: „The quintessential aim of Modernists has been to reconnect all that the Victorian moral dichotomy tore asunder – to integrate once more the human and the animal, the civilized and savage, and to heal the sharp divisions that the nineteenth century had established in areas such as class, race, and gender" (12). Einzelne Texte, die diesen intellektuellen und kulturellen Wandel dokumentieren, erläutert für den Zeitraum 1865–1914 WINFRIED FLUCK in 79: ADAMS u. a. (Hrsg.), Länderbericht USA (1999), 755–769. Die vielgestaltigen Anregungen des „modernism" auf kreative Intellekte in allen Bereichen der Künste und Wissenschaften von der Malerei bis zur Anthropologie deutet DANIEL SINGAL an in „Modernism" in: 314: FOX u. a (Hrsg.), Companion to American Thought (1995) 460–62.

III. Quellen und Literatur

Der Hinweis „Datenbank" bedeutet, daß der Titel auch digitalisiert auf CD oder über das Internet zugänglich ist. Die über das World Wide Web von einer Vielzahl öffentlicher Institutionen und kommerziellen Unternehmen zur Verfügung gestellten bibliographischen Angaben und kompletten Texte nehmen laufend zu. Deshalb empfiehlt es sich, die im folgenden präsentierte Literaturauswahl auf dem Stand von 1998/99 zu ergänzen durch eine Suche in einschlägigen Datenbanken. Die home page der Organization of American Historians verbindet mit den wichtigsten „Websites for the History Profession" – vom Katalog der Kongreßbibliothek in Washington bis zu regionalen fachhistorischen Vereinigungen [http://www.indiana.edu/õah]. Ergänzungen finden sich bei der American Historical Assoication in Washington unter http://www.theaha.org. Neuerscheinungen sind mit Suchwort aufrufbar im Bestelldienst der 1995 gegründeten Amazon Inc., die auch Kurzrezensionen verzeichnet [http://www.amazon.com oder http://www.amazon.de]. Rezensionen von Neuerscheinungen bieten auch die fachhistorischen Diskussionsgruppen oder „Listen", die von der Michigan State University in East Lansing lizenziert werden. Eine Einführung und Anleitung bietet deren home page http://www.h-net.msu.edu. Die wichtigsten Diskussionsgruppen, deren selbstlose Mitglieder auch Auskunft über bibliographische und andere Fachfragen erteilen, sind H-Afro-Am zur Geschichte der Afroamerikaner; H-Amindian zur Indianergeschichte; H-Ethnic zu Einwanderung und ethnischen Gruppen; H-ASEH zur Ökologiegeschichte; H-Diplo zur Diplomatiegeschichte; H-Ideas zur Ideengeschichte; H-AmStdy zur Kultur- und Literaturgeschichte im Rahmen der American Studies; H-Labor zur Gewerkschafts- und Arbeitergeschichte; H-Law zur Rechts- und Verfassungsgeschichte; H-Pol zur Politikgeschichte; H-SHEAR zur Geschichte der Frühen Republik 1776–1840; H-CivWar zum Sezessionskrieg; H-South zur Südstaatengeschichte; H-West zur Geschichte des Westens und der *frontier*; H-Urban zur Städtegeschichte; H-Women zur Frauengeschichte. Zur Einführung empfiehlt sich der Artikel von Michael O'Malley und Roy Rosenzweig: Brave New World or Blind Alley: American History on the World Wide Web, in: JAH 84 (1997) 132–155.

Weitere bibliographische Hilfsmittel sind zugänglich über die Eingangsseite des John F. Kennedy Instituts für Nordamerikastudien der Freien Universität Berlin unter http://www.fu-berlin.de/jfki/welcome.html.

A. QUELLEN

Hier können nur quellenkundliche Nachschlagewerke und einige herausragende zeitlich und thematisch umfassende Quellenpublikationen genannt werden, mit deren Hilfe spezielle publizierte und archivierte Quellen gefunden werden können. Nicht aufgenommen wurden – mit einigen wenigen Ausnahmen – die oft mit nützlichen Herausgeberkommentaren versehenen Editionen von Schriften und Korrespondenz aktiver Persönlichkeiten von Benjamin Franklin bis Martin Luther King, die Quellen für die jeweilige Zeit insgesamt bieten.

1. ARCHIVE UND QUELLENKUNDLICHE NACHSCHLAGEWERKE

1. W. P. Adams, Archival Materials in the Federal Republic of Germany on United States History, in 68: HANKE (Hrsg.), Guide, Bd. 2, 122- 133.
2. Americana in deutschen Sammlungen (ADS). Ein Verzeichnis von Materialien zur Geschichte der Vereinigten Staaten von Amerika in Archiven und Bibliotheken der Bundesrepublik Deutschland und West-Berlins. Zusammengestellt im Auftrag der Deutschen Gesellschaft für Amerikastudien, Bd. 1–10, Selbstverlag der Gesellschaft 1967.
3. Directory of Archives and Manuscript Repositories in the United States, Hrsg. National Historical Publications and Records Commission, 2. Aufl., Phoenix/Ariz. 1988. Die gedruckten Verzeichnisse werden sukzessive überholt durch die Datenbanken der National Archives and Records Administration, zu denen man gelangt über www.nara.gov/nara/mail.html.
4. Guide to the National Archives of the United States, National Archives and Records Administration, 2. Aufl., Washington, D.C. 1987.
5. T. MANN, A Guide to Library Research Methods, New York 1987.
6. National Union Catalog of Manuscript Collections, Hrsg. Library of Congress, Washington, D.C., seit 1959/61 laufend ergänzt.
7. F. L. SCHICK u. a., Records of the Presidency: Presidential Papers and Libraries from Washington to Reagan, Phoenix, AZ 1989.

2. PUBLIZIERTE QUELLEN

a) Mehrere Fachgebiete betreffend

8. American Women's Diaries [18.-20. Jh.] = Mikrofilm-Sammlung von über 800 Tagebüchern, Vertrieb seit 1994 durch Newsbank/Readex Corp., New Canaan, CT
9. P. F. BOLLER u. a. (Hrsg.), A More Perfect Union: Documents in U.S. History, 2 Bde., 4. Aufl., Boston 1996.
10. D. J. BOORSTIN (Hrsg.), An American Primer, Chicago 1966.

11. T. H. BREEN (Hrsg.), The Power of Words: Documents in American History, 2 Bde., New York 1996.
12. H. S. COMMAGER (Hrsg.), Documents of American History [1492–1973], 2 Bde., 9. Aufl., New York 1973; die 10. Aufl. Englewood Cliffs, NJ, Bd. 1 von 1988 ist ein seitengleicher Nachdruck.
13. Early American Imprints [1639–1819] = Microfiche-Sammlung, ed. durch American Antiquarian Society, Vertrieb seit 1994 durch Newsbank/Readex, New Canaan, CT; enthält alle erhaltenen Publikationen außer Zeitschriften und Zeitungen, die verzeichnet sind in CHARLES EVANS (Hrsg.), American Bibliography, 14 Bde., Chicago 1903–34 „ in: ROGER P. BRISTOL (Hrsg.), Supplement to Charles Evans' American Bibliography, Charlottesville, VA 1970, und in: RALPH R. SHAW u. a. (Hrsg.), American Bibliography 1801–1819, New York 1985–93 (Microfiches).
14. Early American Newspapers [1690–1900] = Mikrofilm-Sammlung, Vertrieb seit 1994 durch Newsbank/Readex, New Canaan, CT; enthält über 700 Zeitungen, die bibliographiert sind in CLARENCEBRIGHAM, History and Bibliography of American Newspapers 1690–1820, Westpoint, CT. 1976.
15. R. HOFSTADTER u. a. (Hrsg.), Great Issues in American History [Kommentierte Dokumente 1584–1981], 3 Bde., New York 1958, 1982.
16. M. JENSEN (Hrsg.), American Colonial Documents to 1776, New York 1955.
17. P. B. LEVY (Hrsg.), 100 Key Documents in American Democracy, Westport, CT 1994.
18. The New York Times; einzige Tageszeitung mit detailliertem Jahresregister seit 1851.
19. H. SCHAMBECK u. a. (Hrsg.), Dokumente zur Geschichte der Vereinigten Staaten von Amerika [1492–1993], Berlin 1993.
20. E. SCHMITT (Hrsg.), Dokumente zur Geschichte der europäischen Expansion, Bd. 1–4, München 1983–88; Bd. 5–7 geplant.
21. I. UNGER (Hrsg.), American Issues: A Primary Source Reader in United States History, 2 Bde., Englewood Cliffs, NJ 1994.

b) Statistiken

22. United States Bureau of the Census, The Statistical Abstract of the United States, Washington, D.C. seit 1878 jährlich.
23. United States Bureau of the Census, Historical Statistics of the United States: Colonial Times to 1970, 2 Bde., Washington, D.C. 1975.

c) Regierungspublikationen

24. Annals of Congress: Debates and Proceedings in the Congress of the United States 1789–1824, 42 Bde., Washington, D.C. 1834–1856.

25. A Compilation of the Messages and Papers of the Presidents 1789-1929, 20 Bde., Washington, D.C. 1896-1899; Bd. 1-10, Hrsg. J. D. RICHARDSON.
26. Congressional Globe 1833-1873 (Permanent edition), 109 Bde., Washington, D.C. 1833-1873.
27. Congressional Record (Permanent edition), Washington, D.C. seit 1873 fortlaufend.
28. U.S. Department of State (Hrsg.), Foreign Relations of the United States [Untertitel variiert], Washington, D.C. seit 1862 fortlaufend.
29. Published Colonial Records of the American Colonies (kein Hrsg.), 166 Mikrofilmrollen, Vertrieb seit 1988 durch Research Publications International, Reading/ England.
30. Register of Debates in Congress 1825-1837, 29 Bde.
31. United States Supreme Court Digest, St. Paul, Minn.; rückwirkend bis 1754, ab 1943 fortlaufend.

d) Politisches System, Verfassung, Politikgeschichte

32. A. ADAMS u. a. (Hrsg.), Die Amerikanische Revolution und die Verfassung 1754-1791, München 1987.
33. M. L. BENEDICT (Hrsg.), Sources in American Constitutional History, Lexington, MA 1996.
34. M. FARRAND (Hrsg.), The Records of the Federal Convention of 1787, rev. Aufl., 4 Bde., New Haven, CT 1966; Bd. 5: Supplement, 1987, Hrsg. J. HUTSON.
35. M. A. GIUNTA u. a. (Hrsg.), Documents of the Emerging Nation: U.S. Foreign Relations 1775-1789, Wilmington/ Del. 1998.
36. K. H. HALL (Hrsg.), Major Problems in American Constitutional History: Documents and Essays, 2 Bde., Lexington, MA 1992.
37. A. JACKSON, The Papers of Andrew Jackson, 4 Bde., Hrsg. H. D. MOSER u. a., Knoxville, Tenn. 1980-1994.
38. T. JEFFERSON, The Papers of Thomas Jefferson, 25 Bde., Hrsg. J. P. BOYD u. a., Princeton, NJ 1950-1992.
39. M. JENSEN u. a. (Hrsg.), The Documentary History of the Ratification of the Constitution, Madison, Wis. 1976-1993.
40. P. B. LEVY (Hrsg.), Political Thought in America, 2. Aufl., Prospect Heights, Ill. 1988.
41. A. LINCOLN, The Collected Works of Abraham Lincoln, Hrsg. R. P. BASLER u. a., 9 Bde., 2 Suppl., New Brunswick, NJ 1953-1990.
42. T. G. PATERSON (Hrsg.), Major Problems in American Foreign Policy: Documents and Essays, 26 Bde., 3. Aufl., Lexington, MA 1989.
43. N. POLLACK (Hrsg.), The Populist Mind, Indianapolis 1967.
44. C. P. RIPLEY (Hrsg.), The Black Abolitionist Papers, 5 Bde., Chapel Hill, NC 1985-1992.

e) Sozial- und Wirtschaftsgeschichte

45. E. BORIS u. a. (Hrsg.), Major Problems in the History of American Workers: Documents and Essays, Lexington, MA 1991.
46. R. H. BREMNER u. a. (Hrsg.), Children and Youth in America: A Documentary History, 3 Bde., Cambridge, MA 1970–74.
47. S. W. BRUCHEY (Hrsg.), The Colonial Merchant: Sources and Readings, New York 1966.
48. S. W. BRUCHEY (Hrsg.), Cotton and the Growth of the American Economy 1790–1860: Sources and Readings, New York 1967.
49. A. D. CHANDLER, jr. (Hrsg.), The Railroads, the Nation's First Big Business: Sources and Readings, New York 1981.
50. A. D. CHANDLER (Hrsg.), Giant Enterprise: Ford, General Motors, and the Automobile Industry: Sources and Readings, New York 1964.
51. J. R. COMMONS u. a. (Hrsg.), Documentary History of American Industrial Society, 10 Bde., New York 1958.
52. E. DONNAN (Hrsg.), Documents Illustrative of the History of the Slave Trade to America, Nachdr., 4 Bde., Washington, D.C. 1965.
53. P. D. ESCOTT, Slavery Remembered: A Record of Twentieth-Century Slave Narratives, Chapel Hill, NC 1979.
54. L. M. HACKER (Hrsg.), Major Documents in American Economic History, 2 Bde., Princeton 1961.
55. W. J. HELBICH u. a., Briefe aus Amerika: Deutsche Auswanderer schreiben aus der neuen Welt 1830–1930, München 1988.
56. R. HOFSTADTER u. a. (Hrsg.), American Violence: A Documentary History, New York 1970.
57. The Immigrant in America [kein Hrsg.], Serie von 264 Mikrofilmrollen, Vertrieb seit 1989 durch Research Publications International, Reading/ England, gedrucktes Verzeichnis beim gleichen Verlag erschienen.
58. H. KEIL u. a. (Hrsg.), German Workers in Chicago: A Documentary History of Working Class Culture from 1850 to World War I, Urbana, Ill. 1988.
59. W. MOQUIN (Hrsg.), Great Documents in American Indian History, New York 1973.
60. W. D. RASMUSSEN (Hrsg.), Agriculture in the United States: A Documentary History, 4 Bde., New York 1975.
61. W. L. ROSE (Hrsg.), A Documentary History of Slavery in North America, New York 1976.
62. S. WARE (Hrsg.), Modern American Women: A Documentary History, Chicago 1989.

f) Ideen- und Kulturgeschichte

63. D. A. HOLLINGER u. a. (Hrsg.), The American Intellectual Tradition: A Source Book, 2 Bde., 3. Aufl., New York 1997.
64. P. LAUTER u. a. (Hrsg.), The Heath Anthology of American Literature, 2 Bde., 2. Aufl., Lexington, MA 1994.
65. N. HARRIS (Reihenhrsg.), The American Culture [1600–1945], 8 Bde. New York 1970; die Hrsgg. der Bände I-V sind JOHN DEMOS (1600–1760), Goron S. Woo (1760–1820), David Grimsted (1820–1860), Alan Trachtenberg (1860–1880) und NEIL HARRIS (1880–1901).

B. LITERATUR

Allgemeiner Teil

1. Bibliographische Hilfsmittel

Bibliographien, die einzelnen Sachgebieten oder Zeitabschnitten zuzuordnen sind, werden dort aufgeführt.

66. America: History and Life: A Guide to Periodical Literature, Vierteljahresschrift seit 1965; erfaßt ab 1974 auch Dissertationen und Rezensionen; Datenbank.
67. F. Freidel (Hrsg.), Harvard Guide to American History, 2 Bde., Cambridge, MA 1974.
68. L. Hanke (Hrsg.), Guide to the Study of United States History Outside the U.S., 1945–1980, 5 Bde., Millwood, NY 1985.
69. Journal of American History, laufend in jedem Heft der nach Fachgebieten geordnete Abschnitt „Recent Scholarship".
70. M. B. Norton, The American Historical Association's Guide to Historical Literature, 2 Bde., New York 1995.
71. F. P. Prucha, Handbook for Research in American History: A Guide to Bibliographies and Other Reference Works, 1. Aufl., Lincoln, Neb. 1987 mit ausführlichen thematischen Bibliographien; 2. Aufl. 1994 mit weiteren als Datenbanken gespeicherten Bibliographien.

2. Nachschlagewerke

72. Atlas of American History, Hrsg. R. H. Ferrell u. a., New York 1987.
73. Dictionary of American Biography, 20 Bde., New York 1928–36.
74. Dictionary of American History, 7 Bde., New York 1976.
75. Encyclopedia of American History, Hrsg. R. B. Morris u.a., 7. Aufl., New York 1996.
76. Encyclopedia of American Political History, Hrsg. J. P. Greene, 3 Bde., New York 1984.
77. Historical Atlas of the United States, Hrsg. W. E. Garrett für die National Geographic Society, Washington, D.C. 1988.
78. W. Jäger u. a. (Hrsg.), Regierungssystem der USA: Lehrund Handbuch, München 1995.
79. Länderbericht USA, Hrsg. W. P. Adams u. a., 3. Aufl., Bonn 1999.
80. Notable American Women, 1607–1950: A Biographical Dictionary, Hrsg. E. T. James u. a., 3 Bde., Cambridge, MA 1971.

81. The Reader's Companion to American History, Hrsg. E FONER u. a., Boston 1991.
82. W. SAFIRE, Safire's New Political Dictionary, New York 1993.
83. USA Lexikon: Schlüsselbegriffe zu Politik, Wirtschaft, Gesellschaft, Kultur, Geschichte und zu den deutsch-amerikanischen Beziehungen, Hrsg. R. B. WERSICH, Berlin 1995.
84. USA-Ploetz: Geschichte der Vereinigten Staaten zum Nachschlagen, Hrsg. G. MOLTMANN u. a., 3. Aufl., Freiburg 1993.

3. HISTORIOGRAPHIE, GESAMTDARSTELLUNGEN, INTERPRETATIONEN

a) Geschichte der amerikanischen Nationalgeschichtsschreibung

85. J. APPLEBY u. a., Telling the Truth about History, New York 1994.
86. E. BREISACH, American Progressive History: An Experiment in Modernization [1890–1948], Chicago 1993.
87. E. FONER (Hrsg.), The New American History, Philadelphia 1990; 2. Aufl. 1997.
88. D. HARLAN, The Degradation of American History, Chicago 1997.
89. J. HIGHAM, History: Professional Scholarship in America, 2. Aufl., Baltimore, MD 1989.
90. R. HOFSTADTER, The Progressive Historians: Turner, Beard and Parrington, Chicago 1979.
91. M. KAMMEN (Hrsg.), The Past Before Us: Contemporary Historical Writing in the United States, Ithaca, NY 1980.
92. M. KRAUS, überarbeitet von D. D. Joyce, The Writing of American History, 3. Aufl., Norman, Okla. 1985.
93. P. NOVICK, That Noble Dream: The ‚Objectivity Question' and the American Historical Profession, Cambridge, MA 1988.
94. [Mehrere Autoren] RAH 10 (Dez. 1982), Heftthema: The Promise of American History: Progress and Prospects.
95. M. WAECHTER, ‚Scientific History' in den Vereinigten Staaten: Sozialer Evolutionismus als Theoriemodell, in: Comparativ 5 (1995) 32–49.

b) Gesamtdarstellungen und Interpretationen

Hand- und Lehrbücher

96. W. P. ADAMS (Hrsg.), Die Vereinigten Staaten von Amerika, Frankfurt a.M. 1977; Nachdr. 1997.
97. B. BAILYN u. a., The Great Republic: A History of the American People, 4. Aufl., Lexington, MA 1992.

98. P. S. BOYER u. a., The Enduring Vision: A History of the American People, Concise 3rd ed., Boston 1998.
99. H. R. GUGGISBERG, Geschichte der USA, 3. Aufl., Stuttgart 1993.
100. J. HEIDEKING, Geschichte der USA, Tübingen 1996.
101. S. E. MORISON u. a., The Growth of the American Republic, 2 Bde., 7. Aufl., New York 1980.
102. M. B. NORTON u. a., A People and a Nation: A History of the United States, 4. Aufl., Boston 1994.
103. U. SAUTTER, Geschichte der Vereinigten Staaten von Amerika, 5. Aufl., Stuttgart 1994.
104. H. ZINN, A People's History of the United States 1492-Present, 2. Aufl., New York 1995.

Interpretationen, Sammelbände, Vergleiche

105. E. ANGERMANN, Challenges of Ambiguity: Doing Comparative History, New York 1991, mit Kommentaren von CARL N. DEGLER und JOHN A. GARRATY.
106. C. und M. BEARD, The Rise of American Civilization, 4 Bde., New York 1927–1942.
107. A. DAVIS u. a. (Hrsg.), Conflict and Consensus in Early American History [bis 1877], 8. Aufl., Lexington, MA 1992.
108. A. DAVIS, Conflict and Consensus in Modern American History [ab 1860], 8. Aufl., Lexington, MA 1992.
109. C. N. DEGLER, Out of Our Past: The Forces that Shaped Modern America, 3. Aufl., New York 1984.
110. G. M. FREDRICKSON, White Supremacy: A Comparative Study in American and South African History, New York 1981.
111. C. J. GUARNERI (Hrsg.), America Compared: American History in International Perspective, 2 Bde., New York 1997.
112. G. N. GROB u. a. (Hrsg.), Interpretations of American History, 2 Bde., 6. Aufl., New York 1992.
113. L. M. HACKER, The Triumph of American Capitalism: The Development of Forces in American History to the End of the 19th Century, New York 1940.
114. J. W. HALL (Hrsg.), Forging the American Character, New York 1971, Nachdruck 1980.
115. L. HARTZ, The Founding of New Societies: Studies in the History of the United States, Latin America, South Africa, Canada, and Australia, New York 1964.
116. R. HOFSTADTER, The American Political Tradition and the Men Who Made It, New York 1948, mehrfach nachgedruckt.
117. N. I. HUGGINS, The Deforming Mirror of Truth: Slavery and the Master Narrative of American History, in: RHR 49 (1991) 24–48, mit Kommentaren von P. H. WOOD, P. DIMOCK, B. C. SMITH, 49–59.

118. M. KAMMEN, The Problem of American Exceptionalism, in: AQ 45 (1993) 1–43.
119. P. KOLCHIN, Comparing American History [Sammelrezension von Fallstudien zur *frontier* und Sklaverei], RAH 10 (Dez. 1982) 64–81.
120. K. KRAKAU (Hrsg.), Lateinamerika und Nordamerika: Gesellschaft, Politik und Wirtschaft im historischen Vergleich, Frankfurt a.M. 1992.
121. S. M. LIPSET, The First New Nation: The United States in Historical and Comparative Perspective, 2. Aufl., New York 1979.
122. S. M. LIPSET, Continental Divide: The Values and Institutions of the United States and Canada, New York 1990.
123. S. M. LIPSET, American Exceptionalism, New York 1996.
124. D. M. POTTER, The Historian's Use of Nationalism and Vice Versa, in: AHR 67 (1962) 924–950; erweiterte Fassung in 125: POTTER, History, 61–108.
125. D. M. POTTER, History and American Society, Hrsg. D. E. FEHRENBACHER, New York 1973.
126. D. M. POTTER, People of Plenty: Economic Abundance and the American Character, Chicago 1954.
127. B. E. SHAFER (Hrsg.), Is America Different? A New Look at American Exceptionialism, Oxford 1991.
128. R. H. WIEBE, The Segmented Society: An Introduction to the Meaning of America, Oxford 1975.
129. W. A. WILLIAMS, The Contours of American History, New York 1962, 1988.
130. C. V. WOODWARD (Hrsg.), The Comparative Approach to American History, New York 1968, mit neuem Vorwort 1997.

c) *Regionen, frontier*

Einzelstaatsgeschichten der 50 Vereinigten Staaten nennt PRUCHA [71: Handbook (1987) 110–114, 215–218].

131. R. A. BILLINGTON u. a., Westward Expansion: A History of the American Frontier, 5. Aufl., New York 1982.
132. A. R. L. CAYTON u. a., The Midwest and the Nation: Rethinking the History of an American Region, Bloomington, Ind. 1990.
133. W. CRONON u. a. (Hrsg.), Under an Open Sky: Rethinking America's Western Past, New York 1992.
134. P. D. ESCOTT u. a. (Hrsg.), Major Problems in the History of the American South, 2 Bde., Lexington, MA 1990.
135. R. D. GASTIL, Cultural Regions of the United States, Seattle, WA 1975.
136. C. A. MILNER u.a. (Hrsg.), The Oxford History of the American West [einschl. Alaska und Hawaii], New York 1994.
137. F. J. TURNER, The Frontier in American History, New York 1920.

138. F. J. TURNER, The Significance of Sections in American History, New York 1932.
139. R. WHITE, ‚It's Your Misfortune and None of My Own': A New History of the American West, Norman, Okla. 1991.
140. C. G. WILSON u. a. (Hrsg.), Encyclopedia of Southern Culture, Chapel Hill, NC 1989.
141. D. WORSTER, Under Western Skies: Nature and History in the American West, New York 1992.

4. SOZIALGESCHICHTE

a) Bevölkerungs- und Sozialgeschichte

142. R. D. BROWN, Modernization: The Tranformation of American Life 1600–1865, New York 1976.
143. H. P. CHUDACOFF u. a., The Evolution of American Urban Society, 4. Aufl., Englewood Cliffs, NJ 1994.
144. R. A. EASTERLIN, Population, in 300: Encyclopedia of American Economic History, 167–182.
145. Encyclopedia of American Social History, Hrsg. M. K. CAYTON u. a., 3 Bde., New York 1993.
146. J. B. GARDNER u. a. (Hrsg.), Ordinary People and Everyday Life: Perspectives on the New Social History, Nashville, Tenn. 1983.
147. J. A. HENRETTA u. a., Evolution and Revolution: American Society 1600–1820, Lexington, MA 1987.
148. H. JOAS u. a. (Hrsg.), Gewalt in den USA, Frankfurt a.M. 1994.
149. P. NOLTE, Amerikanische Sozialgeschichte in der Erweiterung: Tendenzen, Kontroversen und Ergebnisse seit Mitte der 1980er Jahre, in: Archiv für Sozialgeschichte 36 (1996) 363–394.
150. W. NUGENT, Structures of American Social History, Bloomington 1981.
151. E. PESSEN, Three Centuries of Social Mobility in America, Lexington, MA 1974.
152. T. L. PURVIS, The European Ancestry of the United States Population, in: WMQ 61 (1984) 85–101.
153. P. SCHÄFER, Alltag in den Vereinigten Staaten: Von der Kolonialzeit bis zur Gegenwart, Graz 1998.
154. R. STORY, Social Class, in 145: Encyclopedia of American Social History, Bd. 1, 467–482.
155. M. A. VINOVSKIS (Hrsg.), Studies in American Historical Demography, New York 1979.
156. R. V. WELLS, Uncle Sam's Family: Issues in and Perspectives on American Demographic History, Albany 1985.

157. K. T. WINKLER, Soziale Mobilität in Nordamerika 1700–1800, in: SM 19 (1985) 1–87.

b) Ethnische Gruppen und Einwanderer

158. L. H. FUCHS, The American Kaleidoscope: Race, Ethnicity, and the Civic Culture, Hanover, NH 1990.

159. S. THERNSTROM (Hrsg.), Harvard Encyclopedia of American Ethnic Groups, Cambridge, MA 1980.

Ureinwohner

160. R. E. BIEDER, Contemplating Others: Cultural Contacts in Red and White America: An Annotated Bibliography on the North American Indian, Berlin 1990.

161. K. FRANTZ, Die Indianerreservationen in den USA, 2. Aufl., Stuttgart 1995.

162. A. L. HURTADO u. a. (Hrsg.), Major Problems in American Indian History, Lexington, MA 1994.

163. A. M. JOSEPHY, jr., The Nez Perce Indians and the Opening of the Northwest, New Haven, CT 1965.

164. W. LINDIG u. a., Die Indianer: Kulturen und Geschichte der Indianer Nord-, Mittel- und Südamerikas, 4. Aufl., München 1987.

165. S. O'BRIEN, American Tribal Governments [1500–1988], Norman, Okla. 1989.

166. F. P. PRUCHA, American Indian Treaties: The History of a Political Anomaly, Berkeley, CA 1994.

167. P. STUART, Nations within a Nation: Historical Statistics of American Indians, Westport, CT 1987.

168. B. G. TRIGGER u. a. (Hrsg.), Cambridge History of the Native Peoples of the New World, Bd. 3: North America, New York 1993.

Einwanderer und ethnische Gruppen

169. T. J. ARCHDEACON, Becoming American: An Ethnic History, New York 1983.

170. J. BODNAR, The Transplanted: A History of Immigrants in Urban America, Bloomington, Ind. 1985.

171. S. CHAN, Asian Americans: An Interpretive History, Boston 1991.

172. R. DANIELS, Coming to America: A History of Immigration and Ethnicity in American Life, New York 1990.

173. L. DINNERSTEIN u. a., Natives and Strangers: A Multicultural History of Americans, New York 1996.

174. H. L. FEINGOLD (Hrsg.), The Jewish People in America, 5 Bde., Baltimore, MD 1992.

175. G. M. FREDRICKSON, The Arrogance of Race: Historical Perspectives on Slavery, Racism, and Social Inequality, Middletown, CT 1988.
176. M. A. JONES, American Immigration, 2. Aufl., Chicago 1992.
177. M. C. LEMAY, From Open Door to Dutch Door: An Analysis of U.S. Immigration Policy Since 1820, Westport, CT 1987.

Afroamerikaner

178. J. H. FRANKLIN u. a., From Slavery to Freedom: A History of African Americans, 7. Aufl., New York 1994; Übersetzung der 5. Aufl.: Negro – Die Geschichte der Schwarzen in den USA, Berlin 1983.
179. P. KOLCHIN, American Slavery 1619–1877, New York 1993.
180. P. J. PARISH, Slavery: History and Historians, New York 1990.

Frauen, Familien, Geschlechter

181. P. BAKER, The Domestication of Politics: Women and American Political Society 1780–1920, in: AHR 89 (1984) 620–647.
182. C. N. DEGLER, At Odds: Women and the Family in America, from the Revolution to the Present, Oxford 1980.
183. M. B. DUBERMAN u. a., Hidden From History: Reclaiming the Gay and Lesbian Past, New York 1989.
184. [Mehrere Autoren], Family History, in 145: Encyclopedia of American Social History, Bd. 3, 1923–2062.
185. E. FLEXNER, Century of Struggle: The Women's Rights Movement in the United States, 2. Aufl., Cambridge, MA 1975.
186. E. B. FREEDMAN, Sexuality in 19th-Century America: Behavior, Ideology, and Politics, in: RAH 10 (1982) 196–215.
187. C. GOLDIN, Understanding the Gender Gap: An Economic History of American Women, New York 1990.
188. L. GORDON, Woman's Body, Woman's Right: Birth Control in America, 2. Aufl., New York 1990.
189. T. K. HAREVEN, The History of the Family and the Complexity of Social Change, in: AHR 96 (1991) 95–124.
190. J. HOFF, Unequal Before the Law: A Legal History of U.S. Women, New York 1991.
191. L. K. KERBER u. a. (Hrsg.), U.S. History as Women's History: New Feminist Essays, Chapel Hill, NC 1995.
192. E. T. MAY, Expanding the Past: Recent Scholarship on Women in Politics and Work, in: RAH 10 (1982) 216–233.
193. M. B. NORTON (Hrsg.), Major Problems in American Women's History, 2. Aufl., Lexington, MA 1996.

5. Historische Geographie, Ökologie

a) Historische Geographie

194. M. P. Conzen (Hrsg.), The Making of the American Landscape, Boston 1990.

195. M. P. Conzen u. a., A Scholar's Guide to Geographical Writing on the American and Canadian Past, Chicago 1992.

196. C. Earle (Hrsg.), Geographical Inquiry and American Historical Problems, Stanford, CA 1992.

197. D. W. Meinig, The Shaping of America: A Geographical Perspective on 500 Years of History, Bd. 1 (1492–1800), Bd. 2 (1800–1867), New Haven, CT 1986, 1993.

198. R. D. Mitchell u. a. (Hrsg.), North America: The Historical Geography of a Changing Continent, Totowa, NJ 1987.

Urbanisierung

199. H. Gillette u. a. (Hrsg.), American Urbanism: A Historiographical Review, Westport, CT 1987.

200. D. R. Goldfield u. a., Urban America: A History, 2.Aufl., Boston 1989.

201. E. E. Lampard, American Historians and the Study of Urbanization, in: AHR 67 (1961) 49–61.

202. E. E. Lampard, Urbanization, in 300: Encyclopedia of American Economic History, 1028–1057.

203. S. A. Riess, The City, in 145: Encyclopedia of American Social History, Bd. 2, 1259–1276.

204. S. B. Warner, The Urban Wilderness: A History of the American City, New York 1972.

b) Ökologie

205. [Mehrere Autoren], The Natural Environment, in 145: Encyclopedia of American Social History, Bd. 2, 1145–1170.

206. A. W. Crosby, The Past and Present of Environmental History, in: AHR 100 (1995) 1177–1189.

207. R. C. Davis (Hrsg.), Encyclopedia of American Forest and Conservation History, New York 1983.

208. C. Merchant (Hrsg.), Major Problems in American Environmental History: Documents and Essays, Lexington, MA 1993.

209. R. Nash (Hrsg.), American Environmentalism: Readings in Conservation History, 3. Aufl., New York 1989.

210. J. Opie, Nature's Nation: An Environmental History of the United States, Fort Worth, TX 1998.

211. J. M. PETULLA, American Environmental History, 2. Aufl., New York 1988.

6. REGIERUNGSSYSTEM, POLITISCHE BEWEGUNGEN UND IDEEN

a) Regierungssystem und Verfassung

212. D. C. BACON u. a. (Hrsg.), The Encyclopedia of the United States Congress, 4 Bde., New York 1994.
213. A. M. BICKEL, The Least Dangerous Branch: The Supreme Court at the Bar of Politics, 2. Aufl., New York 1986.
214. L. FISHER u. a. (Hrsg.), The Encyclopedia of the American Presidency, 4 Bde., New York 1994.
215. E. FRAENKEL, Das amerikanische Regierungssystem: Eine politologische Analyse, 4. Aufl., Opladen 1981.
216. L. M. FRIEDMAN, Crime and Punishment in American History, New York 1994.
217. K. L. HALL u. a. (Hrsg.), The Oxford Companion to the Supreme Court of the United States, Oxford 1992; besonders 372–404: „History of the Court".
218. J. HEIDEKING (Hrsg.), Die amerikanischen Präsidenten: 41 historische Porträts von George Washington bis Bill Clinton, München 1995.
219. R. HOFSTADTER, The Idea of a Party System: The Rise of Legitimate Opposition in the United States 1740–1840, Berkeley, CA 1969.
220. A. H. KELLY u. a., The American Constitution: Its Origins and Development, 7. Aufl., New York 1991.
221. K. KRAKAU, Der Supreme Court: Seine Funktion und Problematik im gewaltenteilenden demokratischen Staat, in: AmSt 34 (1989) 101–134.
222. G. T. KURIAN (Hrsg.), A Historical Guide to the U.S. Government, Oxford 1998.
223. L. W. LEVY u. a. (Hrsg.), The Encyclopedia of the American Constitution, 4 Bde., New York 1986.
224. T. J. LOWI u. a., American Government: Freedom and Power, 3. Aufl., New York 1994.
225. R. L. MCCORMICK, The Party Period and Public Policy: American Politics from the Age of Jackson to the Progressive Era, New York 1986.
226. F. MCDONALD, The American Presidency: An Intellectual History, Lawrence, Kans. 1994.
227. R. E. NEUSTADT, Presidential Power and the Modern Presidents: The Politics of Leadership from Roosevelt to Reagan, New York 1989.
228. N. POLSBY, Congress and the Presidency, 4. Aufl., Englewood Cliffs, NJ 1986.
229. P. V. RIPER, History of the United States Civil Service, Evanston, Ill. 1958.

230. B. Schwartz, The Great Rights of Mankind: A History of the American Bill of Rights, erw. Aufl., Madison, Wisc. 1992.
231. K. L. Shell, Das politische System der USA, Stuttgart 1975.
232. S. Skowronek, The Politics Presidents Make: Leadership from John Adams to George Bush, Cambridge, MA 1993.
233. J. H. Silbey, The American Political Nation, 1838–1893, Stanford 1991.
234. D. Thelen (Hrsg.), The Constitution and American Life, Ithaca, NY 1988; auch als Themenheft des JAH 74 (Sept. 1987).
235. C. Williamson, American Suffrage: From Property to Democracy 1760–1860, Princeton, NJ 1960.
236. J. Q. Wilson, American Government: Institutions and Policies, 6. Aufl., Lexington, MA 1995.

Presse

237. E. Emery u. a., The Press and America: An Interpretive History of the Mass Media, 8. Aufl., Englewood Cliffs, NJ 1992.
238. J. Folkerts u. a., Voices of a Nation: A History of Media in the United States, 2. Aufl., New York 1993.
239. W. D. Sloan u. a., The Media in America: A History, 3. Aufl. Northport, Alab. 1996.

b) Politische Bewegungen und Ideen

240. M. J. Buhle u. a. (Hrsg.), The American Radical [seit dem 18. Jh.], New York 1994.
241. D. M. Chalmers, Hooded Americanism: The History of the Ku Klux Klan, 3. Aufl., Durham, NC 1987.
242. R. A. Dahl, Democracy and Its Critics, New Haven, CT 1989.
243. R. J. Ellis, American Political Cultures, New York 1993.
244. R. Gabriel, The Course of American Democratic Thought, 3. Aufl., Westport, CT 1986.
245. G. Gehrig u. a., American Civil Religion: An Assessment, West Lafayette, Ind. 1974.
246. L. Hartz, The Liberal Tradition in America: An Interpretation of American Political Thought Since the Revolution, New York 1955.
247. M. J. Heale, American Anticommunism: Combating the Enemy Within 1830–1970, Baltimore, MD 1990.
248. I. Howe, Socialism and America, San Diego, CA 1985.
249. G. Lewy, The Cause that Failed: Communism in American Political Life, New York 1990.
250. J. H. M. Laslett u. a. (Hrsg.), Failure of a Dream? Essays in the History of American Socialism, Berkeley, CA 1984.

251. J. R. POLE, The Pursuit of Equality in American History, 2. Aufl., Berkeley, CA 1993.
252. J. RAWLS, Political Liberalism, New York 1993.
253. R. E. RICHEY u. a. (Hrsg.), American Civil Religion, New York 1974.
254. D. T. RODGERS, Contested Truths: Keywords in American Politics Since Independence, 2. Aufl., Cambridge, MA 1998.
255. A. SAXTON, The Rise and Fall of the White Republic: Class Politics and Mass Culture in 19th-century America, New York 1990.
256. K. L. SHELL, Der amerikanische Konservatismus, Stuttgart 1986.

7. POLITIKBEREICHE

a) Innenpolitik

257. M. B. KATZ, In the Shadow of the Poorhouse: A Social History of Welfare in America, New York 1986.
258. M. G. YUDOF u. a., Educational Policy and the Law, 3. Aufl., St. Paul 1991.

b) Außenpolitik, internationale Beziehungen, Militärgeschichte

259. S. E. AMBROSE u. a., Rise to Globalism: American Foreign Policy since 1938, 8. Aufl., Harmondsworth 1997.
260. T. A. BAILEY, A Diplomatic History of the American People, 10. Aufl., Englewood Cliffs, NJ 1980.
261. W. H. BECKER u. a. (Hrsg.), Economics and World Power: An Assessment of American Diplomacy since 1789, New York 1984.
262. The Cambridge History of American Foreign Relations, 4 Bde., New York 1993; Bd. 1: B. PERKINS, The Creation of a Republican Empire 1776–1865; Bd. 2: W. LAFEBER, The American Search for Opportunity 1865–1913; Bd. 3: A. IRIYE, The Globalizing of America 1913–1945; Bd. 4: W. I. COHEN, America in the Age of Soviet Power 1945–1991.
263. J. A. COMBS, American Diplomatic History: Two Centuries of Changing Interpretations, Berkeley, CA 1983.
264. Encyclopedia of American Foreign Policy, Hrsg. A. DECONDE, 3 Bde., New York 1978.
265. L. C. GARDNER (Hrsg.), Redefining the Past: Essays in Diplomatic History in Honor of William Appleman Williams, Corvallis, Ore. 1986.
266. M. J. HOGAN u. a. (Hrsg.), Explaining the History of American Foreign Relations, Cambridge, MA 1991.
267. M. J. HOGAN (Hrsg.), America in the World: The Historiography of American Foreign Relations since 1941, New York 1995.

268. M. Jonas, The United States and Germany: A Diplomatic History, Ithaca, NY 1984.
269. D. Junker, Von der Weltmacht zur Supermacht: Amerikanische Außenpolitik im 20. Jahrhundert, Mannheim 1995.
270. K. Krakau, Missionsbewußtsein und Völkerrechtsdoktrin in den Vereinigten Staaten von Amerika, Frankfurt a.M 1967.
271. K. Krakau, Amerikanische Außenpolitik – ein nationaler Stil? in: W.P. Adams u. K. Krakau (Hrsg.), Deutschland und Amerika: Perzeption und historische Realität, Berlin 1985, 57–79; engl. Fassung in: DH 8 (1984) 253–272.
272. W. LaFeber, The American Age: United States Foreign Policy at Home and Abroad 1750 to the Present, 2. Aufl., New York 1994.
273. R. Lecker (Hrsg.), Borderlands: Essays in Canadian-American Relations, Toronto 1991.
274. G. Martel (Hrsg.), American Foreign Relations Reconsidered 1890–1993, London 1994.
275. T. G. Paterson u. a., American Foreign Policy, 2 Bde., 4. Aufl., Lexington, MA 1995.
276. T. Smith, America's Mission: The United States and the Worldwide Struggle for Democracy in the 20th Century, Princeton, NJ 1994.
277. K. R. Spillmann, Amerikas Ideologie des Friedens: Ursprünge, Formwandlungen und geschichtliche Auswirkungen des amerikanischen Glaubens an den Mythos von einer friedlichen Weltordnung, Bern 1984.
278. H.-U. Wehler, Grundzüge der amerikanischen Außenpolitik 1750–1900, Frankfurt a.M. 1984.
279. W. A. Williams, A William Appleman Williams Reader: Selections from His Major Writings, Hrsg. H. W. Berger, Chicago 1992.

Militärgeschichte

280. K. J. Hagan, This People's Navy: The Making of American Sea Power [1776–1990], New York 1991.
281. P. A. C. Koistinen, Beating Plowshares into Swords: The Political Economy of American Warfare 1606–1865, Lawrence, Kans. 1996.
282. P. A. C. Koistinen, Mobilizing for Modern War: The Political Economy of American Warfare 1865–1995, Lawrence, Kans 1997.
283. A. R. Millett u. a., For the Common Defense: A Military History of the United States of America, New York 1994.
284. D. C. Skaggs u. a. (Hrsg.), In Defense of the Republic: Readings in American Military History, Belmont, CA 1991.

8. Wirtschaftsgeschichte

a) Wirtschaftsgeschichte

285. J. ATACK u. a., A New Economic View of American History from Colonial Times to 1940, 2. Aufl., New York 1994.
286. A. G. BOGUE, An Agricultural Empire, in 136: MILNERU. a. (Hrsg.), Oxford History of the American West, 275–313.
287. S. BRUCHEY, Enterprise: The Dynamic Economy of a Free People, Cambridge, MA 1990.
288. A. D. CHANDLER, The Dynamics of Industrial Capitalism [1870–1980], Cambridge, MA 1990.
289. A. E. ECKES, Opening America's Market: U.S. Foreign Trade Policy since 1776, Chapel Hill, NC 1995.
290. M. FRIEDMAN u. a., A Monetary History of the United States, 1865–1960, Princeton 1963.
291. R. L. HEILBRONER u. a., The Economic Transformation of America: 1600 to the Present, 2. Aufl., New York 1984.
292. C.-L. HOLTFRERICH (Hrsg.), Wirtschaft USA: Strukturen, Institutionen und Prozesse, München 1991.
293. J. HUGHES, American Economic History, 3. Aufl., New York 1990.
294. C. P. KINDLEBERGER, U.S. Foreign Economic Policy 1776–1976, in: Foreign Affairs 55 (1977) 395–417.
295. A. KULIKOFF, The Transition to Capitalism in Rural America [1650–1900], in: WMQ 46 (1989) 120–144.
296. S. KUZNETS, Two Centuries of Economic Growth: Reflections on the U.S. Experience, in: The American Economic Review 67 (Feb. 1977) 1–14.
297. C. LANDAUER, Sozial- und Wirtschaftsgeschichte der Vereinigten Staaten von Amerika, Stuttgart 1981.
298. S. LEBERGOTT, The Americans: An Economic Record, New York 1984.
299. P. NOLTE, Der Markt und seine Kultur – ein neues Paradigma der amerikanischen Geschichte? in: HZ 264 (1997) 329–360.
300. G. PORTER (Hrsg.), Encyclopedia of American Economic History, 3 Bde., New York 1980.
301. S. RATNER, The Tariff in American History, New York 1972.
302. J. T. SCHLEBECKER, Whereby We Thrive: A History of American Farming 1607–1972, Ames, Iowa 1975.
303. G. M. WALTON u. a., History of the American Economy, 7. Aufl., Fort Worth, TX 1994.

b) Arbeiter- und Gewerkschaftsgeschichte

304. F. R. DULLES u. a., Labor in America, 5. Aufl., Arlington Heights, Ill. 1993.
305. N. LICHTENSTEIN u. a. (Hrsg.), Industrial Democracy in America: The Ambiguous Promise, Washington, D.C. 1993.
306. D. MONTGOMERY, The Fall of the House of Labor: The Workplace, the State, and American Labor Activism 1865–1925, New York 1989.
307. J. C. MOODY u. a. (Hrsg.), Perspectives on American Labor History: The Problem of Synthesis, DeKalb, Ill. 1989.
308. C. L. TOMLINS, The State and the Unions: Labor Relations, Law and the Organized Labor Movement in America 1880–1960, New York 1985.

9. IDEEN- UND KULTURGESCHICHTE

Politische Ideen und Bewegungen im engeren Sinn sind oben ab Nr. 240 verzeichnet.

a) „Intellectual history" und nationale kulturelle Identität

309. T. BENDER, Toward an Urban Vision: Ideas and Institutions in 19th-Century America, Baltimore, MD 1982.
310. M. CURTI, The Growth of American Thought, New York 1943, 3.Aufl. 1964.
311. M. CURTI, Human Nature in American Thought, Madison, Wisc. 1980.
312. D. B. DAVIS (Hrsg.), The Fear of Conspiracy: Images of Un-American Subversion from the Revolution to the Present, Ithaca, NY 1971.
313. C. N. DEGLER, In Search of Human Nature: The Decline and Revival of Darwinism in American Social Thought, New York 1991.
314. R. W. FOX u.a (Hrsg.), A Companion to American Thought, Oxford 1995.
315. C. GEERTZ, Ideology as a Cultural System, in: Ideology and Discontent, Hrsg. DAVID APTER, New York 1964, 47–76.
316. J. HIGHAM u. a. (Hrsg.), New Directions in American Intellectual History, Baltimore, MD 1979.
317. J. HIGHAM, Beyond Consensus: The Historian as Moral Critic, in: AHR 67 (1962) 609–25.
318. J. HIGHAM, Multiculturalism and Universalism: A History and Critique, in: AQ 45 (1993) 195–219.
319. R. HOFSTADTER, Anti-Intellectualism in American Life, New York 1962.
320. M. LERNER, America as a Civilization: Life and Thought in the United States Today, with a Postscript Chapter ‚The New America, 1957–1987', New York 1987; Erstaufl. 1957 übers. von Walter Theimer als Amerika – Wesen und Werden einer Kultur: Geist und Leben der Vereinigten Staaten von heute, Frankfurt a.M. 1960.

321. G. B. NASH u. a. (Hrsg.), The Great Fear: Race in the Mind of America, New York 1970.
322. R. NASH, Wilderness and the American Mind, 3. Aufl., New Haven, CT 1983.
323. M. D. PETERSON, The Jefferson Image in the American Mind, New York 1960.
324. M. D. PETERSON, Lincoln in American Memory, New York 1994.
325. G. RAEITHEL, Geschichte der nordamerikanischen Kultur, 3 Bde., überarb. Aufl., Stuttgart 1986–1989.
326. D. T. RODGERS, The Work Ethic in Industrial America 1850–1920, Chicago 1978.
327. H. SHAPIRO, Racism, in 145: Encyclopedia of American Social History, Bd. 3, 2089–2100.
328. R. SLOTKIN, The Fatal Environment: The Myth of the Frontier in the Age of Industrialization 1800–1890, Middletown, CT 1986.
329. H. N. SMITH, Virgin Land: The American West as Symbol and Myth, Cambridge, MA 1950.
330. W. SOLLORS, Beyond Ethnicity: Consent and Descent in American Culture, Oxford 1986.
331. W. SOLLORS (Hrsg.), The Invention of Ethnicity, Oxford 1989.
332. W. ZELINSKY, Nation into State: The Shifting Symbolic Foundations of American Nationalism, Chapel Hill, NC 1988.

b) American Culture, Popular Culture

333. M. C. CARNES, The Rise of Bourgeois Culture, in 145: Encyclopedia of American Social History, Bd. 1, 605–620.
334. S. COBEN u. a. (Hrsg.), The Development of an American Culture, 2. Aufl., New York 1983.
335. W. FLUCK, Kultur, in: 79: W. ADAMS u. a. (Hrsg.), Länderbericht USA, Bonn 1999, 719–806
336. P. FREESE u. a. (Hrsg.), Popular Culture in the United States, Essen 1994.
337. L. W. LEVINE, Black Culture and Black Consciousness: Afro-American Folk Thought from Slavery to Freedom, New York 1977.

c) Bildung und Wissenschaft

338. B. E. MCCLELLAN u. a. (Hrsg.), The Social History of American Education, Urbana, Ill. 1988.
339. S. A. RIPPA, Education in a Free Society: An American History, 7. Aufl., White Plains, NY 1992.
340. L. VEYSEY, The History of Education, in: RAH 10 (1982) 281–291.

d) Religion und Kirchen

341. S. E. AHLSTROM, A Religious History of the American People, 2 Bde., mit neuem Vorwort, Garden City, NY 1975.

342. J. BUTLER, Awash in a Sea of Faith: The Christianization of the American People, Cambridge, MA 1990.

343. I. KRAMNICK u. a., The Godless Constitution: The Case Against Religious Correctness, New York 1996.

344. C. H. LIPPY u. a. (Hrsg.), Encyclopedia of the American Religious Experience, 3 Bde., New York 1988.

345. M. A. NOLL, A History of Christianity in the United States and Canada, Grand Rapids, Mich. 1992.

346. M. A. NOLL (Hrsg.), Religion and American Politics from the Colonial Period to the 1980s, New York 1989.

347. F. G. WOOD, The Arrogance of Faith: Christianity and Race in America from the Colonial Era to the 20th Century, Boston 1991.

e) Gesellschaftstheorie und Sozialethik

348. H. JOAS, Pragmatismus und Gesellschaftstheorie, Frankfurt a.M. 1992.

349. L. MENAND (Hrsg.), Pragmatism: A Reader, New York 1997.

350. J. RAWLS, A Theory of Justice, Cambridge, MA 1971, Übers.: Eine Theorie der Gerechtigkeit, Frankfurt 1996.

351. H. VORLÄNDER, Hegemonialer Liberalismus: Politisches Denken und politische Kultur in den USA 1776–1920, Frankfurt/ a.M. 1997.

352. M. WALZER, Spheres of Justice: A Defence of Pluralism and Equality, New York 1983, Übers.: Sphären der Gerechtigkeit: Ein Plädoyer für Pluralität und Gleichheit, 1998.

353. R. B. WESTBROOK, John Dewey and American Democracy, Ithaca, NY 1991.

LITERATUR ZU DEN CHRONOLOGISCH DEFINIERTEN KAPITELN

1. DIE EUROPÄISCHE EXPANSION, KOLONIALHERRSCHAFT UND KOLONIALGESELLSCHAFTEN, 1600–1763

a) Überblicke, Interpretationen, Historiographie

354. F. BRAUDEL, Civilization and Capitalism 15th-18th Century, Bd. 2: The Wheels of Commerce, New York 1982; frz. Original 1979.

355. D. H. FISCHER, Albion's Seed: Four British Folkways in America, New York 1991.

356. L. H. GIPSON, The British Empire before the American Revolution, 14 Bde., New York 1936–1969.

357. J. P. GREENE u. a. (Hrsg.), Colonial British America: Essays in the New History of the Early Modern Era, Baltimore, MD 1984.

358. G. LANCTOT, A History of Canada [Origins to 1763]. 3 Bde., Cambridge, MA 1963–1965.

359. A. MCFARLANE, The British in the Americas 1480–1815, London 1994.

360. J. M. MURRIN, Beneficiaries of Catastrophe: The English Colonies in America, in 87: FONER (Hrsg.), New American History, 3–24.

361. G. B. NASH, Red, White, and Black: The Peoples of Early North America, 3. Aufl., Englewood Cliffs, NJ 1992.

362. H. WELLENREUTHER, Der Aufstieg des ersten Britischen Weltreiches: England und seine nordamerikanischen Kolonien 1660–1763 [Forschungsbericht und Dokumente], Düsseldorf 1987.

b) Entdecker und Entdeckte

363. W. CRONON, Changes in the Land: Indians, Colonists, and the Ecology of New England, New York 1983.

364. A. W. CROSBY, The Columbian Exchange: Biological and Cultural Consequences of 1492, Westport, CT 1972.

365. J. D. DANIELS, The Indian Population of North America in 1492, in: WMQ 49 (1992) 298–320.

366. K. DEAGAN, Spanish St. Augustine: The Archaeology of a Colonial Creole Community, New York, 1983.

367. M. DENNIS, Cultivating a Landscape of Peace: Iroquois-European Encounters in 17th-Century America, Ithaca, NY 1995.

368. W. J. ECCLES, Sovereignty Association 1500–1783, in: CHR 65 (1984) 475–510.

369. F. JENNINGS, The Invasion of America: Indians, Colonialism, and the Cant of Conquest, New York 1976.

c) Neufrankreich

370. W. J. ECCLES, France in America, 2. Aufl., East Lansing, Mich. 1990.

371. P. N. MOOGK, Reluctant Exiles: Emigrants from France in Canada before 1760, in: WMQ 46 (1989) 463–506.

372. M. TRUDEL, Histoire de la Nouvelle-France, 4 Bde., Montreal 1966–1983; Kurzfassung: The Beginnings of New France 1524–1663, Toronto 1973.

d) Virginia und der Süden

373. T. H. BREEN, Tobacco Culture: The Mentality of the Great Tidewater Planters on the Eve of Revolution, Princeton, NJ 1985.

374. E. S. MORGAN, American Slavery – American Freedom: The Ordeal of Colonial Virginia, New York 1975.

375. A. H. RUTMAN, Still Planting the Seeds of Hope: The Recent Literature of the Early Chesapeake Region, in: VaMHB 95 (1987) 3–24.

376. T. W. TATE u. a. (Hrsg.), The Chesapeake in the 17th Century: Essays on Anglo-American Society and Politics, Chapel Hill, NC 1980.

377. A. T. VAUGHAN, American Genesis: Captain John Smith and the Founding of Virginia, Boston 1975.

e) Neuengland und der Puritanismus

378. B. BAILYN, The New England Merchants in the 17th Century, Cambridge, MA 1955.

379. S. BERCOVITCH, The Puritan Origins of the American Self, New Haven, CT 1975.

380. P. BOYER u. a., Salem Possessed: The Social Origins of Witchcraft, Cambridge, MA 1974.

381. T. H. BREEN, The Character of the Good Ruler: A Study of Puritan Political Ideas in New England 1630–1730, New Haven, CT 1970.

382. F. T. BUTTS, The Myth of Perry Miller, in: AHR 87 (1982) 665–694.

383. J. CANUP, Out of the Wilderness: The Emergence of an American Identity in Colonial New England, Middletown, CT 1990.

384. J. DEMOS, The Unredeemed Captive: A Family Story from Early America, New York 1994.

385. N. FIERING, Moral Philosophy at 17th-Century Harvard, Chapel Hill, NC 1981.

386. S. FOSTER, The Long Argument: English Puritanism and the Shaping of New England Culture 1570–1700, Chapel Hill, NC 1991.

387. H. R. GUGGISBERG, Roger Williams, in: H. R. GUGGISBERG, Alte und Neue Welt in historischer Perspektive, Bern 1973, 9–37.

388. A. HEIMERT u. a. (Hrsg.), The Puritans in America: A Narrative Anthology, Cambridge, MA 1985.

389. P. MILLER, The New England Mind: the Seventeenth Century, Boston 1939.

390. P. MILLER u.a. (Hrsg.), The Puritans, 2 Bde., 2. Aufl., New York 1963.

391. E. S. MORGAN (Hrsg.), Puritan Political Ideas 1558–1794, New York 1965.

f) Die Mittelkolonien New York und Pennsylvania

392. J. D. GOODFRIEND, Before the Melting Pot: Society and Culture in Colonial New York City 1664–1730, Princeton 1992.
393. D. GREENBERG, The Middle Colonies in Recent American Historiography, in: WMQ 36 (1979) 396–427.
394. A. G. ROEBER, Palatines, Liberty, and Property: German Lutherans in Colonial British America, Baltimore, MD 1993.
395. H. WELLENREUTHER, Glaube und Politik in Pennsylvania 1681–1776: Die Wandlungen der Obrigkeitsdoktrin und des Peace Testimony der Quäker, Köln 1972.

g) Kolonialherrschaft, Kolonialwirtschaft und Selbstregierung der Kolonisten

396. B. C. DANIELS (Hrsg.), Town and County: Essays on the Structure of Local Government in the American Colonies, Hanover, NH 1978.
397. L. W. LABAREE, Royal Government in America: A Study of the British Colonial System before 1783, New Haven, CT 1930.
398. J. M. MURRIN, Colonial Government, in 76: Encyclopedia of American Political History, 293–315.
399. G. B. NASH, The Urban Crucible: Boston, New York, Philadelphia: Social Change, Political Consciousness, and the Origins of the American Revolution [1690–1760], Cambridge, MA 1979.
400. H. WELLENREUTHER, Korruption und das Wesen der englischen Verfassung im 18. Jahrhundert, in: HZ 234 (1982) 33–62.

Wirtschaft

401. R. BLACKBURN, The Making of New World Slavery, London 1997.
402. S. BRUCHEY (Hrsg.) The Colonial Merchant: Sources and Readings, New York 1966.
403. T. M. DOERFLINGER, A Vigorous Spirit of Enterprise: Merchants and Economic Development in Revolutionary Philadelphia, Williamsburg, VA 1986.
404. W. J. ECCLES, The Fur Trade and 18th-Century Imperialism, in: WMQ 40 (1983) 341–61.
405. A. H. JONES, Wealth of a Nation to Be: The American Colonies on the Eve of the Revolution, New York 1980.
406. J. M. MCCUSKER u. a., The Economy of British America 1607–1789, Chapel Hill, NC 1985.
407. J. D. REID, Economic Burdens: Spark to the American Revolution? in: JEconH 38 (1978) 81–120.
408. J. F. SHEPHERD u. a., The Economic Rise of Early America, New York 1979.

2. Die Amerikanische Revolution und Nationalstaatsgründung, 1763–1789

a) Überblicke, Sammelbände, Interpretationen, Historiographie

409. A. ADAMS u. a. (Hrsg.), Die Entstehung der Vereinigten Staaten und ihrer Verfassung: Dokumente 1754–1791, Münster 1995.
410. C. M. ANDREWS, The American Revolution: An Interpretation, in: AHR 31 (1926) 219–232.
411. M. BREUNIG, Die Amerikanische Revolution als Bürgerkrieg, Münster 1998.
412. R. D. BROWN (Hrsg.), Major Problems in the Era of the American Revolution 1760–1791: Documents and Essays, Lexington, MA 1992.
413. C. G. CALLOWAY, The American Revolution in Indian Country: Crisis and Diversity in Native American Communities, New York 1995.
414. I. R. CHRISTIE u. a., Empire or Independence 1760–1776: A British-American Dialogue on the Coming of the American Revolution, New York 1976.
415. E. COUNTRYMAN, The American Revolution, New York 1985.
416. H. DIPPEL, Die amerikanische Revolution, Frankfurt a.M. 1985.
417. C. GORDON, Crafting a Usable Past: Consensus, Ideology, and Historians of the American Revolution, in: WMQ 46 (1989) 671–695.
418. J. P. GREENE (Hrsg.), The American Revolution: Its Character and Limits, New York 1987.
419. J. P. GREENE u. a. (Hrsg.), The Blackwell Encyclopedia of the American Revolution, Oxford 1991.
420. P. MAIER, From Resistance to Revolution: Colonial Radicals and the Development of American Opposition to Britain, 1765–1776, New York 1973.
421. R. MIDDLEKAUFF, The Glorious Cause: The American Revolution, 1763–1789, New York 1982.
422. E. S. MORGAN, The Birth of the Republic, 1763–1789, 3. Aufl., Chicago 1992.
423. R. R. PALMER, The Age of the Democratic Revolution, 2 Bde., Princeton 1959–1964; Übers. von Bd. 1, Frankfurt/ a.M. 1970.
424. J. G. A. Pocock (Hrsg.), Three British Revolutions: 1641, 1688, 1776, Princeton, NJ 1980.
425. J. N. RAKOVE, The Beginnings of National Politics: An Interpretive History of the Continental Congress, Baltimore, MD 1982.
426. H. C. SCHRÖDER, Die Amerikanische Revolution: Eine Einführung, München 1982.
427. R. C. STUART, The Origins of American Nationalism to 1783: An Historiographical Survey, in: CRSN 6 (Fall 1979) 139–151.
428. P. VARG, The Advent of Nationalism 1758–1776, in: AQ 16 (1964) 169–181.
429. H. U. WEHLER (Hrsg.), 200 Jahre amerikanische Revolution und moderne Revolutionsforschung, Göttingen 1976.

430. G. Wood, The Creation of the American Republic, 1776–1787, Chapel Hill, NC 1969.
431. A. F. Young (Hrsg.), The American Revolution: Explorations in the History of American Radicalism, DeKalb, Ill. 1976.

b) Widerstand, Krieg, Loyalisten, Diplomatie, 1765–1783

432. W. Brown, The Good Americans: The Loyalists in the American Revolution, New York 1969.
433. D. Higginbotham, The War of American Independence: Military Attitudes, Policies, and Practice, 1763–1789, Boston 1983.
434. D. Hoerder, Crowd Action in Revolutionary Massachusetts, 1765–1780, New York 1977.
435. E. S. und H. M. Morgan, The Stamp Act Crisis, 2. Aufl., New York 1983.
436. J. Shy, A People Numerous and Armed: Reflections on the Military Struggle for American Independence, 2. Aufl., Ann Arbor/Mich. 1990.

Diplomatie

437. J. R. Dull, A Diplomatic History of the American Revolution, New Haven, CT 1985.
438. R. B. Morris, The Peacemakers: The Great Powers and American Independence, New York 1965.
439. G. Stourzh, Benjamin Franklin and American Foreign Policy, 2. Aufl., Chicago 1969.

c) Verfassungen, politische Ideen, 1776–1789

440. D. Adair, Fame and the Founding Fathers: Essays, Hrsg. T. Colbourn, New York 1974.
441. W. P. Adams, Republikanische Verfassung und bürgerliche Freiheit: Die Verfassungen und politischen Ideen der amerikanischen Revolution, Darmstadt 1973; überarbeitete Übers. von Robert und Rita Kimber u.d.T. The First American Constitutions, Chapel Hill, NC 1980; 2. Aufl. 2000.
442. W. P. Adams, Amerikanische Verfassungsdiskussion in deutscher Sprache: Politische Begriffe in Texten der deutschamerikanischen Aufklärung 1761–88, in: YbGASt 32 (1997) 1–20.
443. J. Appleby, Liberalism and Republicanism in the Historical Imagination, Cambridge, MA 1992.
444. B. Bailyn, The Ideological Origins of the American Revolution, „enlarged edition", Cambridge, MA 1992; Erstaufl. 1967.
445. B. Bailyn u. a. (Hrsg.), The Press and the American Revolution, Worcester, MA 1980.
446. B. Bailyn (Hrsg.), The Debate on the Constitution: Federalist and Antifede-

ralist Speeches, Articles and Letters during the Struggle over Ratification, 2 Bde., New York 1993.
447. L. BANNING, The Sacred Fire of Liberty: James Madison and the Founding of the Federal Republic [1780–1792], Ithaca, NY 1995.
448. T. H. BREEN, Ideology and Nationalism on the Eve of the American Revolution: Revisions Once More in Need of Revising, in: JAH 84 (1997) 13–39.
449. H. DIPPEL, Individuum und Gesellschaft: Soziales Denken zwischen Tradition und Revolution: Smith-Condorcet-Franklin, Göttingen 1981.
450. A. HAMILTON, J. MADISON, J. JAY, Die *Federalist*-Artikel [1788], Übers. von A. und W. P. ADAMS, Paderborn 1994.
451. J. HEIDEKING, Die Verfassung vor dem Richterstuhl: Vorgeschichte und Ratifizierung der amerikanischen Verfassung 1787–1791, Berlin 1988.
452. W. HEUN, Die politische Vorstellungswelt Thomas Jeffersons, in: HZ 258 (1994) 359–396.
453 I. KRAMNICK, Republicanism and Bourgeois Radicalism: Political Ideology in Late 18th-Century England and America, Ithaca, NY 1990.
454. D. LUTZ, Popular Consent and Popular Control: Whig Political Theory in the Early State Constitutions, Baton Rouge, LA 1980.
455. F. MCDONALD, Novus Ordo Seclorum: The Intellectual Origins of the Constitution, Lawrence, Kans. 1985.
456. J. G. A. POCOCK, Die andere Bürgergesellschaft: Zur Dialektik von Tugend und Korruption, Übersetzung von Klaus Blocher, Frankfurt a.M. 1993.
457. R. A. RUTLAND, The Birth of the Bill of Rights, 1776–1791, überarb. Aufl., Chapel Hill, NC 1983.
458. H. J. STORING (Hrsg.), The Complete Anti-Federalist, 7 Bde., Chicago 1981.
459. G. STOURZH, Alexander Hamilton and the Idea of Republican Government, Stanford 1970.
460. G. STOURZH, Wege zur Grundrechtsdemokratie: Studien zur Begriffs- und Instituitonengeschichte des liberalen Verfassungsstaates, Wien 1989.
461.M. P. ZUCKERT, The Natural Rights Republic: Studies in the Foundation of the American Political Tradition, Notre Dame, Ind. 1996.

d) Wirtschaft und Gesellschaft

462. R. A. BECKER, Revolution, Reform, and the Politics of Taxation in America 1763–1783, Baton Rouge, LA 1980.
463. J. A. ERNST, Money and Politics in America 1755–1775, Chapel Hill, NC 1973.
464. R. HOFFMAN u. a. (Hrsg.), The Economy of Early America: The Revolutionary Period 1763–1790, Charlottesville, VA 1988.
465. J. T. MAIN, The Social Structure of Revolutionary America, Princeton 1965.
466. J. D. REID, Economic Burden: Spark to the American Revolution? in: JEconH 38 (1978) 81–100.

Beard-These

467. C. BEARD, An Economic Interpretation of the Constitution of the United States, New York 1913; mit neuer Einleitung 1935.

468. R. E. BROWN, Charles Beard and the Constitution: A Critical Analysis of ‚An Economic Interpretation of the Constitution', Princeton, NJ 1956.

469. F. McDONALD, We the People: The Economic Origins of the Constitution, 2. Aufl., 1963.

470. R. A. McGUIRE u. a., An Economic Model of Voting Behavior over Specific Issues at the Constitutional Convention of 1787, in: JEconH 46 (1986) 79–112.

e) Aufklärung, Religion, Kultur

471. P. GAY, The Enlightenment, in: C. V. WOODWARD (Hrsg.), The Comparative Approach to American History, New York 1968, 34–46.

472. A. HEIMERT, Religion and the American Mind, from the Great Awakening to the Revolution, Cambridge, MA 1966.

473. R. HOFFMAN u. a. (Hrsg.), Religion in a Revolutionary Age, Charlottesville, VA 1994.

474. D. H. MEYER, The Uniqueness of the American Enlightenment, in: AQ 28 (1976) 165–186.

475. A. J. REICHLEY, Religion in American Public Life, Washington, D.C. 1985.

476. C. J. RICHARD, The Founders and the Classics: Greece, Rome, and the American Enlightenment, Cambridge, MA 1994.

477. R. E. SHALHOPE, The Roots of Democracy: American Thought and Culture, 1760–1800, Boston 1990.

3. DIE EXPANDIERENDE REPUBLIK, 1789–1860

a) Überblicke, Interpretationen, Historiographie

478. H. ADAMS, History of the United States During the Administrations of Jefferson and Madison, 9 Bde., New York 1889–1891.

479. J. APPLEBY, Capitalism and a New Social Order: The Republican Vision of the 1790s, New York 1984.

480. N. E. CUNNINGHAM, The United States in 1800: Henry Adams Revisited, Charlottesville, VA 1988.

481. A. S. EISENSTADT (Hrsg.), Reconsidering Tocqueville's Democracy in America, New Brunswick, NJ 1988.

482. S. ELKINS u. a., The Age of Federalism [1789–1800], Oxford 1993.

483. A. JARDIN. Tocqueville: A Biography. Translated by Lydia Davis and Robert Hemenway. London 1988 (Frz. Original 1984).

484. L. K. KERBER, The Revolutionary Generation: Ideology, Politics, and Culture in the Early Republic, in: 87: FONER, New American History, 25–49.
485. A. KULIKOFF, The Agrarian Origins of American Capitalism, Charlottesville, VA 1992.
486. M. MERRILL, Putting ‚Capitalism' in Its Place: A Review of Recent Literature, in: WMQ 52 (1995) 315–326.
487. C. SELLERS, The Market Revolution: Jacksonian America 1815–1846, New York 1991.
488. A. DE TOCQUEVILLE, De la démocratie en Amérique, 2 Bde., Paris 1835, 1840; Übers. von Hans Zbinden: Über die Demokratie in Amerika, 2 Bde., Stuttgart 1959.
489. S. WILENTZ, Society, Politics, and the Market Revolution 1815–1848, in 87: FONER, New American History, 51–71.

b) Expansion, internationale Beziehungen und Kriege

490. J. M. BELOHLAVEK, „Let the Eagle Soar!": The Foreign Policy of Andrew Jackson, Lincoln, Neb. 1985.
491. J. S. D. EISENHOWER, So Far from God: The War with Mexico 1846–1848, New York 1989.
492. R. HORSMAN, The Diplomacy of the New Republic 1776–1815, Arlington Heights, Ill. 1985.
493. L. S. KAPLAN, ‚Entangling Alliances with None': American Foreign Policy in the Age of Jefferson, Kent, OH 1987.
494. E. R. MAY, The Making of the Monroe Doctrine, Cambridge, MA 1975.
495. F. MERK, Manifest Destiny and Mission in American History, New York 1963, 1995 mit neuem Vorwort.
496. G. MOLTMANN, Atlantische Blockpolitik im 19. Jahrhundert: Die Vereinigten Staaten und der deutsche Liberalismus während der Revolution 1848/49, Düsseldorf 1973.
497. D. PERKINS, A History of the Monroe Doctrine, Boston 1955.
498. D. M. PLETCHER, The Diplomacy of Annexation: Texas, Oregon, and the Mexican War, Columbia, MO 1973.
499. A. REICHSTEIN, Der texanische Unabhängigkeitskrieg 1835/36, Berlin 1984.
500. J. C. A. STAGG, Mr. Madison's War: Politics, Diplomacy, and Warfare in the Early American Republic 1783–1830, Princeton, NJ 1983.
501. R. C. STUART, United States Expansionism and British North America 1775–1871, Chapel Hill, NC 1988.
502. P. A. VARG, United States Foreign Relations 1820–1860, East Lansing/ Mich. 1979.
503. S. WATTS, The Republic Reborn: War and the Making of Liberal America 1790–1820, Baltimore, MD 1987.

504. H. WELLENREUTHER, ‚First Principles of Freedom' und die Vereinigten Staaten als Kolonialmacht, in: HZ Beiheft 5 (1979) 89-188.

c) *Bevölkerungsgruppen, Binnen- und Einwanderung, Städte und die* frontier

505. R. A. BARTLETT, The New Country: A Social History of the American Frontier 1796-1890, New York 1974.

506. N. FINZSCH, Die Goldgräber Kaliforniens: Arbeitsbedingungen, Lebensstandard und politisches System um die Mitte des 19. Jahrhunderts, Göttingen 1982.

507. P. M. MARKS, Precious Dust: The American Gold Rush Era 1848-1900, New York 1993.

508. L. SCHLISSEL, Women's Diaries of the Westward Journey [1841-1862], New York 1982.

509. J. D. UNRUH, The Plains Across: The Overland Emigrants and the Trans-Mississippi West 1840-60, Urbana, Ill. 1979.

510. S. WILENTZ, Chants Democratic: New York City and the Rise of the American Working Class 1788-1850, Oxford 1984.

Indianer

511. F. P. PRUCHA, The Great Father: The United States Government and American Indians, 2 Bde., Lincoln, Neb. 1995.

512. R. M. UTLEY, Frontiersmen in Blue: The United States Army and the Indians 1848-1865, New York 1967.

Einwanderung aus Europa (siehe auch Kap. 7)

513. W. P. ADAMS, Deutsche im Schmelztiegel der USA, Berlin 1990.

514. A. BRETTING, Soziale Probleme deutscher Einwanderer in New York City 1800-1860, Wiesbaden 1981.

515. K. N. CONZEN, Immigrant Milwaukee 1836-1860: Accomodation and Community in a Frontier City, Cambridge, MA 1976.

516. S. GÖRISCH, Information zwischen Werbung und Warnung: Die Rolle der Amerikaliteratur in der Auswanderung des 18. und 19. Jahrhunderts, Darmstadt 1991.

517. H. J. GRABBE, Vor der großen Flut: Die europäische Einwanderung in die USA 1783-1820, Stuttgart 1995.

518. D. HOERDER (Hrsg.), ‚Struggle a Hard Battle': Essays on Working-Class Immigrants [1848-1922], DeKalb, Ill. 1986.

519. D. HOERDER u. a. (Hrsg.), People in Transit: German Migrations in Comparative Perspective 1820-1930, Cambridge 1995.

520. W. D. KAMPHOEFNER, Westfalen in der Neuen Welt: Eine Sozialgeschichte der Auswanderung im 19. Jh., Münster 1982.

521. H. REITER, Politisches Asyl im 19. Jh.: Die deutschen politischen Flüchtlinge

des Vormärz und der Revolution von 1848/49 in Europa und den USA, Berlin 1992.

522. P. SCHÄFER u. a. (Hrsg.), Franz Lieber und die deutsch-amerikanischen Beziehungen im 19. Jh., Weimar 1993.

523. S. v. SENGER, Neu-Deutschland in Nordamerika: Massenauswanderung, nationale Gruppenansiedlungen und liberale Kolonialbewegung 1815–1860, Baden-Baden 1991.

524. R. J. VECOLI u. a. (Hrsg.), A Century of European Migrations 1830–1930, Urbana, Ill. 1991.

525. C. WITTKE, Refugees of Revolution: The German Forty-Eighters in America, Philadelphia 1952.

d) Politik und Verfassung

526. H. AMMON, James Monroe: The Quest for National Identity, New York 1971.

527. N. E. CUNNINGHAM, The Presidency of James Monroe, Lawrence, Kans. 1996.

528. M. CUNLIFFE, George Washington: Man and Monument, Boston 1958.

529. E. FONER, Free Soil, Free Labor, Free Men: The Ideology of the Republican Party before the Civil War, New York 1970.

530. M.-L. FRINGS, Henry Clays American System und die sektionale Kontroverse in den Vereinigten Staaten von Amerika 1815–1829, Frankfurt a.M. 1979.

531. W. E. GIENAPP, The Origins of the Republican Party 1852–1856, Oxford 1987.

532. M. F. HOLT, Political Parties and American Political Development: From the Age of Jackson to the Age of Lincoln, Baton Rouge, LA 1992.

533. R. KETCHAM, Presidents Above Party: The First American Presidency 1789–1829, Chapel Hill, NC 1984.

534. J. H. SILBEY, The Partisan Imperative: The Dynamics of American Politics before the Civil War, New York 1985.

535. H. L. WATSON, Liberty and Power: The Politics of Jacksonian America [1815–1845], New York 1990.

536. G. E. WHITE, The Marshall Court and Cultural Change 1815–1835, New York 1988.

Jefferson, Madison und Jeffersonian Democracy

537. L. BANNING, The Jeffersonian Persuasion: Evolution of a Party Ideology, Ithaca, NY 1978.

538. N.E. CUNNINGHAM, In Pursuit of Reason: The Life of Thomas Jefferson, Baton Rouge, LA 1987.

539. W. Heun, Die politische Vorstellungswelt Thomas Jeffersons, in: HZ 258 (1994) 359-396.

540. F. McDonald, The Presidency of Thomas Jefferson, Lawrence, Kans. 1976.

541. M. D. Peterson, Thomas Jefferson and the New Nation: A Biography, Oxford 1970.

542. R. A. Rutland, James Madison, 3 Bde., New York 1981-1990.

Jacksonian Democracy

543. L. Benson, The Concept of Jacksonian Democracy: New York as a Test Case, Princeton, NJ 1961.

544. D. Cole, The Presidency of Andrew Jackson, Lawrence, Kans. 1993.

545. R. Hofstadter, Andrew Jackson and the Rise of Liberal Capitalism, in 116: Hofstadter, American Political Tradition, 45-67.

546. E. Pessen, Jacksonian America: Society, Personality, and Politics, 2. Aufl., Champaign, Ill. 1978.

547. R. V. Remini, The Life of Andrew Jackson, New York 1988.

548. A. M. Schlesinger, jr., The Age of Jackson, Boston 1945.

Frauen

549. N. F. Cott, The Bonds of Womanhood: ‚Woman's Sphere' in New England 1780-1835, New Haven, CT 1977.

550. T. Dublin, Women at Work: The Transformation of Work and Community in Lowell, Massachusetts, 1826-1860, New York 1979.

551. E. C. DuBois, Feminism and Suffrage: The Emergence of an Independent Women's Movement in America 1848-1869, Ithaca, NY 1978.

552. J. M. Jensen, Loosening the Bonds: Mid-Atlantic Farm Women 1750-1850, New Haven, CT 1986.

553. M. Kelley, Reading Women/Women Reading: The Making of Learned Women in Antebellum America, in: JAH 83 (1996) 401-424.

554. J. A. Klinghoffer u. a., The Petticoat Electors: Women's Suffrage in New Jersey 1776-1807, in: JERep 12 (Summer 1992) 159-93.

555. J. C. Mohr, Abortion in America: The Origins and Evolution of National Policy 1800-1900, Oxford 1978.

Sozialreformer

556. C. J. Guarneri, The Utopian Alternative: Fourierism in 19th-c. America, Ithaca, NY 1991.

557. I. R. Tyrrell, Sobering Up: From Temperance to Prohibition in Antebellum America 1800-1860, Westport, CT 1979.

558. R. G. Walters, American Reformers 1815-1860, New York 1978.

e) Die Wirtschaft in der Phase der Frühindustrialisierung

559. J. ATACK u. a., To Their Own Soil: Agriculture in the Antebellum North, Ames, Iowa 1987.

560. C. CLARK, The Roots of Rural Capitalism: Western Massachusetts 1780–1860, Ithaca, NY 1990.

561. P. W. GATES, The Farmer's Age: Agriculture 1815–1860, Armonk, NY 1977.

562. P. A. GILJE (Hrsg.), Wages of Independence: Capitalism in the Early Republic, Madison, Wisc. 1997.

563. D. R. McCOY, The Elusive Republic: Political Economy in Jeffersonian America, Chapel Hill, NC 1980.

564. D. C. NORTH, The Economic Growth of the United States 1790–1860, New York 1961.

Frühindustrialisierung

565. T. C. COCHRAN, Frontiers of Change: Early Industrialism in America, New York 1981.

566. P. G. FALER, Mechanics and Manufacturers in the Early Industrial Revolution: Lynn, Massachusetts, 1780–1860, Albany, NY 1981.

567. A. FISHLOW, American Railroads and the Transformation of the Ante-Bellum Economy, Cambridge, MA 1965.

568. C. GOODRICH, Government Promotion of American Canals and Railroads 1800–1890, Westport, CT 1974.

569. G. R. TAYLOR, The Transportation Revolution 1815–1860, New York 1951.

f) Die Ausprägung einer nationalen Ideologie und Kultur

570. Y. ARIELI, Individualism and Nationalism in American Ideology, Cambridge, MA 1964.

571. R. D. BROWN, The Strength of a People: The Idea of an Informed Citizenry in America 1650–1870, Chapel Hill, NC 1996.

572. P. K. CONKIN, The Uneasy Center: Reformed Christianity in Antebellum America, Chapel Hill, NC 1995.

573. V. G. FRYD, Art and Empire: The Politics of Ethnicity in the United States Capitol 1815–1860, New Haven, CT 1992.

574. P. F. GURA u. a. (Hrsg.), Critical Essays on American Transcendentalism, Boston 1982.

575. P. D. HALL, The Organization of American Culture 1700–1900: Private Institutions, Elites, and the Origins of American Nationality, New York 1982.

576. J. F. KASSON, Civilizing the Machine: Technology and Republican Values in America 1776–1900, New York 1976.

577. L. PERRY, Boats Against the Current: American Culture between Revolution and Modernity 1820–1860, Oxford 1993.

578. C. ROSSITER, The American Quest 1790–1860: An Emerging Nation in Search of Identity, Unity, and Modernity, New York 1971.

579. A. SAXTON, The Rise and Fall of the White Republic: Class Politics and Mass Culture in Nineteenth-Century America [1812–1877], London 1990.

580. R. SLOTKIN, Regeneration Through Violence: The Mythology of the American Frontier 1600–1860, Middletown, CT 1973.

581. R. VAN ALSTYNE, Genesis of American Nationalism [to 1826], Waltham, MA 1970.

582. J. A. WARD, Railroads and the Character of America 1820–1887, Knoxville, Tenn. 1986.

583. L. ZIFF, Literary Democracy: The Declaration of Cultural Independence in America [1835–1860], New York 1981.

4. DER ALTE SÜDEN, DIE SKLAVENWIRTSCHAFT UND DER SÜD-NORD-KONFLIKT, 1789–1860

a) Überblicke, Interpretationen, Historiographie

584. T. P. ABERNATHY, The South in the New Nation 1789–1819, Baton Rouge, LA 1961.

585. B. COLLINS, White Society in the Antebellum South, London 1985.

586. D. E. FEHRENBACHER, Constitutions and Constitutionalism in the Slaveholding South, Athens, GA 1989.

587. E. FONER, Slavery, the Civil War, and Reconstruction, in 87: FONER, New American History, 73–92.

588. G. M. FREDRICKSON, The Arrogance of Race: Historical Perspectives on Slavery, Racism, and Social Inequality, Middletown, CT 1988.

589. J. OAKES, Slavery and Freedom: An Interpretation of the Old South, New York 1990.

b) Afroamerikaner und Sklavenwirtschaft

590. J. W. BLASSINGAME, The Slave Community: Plantation Life in the Antebellum South, New York 1973, 2. Aufl. 1979.

591. S. D. BOWMAN, Masters and Lords: Mid-19th-Century U.S. Planters and Prussian Junkers, New York 1993.

592. H. M. CLIFTON, The Plantation, in 145: Encyclopedia of American Social History, Bd. 2, 1197–1208.

593. D. B. DAVIS, The Problem of Slavery in the Age of Revolution 1770–1823, New York 1975.

594. C. N. Degler, Neither Black nor White: Slavery and Race Relations in Brazil and the United States, New York 1971.
595. S. Elkins, Slavery: A Problem of American Institutional and Intellectual Life, Chicago 1959, 3. Aufl. 1976.
596. D. G. Faust (Hrsg.), The Ideology of Slavery: Proslavery Thought in the Antebellum South 1830–1860, Baton Rouge, LA 1981.
597. R. W. Fogel u. a., Time on the Cross: The Economics of American Negro Slavery, Boston 1974.
598. R. W. Fogel u. a., Without Consent or Contract: The Rise and Fall of American Slavery, 4 Bde., New York 1989–1992.
599. E. Fox-Genovese, Within the Plantation Household: Black and White Women of the Old South, Chapel Hill, NC 1988.
600. E. D. Genovese, The Political Economy of Slavery, Hanover, NH 1965, 2. Aufl. 1989.
601. E. D. Genovese, Roll, Jordan, Roll: The World the Slaves Made, New York 1974.
602. K. S. Greenberg, Masters and Statesmen: The Political Culture of American Slavery, Baltimore, MD 1985.
603. H. G. Gutman, The Black Family in Slavery and Freedom 1750–1925, New York 1976.
604. R. Hofstadter, U.B. Phillips and the Plantation Legend, in: JNH 29 (1944) 109–124.
605. P. Kolchin, Unfree Labor: American Slavery and Russian Serfdom, Cambridge, MA 1987.
606. J. Oakes, The Ruling Race: A History of American Slaveholders, New York 1982.
607. P. J. Parish, Slavery: History and Historians, New York 1990.
608. J. P. Persky, The Burden of Dependency: Colonial Themes in Southern Economic Thought, Baltimore, MD 1992.
609. R. L. Ransom u. a., Capitalists without Capital: The Burden of Slavery and the Impact of Emancipation, AgHist 62 (Summer 1988) 133–160.
610. K. M. Stampp, The Peculiar Institution: Slavery in the Antebellum South, New York 1956.
611. M. Tadman, Speculators and Slaves: Masters, Traders, and Slaves in the Old South, Madison, Wisc. 1989.
612. D. G. White, Aren't I a Woman? Female Slaves in the Plantation South, New York 1985.
613. G. Wright, The Political Economy of the Cotton South: Households, Markets, and Wealth in the 19th Century, New York 1978.

c) Sklavenbefreiung

614. D. B. Davis, Reflections on Abolitionism and Ideological Hegemony, in: AHR 92 (1987) 797–812.
615. M. L. Dillon, Slavery Attacked: Southern Slaves and Their Allies 1619–1865, Baton Rouge, LA 1991.
616. M. Duberman, The Abolitionists and Psychology, in: JNH 47 (1962) 183–191.
617. L. J. Friedman, Gregarious Saints: Self and Community in American Abolitionism 1830–1870, New York 1982.
618. J. Pease u. a., Confrontation and Abolition in the 1850s, in: JAH 58 (1972) 923–937.
619. L. Perry u. a. (Hrsg.), Antislavery Reconsidered, Baton Rouge, LA 1979.
620. B. Quarles, The Black Abolitionists, Oxford 1969.
621. J. B. Stewart, Holy Warriors: The Abolitionists and American Slavery, New York 1976.
622. R. G. Walters, The Antislavery Appeal: American Abolitionism After 1830, Baltimore, MD 1976.
623. W. M. Wiecek, The Sources of Antislavery Constitutionalism in America 1760–1848, Ithaca, NY 1977.
624. J. F. Yellin, Women and Sisters: The Antislavery Feminists in American Culture, New Haven, CT 1989.

d) Süd-Nord-Konflikt (siehe auch Kapitel 3)

625. W. J. Cooper, Liberty and Slavery: Southern Politics to 1860, New York 1983.
626. D. E. Fehrenbacher, The Dred Scott Case: Its Significance in American Law and Politics, New York 1978.
627. W. W. Freehling, The Road to Disunion, Bd. 1: Secessionists at Bay 1776–1854, Oxford 1990.
628. M. F. Holt, The Political Crisis of the 1850s, New York 1978.
629. H. V. Jaffa, Crisis of the House Divided: An Interpretation of the Issues in the Lincoln-Douglas Debates, Chicago, Ill. 1982.
630. P. B. Knupfer, The Union as It Is: Constitutional Unionism and Sectional Compromise 1787–1861, Chapel Hill, NC 1991.
631. D. M. Potter, The Impending Crisis 1848–1861, New York 1976.
632. K. M. Stampp, America in 1857: A Nation on the Brink, New York 1990.

e) Kultur und Mentalität im Alten Süden

633. I. H. Bartlett, John C. Calhoun: A Biography, New York 1994.
634. A. O. Craven, The Growth of Southern Nationalism 1848–1861, Baton Rouge, LA 1953.

635. C. EATON, The Growth of Southern Civilization 1790–1860, New York 1961.
636. C. EATON, The Mind of the Old South, überarb. Aufl., Baton Rouge, LA 1967.
637. L. K. FORD, The Conservative Mind of the Old South, in: RAH 21 (1993) 591–599.
638. E. GENOVESE, The Slaveholders' Dilemma: Freedom and Progress in Southern Conservative Thought 1820–1860, Columbia, SC 1992.
639. J. MCCARDELL, The Idea of a Southern Nation, New York 1979.

5. DER SEZESSIONSKRIEG UND DIE WIEDERHERSTELLUNG DER NATIONALEN EINHEIT, 1860–1877

a) Gesamtdarstellungen, Interpretationen, Historiographie

640. B. CATTON, The Centennial History of the Civil War, 3 Bde., Garden City, NY 1961–65.
641. C. N. DEGLER, One Among Many: The Civil War in Comparative Perspective, Gettysburg, PA 1990.
642. E. FONER, Slavery, the Civil War, and Reconstruction, in 87: FONER (Hrsg.), New American History, 73–92.
643. W. D. KAMPHOEFNER, German-Americans in Civil War Politics: A Reconsideration of the Ethnocultural Thesis, in: CWH 37 (1991) 232–246.
644. J. M. MCPHERSON (Hrsg.), The Atlas of the Civil War, New York 1994.
645. J. M. MCPHERSON, Battle Cry of Freedom: The Civil War Era, New York 1988; Übers.: Für die Freiheit sterben, München 1992.
646. J. M. MCPHERSON, For Cause and Comrades: Why Men Fought in the Civil War, Oxford 1997.
647. A. NEVINS, Ordeal of the Union, 8 Bde., New York 1947–71.
648. M. PERMAN (Hrsg.), Major Problems in the Civil War and Reconstruction: Documents and Essays, Lexington, MA 1991.
649. M. A. VINOVSKIS (Hrsg.), Toward a Social History of the American Civil War: Exploratory Essays, Cambridge, England 1990.
650. B. I. WILEY, The Life of Billy Yank: The Common Soldier of the Union, Indianapolis, Ind. 1952.
651. R. W. WINKS, Canada and the United States: The Civil War Years, Nachdruck, mit neuem Vorwort, Lanham, MD 1988.

Lincoln

652. E. ANGERMANN, Abraham Lincoln und die Erneuerung der nationalen Identität der Vereinigten Staaten, in: HZ 239 (1984) 77–109.

653. L. W. Cox, Lincoln and Black Freedom: A Study in Presidential Leadership, Columbia, SC 1981.
654. D. H. Donald, Lincoln, New York 1995.
655. R. W. Johannsen, Lincoln, the South and Slavery, Baton Rouge, LA 1991.
656. A. Lincoln, Gettysburg Address, 19. November 1863, mit einem Essay von Ekkehart Krippendorff, Hamburg 1994.
657. J. Nagler, Fremont contra Lincoln: Die deutsch-amerikanische Opposition in der Republikanischen Partei während des amerikanischen Bürgerkrieges, Frankfurt a.M. 1984.
658. M. E. Neely, The Last Best Hope of Earth: Abraham Lincoln and the Promise of America, Cambridge, MA 1993.
659. P. S. Paludan, The Presidency of Abraham Lincoln, Lawrence, Kans. 1994.
660. M. D. Peterson, Lincoln in American Memory, New York 1994.
661. J. G. Randall, Lincoln the President, 4 Bde., New York 1946–55.
662. C. B. Strozier, Lincoln's Quest for Union: Public and Private Meanings, New York 1982.

b) Sezession und die Confederate States of America

663. W. C. Davis, Jefferson Davis: The Man and His Hour, New York 1991.
664. R. N. Current u. a. (Hrsg.), Encyclopedia of the Confederacy, 4 Bde., New York 1993.
665. P. Escott, After Secession: Jefferson Davis and the Failure of Confederate Nationalism, Baton Rouge, LA 1979.
666. D. G. Faust, The Creation of Confederate Nationalism: Ideology and Identity in the Civil War South, Baton Rouge, LA 1988.
667. H. M. Hyman, The Narrow Escape from a ‚Compromise of 1860': Secession and the Constitution, in: Freedom and Reform, Hrsg. Hyman u. a., New York 1967, 149–166.
668. J. A. Rawley (Hrsg.), Secession: The Disruption of the American Republic 1844–1891, Malabar, FL 1990.
669. E. M. Thomas, The Confederate Nation 1861–1865, New York 1979.
670. E. H. Walther, The Fire-Eaters [=neun Sezessionisten], Baton Rouge, LA 1992.

c) Kriegsgeschichte

671. R. E. Beringer u. a., Why the South Lost the Civil War, Athens, GA 1986.
672. D. H. Donald (Hrsg.), Why the North Won the Civil War, Baton Rouge, LA 1960.
673. S. Foote, The Civil War: A Narrative, 3 Bde., New York 1958–1974.
674. N. A. Graebner, Northern Diplomacy and European Neutrality, in 672: Donald (Hrsg.), Why the North Won, 55–78.

675. E. HAGERMAN, The American Civil War and the Origins of Modern Warfare, Bloomington, Ind. 1988.
676. H. HATTAWAY u. a., How the North Won, Urbana, Ill. 1983.
677. A. M. JOSEPHY, The Civil War in the American West, New York 1993.
678. B. D. SIMPSON, Let Us Have Peace: Ulysses S. Grant and the Politics of War and Reconstruction 1861–1868. Chapel Hill, NC 1991.

d) Emanzipation der Sklaven und Wiederherstellung der Einheit der Nation

679. I. BERLIN u. a. (Hrsg.), Freedom: A Documentary History of Emancipation 1861–1867: Selected from the Holdings of the National Archives of the United States, Cambridge, England 1985.
680. E. FONER, Reconstruction: America's Unfinished Revolution 1863–1877, New York 1988.
681. E. FONER, A Short History of Reconstruction, New York 1990.
682. T. C. HOLT, „An Empire over the Mind„: Emancipation, Race, and Ideology in the British West Indies and the American South, in: Region, Race, and Reconstruction: Essays in Honor of C. Vann Woodward, Hrsg. J. M. KOUSSER u. a., Oxford 1982, 283–313.
683. L. F. LITWACK, Been in the Storm So Long: The Aftermath of Slavery, New York 1979.
684. P. O'BRIEN, The Economic Effects of the American Civil War, Atlantic Highlands, NJ, 1988.
685. R. RANSOM, Conflict and Compromise: The Political Economy of Slavery, Emancipation, and the American Civil War, New York 1989.
686. K. STAMPP u. a. (Hrsg.), Reconstruction: An Anthology of Revisionist Writings, Baton Rouge, LA 1969.
687. C. V. WOODWARD, The Price of Freedom, in: D.G. SANSING(Hrsg.), What Was Freedom's Price? Jackson, Miss. 1978.

e) Auswirkungen des Bürgerkriegs auf Verfassung und politisches Denken

688. H. BELZ, Emancipation and Equal Rights: Politics and Constitutionalism in the Civil War Era, New York 1978.
689. G. M. FOSTER, Ghosts of the Confederacy: Defeat, the Lost Cause, and the Emergence of the New South 1865–1913, New York 1987.
690. H. HYMAN u. a., Equal Justice under Law: Constitutional Development 1835–1875, New York 1982.

6. Hochindustrialisierung

a) Gesamtdarstellungen, Interpretationen, Historiographie

691. M. FRIEDMAN, The Crime of 1873, in: Journal of Political Economy 6 (1990), 1159–1194.
692. P. J. HILL, The Economic Impact of Immigration into the United States, New York 1975.
693. D. A. HOUNSHELL, From the American System to Mass Production: The Development of Manufacturing in the United States 1800–1932, Baltimore, MD 1984.
694. E. KIRKLAND, Industry Comes of Age: Business, Labor, and Public Policy 1860–1897, New York 1961.
695. W. LEACH, Land of Desire: Merchants, Power, and the Rise of a New American [Consumer] Culture [1890–1930], New York 1993.
696. J. LIVINGSTON, Origins of the Federal Reserve System: Money, Class, and Corporate Capitalism 1890–1913, New York 1986.
697. C. D. LONG, Wages and Earnings in the United States 1860–1890, Princeton 1960.
698. M. V. MELOSI, Coping with Abundance: Energy and Environment in Industrial America, Philadelphia 1985.
699. D. C. NORTH, Structure and Change in Economic History, New York 1981.
700. G. PORTER, The Rise of Big Business 1860–1910, New York 1973.
701. A. REES, Real Wages in Manufacturing 1890–1914, Princeton 1961.
702. W. W. ROSTOW, The Stages of Economic Growth: A Non-Communist Manifesto, Cambridge, England 1960.
703. F. A. SHANNON, The Farmer's Last Frontier: Agriculture 1860–1897, New York 1945.
704. I. M. TARBELL, The Nationalizing of Business 1878–1898, New York 1936.
705. H. B. THORELLI, The Federal Antitrust Policy: Origination of an American Tradition, Baltimore, MD 1955.

b) Folgen des Sezessionskriegs, der „Neue Süden"

706. R. ANDREANO (Hrsg.), The Economic Impact of the Civil War, Cambridge, MA 1962.
707. J. C. COBB, Industrialization and Southern Society 1877–1984, Lexington, Ken. 1984.
708. T. C. COCHRAN, Did the Civil War Retard Industrialization?, in: MVHR 48 (1961), 197–210.
709. S. DECANIO, Agriculture in the Postbellum South, Cambridge, MA 1974.
710. C. GOLDIN u. a., The Economic Cost of the American Civil War, in: JEconH 35 (1975) 294–326.

711. R. Higgs, Competition and Coercion: Blacks in the American Economy 1865–1914, Cambridge, England 1977.
712. R. L. Ransom u. a., Conflict and Compromise: The Political Economy of Slavery, Emancipation and the American Civil War, Cambridge, England 1989.
713. J. Reid, Sharecropping as an Understandable Market Response: The Postbellum South, in: JEconH 33 (1973) 106–130.
714. G. M. Walton u. a. (Hrsg.), Market Institutions and Economic Progress in the New South 1865–1900, New York 1981.
715. K. Weiher, The Cotton Industry and Southern Urbanization 1880–1930, in: Explorations in Economic History, 14 (1977) 120–149.
716. G. Wright, The Strange Career of the New Southern Economic History, in: RAH 10 (1982), 164–180.

c) Die Wirtschaft des Westens

717. L. Atherton, The Cattle Kings, Bloomington, Ind. 1961.
718. A. Bogue, An Agricultural Empire, in: 136: Milner u.a. (Hrsg.), The Oxford History of the American West, 275–313.
719. A. Bogue, From Pairie to Corn Belt: Farming on the Illinois and Iowa Prairies in the 19th Century, Chicago 1963.
720. K. L. Bryant, Entering the Global Economy, in 136: Milner u.a. (Hrsg.), The Oxford History of the American West, 195–235.
721. G. C. Fite, The Farmer's Frontier 1865–1900, New York 1966.
722. R. A. McGuire, Economic Causes of Late 19th Century Agrarian Unrest, in: JEconH 41 (1981) 835–849.
723. R. Paul, Mining Frontiers of the Far West 1848–1880, New York 1963.
724. G. W. Rollins, The Struggle of the Cattleman, Sheepman and Settler for Control of Lands in Wyoming 1867–1910, New York 1979.
725. F. Shannon, The Farmer's Last Frontier: Agriculture 1860–1897, New York 1945.

d) Großunternehmen, Technik, Eisenbahnen

726. A. D. Chandler, The Visible Hand: The Managerial Revolution in American Business, Cambridge, MA 1977.
727. A. D. Chandler, The Railroads, the Nation's First Big Business, New York 1965.
728. R. Chernow, Titan: The Life of John D. Rockefeller, New York 1998.
729. T. C. Cochran, Railroad Leaders 1845–1890: The Business Mind in Action, Cambridge, MA 1953.
730. A. Foster, The Coming of the Electrical Age to the United States, New York 1979.

731. N. L. GREEN, Ready-to-Wear and Ready-to-Work: A Century of Industry and Immigrants in Paris and New York, Durham, NC 1997.
732. M. JOSEPHSON, The Robber Barons: The Great American Capitalists 1861–1901, New York 1934.
733. G. B. KULIK, Industrialization, in: 145: Encyclopedia of American Social History, Bd. 1, 593–604.
734. N. R. LAMOREAUX, The Great Merger Movement in American Business 1895–1904, Cambridge, England 1985.
735. A. MARTIN, Railroads Triumphant: The Growth, Rejection, and Rebirth of a Vital American Force, Oxford 1992.
736. A. NEVINS, Study in Power: John D. Rockefeller, Industrialist and Philanthropist, 2. Aufl., Norwalk, CT 1989.
737. P. TEMIN, Iron and Steel in 19th-Century America [1830–1900], Cambridge, MA 1964.
738. J. F. WALL, Andrew Carnegie, New York 1970.
739. O. ZUNZ, Making America Corporate 1870–1920, Chicago 1990.

e) Arbeiter, Gewerkschaften, Streiks

740. P. AVRICH, The Haymarket Tragedy, Princeton 1984.
741. J. R. COMMONS u. a. History of Labor in the United States, 4 Bde., New York 1918–1935.
742. P. A. COOPER, Once a Cigarmaker: Men, Women, and Work Culture in American Cigar Factories 1900–1919, Urbana, Ill. 1987.
743. M. DUBOFSKY, The State and Labor in Modern America, Chapel Hill, NC 1994.
744. P. EDWARDS, Strikes in the United States 1881–1974, New York 1981.
745. D. M. EICHAR, Occupations and Class Consciousness in America, New York 1989.
746. L. FINK, Workingmen's Democracy: The Knights of Labor and American Politics, Urbana, Ill. 1983.
747. P. S. FONER, History of the Labor Movement in the United States, 10 Bde., New York 1947–1988.
748. G. GROB, Workers and Utopia: A Study of the Ideological Conflict in the Labor Movement 1865–1900, New York 1969.
749. J.D. GREENSTONE, Labor in American Politics, New York 1969.
750. H. G. GUTMAN, Work, Culture, and Society in Industrializing America, New York 1976.
751. A. KESSLER-HARRIS, Out to Work: A History of Wage-Earning Women in the United States, Oxford 1982.
752. D. MONTGOMERY, The Fall of the House of Labor: The Workplace, the State, and American Labor Activism 1865–1925, New York 1987.

753. I. Steinisch, Arbeitszeitverkürzung und sozialer Wandel: Der Kampf um die Achtstundenschicht in der deutschen und amerikanischen Eisen- und Stahlindustrie 1880–1929, Berlin 1986.
754. P. Taft, Organized Labor in America, New York 1964.
755. K. Voss, The Making of American Exceptionalism: The Knights of Labor and Class Formation in the 19th Century, Ithaca, NY 1994.

7. Gesellschaft und Politik, 1877–1900

a) Überblicke, Interpretationen, Historiographie

756. A. Dawley, Struggles for Justice: Social Responsibility and the Liberal State [1890–1940], Cambridge, MA 1991.
757. S. P. Hays (Hrsg.), City at the Point: Essays on the Social History of Pittsburgh, Pittsburgh, PA 1990.
758. E. H. Monkkonen, Urbanization, in 145: Encyclopedia of American Social History, Bd. 1, 561–575.
759. D. Montgomery, Citizen Worker: The Experience of Workers in the United States with Democracy and the Free Market during the Nineteenth Century, New York 1994.
760. G. B. Nash, The Social Evolution of Preindustrial American Cities, 1700–1820: Reflections and New Directions, in: Journal of Urban History 13 (1987) 115–145.
761. R. Rosenzweig u. a., Who Built America? From the Centennial Celebration of 1876 to the Great War of 1914, München 1995; Compact Diskette des Verlags Systhema Voyager.
762. F. J. Turner, The Significance of the Frontier in American History [1893], in: 137: Turner, Frontier.
763. R. H. Wiebe, The Search for Order 1877–1920, New York 1967.

b) Politik, politische Bewegungen und Ideen

764. D. W. Brady u. a. Sectional Differences in Partisan Bias and Electoral Responsiveness in U.S. House [of Representatives] Elections 1850–1980, in: British Journal of Political Science 21 (1991), 247–256.
765. S. Fine, Laissez Faire and the General-Welfare State: A Study of Conflict in American Thought 1865–1901, Ann Arbor, Mich. 1956.
766. S. P. Hays, Response to Industrialism, Chicago 1957.
767. V. O. Key, Southern Politics in State and Nation, New York 1949.
768. P. Kleppner, Continuity and Change in Electoral Politics 1893–1928, New York 1987.
769. J. T. Kloppenberg, Uncertain Victory: Social Democracy and Progressivism in European and American Thought 1870–1920, New York 1986.

770. H. F. MAY, Protestant Churches and Industrial America, New York 1949.
771. R. L. McCORMICK, Public Life in Industrial America 1877-1917, in: 87: FONER (Hrsg.), New American History, 93-117.
772. J. NAGLER, Deutschamerikaner und das Liberal Movement 1872, in: AmSt 33 (1988), 415-438.
773. W. SOMBART, Warum gibt es in den Vereinigten Staaten keinen Sozialismus? Tübingen 1906, Nachdruck 1969.
774. J. C. TEAFORD, City and Suburb: The Political Fragmentation of Metropolitan America 1850-1970, Baltimore, MD 1979.
775. J. C. TEAFORD, Finis for Tweed and Steffens: Rewriting the History of Urban Rule, RAH 10 (1982), 133-149.

Populism

776. L. GOODWYN, Democratic Promise: The Populist Movement in America, New York 1976.
777. J. D. HICKS, The Populist Revolt: A History of the Farmers' Alliance and the People's Party, Minneapolis 1931.
778. W. F. HOLMES (Hrsg.), American Populism, Lexington, MA 1994.
779. R. C. McMATH, American Populism: A Social History 1877-1898, New York 1992.
780. W. NUGENT, The Tolerant Populists, Chicago 1963.
781. B. PALMER, „Man Over Money": The Southern Populist Critique of American Capitalism, Chapel Hill, NC 1980.
782. N. POLLACK, The Humane Economy: Populism, Capitalism, and Democracy, New Brunswick, NJ 1990.
783. N. POLLACK, The Just Polity: Populism, Law and Human Welfare, Chicago 1987.
784. N. POLLACK, The Populist Response to Industrial America: Midwestern Populist Thought, Cambridge, MA 1962.
785. J. TURNER, Understanding the Populists, in: JAH 67 (1980) 357-373.

Naturschutz

786. S. Fox, The American Conservation Movement: John Muir [1838-1914] and His Legacy, Madison, Wisc. 1985.
787. M. V. MELOSI (Hrsg.), Pollution and Reform in American Cities 1870-1930, Austin, TX 1980.
788. A. RUNTE, National Parks: The American Experience, 2. Aufl., Lincoln, Neb. 1987.

c) Sozialgeschichte

789. E. D. BALTZELL, Philadelphia Gentlemen: The Making of a National Upper Class, Chicago 1971; Erstaufl. 1958.

790. T. BENDER, Community and Social Change in America, New Brunswick, NJ 1978.

791. P. BOYER, Urban Masses and Moral Order in America 1820–1920, Cambridge, MA 1978.

792. M. CARSON, Settlement Folk: Social Thought and the American Settlement Movement 1885–1930, Chicago 1990.

793. S. THERNSTROM, Poverty and Progress: Social Mobility in a Nineteenth-Century City, Cambridge, MA 1964.

794. D. WARD, Poverty, Ethnicity and the American City 1840–1925, New York 1989.

Afroamerikaner

795. D. L. LEWIS, W.E.B. DuBois: Biography of a Race 1868–1919, New York 1993.

Einwanderer (siehe auch Kapitel 3)

796. W. P. ADAMS, Die Assimilationsfrage in der amerikanischen Einwanderungsdiskussion 1890–1930, in: AmSt 27 (1982) 275–291.

797. R. R. DOERRIES, Iren und Deutsche in der Neuen Welt: Akkulturationsprozesse in der amerikanischen Gesellschaft im späten 19. Jahrhundert, Stuttgart 1986.

798. O. HANDLIN, The Uprooted: The Epic Story of the Great Migrations that Made the American People, New York 1951.

799. J. HIGHAM, Strangers in the Land: Patterns of American Nativism 1860–1925, New York 1965.

800. H. KEIL (Hrsg.), German Workers' Culture in the United States 1850–1920, Washington, D.C. 1988.

801. F.C. LUEBKE, Germans in the New World: Essays in the History of Immigration, Champaign, Ill. 1990.

802. S. NADEL, Little Germany: Ethnicity, Religion, and Class in New York City 1845–80, Champaign, Ill. 1990.

803. W. NUGENT, Crossings: The Great Transatlantic Migrations 1870–1914, Bloomington, Ind. 1992.

804. B. OTTMÜLLER-WETZEL, Auswanderung über Hamburg: Die H.A.P.A.G. und die Auswanderung nach Nordamerika 1870–1914, Diss. Freie Universität Berlin 1986.

805. G. SORIN, The Jewish People in America: A Time for Building – The Third Migration 1880–1920, Baltimore, MD 1992.

806. A. SAXTON, The Indispensable Enemy: Labor and the Anti-Chinese Movement in California, Berkeley, CA 1971.

d) frontier, Westen, Indianer

807. D. BROWN, Bury my Heart at Wounded Knee: An Indian History of the American West [1860–1890], New York 1970.

808. K. N. CONZEN, A Saga of Families, in: 136: MILNER u.a. (Hrsg.), Oxford History of the American West, 315–357.

809. W. CRONON, Nature's Metropolis: Chicago and the Great West [1830–93], New York 1991.

810. F. E. HOXIE, A Final Promise: The Campaign to Assimilate the Indians 1880–1920, Lincoln, Neb. 1984.

811. H. R. LAMAR (Hrsg.), The Reader's Encyclopedia of the American West, New York 1977.

812. P. N. LIMERICK, The Legacy of Conquest: The Unbroken Past of the American West, New York 1987.

813. R. W. PAUL, The Far West and the Great Plains in Transition 1859–1900, New York 1988.

814. W. R. SAVAGE, The Cowboy Hero: His Image in American History and Culture, Norman, Okla. 1979.

815. W. H. TRUETTNER (Hrsg.), The West as America: Reinterpreting Images of the Frontier 1820–1920, Washington, D.C. 1991.

816. R. M. UTLEY, Frontier Regulars: The United States Army and the Indian 1866–1891, New York 1973.

817. R. M. UTLEY, The Lance and the Shield: The Life and Times of Sitting Bull [1830–1890], New York 1993.

e) Der Neue Süden

818. E. L. AYRES, The Promise of the New South: Life after Reconstruction, New York 1992.

819. J. W. FLYNT, Dixie's Forgotten People: The South's Poor Whites, Bloomington, Ind. 1979.

820. J. M. KOUSSER, The Shaping of Southern Politics: Suffrage Restriction and the Establishment of the One-Party South 1880–1910, New Haven, CT 1974.

821. C. V. WOODWARD, Origins of the New South 1877–1913, Baton Rouge, LA 1951.

822. C. V. WOODWARD, The Strange Career of Jim Crow, 3. Aufl., New York 1974.

f) Bürgerliche Kultur, Mentalität, Bildungswesen, Religion

823. L. A. CREMIN, American Education: The Metropolitcan Experience 1876–1980, New York 1988.

824. T. J. LEARS, No Place of Grace: Antimodernism and the Transformation of American Culture 1880–1920, New York 1981.
825. L. W. LEVINE, Highbrow/Lowbrow: The Emergence of Cultural Hierarchy in America, Cambridge, MA 1988.
826. L. L. STEVENSON, The Victorian Homefront: American Thought and Culture 1860–1880, New York 1991.
827. F. G. WOOD, The Arrogance of Faith: Christianity and Race in America from the Colonial Era to the 20th Century, New York 1990.

g) Auswärtige Beziehungen

Überblicke, Interpretationen, Historiographie

828. R. L. BEISNER, From the Old Diplomacy to the New 1865–1900, 2. Aufl., New York 1986.
829. C.S. CAMPBELL, The Transformation of American Foreign Relations 1865–1900, New York 1976.
830. H. DITTGEN, Amerikanische Demokratie und Weltpolitik: Außenpolitik in den Vereinigten Staaten, Paderborn 1998.
831. M. HUNT, The Making of a Special Relationship: The United States and China to 1914, New York 1983.
832. A. IRIYE, Across the Pacific: An Inner History of American-East Asian Relations, New York 1967.
833. W. LAFEBER, The New Empire: An Interpretation of American Expansion 1860–1898, Ithaca, NY 1963.
834. W. LAFEBER, The American Search for Opportunity 1865–1913, New York 1993.

Imperialismus, Krieg gegen Spanien

835. R. L. BEISNER, Twelve against Empire: The Anti-Imperialists 1898–1900, New York 1968.
836. H. W. BRANDS, Bound to Empire: The United States and the Philippines, Oxford 1992.
837. E. C. KOLLMANN, Imperialismus und Anti-Imperialismus in der politischen Tradition Amerikas, in: HZ 198 (1963) 343–362.
838. S. LEBERGOTT, The Returns to U.S. Imperialism 1890–1929, in: JEconH 40 (1980) 229–252.
839. E. R. MAY, American Imperialism: A Speculative Essay, 3rd ed. Chicago 1991.
840. T. J. MCCORMICK, China Market: America's Quest for Informal Empire 1893–1901, Chicago 1990.
841. J. OFFNER, An Unwanted War: The Diplomacy of the United States and Spain over Cuba 1895–1898, Chapel Hill, NC 1992.

842. T. G. PATERSON (Hrsg.), American Imperialism and Anti-Imperialism, New York 1973.
843. R. SEAGER, Alfred Thayer Mahan: The Man and His Letters, Annapolis, MD 1977.
844. E. B. TOMPKINS, Anti-Imperialism in the United States: The Great Debate 1890–1920, Philadelphia 1970.
845. W. A. WILLIAMS, The Tragedy of American Diplomacy, Cleveland, Ohio 1959, überarb. Aufl. New York 1962.
846. M. B. YOUNG, The Rhetoric of Empire: American China Policy 1895–1901, Cambridge, MA 1968.

Anhang

ABKÜRZUNGEN

Die Jahrhundertangaben in den Titeln werden in Zahlenform abgekürzt. Statt „in the Nineteenth Century" heißt es z. B. „in the 19th Century." Das deutsche „Jahrhundert" wird im Text und in Titeln abgekürzt zu „Jh.". Hinter den Zeitschriftentiteln ist das Ersterscheinungsjahr mit offenem Bindestrich angegeben, wenn die Zeitschrift 1998 noch erschien.

AgHist	Agricultural History, 1927-
AHR	American Historical Review, 1896-
AJH	American Jewish History, 1910-
Ala.	Alabama
Alas.	Alaska
AmSt	Amerikastudien/American Studies, 1974-
APSR	American Political Science Review, 1906-
AQ	American Quarterly, 1949-
AZ	Arizona
Ark.	Arkansas
CA	California
CHR	Canadian Historical Review, 1920-
CJH	Canadian Journal of History, 1966-
CO	Colorado
CT	Connecticut
CWH	Civil War History, 1955-
D.C.	District of Columbia
Del.	Delaware
DH	Diplomatic History, 1977-
EconHR	Economic History Review, 1927-
EnvironHR	Environmental History Review 1977-
FL	Florida
GA	Georgia
GWU	Geschichte in Wissenschaft und Unterricht, 1950-
HZ	Historische Zeitschrift, 1859-
H&T	History and Theory, 1960-

Ill.	Illinois
IMR	International Migration Review, 1966-
Ind.	Indiana
JAEH	Journal of American Ethnic History, 1981-
JAH	Journal of American History, 1964-
JAmSt	Journal of American Studies, 1967-
JbAmSt	Jahrbuch für Amerikastudien, 1956-
JEconH	Journal of Economic History, 1941-
JERep	Journal of the Early Republic, 1980-
JHI	Journal of the History of Ideas, 1940-
JintH	Journal of Interdisciplinary History, 1970-
JNH	Journal of Negro History, 1916-
JPolH	Journal of Policy History, 1989-
JSocH	Journal of Social History, 1967-
JSouH	Journal of Southern History, 1935-
JUH	Journal of Urban History, 1974-
JWH	Journal of Women's History, 1989-
Kan.	Kansas
Ky.	Kentucky
LA	Louisiana
LH	Labor History, 1960-
MA	Massachusetts
MD	Maryland
Mi.	Michigan
Minn.	Minnesota
Miss.	Mississippi
MO	Missouri
Mont.	Montana
MVHR	Mississippi Valley Historical Review, 1944–1963
NC	North Carolina
ND	North Dakota
NH	New Hampshire
NJ	New Jersey
NM	New Mexico
NY	New York (Staat)
NYRB	New York Review of Books, 1963-
Neb.	Nebraska
NEQ	New England Quarterly, 1928-
Nev.	Nevada
Okla.	Oklahoma
Ore.	Oregon
PaMag	Pennsylvania Magazine of History and Biography, 1877-
PA	Pennsylvania

PAH	Perspectives in American History, 1967–1979; neue Serie, 1984–1986
PHR	Pacific Historical Review, 1932-
PSQ	Political Science Quarterly, 1886-
PresStQ	Presidential Studies Quarterly, 1974-
RAH	Reviews in American History, 1973-
RI	Rhode Island
RHAF	Revue d'histoire de l'Amérique française, 1947-
RHR	Radical History Review, 1973-
SC	South Carolina
SD	South Dakota
SM	Scripta Mercaturae: Zs für Wirtschafts- und Sozialgeschichte, 1967-
Tenn.	Tennessee
Tex.	Texas
VA	Virginia
VjHZG	Vierteljahrshefte für Zeitgeschichte, 1953-
VT	Vermont
WA	Washington
Wisc.	Wisconsin
WMQ	William and Mary Quarterly, 3rd Series, 1944-
WSt	Women's Studies, 1972-
Wy.	Wyoming
YbGASt	Yearbook of German-American Studies, 1965-

ZEITTAFEL

28 000 v. C.	Früheste erhaltene Spuren menschlichen Lebens in Amerika nördlich des Rio Grande
1000 n. C.	Älteste erhaltene Pueblo-Siedlung der Acoma und Hopi
1000–01	Leif Erikson erkundet Küste Neufundlands
1492	Admiral Cristobal Colon landet auf Bahama-Insel
1565	Spanisches Fort St. Augustine an Floridas Atlantikküste wird älteste städtische Siedlung der Europäer auf dem nordamerikanischen Festland
1607	Londoner Kaufmannsgesellschaft mit königlicher Charter gründet Jamestown/Virginia, die erste überlebensfähige englische Siedlung in Nordamerika
1608	Quebec erste dauerhafte französische Siedlung in Nordamerika
1614	Holländische Ostindienkompanie gründet Fort Nassau am Hudson
1619	Siedler von Jamestown kaufen erstmals gefangene Afrikaner; Fixierung ihres Rechtsstatus als Sklaven um 1660
1620	Separatistische Puritaner gründen Plymouth Plantation; Mayflower Compact konstituiert „civil body politic"
1624	Nieuw Amsterdam von der Ostindienkompanie gegründet; ab 1664 als „New York" in britischer Hand
1630–42	20 000 Puritaner siedeln in Neuengland
1635/36	Pfarrer Roger Williams aus Massachusetts verbannt; praktiziert religiöse Toleranz in neuer Kolonie Rhode Island
1651	Navigation Act: Reglementierung des Kolonialhandels im Sinne des nationalwirtschaftlichen Merkantilsystems beginnt
1682	William Penn gründet Pennsylvania als Eigentümerkolonie
1683	13 Quäkerfamilien aus Krefeld unter Franz Daniel Pastorius gründen Germantown bei Philadelphia als erste deutsche Siedlung in Amerika
1690	John Locke rechtfertigt im *Second Treatise of Government* die konstitutionell-parlamentarisch beschränkte Monarchie mit der Gesellschaftsvertragslehre der Whigs; Basis der freiheitlichen Selbstregierung der Kolonisten
1692/93	Hexenprozesse in Salem, Massachusetts
1735–55	Great Awakening: emotionaler Evangelikalismus verdrängt verstandesbetonten kalvinistischen Puritanismus
1743	American Philosophical Society in Philadelphia von Benjamin Franklin gegründet; Teil der amerikanischen Aufklärung
1754–60	French and Indian War, Teil des europäischen Siebenjährigen Krieges, beendet Frankreichs Kolonialherrschaft auf dem nordamerikanischen Kontinent

1765–83	Koordinierter Widerstand gegen englische Kolonialherrschaft steigert sich zur Amerikanischen Revolution
1765/66	Stamp Act-Krise
1768	Stationierung königlicher Truppen in Boston
1770	„Massaker" von Boston mit 5 Toten
1773	„Tee-Party" der „Söhne der Freiheit" von Boston vernichtet 342 Kisten Tee
1774	Coercive Acts zur Bestrafung von Massachusetts Erster Kontinentalkongreß von 12 Kolonien beschließt Einfuhrboykott und Ausfuhrembargo gegen England
1775	19. April: Unabhängigkeitskrieg beginnt bei Lexington und Concord; George Washington Oberkommandierender der Kontinentalarmee; Invasion Kanadas scheitert; Frankokanadier halten zu England
1776	Thomas Paines Flugschrift *Common Sense* fordert Unabhängigkeit und republikanische Regierung 4. Juli: Kontinentalkongreß rechtfertigt Unabhängigkeit mit Naturrecht und Gesellschaftsvertragslehre der Whigs
1776–80	Republikanische Einzelstaatsverfassungen und Grundrechteerklärungen ersetzen königliche Gründungsurkunden
1778	Völkerrechtliche Anerkennung der USA durch Frankreich; französische Militärhilfe (Waffen, Flotteneinsatz) ist kriegsentscheidend
1781	Articles of Confederation: Verfassung des Staatenbundes Kapitulation der britischen Armee bei Yorktown/Virginia
1783	Im Friedensvertrag von Paris erkennt Großbritannien die Souveränität der USA an
1785	Handels- und Freundschaftsvertrag mit Preußen
1786	Virginia trennt Staat und Kirchen (Statute for Religious Freedom)
1787	Philadelphia Convention entwirft Verfassung des Bundesstaates
1787/88	Alexander Hamilton, James Madison und John Jay rechtfertigen Bundesverfassung in 85 „Federalist"-Artikeln
1788	21. Juni: Ratifizierung im 9. Staat setzt Bundesverfassung in Kraft
1789	George Washington erster Präsident der USA, Thomas Jefferson Außenminister, Alexander Hamilton Finanzminister.
1791	Die zehn ersten Verfassungsänderungen (*amendments*) kodifizieren Grundrechte und Machtverteilung zwischen Bund und Einzelstaaten
1793	Baumwollentkernungsmaschine Eli Whitneys erhöht Gewinne durch Sklavenarbeit
1798	Alien and Sedition Acts: Federalists unter Präsident John Adams behindern Oppositionspresse
1800	Thomas Jefferson als Oppositionsführer der Republican Democrats zum Präsidenten gewählt

1803	Napoleon verkauft den USA „Louisiana", ein Drittel der heutigen Landfläche der USA
	Fall Marbury gegen Madison: Oberstes Bundesgericht erklärt erstmalig ein Bundesgesetz für verfassungswidrig
1804/6	Expedition von Lewis und Clark erkundet Landweg zum Pazifik
1808	Sklaveneinfuhr durch Bundesgesetz verboten
1812–15	War of 1812: Der zweite Krieg gegen Großbritannien endet militärisch und diplomatisch unentschieden, wird als Sieg gefeiert
1813	Frühindustrialisierung: Boston Manufacturing Company betreibt erste Textilfabrik (Baumwollspinnerei und -weberei)
1820	Missouri-Kompromiß: Der Kongreß nimmt Missouri als potentiellen Sklavenhalterstaat und Maine als sklavenfreien Staat in die Union auf
1823	Monroe Doktrin: Präsident James Monroe warnt europäische Großmächte vor weiteren Interventionen in Lateinamerika über die bestehenden Kolonien hinaus
1829–37	„Jacksonian Democracy": Präsident Andrew Jackson macht den „Glauben an den einfachen Mann" zu seinem politischen Programm; die meisten euroamerikanischen Männer haben das Wahlrecht
1830	Indian Removal Act: Jackson erwirkt das Gesetz zur gewaltsamen Vertreibung von etwa 100 000 Indianern aus den Südstaaten in Reservate im heutigen Oklahoma und in den Dakotas („Trail of Tears")
1831	William Lloyd Garrison fordert in The Liberator die sofortige Freilassung aller Sklaven (*abolitionism*)
1831	Der letzte Sklavenaufstand in Virginia unter Nat Turner endet mit 177 Toten, davon 120 Sklaven
1836	Texas erklärt sich zur von Mexiko unabhängigen Republik
1845	Der von den Anglotexanern geforderte Anschluß von Texas an die Union wird in der Presse mit „our manifest destiny to overspread the continent" gerechtfertigt
1846–48	Im Krieg gegen Mexiko erobern die USA die späteren Staaten New Mexico, Arizona, Nevada, Utah und California
1848	Erste landesweite Delegiertenversammlung der Frauenrechtsbewegung in Seneca Falls/New York verlangt Gleichheit von Frau und Mann vor dem Gesetz und das Wahlrecht für Frauen
1848/49	Entdeckung von Gold in California verstärkt den Überlandtreck durch die Indianergebiete der *plains*; Einwanderung chinesischer „coolies" nach California
1850	Bundesgesetz verlangt die Verfolgung flüchtender Sklaven auch in den Nordstaaten
1852	Harriet Beecher Stowes Anti-Sklaverei-Roman Onkel Toms Hütte wird zum Bestseller

1854	Das Kansas-Nebraska-Gesetz erlaubt die Ausbreitung der Sklavenhaltung nördlich der Linie des Missouri-Kompromisses; Gründung der Republikanischen Partei im Norden und Mittelwesten als Koalition der Gegner der weiteren Ausbreitung der Sklavenhaltung im Westen, nicht für ihre Abschaffung in den Südstaaten
1857	Fall Dred Scott gegen Sandford: Oberstes Bundesgericht beschließt, Sklaven und ihre Nachkommen seien keine Bürger der USA und hätten kein Klagerecht in Bundesgerichten
1860/61	Wahlsieg Abraham Lincolns und der Republikanischen Partei löst die Sezession von elf Südstaaten aus
1861–65	Sezessionskrieg, genannt „Civil War" im Norden, „War between the States" im Süden
1862	Homestead Act: Der Kongreß ermöglicht fast kostenlosen Erwerb von Bundesland im Westen
1863	Emancipation Proclamation: Lincoln erklärt nur die Sklaven im Machtbereich der Südstaatenarmee für frei; Freilassung aller Sklaven 1865 durch die 13. Verfassungsänderung
1865	Die Südstaatenarmee kapituliert bei Appomattox/Virginia; Lincoln erliegt einem Attentat
1868	14. Verfassungsänderung garantiert „equal protection of the laws" und gibt allen in den USA geborenen Afroamerikanern die U.S.-Staatsbürgerschaft.
1865–77	Reconstruction: Periode der Wiedereingliederung der Südstaaten
1866	Gründung des Geheimbundes Ku Klux Klan in Tennessee
1869	Transkontinentale Eisenbahnstrecke fertiggestellt
1870	John D. Rockefeller gründet die Standard Oil Company
1872	Yellowstone National Park; Anfang der Naturschutzbewegung
1875	Alexander Graham Bell baut ersten praktikablen Fernsprechapparat in Boston
1878	Die Gewerkschaft Knights of Labor organisiert gelernte und ungelernte Lohnarbeiter und Handwerker
1879	Thomas Edison verbessert die Glühlampe und baut 1882 das erste Elektrizitätswerk in New York
1882	Bundesgesetz verbietet Einwanderung ungelernter chinesischer Arbeiter; Pogrome gegen Juden in Rußland lösen neue Welle der Nordamerikaauswanderung aus
1886	In der American Federation of Labor organisieren sich die Facharbeiter
1889	Die Sozialarbeiterin Jane Addams gründet in Chicago die Sozialstation „Hull House"
1890	Letztes Gefecht der U.S.-Kavallerie gegen Indianer bei Wounded Knee in South Dakota; Reportagen des Fotografen Jacob Riis, How

	the Other Half Lives, dokumentieren das Elend in New Yorker Slums; Sherman Antitrust-Gesetz erklärt Trusts zu illegalen „Verbindungen, die den Handel behindern"
1890–96	Populismus: People's Party artikuliert den Protest verschuldeter Farmer und verlangt Ende des „laisser-faire"-Kapitalismus
1893–97	Tiefe Konjunkturkrise; erste „Great Depression"
1894	Nationaler Streik der Eisenbahner gegen Pullmans Waggonfabrik
1896	Fall *Plessy gegen Ferguson*: Oberstes Bundesgericht bestätigt Verfassungsmäßigkeit der Rassentrennung in öffentlichen Verkehrsmitteln; das Prinzip „separate but equal" rechtfertigt bis 1954 auch nach Rassen getrennte öffentliche Schulen
1898	Krieg gegen Spanien beendet spanische Kolonialherrschaft über Kuba, Puerto Rico, Guam und die Philippinen und etabliert die USA als imperiale Macht.
1901	J. Pierpont Morgan u. a. organisieren United States Steel Corporation
1903	Henry Ford baut seine erste Automobilfabrik in Dearborn/Michigan; ab 1909 Fließbandverfahren zur Massenproduktion eines Volksautos
1909	National Association for the Advancement of Colored People beginnt Rechtsvertretung diskriminierter Afroamerikaner; Herbert Croly, The Promise of American Life, artikuliert die soziale und demokratische politische Theorie der Sozialreformer des Progressive Movement
1912	Richtungswahlkampf: Sieg des Demokraten Woodrow Wilson
1913	Die 17. Verfassungsänderung verlangt die Direktwahl der Senatoren
1914	Panamakanal eröffnet
1915	Transkontinentale Telefonschaltung verbindet New York und San Francisco
1915	Deutsches U-Boot versenkt britischen Passagierdampfer „Lusitania" mit Amerikanern an Bord
1916	Margaret Sanger gründet erste Beratungsstation für Empfängnisverhütung in New York
1917	Zimmermann-Telegramm: Deutscher Außenminister bietet Mexiko Allianz im Fall des Krieges gegen die USA an; USA erklären dem Deutschen Reich den Krieg
1918	Wilson legt idealistischen Friedensplan in 14 Punkten vor
1919	Wilson kann sich bei den Friedensverhandlungen in Paris nur teilweise durchsetzen
1919–20	„Red Scare": über 4 000 des Kommunismus oder Anarchismus Verdächtigter verhaftet
1920	Senat lehnt Versailler Friedensvertrag ab, die USA bleiben dem Völkerbund fern; Verfassungsänderung ermöglicht Frauenwahlrecht

1920–33	Prohibition: Herstellung, Verkauf und öffentlicher Verzehr alkoholischer Getränke durch Bundesgesetz verboten
1924	Alle in den USA geborenen Indianer erhalten U.S.-Staatsbürgerschaft; Einwanderungsgesetz kontingentiert Einwanderungsvisa für Europäer; Dawes-Plan regelt Reparationszahlungen des Deutschens Reichs; 1929 revidiert durch Young Plan
1925	„Affenprozeß": Christliche Fundamentalisten erreichen Verbot der Evolutionslehre Darwins in Tennessees Schulen
um 1925	Harlem Renaissance: Neues Selbstbewußtsein afroamerikanischer Künstler und Intellektueller
1926	Erster landesweiter Rundfunksender: die private National Broadcasting Corporation
1927	Erster Tonfilm, The Jazz Singer, in New York aufgeführt; Charles Lindbergh fliegt alleine non-stop von New York nach Paris
1928	Mickey Mouse von Walt Disney als Trickfilmfigur kreiert
1928	Kellogg-Briand Kriegsächtungsvertrag
1929	Zusammenbruch der New Yorker Börse löst Weltwirtschaftskrise aus
1933	Diplomatische Anerkennung der Sowjetunion
1933–38	New-Deal-Gesetze: Franklin D. Roosevelts aktive Wirtschafts-und Sozialpolitik
1935	Social Security Act: Beginn der Sozialstaatsgesetzgebung auf Bundesebene
1935–37	Neutralitätsgesetze verhängen u. a. Waffenembargo
1938	Congress of Industrial Organizations (CIO) als Gewerkschaftsdachverband der Industriearbeiter gegründet
1941	7. Dezember: Japanische Bomber zerstören amerikanischen Marinestützpunkt Pearl Harbor auf Hawaii 8. Dezember: Der Kongreß erklärt Japan den Krieg. 11. Dezember: Das Deutsche Reich und Italien erklären den USA den Krieg.
1942	Internierung von 112 000 Amerikanern japanischer Herkunft
1943	Landung der Alliierten in Italien
1944	Landung der Alliierten in Frankreich
1945	12. April: Roosevelt stirbt, Vizepräsident Harry S. Truman übernimmt Präsidentschaft; 8. Mai: Deutsche Streitkräfte kapitulieren; 15. Juli-2. August: Konferenz von Potsdam; 6. und 10. August: Atombomben auf Hiroshima und Nagasaki; 10. August: Japanische Streitkräfte kapitulieren, 24. Oktober: Charta der Vereinten Nationen ratifiziert
1947	Truman Doktrin zur Unterstützung freier Völker; Marshall Plan (European Recovery Program)
1948–49	Berlin-Blockade, Luftbrücke

1949	Gründung der North Atlantic Treaty Organization (NATO)
1950–53	Krieg in Korea
1950–54	McCarthyismus: antikommunistische Verleumdungskampagne durch den Republikanischen Senators Joseph McCarthy
1954	Fall Brown gegen Board of Education of Topeka: Oberstes Bundesgericht erklärt die Rassentrennung in öffentlichen Schulen für verfassungswidrig
1955–56	Erfolgreicher Boykott der segregierten Busse in Montgomery/Alabama durch Bürgerrechtsbewegung der Afroamerikaner
1957	Sputnik-Schock: Erste Raumsonde der Sowjetunion umkreist die Erde; amerikanische Weltraumforschung, Rüstung und Grundlagenforschung intensiviert
1961	Präsident Eisenhower warnt vor Abhängigkeit vom „military industrial complex"
1961	„Peace Corps" auf Initiative John F. Kennedys gegründet; Invasion Kubas an der Schweinebucht durch Exilkubaner mit amerikanischer Unterstützung scheitert
	13. August: Mauerbau in Berlin; Kennedy weist Berlin-Ultimatum Chruschtschows zurück, verhindert Bau der Mauer entlang der Sektorengrenze aber nicht
1962	Kuba-Krise: Sowjetischer Versuch, Raketen auf Kuba zu stationieren, führt an die Schwelle einer militärischen Konfrontation der beiden Supermächte; Port Huron Statement: Gründung der neu-linken Students for a Democratic Society, Beginn der studentischen Protestbewegung
1963	Betty Friedans Bestseller The Feminine Mystique (Der Weiblichkeitswahn) wird Manifest der neuen Frauenbewegung; Martin Luther King spricht zu Bürgerrechtlern in Washington gegen Rassendiskriminierung („I Have a Dream"); Erster Atomwaffentestvertrag mit der Sowjetunion; 22. November: Kennedy wird in Dallas/Texas erschossen
1964	Economic Opportunity Act: Teil von Lyndon Johnsons „Krieg gegen die Armut"; Bürgerrechtsgesetz beendet rechtliche Duldung des Apartheidsystems; Golf-von-Tonkin-Beschluß des Kongresses gibt Präsident Johnson ohne verfassungsmäßige Kriegserklärung freie Hand zur Verstärkung der Truppen in Vietnam
1965–68	Rassenunruhen in den Armenvierteln mehrerer Großstädte
1966	Black Panther-„Partei" fordert Autonomie für Afroamerikaner; National Organization for Women (NOW) fordert Chancengleichheit für Frauen
1968	Martin Luther King und Präsidentschaftskandidat Robert Kennedy erschossen; die „schweigende Mehrheit" wählt Richard M. Nixon

1969	Mondlandung krönt das unter Kennedy begonnene Raumfahrtprogramm „Apollo"
1970	Environmental Protection Agency: Erste Bundesbehörde für den Natur- und Umweltschutz
1972	Erster Vertrag zur Rüstungsbegrenzung mit der Sowjetunion, genannt Strategic Arms Limitation Talks (SALT I) Nixon reist als erster Präsident der USA nach China, Wiederaufnahme der diplomatischen und Handelsbeziehungen.
1973	Nixon zieht U.S. Truppen aus Südvietnam ab
1973	Ölpreisschock nach dem Yom-Kippur-Krieg; Fall Roe gegen Wade: Oberstes Bundesgericht erklärt Schwangerschaftsabbruch im ersten Trimester für straffrei
1974	Rücktritt Präsident Nixons vor zu erwartender Amtsenthebung
1977	Präsident Jimmy Carter macht die Beachtung der Menschenrechte zum Kriterium außenpolitischer Entscheidungen
1979	Carter vermittelt israelisch-ägyptischen Friedensvertrag (Camp David Accords); NATO-Doppelbeschluß: Stationierung zusätzlicher Raketen in Westeuropa und Verhandlungen mit der Sowjetunion
1981	Präsident Ronald Reagan steigert Rüstung und Rhetorik gegen die Sowjetunion
1987	Reagan und Gorbatschow vereinbaren Vernichtung aller atomaren Mittelstreckenraten (INF-Vertrag); Ende des Kalten Krieges zeichnet sich ab
1989	Haushaltsdefizit und Gesamtbundesschuld erreichen Höchststände
1990	Nach dem Zusammenbruch der Sowjetherrschaft über Mittel- und Osteuropa unterstützt Präsident George Bush die sofortige Vereinigung der beiden deutschen Staaten
1993-	Präsidentschaft des zentristischen Demokraten William Jefferson („Bill") Clinton

DIE PRÄSIDENTEN DER VEREINIGTEN STAATEN

Die Amtszeit begann bis 1933 am 4. März, seither beginnt sie am 20. Januar. Die Wahl der Elektoren fand jeweils am ersten Dienstag nach dem ersten Montag im November statt.

	Heimatstaat als Politiker	Partei	Regierungszeit
1 George Washington (1732–1799)	VA		1789–1797
2 John Adams (1735–1826)	MA	Federalist	1797–1801
3 Thomas Jefferson (1743–1826)	VA	Dem. Rep.[1]	1801–1809
4 James Madison (1751–1836)	VA	Dem. Rep.	1809–1817
5 James Monroe (1758–1831)	VA	Dem. Rep.	1817–1825
6 John Quincy Adams (1767–1848)	MA	Dem. Rep.	1825–1829
7 Andrew Jackson (1767–1845)	SC	Democrat	1829–1837
8 Martin Van Buren (1782–1862)	NY	Democrat	1837–1841
9 William Henry Harrison (1773–1841)	Ohio	Whig	1841
10 John Tyler (1790–1862)	VA	Whig	1841–1845
11 James Knox Polk (1795–1849)	Tennessee	Democrat	1845–1849
12 Zachary Taylor (1784–1850)	Kentucky	Whig	1849–1850
13 Millard Fillmore (1800–1874)	NY	Whig	1850–1853
14 Franklin Pierce (1804–1869)	NH	Democrat	1853–1857
15 James Buchanan (1791–1868)	PA	Democrat	1857–1861
16 Abraham Lincoln (1809–1865)	Ill.	Republican	1861–1865
17 Andrew Johnson (1808–1875)	Tennessee	Republican	1865–1869
18 Ulysses S. Grant (1822–1885)	Ill.	Republican	1869–1877
19 Rutherford B. Hayes (1822–1893)	Ohio	Republican	1877–1881
20 James A. Garfield (1831–1881)	Ohio	Republican	1881
21 Chester A. Arthur (1830–1886)	NY	Republican	1881–1885
22 Grover Cleveland (1837–1908)	NY	Democrat	1885–1889
23 Benjamin Harrison (1833–1901)	Indiana	Republican	1889–1893
24 Grover Cleveland (1837–1908)	NY	Democrat	1893–1897
25 William McKinley (1843–1901)	Ohio	Republican	1897–1901
26 Theodore Roosevelt (1858–1919)	NY	Republican	1901–1909

[1] „Democratic Republicans" setzte sich nach 1800 als Bezeichnung der von Jefferson und Madison angeführten Partei durch, der Vorläuferin der heutigen Demokratischen Partei. Seit Jackson wurde der Name auf „Democratic Party" verkürzt. Die Republikanische Partei Lincolns wurde 1854 neu gegründet und hat sich seither als organisatorische Einheit erhalten, trotz allen inhaltlichen Wandels.

Die Präsidenten der USA

27	William H. Taft (1857–1930)	Ohio	Republican	1909–1913
28	Woodrow Wilson (1856–1924)	NJ	Democrat	1913–1921
29	Warren G. Harding (1865–1923)	Ohio	Republican	1921–1923
30	Calvin Coolidge (1872–1933)	Vt.	Republican	1923–1929
31	Herbert C. Hoover (1874–1964)	Iowa	Republican	1929–1933
32	Franklin D. Roosevelt (1882–1945)	NY	Democrat	1933–1945
33	Harry S. Truman (1884–1973)	MO	Democrat	1945–1953
34	Dwight D. Eisenhower (1890–1969)	Kansas	Republican	1953–1961
35	John F. Kennedy (1917–1963)	MA	Democrat	1961–1963
36	Lyndon B. Johnson (1908–1973)	Texas	Democrat	1963–1969
37	Richard M. Nixon (1913–1994)	CA	Republican	1969–1974
38	Gerald R. Ford (1913-	Mich.	Republican	1974–1977
39	Jimmy Carter (1924-	GA	Democrat	1977–1981
40	Ronald Reagan (1911-	CA	Republican	1981–1989
41	George Bush (1924-	Texas	Republican	1989–1993
42	William Jefferson („Bill") Clinton (1946-	Ark.	Democrat	1993-

REGISTER

Abolitionismus 82f, 89, 188f
Acadia 22
Adams, Angela 165
Adams, Henry 75, 172
Adams, John 41, 60
Adams, John Quincy 63f, 65, 66, 72, 140, 175
Adams, Samuel 50
Adams, Willi Paul 144, 165, 167, 216
Addams, Jane 209
Adelman, M. L. 146
Afroamerikaner 5, 57, 78, 91, 102, 114f, 135, 143, 178, 185ff, 208
– Bürgerrechte, Staatsbürgerschaft 86, 191, 197, 210
Ahlstrom, Sidney E. 183
Alabama 54, 102
Alamo 67
Alaska 6, 7, 127
Albany 30
Alberta 128
Alexander I, russischer Zar 63
Alien and Sedition Acts 60
Alkoholverbot 15, 121, 209
Alltagsgeschichte 138, 145
Alphabetisierung 15, 158
Alter, Stephen 149
Ambrose, Stephen E. 153
Amendments siehe Verfassungsänderungen
American Federation of Labor 109
American Party 86
American Studies-Bewegung 154ff
American Union Party 59
Amerikanische Revolution 2, 37–44, 52, 164–71
– Diplomatie 169
– deutsche Söldner 43
– europäisch-amerikanische Beziehungen 166
– Indianer 169
– wirtschaftlicher Widerstand 43, 166
Amish 15
Ammon, Harry 175
Ämterpatronage 66
Amtsenthebungsverfahren (*impeachment*) 95f
Anarchisten 109, 202
Angermann, Erich 139

Annapolis, Konferenz von 48
Anthony, Susan B. 121
Anti-Federalists 50, 170
Antikatholizismus 59, 189
Antisemitismus 145
Antitrust-Gesetze 108
Appleby, Joyce 137, 172
Appomattox Courthouse 94
Arbeiterbewegung, 142, 149, 182, 202–4
– Arbeiterkultur 203, 208
Arbeitsmarkt, transatlantischer 199, 176
Architektur 72f
Arendt, Hannah 149
Aristokratie 26
Arizona 55
Arkansas 55
Armut 209f s. a. Sozialfürsorge
Asian Americans 135
Assimilierung siehe Einwanderer, Schmelztiegel
Asyl, politisches 176
Atack, Jeremy 146, 182
Aufklärung 2,44f, 65, 156, 166, 168
Außenpolitik 12, 61, 127, 169, 174f, s. a. *manifest destiny*
– demokratische 13
– *entangling alliances* 177
– Interpretationen 152ff
– Missionsbewußtsein 153
Außenwirtschaft 100, 130, 147, 214f
– europäisches Kapital 101
Automobil 104
Avrich, P. 202
Ayers, Edward L. 199

Bacon, D. C. 151
Bacons Rebellion 25
Bailey, Thomas A. 152
Bailyn, Bernard 135, 162, 167, 168
Baker, Paula 145
Baltimore, Lord 25
Baltzell, E. D. 142
Bancroft, George 136, 149, 165
Banken 66, 211f
Banning, Lance 170, 177
Bartlett, I. H. 185
Bartlett, Richard A. 174
Bartley, N. V. 210f

Baumwolle 68, 77f, 90ff, 101f, 187, 200
- Spinnmaschine 180
Beard, Charles A. und Mary R. 136f, 170, 172, 199, 211, 214f
Becker, Carl 137
Becker, R. A. 170
Bellamy, Edward 124
Bellomy, Donald C. 216
Belohlavek, J. M. 179
Belz, Herman 196f
Bemis, Samuel Flagg 153
Bender, Thomas 145f, 209
Benson, Lee 178
Beringer, Richard R. 194
Beveridge, Albert J. 128, 130f
Bevölkerung 7, 37, 56, 112f, 134, 176
Bickel, A. M. 150
Biddle, Nicholas 66
Bildungspolitik, Bildungswesen 5, 212
Bill of Rights des Bundes 51
Billington, Ray Allen 173
Binnenwanderung 57
Bismarck, Otto von 192
black nationalism 11
Blackburn, R. 164
Blackstone 168
Blassingame, John 186
Board of Trade 31, 33
Bodnar, John 144, 197
Bogue, Alan 200
Border States 7
Börse 103f
- Börsenkrach von 1929, 4, 10
Boston 164
Boston Manufacturing Company 70
Boston Massaker 40
- Boston Tea Party 40
Bowie, Jim 67
Bowman, Shearer Davis 182, 185
Boydston, Jeanne 181
Boyer, Paul S. 135, 162, 209
Brady, David 211
Brady, Mathew 91
Brasilien 185, 207
Breen, Timothy H. 162, 167f
Breisach, Ernst 137
Bretting, Agnes 176
Breunig, Marion 169
Britisches Empire 2, 31, 163, s. a. Großbritannien
- Britische Verfassung 35
- Parlamentsentscheidungen 37, 38f, 42

- Royal Navy 32
British Columbia 128
Brody, David 136
Brooks, Van Wyck 16, 216
Brown, Dee 205
Brown, John 82f
Brown, Richard D. 145, 165, 178
Brown, Robert E. 170
Bruchey, Stuart 136, 146, 167, 199
Bruttosozialprodukt 37
Bryan, William Jennings 106, 120, 128
Buchanan, James 86, 88
Bundesschuld (*national debt*) 10
Bürgerkrieg, siehe Sezessionskrieg
Bürgerrechtsbewegung 5
Bürgerrechtsgesetz von 1875, 97
Burns, Ken 194
Burr, Aaron 83
Bush, George 4
Butts, F. T. 161

Cabot, John 20
Cahokia 158
Calhoun, John C. 66, 83f. 149, 185
Calloway, C. G. 169
Calvin, Johann 27
Canup, J. 161
Carnegie, Andrew 107, 110 123, 128, 201
Carson, M. 209
Cartier, Jacques 20
Cayton, A. R. L. 134
Cayton, M. K. 138
Chalmers, D. M. 210
Chandler, Alfred D. 201f
Charles I, 27
Charles II, 30
Chartisten 182
Chernow, Ron 202
Chicago 124, 206, 209
China 129
Christie, Ian 166
Civil War, siehe Sezessionskrieg
Clark, Christopher 181, 186
Clark, John 139
Clay, Henry 65, 66f, 175, 178
Clellan, George 92
Cleveland, Grover 110, 129
Clinton, William Jefferson (Bill) 4f.
Cobb, J. C. 200
Cobbs, Elizabeth 153
Cochran, Thomas C. 182, 199, 201f
Coclanis, Peter 206

Cohen, Charles L. 162
Cohen, Naomi W. 207
Cole, Donald 179
Colorado 55, 121, 175
Combs, Jerald A. 153, 214
Common Sense 43
common law 35
common man 3, 64–68, 97, 172, 178f
Commons, J. R. 202
Confederate States of America (CSA) 88, 92f, 184, 193
Conkin, Paul K. 183
Conzen, Kathleen Neils 176
Conzen, Michael P. 141
Cooper, James Fenimore 14, 56
Cooper, Patricia A. 203
Cooper, William J. 185
Copley, John Singleton 73
Cornwallis, Charles Lord 45
Cott, Nancy F. 145
Countryman, Edward 165, 170
Cowboys 173f, 205
Cox, L. W. 190, 196
Crockett, Davie 67
Crofts, Daniel W. 190, 199
Cronon, W. 134, 139, 206
Crosby, A. W. 138, 159
Cultural Studies 154f
cultural pluralism 145
Cunningham, Noble E. 172, 177
Curti, Merle 155
Custer, George 113, 205

Dahl, Robert A. 149
Dampfschiffahrt 70
Daniels, John D. 159, 207
Daniels, Roger 144
Darnton, Robert 154
Darwin, Charles 123
David, Paul 176
Davis, Allen 157
Davis, David Brion 189
Davis, Jefferson 88, 98, 193, 195
Davis, Richard C. 206
Deagan, K. 160
Debs, Eugene V. 109f, 120
DeCanio, S. 200
deficit spending 10
Degler, Carl 185, 192, 216
Demographie 142
Demokratie 13, 44f, 64, 74, 84, 93, 123f, 128, 137, 145, 148, 153, 172, 179, 202

– *civic culture* 144
– Demokratietheorie 149
– demokratisch-liberaler Konsens 147f
– direkte 118
– Gründungsmythos 11
Demokratische Partei, 5, 56, 64f, 85f, 92f, 96, 105, 118f, 120, 128, 149, 172, 211
Demos, John 162f
Denevan, William 159
Denning, Michael 157
Department of Commerce and Labor 100
Dependenztheorie 187, 215
Detroit 104
Deutsch-französischer Krieg 127
Deutsches Reich 13, 214
Dewey, John 125, 148, 149, 216
Dillon, M. L. 188
Dinnerstein, Leonard 143, 145
Dobyns, Henry 159
Doerflinger, T. M. 164
Doerries, Reinhard R. 144
Dollar/*greenback* 105f, s. a. Geldpolitik
Donald, David H. 193f
Dorman, Robert 134
Douglas, Fredrick 82
Du Bois, W. E. B. 115, 208
Duberman, Martin 189
Dubofsky, Melvin 202
Dull, Jonathan R. 170, 174
Dunmore, Lord 42
Duryea, James Frank 104

East India Company 31
Easterlin, Richard 176
Eaton, Clement 184
Eccles, W. J. 160f
Eckes, Alfred E. 147
Edgar, Charles 104
Edison, Thomas 103
Edmunds, David 160
Egerton, Douglas 186
Eichar, D. M. 202
Eigentumsverteilung 46
Einkommensteuer 122
Einwanderer 7f, 14, 58, 100, 115–18. 176, 181, 207ff, s. a. Nativismus
– Amerikanisierung, Assimilierung 16, 144, s. a. Schmelztiegel
– Arbeiter 203, 207f
– asiatische 7, 117
– *brain drain* 14
– Einkommen 203

- Einwanderungsgesetz von 1965, 5
- hispanische/latino 7
- jüdische 116, 207, 212
- Parteien 65, 120
- Progressives 212f
Einwanderer, deutsche 30f, 58, 91, 93, 98, 116, 176, 207f
- 1848er 58, 176
- Korrespondenz mit Verwandten in Deutschland 176
Eisenbahnen 10, 57, 71, 101, 102, 110, 104f, 107, 112, 181f, 200, 201, 206
Eisenhower, Dwight D. 4
Eisenhower, John S. D. 175
Eisenstadt, A. S. 179
Eisenstadt, Abraham 138
Elektrizität 103
Eliot, John 29
Elisabeth I, 23
Elkins, Stanley 177, 185
Ellis Island 115
Emanzipationsproklamation 93
Emerson, Ralph Waldo 14, 73, 183
Emery, Edwin 167
Energiepolitik 198
Engerman, Stanley 186
Entdecker 20, 158
Entwicklungspolitik 66
Erdöl 103, 107, 201
Eriekanal 70
Eriksson, Leif 20
Erinnerungskultur 158, 197
Ernst, Daniel R. 202
Ernst, Joseph A. 167
Escott, P. 193
Escott, P. D. 134
Ethnische Gruppen, Ethnizität 30, 135, 143–45
Europäisch-amerikanische Beziehungen 176, 179, 198, 216
Europäische Expansion 163
Exceptionalism 139, 155f, 203, s.a. Nationalbewußtsein
Expansion 6, 53–56, 127, 140, 168, 172–75
Export 100

Familiengeschichte 138
Farmer
- *Farmers' Alliance* 119
- Radikalisierung 200
- Verschuldung 211

Faulkner, William 98, 210
Faust, Drew G. 184, 186
Federal Reserve System 105
Federalist-Artikel 50f, 151, 170
Federalists 50, 60, 75, 170, 177
Fehrenbacher, Don E. 191
Fiering, Norman 161
Filene, Peter 213
Fillmore, Millard 66
Finanzpolitik 170
Fine, Sidney 210
Fink, L. 203
Finkelman, Paul 191
Finnische Siedlungen 29
Finzsch, Nobert 175
Fitzhugh, George 187
Florida 34, 45, 55
Fluck, Winfried 155f, 216
Flynt, J. W. 210
Föderalismus 3, 7, 11, 46, 51f, 83, 88, 98, 151, 170, 177, 190f, 196f
Fogel, Robert W. 186f, 189
Foner, Eric 135, 195f
Foner, Philip S. 202
Foote, Shelby 194
Ford, Henry 104, 204
Ford Motor Company 109f
Fort Sumter 90
Foster, G. M. 197
Fox, R. W. 141
Fox, S. 206
Fox-Genovese, Elizabeth 188
Franklin, Benjamin 2, 29, 39, 42
Franklin, John Hope 143, 164, 185
Frankokanadier 13, 21–23, s.a. Neufrankreich
Frankreich 44, 53, 61ff, 91f, 175, 214
Frauenarbeit 107, 201
- Plantagenwirtschaft 187f
- Sozialarbeit 209f
Frauenbewegung 5, 67, 121f
Frauengeschichte 135f, 142, 145, 172, 179f, 181
Fredrickson, George M. 139, 184f, 196f
Free Soil Party 69, 84, 190
Freedmen's Bureau 94f
Freese, P. 156
Freihandelspolitik 9, 172
Frémont, John C. 86
French and Indian War 2, s.a. Siebenjähriger Krieg
Freyer, Tony 151

Friede von Gent 63
Friede von Paris (1763) 34
– (1783) 45
Friedman, Milton 198
Frings, Marie-Luise 178
Frobisher, Martin 20
frontier 7, 37, 97, 112, 140f, 160, 173f, 180, 200, 205f, 211, s.a. *homestead*
Frühindustrialisierung 180–82
Frühkapitalismus 163
Fry, Joseph A. 215
Fuchs, Lawrence 144
Fuller, Margret 183
Fulton, Robert 70

Gabriel, R. 149, 155
Gallatin, Albert 63
Gardner, Lloyd 215
Garraty, John 135
Garrison, William Lloyd 82
Gastil, R. D. 134
Gay, Peter 166
Gedicks, Frederick 156
Geertz, Clifford 155, 184
Geldpolitik, Goldstandard 105f, 120, 198
Genovese, Eugene D. 154f, 186f
Genozid 18, 159, 174
Geographie, historische 140
George III. 37
George, Henry 124
Georgia 26, 85
Gerechtigkeit, soziale 5
Gerichte 35, 51
Germantown 30f
Gettysburg National Cemetery 98
– Lincolns Rede 93, 148
– Schlacht von 93
Gewaltenverschränkung 35, 45f, 50f, 151
Gewerkschaften 108–110, 202–4, s. a. Arbeiterbewegung
– Frauen 110, 203
– Einwanderer 207
Gienapp, William E. 190
Gilded Age 3
Gilderhus, Mark 153
Gilje, Paul A. 180
Gillette, H. 208
Gipson, L. H. 164
Giunta, M. A. 169
Gleason, P. 144
Gleichheit 11, 148
Glorreiche Revolution 35, 43, 166

Goetzmann, William 183
Gold, Entdeckung von 175
Gompers, Samuel 109
Goodell, William 82
Goodfriend, Joyce D. 163
Goodwyn, Lawrence 211
Gordon, Colin 165, 213
Gordon, Linda 136
Gouverneursamt 35, 43
Grabbe, Hans-Jürgen 176
Grady, Henry W. 102
Graebner, Norman A. 194
Grand Canyon 125, 140
Granger Bauernverband 111
Great Awakening 29, 168
– *Second* 183
Great Depression 10
Greeley, Horace 89f
Green, Nancy L. 201
Greene, Jack P. 165
Greenstone, J. D. 202
Greenwich Village 125
Grimké, Angelina 188
Grimsley, Mark 193
Großbritannien 53, 55, 58, 61ff, 92, 175, 214
– und Sklavenbefreiung 188
Grundrechte 11, 94, 150
Guadelupe Hidalgo, Vertrag von 67
Guam 5, 130
Guarneri, Carl 139
Guggisberg, Hans R. 162
Gura, P. F. 183
Gutman, Herbert G. 186, 203

Hacker, Louis M. 137, 199
Hagan, K. J. 214
Halifax 32
Hall, David 142
Hall, James 156
Hall, K. L. 150
Hamilton, Alexander 50, 59, 83, 151, 170
Handels- und Konsumboykott 39, 42
Handelsgesellschaft siehe *joint stock company*
Handlin, Oscar 144, 156
Handwerkerschaft 181
Hansen, Peter 155f
Hareven, Tamara 138
Harper's Ferry 82f
Harrington, Fred Harvey 214
Harris, Howell John 203

Harrison, William H. 66
Hartford Convention 83
Hartz, Louis 140, 148
Harvard College 27
Hawaii 6, 117, 128, 129
Hawthorne, Nathaniel 14, 73
Hay, John 129
Hayes, Rutherford B. 96
Haymarket Demonstration 109, 202
Haywood, William D. 120
Healy, David 213f
Heideking, Jürgen 152, 170
Heilbroner, Robert L. 146
Heimert, Alan 161f, 168
Helbich, Wolfgang J. 176, 195
Henry, Patrick 42
Heun, Werner 170, 177
Hexenverfolgung 28, 162
Hicks, John D. 211
Higham, John 136, 144, 145, 154, 209, 213
Hill, Peter Jensen 203
Hispanic Americans 135, s.a. Einwanderer, hispanische
Historienmalerei 72
Historiographie 9, 133
- Arbeiter 142, 202
- Einwanderer 143
- Hand- und Lehrbücher 135
- Ideengeschichte, Mentalitätsgeschichte, *intellectual history* 134, 154ff, 157
- Modernisierung 137
- New Left 138, 143, 211
- Ökologiegeschichte 138
- *public history* 134
- quantifizierende 136, 211
- postmoderne 137
- progressive 137
- Psychogeschichte 189
- *Radical history* 138
- Religionsgeschichte 154ff
- Republikanische Synthese 168
- Sozialgeschichte, neue 138, 142
- vergleichende 139
- *Western history* 173f
- Wirtschaftsgeschichte 134
Hoerder, Dirk 176, 207
Hoffman, R. 167
Hofstadter, Richard 137, 149, 151, 179, 185, 192f, 212
Hogan, Michael J. 153, 214f
Holländische Ostindienkompanie 31
Hollinger, David 145, 149, 154, 161

Holt, Michael F. 190
Holt, Thomas C. 143, 186, 196
Holtfrerich, Carl-Ludwig 146
homestead 55, 205
- *Homestead*-Gesetz 69, 200
House of Burgesses 36
Hudson Bay Company 32
Hudson, Henry 29
Hugenotten 22, 30, 160
Hughes, Jonathan 146, 147, 180
Hunt, Lynn 137
Huntington, Samuel 149
Hurtado, A. L. 159
Huston, Reeve 173
Hutchinson, Anne 28
Hyman, Harold 190, 194

Idaho 55, 121
Illinois 54, 89, 116
Immigration Restriction League 117
impeachment s. Amtsenthebungsverfahren
Imperialismus 12, 127–131, 141, 213–5
- Anti-Imperialisten 128, 213f
- Konzerne 214f
- Marine 214
Indiana 54
Indianer 18f, 27, 31, 38, 66, 96, 112f, 158ff, 174, 178
- Algonquin 29
- Alkohol 19
- Cherokee 57
- Cheyenne 113
- Genozid 18, 159, 174
- Hopi 140
- *Iroquois Confederacy* 169
- Kriege 112f, 174, 205
- Landabtretung, 19, 57, 160
- Missionierung der 28
- Pueblos 21, 140
- Puritaner 162
- Reservatspolitik 113, 173f
- Sitting Bull 113
- Tauschhandel 19
- Zwangsumsiedlung 57
Industrial Workers of the World (IWW) 11, 109, 120
Industrialisierung 3,10, 100–111, 198–204
- Frühindustrialisierung 61, 66, 68ff, 100f, 180–82, 198
Inflation 47
Interstate commerce 9
- Interstate Commerce Commission 108

Intoleranz 28
Iowa 55
Irland 58, s.a. Einwanderung
Isolationismus 12, 127, s.a. Außenpolitik

Jackson, Andrew 3, 9, 63ff, 83, 150, 172f, 175, 178f
Jacksonian Democracy 64, 178f
Jacob, Margret 137
Jaffa, Harry 148
James I. 23
James, William 125, 216
Jamestown 7, 24
Japanisch-amerikanische Rivalität 129
Jardin, André 179
Jay, John 50, 151, 170
Jefferson, Thomas 44,53, 54, 59, 61ff, 75, 157, 170, 172, 174
Jeffersonian Agrarianism 60, 200
Jeffersonian Democracy 60, 172, 177
Jennings, F. 159
Jensen, Merrill 170
Joas, Hans 216
Johannsen, Robert W. 192
John, Richard R. 185
Johnson, Andrew 95
Johnson, Lyndon B. 4
joint stock company 23, 34
Jolliet, Louis 22
Joseph, A. M. 195
Josephson, Matthew 201

Kalifornien 55, 84f, 111, 117, 175
Kallen, Horace 16, 145
Kalter Krieg 4
Kammen, Michael 136, 156
Kamphoefner, Walter D. 176, 195
Kanada 6, 13, 16, 21–23, 32, 43, 64, 92, 127f, 139, 156, 160, 173, 175, 192, 207
Kanäle 70, 72
Kane, Paula 183
Kansas Nebraska Gesetz 85, 190
Kantowicz, E. R. 144
Kapitalismus 172, 180–82, 186, 211
– Frühkapitalismus 163
– Folgen des Sezessionskrieges 199
– und Sklaverei 187
– Kapitalismuskritik 137, 143, 206, 211f
Katz, M. B. 150
Kaufleute, britische 39
Keil, Harmut 209f

Keller, M. 201
Kelley, Mary 172, 180
Kelly, Alfred H. 150
Kelsey, Henry 32
Kennedy, John F. 4
Kentucky 53
Kerber, Linda 165, 172
Kessler-Harris, A. 203
Key, V. O. 210
Keynes, John Maynard 10
Kinderarbeit 107, 122f
Kindleberger, Charles P. 146
King Philip's War 29
Kirchen, religiöse Gruppen 15, 51, 156, 168, 183, 189, 209
– *Evangelicalism* 183
– Intoleranz 162
– Katholiken 25, 183
– Kongregationalisten 27
– Missionierung 209
– *Reconstruction* 196
– Trennung von Kirchen und Staat 51, 156
Klassenbewußtsein 182, 202
Klassenstruktur 7, 37f, 46, 120f, 142, 164, 173, 178, 208, 210f, 212
– in Neufrankreich 160
Klinghoffer, J. A. 180
Kloppenberg, James 136, 148
Knights of Labor 108f, 203
Know Nothing Party 190
Knupfer, Peter B. 191
Kohl, Lawrence F. 178
Kohle 100
Kolchin, Peter 139, 185f
Kollmann, Erich C. 214
Kolonialherrschaft 31–34, 123
Kolonialmächte, Rivalität der 19
Koloniale Selbstregierung 35, 43, 149
– Kolonien, Typen von 36
Kolonialwirtschaft 9, 164, s.a. Merkantilismus
Kolumbus, Christoph 20
Kommunikationswesen (Post, Telegrafie, Telefon) 71, 103
Kommunistische Partei der USA 11
Konföderation, Konföderationsartikel 5, 45–48, 169–71
Kongreß siehe Repräsentantenhaus und Senat
Konsum 147, 173
Kontinentalarmee 42
Kontinentalkongreß 31, 41f

Kousser, J. Morgan 190, 210
Krakau, Knud 150, 153, 175
Kramnick, Isaac 156
Kraus, M. 136, 165
Krieg von 1812, 62, 173f
Krieger, Leonard 148
Ku Klux Klan 96, 118, 210
Kuba 4, 6, 34, 123, 130, 175, 207
Kulik, G. B. 182
Kulikoff, Allan 180f
Kultur, s.a. Nationale Identität
- *highbrow-lowbrow* 17
- Massenkultur 16
- *modernist culture* 125, 215f
- nationale 72–75
Kulturgeschichte 134, 154ff, 158, s.a. Historiographie
Kurian, G. T. 151
Kuznets, Simon 146

La Salle, Robert de, 22
Labaree, Benjamin 166
Labaree, L. W. 164
Lafayette, Marquis de 45
LaFeber, Walter 152, 194, 214f
Laissez faire 146
Lampard, Eric E. 208
Landabtretung 57, 160
Landschaften 138
Landspekulation 38, 175
Landwirtschaft 68, 100, 111, 181, 182, 199f, 206
- Anbaufläche 111
- keine Bodenreform 196f
- Monokulturen 102
Lateinamerika 12f, 175
- US – lateinamerikanische Beziehungen 153, 215
Leach, William 201
Lebensstandard 37, 147
Lecker, R. 139
Lee, Robert E. 93f, 97
Leibeigenschaft in Rußland 185
Lerner, Max 155
Levine, Lawrence W. 154f, 186
Levy, L. W. 150
Lewis und Clark Expedition 54
Lewis, David Levering 208
Liberalismus 148f, 168
Limerick, Patricia N. 205
Lincoln, Abraham 3, 74, 81, 86f, 88f, 92, 94, 111, 128, 149, 189, 192f, 196

- Biographien 192f
- als Märtyrer 97
Lipset, Seymour Martin 139, 156
Litwak, Leon F. 196
Livingston, Robert R. 62
Lloyd, Henry Demarest 124
Locke, John 26, 148, 168
Lodge, Henry Cabot 128
Los Angeles 21
Louisbourg 32
Louisiana 22, 54, 61f
- Kauf von 53, 54, 60f
Lowell 70
Lowi, R. J. 149
Loyalisten 42f, 169
Lynchmorde 78, 115, 210
L'Enfant, Pierre 73

Madison, James 50, 59, 63, 75, 151, 170, 172, 174f, 177
Mahan, Alfred Thayer 214
Main, Jackson Turner 170
Maine 55
Malcolm (Little) X, 11
Malerei 183
Manager 202
manifest destiny 6, 56, 127
Manitoba 128
Marbury gegen Madison 61, 177
Marks, Paula M. 175
Marktrevolution 66, 101, 147, 177, 179
Marktwirtschaft 5, 173
Marquette, Jacques 22
Marshall, John 61, 151, 177
Maryland 25
Mason Dixon Line 7
Massachusetts Bay Company 27
May, Ernest R. 175, 214
May, Henry F. 213, 216
Mayflower Compact 26
McCardell, John 184
McCarthy, Joseph 11
McCormick, Richard L. 149, 213, 215
McCormick, Thomas 153
McCoy, Drew R. 181
McDonald, Forrest 170, 177
McGuire, Robert A. 170, 200
McKinley, William 120, 127–30, 214f
McKitrick, Eric L. 177
McPherson, James M. 194, 195
Mechanisierung 100, 104, 110f, 201
Mehrheitswahlrecht 11, 118, 149

Meinig, Donald W. 140, 160, 173
Melosi, Martin V. 198, 210
Melville, Herman 56, 73
Merchants, Carolyn 138
Merkantilismus 23, 33, 146, 163
Merrill, Michael 180
mestizo 160
métis 160
Mexiko 13, 67, 91
- Krieg gegen 3, 175
Meyers, Marvin 148
Michigan 55
Middelkauff, Robert 165
Miliz 51
Miller, Perry 154, 161
Mills, C. Wright 143
Mills, Gary 160
Milner, C. A. 174
Milwaukee 176
Minnesota 55. 107
Mississippi 54
Missouri 55
Missouri-Kompromiß 55, 85
Mittelwesten 7, 111, 134
- Landwirtschaft 182
Mobilität, wirtschaftliche und soziale 9, 142, s.a. Klassenstruktur
Moderne 17, 122ff
Modernisierung 145f, 209
Mohr, James 136
Moltmann, Günter 176
Monopole, *Trusts* 10, 71, 106f, 108, 201f, 213
Monroe, James 63
Monroe-Doktrin 12, 13, 63, 129f, 175
Montesquieu 35, 168
Montgomery, David 203
Montreal 43, 160
Mooney, James 159
Moore, Laurence 156
Morgan, Edmund S. 161, 165
Morgan, J. P. 107, 201
Morison, Samuel E. 135
Mormonen 59
Morse, Samuel 71
Mott, Lucretia 68
Mowry, George E. 213
muckraker 124, 213
Muir, John 206
Multikulturalismus 16, 145, s.a. Einwanderer
Muncy, Robyn 209

Murrin, J. M. 164
Myrdal, Gunnar 149

Nadel, Stanley 208
Napoleon I. 53, 61
Napoleon III. 91
Nash, Gary B. 135f, 159f, 164
Nation 47, 50, 56, 170
National Association for the Advancement of Colored People (NAACP) 115, s. a. Afroamerikaner
Nationalbewußtsein 7, 45, 54, 97, 154, s. a. *Exceptionalism*
- auserwähltes Volk 56
- Missionsbewußtsein, Vorbild Amerika 14, 153
Nationale Identität, nationale Kultur 112, 145, 155f, 182–84
- Nationalcharakter 156
Nationaler Markt 70
Nationalgeschichte 1, 6, 158, 165, s. a. Historiographie
- Kanonbildung, *National History Standards* 134
Nationalhymne 63
Nationalismus 3, 97, 133, 165, 167, 179, 195
- Kulturnationalismus 15
- des Südens 184
Nationalliteratur 73f, 157
Nationalparks, National Park Service 125, 134, 140, 159, 205f
Nativismus, Anti-Einwanderungsbewegung 59, 117, 144
Nato 2, 13
Naturschutzbewegung (*conservation, environmentalism*) 1, 124, 206
- Natur und Mensch 183
Navigation Acts 33
Neely, Mark E. 193
Neuengland 7, 19, 26–29, 134
Neufrankreich 21–23, 34, 160, s. a. Kanada
Neufundland 20, 32, 128
Neuspanien 160
Neustadt, R. E. 151
Nevada 55, 175
Nevins, Alan 201
New Brunswick 23, 128
New Deal Gesetze 4, 10
New Jersey 29f, 107
New Mexico 55, 84f
New South 10

New York 29, 107, 116, 124f, 163, 164, 208f
New Orleans 22, 34, 62, 83
Niederlande 29
Nieuw Amsterdam 29
Nissenbaum, Stephen 162
Nixon, Richard M. 4
Noble, David W. 136, 212
Noll, M. A. 168
Nolte, Paul 135, 138, 147
Nordwest-Passage 20, 54
North Atlantic Free Trade Association (NAFTA) 13
North Carolina 25, 102
North, Douglass C. 198
North, Lord 37
Northwest Ordinance 12, 54
Norton, M. B. 135
Nova Scotia 32, 128
Novick, Peter 136
Nullification, Einzelstaatsveto 66, 83f

Oakes, James 187
Oberstes Bundesgericht siehe Supreme Court
Offene Tür, Politik der *open door* 12, 129
Öffentlicher Dienst (*civil service*) 151
Offner, J. 215
Ohsfeldt, Robert L. 170
Oklahoma 113
Ökologie 19, 138f, 210, s. a. Naturschutzbewegung
– Wirtschaftspolitik 147
Olney, Richard 129
Ontario 128
Opies, John 138
Oregon 6, 55, 107
– Oregon Trail 55, 174, 180
Organization of American States 13
Ostasienpolitik 12
Owens, Robert Dale 56
O'Brien, P. 198f
O'Sullivan, John L. 56, 72

Pächter siehe *share cropper*
Paine, Thomas 14, 43, 157
Palmer, Robert R. 166
Palmer, Bruce 211
Palmerston, Lord 92
Paludan, Phillip S. 193
Panamakanalzone 6
Parish, Peter 185
Parlament, britisches 37, 38f, 42

Parrington, Vernon L. 137
Parteien 59, 64f, 118, 149, s. a. die Namen einzelner Parteien
– Radikale Republikaner 95f
– Tammany Hall 213
Parteiensystem 11, 172f, 178, 189f, 210f
Pastorius, Franz Daniel 31
Paterson, Thomas 153
Pearl Harbor 4
Pease, J. 189
Peirce, Charles Sanders 125, 216
Pelzhandel 32, 160
Penn, William 30
Pennsylvania 30, 110, 163, 176
People's Party 119, 211
Perkins, Bradford 215
Perman, Michael 192
Perry, L. 188
Perry, Matthew 129
Persky, J. P. 187
Pessen Edward 142, 178
Peterson, Merrill D. 177, 192
Philadelphia 30, 164
Philanthropie 123
Philippinen 6, 130f, 215
Philips, Ulrich B. 185
Pietisten 176
Pinchot, Gifford 206
Pioniertum 55
Pitt, William 42
Plantagenwirtschaft 77–79, 185f, 187f
Pletcher, D. M. 175
Pluralismus, kultureller 7, 16, s. a. Schmelztiegel
Plymouth Plantation 26
Pocahontas 161
Pocock, J. G. A. 166, 169
Pole, Jack R. 165
Politische Ökonomie 173
Pollack, Norman 211f
Polsby, Nelson 151
Polybius 168
Polygamie 59
Pontiacs Rebellion 31
Populärkultur 156, 205, s. a. Kultur
Populismus 119, 200, 211
Potter, David M. 133, 147, 156, 182f, 184, 189, 195
Powells, John 138
Pozzetta, George 209
Pragmatismus 125, 216
Prärie-Staaten 7

Präsidenten 152, s. a. die Liste der Präsidenten im Anhang
- Präsidentenamt 49f, 60, 150, 193
Presse 39, 44, 56, 59, 64f, 74, 82, 88, 91, 103, 124, 167
- Einwanderer 208
- *muckraker* 124, 213
- Pressefreiheit 11, 51, 60
Preußen, Leibeigenschaft in 185
Prince Edward Island 33, 128
Princeton University 29
Progressive Era, Progressive Movement 3, 10, 12, 122, 137, 208–13
prohibition siehe Alkoholverbot
Prostitution 209
Protektionismus, siehe Schutzzölle
Prucha, Francis Paul 134, 158, 205
Pryse, Marjorie 141
public domain 46f, 69, 200
public history 134
Pueblo Indianer 21, 140
Puerto Rico 6, 130f
Puritaner, Puritanismus 2, 14, 15, 27, 28f, 154, 161–63
- Weber-These 161
Quäker 28, 30f, 163
Quarles, Benjamin 188
Quebec 2, 7, 21f, 34, 43, 53, 128, s. a. Neufrankreich
- Quebec-Gesetz 41, 43
Rakove, Jack N. 169f
Ramsay, David 165
Randall, J. G. 193
Ranke, Leopold von 52, 140
Ransom, Roger L. 187, 199
Rassismus 123, 130f, 143, 207, 212
- Rassendiskriminierung 114, 118, 210
Rauschenbusch, Walter 124
Rawley, James A. 193
Rawls, John 149
Reagan, Ronald 4, 10
Reconstruction 3, 94–97, 195ff
Redefreiheit 51, 60
Reformbewegungen 66, 212f, s. a. Progressive Era
Regionalismus 141
Regionen 7, 15, 101, 134 s. a. Neuengland, Mittelwesten, Süden, Westen
- Regionalinteressen 9
Reichley, A. J. 168
Reichstein, Andreas 175
Reid, Joseph D. 164, 167, 199

Reis 77f, 187
Reiter, Herbert 176
Religion, siehe Kirchen
Remini, Robert 178
Renda, Lex 178
Repräsentantenhaus 34, 49, 151
Repräsentation 39, 51, 167
Republikanische Partei (seit 1854) 5, 84ff, 89, 105, 118f, 120, 128, 149, 189f, 212
Republikanische Regierungsform 54, 197
Republikanismus 178, 182
revivalism 183
Revolutionsflüchtlinge von 1848, 58, 176
Rhode Island 28, 162, 180
Richelieu, Kardinal 160
Richmond, Virginia 94
Riess, Steven R. 209
Riis, Jocob 124
Riper, P. V. 151
Roark, James 187
Robinson, James Harvey 137
Rockefeller, John D. 103, 107, 201f
Rockoff, Hugh 147
Rodgers, Daniel T. 148, 203, 213
Roeber, A. G. 163
Roosevelt, Franklin D. 4, 5, 10
Roosevelt, Theodore 64, 117, 120, 128
Ross, Dorothy 156
Rostow, Walt W. 198
Rotation im Amt (*spoils system*) 66
Runte, Alfred 206
Rush, Benjamin 46, 74
Rußland 63, 175, 185
Rutland, Robert A. 177

Salisbury, Robert Cecil 129
Salt Lake City 59
Samoakonflikt 128f
San Antonio 67
San Diego 21
San Francisco 21
Sandburg, Carl 97
Sandoz, Mari 174
Santa Fe 21
Sarasohn, David 213
Sasketchewan 128
Satter, Beryl 156
Saur, Christoph 30f
Savage, William R. 205
Savannah 26
Saxton, Alexander 207
Schäfer, Peter 138

Schiffahrtsgesetze 164
Schlesinger, Arthur M. jr 151, 178f
Schlissel, B. 180
Schmelztiegel 7, 16, s. a. Einwanderer
– bikulturelles Leben 144
Schmuggel 33, 43
Schröder, Hans-Christoph 165
Schulen 66, 74, 125f
Schurz, Carl 58, 93, 95, 128
Schutzzölle 9, 108, 123, 147
Schwartz, B. 150
Schwedische Siedlungen 29
sectionalism 15
sections siehe Regionen
self made man 9, 65
Seller, Charles 173
Senat 49, 53, 151
Seneca Falls Convention 68
Senger, Stefan von 176
Sexuelle Belästigung 5
Sezessionskrieg 3, 5, 10, 12, 83, 88–99, 192–95
– Denkmäler 98
– deutsch-amerikanische Soldaten 195
– Finanzierung des 105, 198f
– Folgen für Industrialisierung 199
– Großbritannien 194
– im Westen 195
– Kriegsverlauf 93f, 194f
– moderner Krieg 90f
– nationaler Einigungskrieg 90
– Patriotismus 97, 195
– vergleichende Historiographie 192
– wirtschaftliche Voraussetzungen 90
Shafer, Byron 156
Shalhope, Robert E. 168
Shannon, Fred 200
share croppers 95, 101, 199
Shays' Rebellion 48
Shy, John W. 169
Siebenjähriger Krieg 2, 23, 38
Siedlungspolitik, englische und französische 23
Sigel, Franz 93
Silbey, Joel H. 190
Sinclair, Upton 124
Singal, Daniel 216
Singer, Aaron 146
Singer, Isaac 104
Sitting Bull 113
Sklaven, Sklaverei 23, 31, 46, 53, 60, 66f, 76–87, 88f, 163f, 184ff, 188

– Befreiung (*emancipation*) 54, 80, 94f, 188f
– Dreifünftelkompromiß in der Verfassung 49
– Gesetz über flüchtige 85, 89
– Historiographie 184ff
– Rechtfertigung der Besitzer 80f, 183, 186f
– Widerstand der 26, 81f
Skowronek, S. 151
Slater, Samuel 180
Sloan, W. D. 167
Smith, Adam 33
Smith, Henry Nash 154
Smith, John 161
Smith, Tony 153
Social Gospel 124
Social Register 143
Socialist Party 109, 120
Sofka, James 174
Sollors, Werner 145
Sombart, Werner 149f, 213
South Carolina 25, 84f, 88, 90
South Dakota 113
Sowjetunion 4, 13
Sozialdarwinismus 123, 215f
Sozialfürsorge 209f
Sozialgesetzgebung 5, 107
Sozialisten, Sozialismus 120, 148f, 213
Sozialkritik 123f
Sozialreformbewegung siehe Progressive Era
Sozialstaat 150
Sozialstruktur siehe Klassenstruktur
Soziologie 209
Spanien 24, 44f, 53, 61, 175
– Spanisch-amerikanischer Krieg 130f
– Spanische Siedlungen 20
– Spanischer Erbfolgekrieg 32
Spencer, Herbert 123
Speranza, Gino C. 209
Spillmann, Kurt R. 153
spoils system 66
St. Augustine 7, 20, 160
St. Pierre und Miquelon 32
Staatsbürgerschaft 86, 191
Staatsgebiet 1, 6, 127, 139
Staatsvolk 1
Stadtgeschichte 208f
Stagg, J. C. A. 174
Stahl 100, 102f, 107, 201, 204
Stamp Act, Steuermarkengesetz 39

Stampp, Kenneth M. 191, 195f
Standard Oil Company 107, 124
Stanton, Elizabeth Cady 68, 121
Steffens, Lincoln 124
Steinisch, Irmgard 139, 204
Steinway, Henry 208
Stephens, Alexander 88
Steuern 38, 47f
Stevens, John 71
Stewart, J. B. 188
Stono Rebellion 26
Story, Mary K. 142
Stott, Richard 181
Stowe, Harriet Beecher 82, 85
Streiks 70, 110
- Homestead, Pullman 110
- Einwanderer 207
Strozier, C. B. 193
Stuart, Reginald C. 167, 173
Südafrika 185
Süden als Region 7, 76ff, 101f, 134, 184f
- Daughters of the Confederacy 197
- Denkmäler, Vergangenheitsbewältigung 76, 98
- *Lost Cause* 97, 197
- Neuer Süden, ausbleibende Industrialisierung 102, 199
- Pro-Kopf-Einkommen, 102 192
- Stereotype 77
- Wirtschaft 77
Südwesten 7
Sumner, William Graham 123
Supreme Court 5, 50, 57, 61, 150, 177, s. a. Verfassung
- *Civil Rights Cases* 1883, 97
- Dred Scott Urteil 86, 191
- Einkommensteuer 122
- und Konzerne 107f
- Marbury gegen Madison 61, 177
- zu Monopolen 71, 122
- Plessy gegen Ferguson 114

Tabak 24, 46, 77f, 102, 187
Taft, Philip 202
Taft, William Howard 120
Taylor, Zachary 66
Taylorismus 104
Temperenzbewegung 66, 67, 121
Tennessee 53
Territorium, Primat des 1, 139f
Texas 55, 84, 98, 102
- Annexion von 67, 175

Textilindustrie 102, 110, 180, 182, 187, 201, 203
Thelen, David 150
Theokratie 28
Thernstrom, Stephen 143, 184, 208
Thompson, E. P. 182
Thoreau, Henry David 14, 73, 149, 183
Tindall, George B., 141
Tocqueville, Alexis de 14, 16, 74, 148, 156, 179
Toleranz 168
Tompkins, E. Berkeley 213f
Tories 43
town meeting 34
Townsend-Zölle 40
Trail of Tears 57
Transzendentalismus 183
Trapper 160, 173f
Treitschke, Heinrich von 98
Trelease, Allen 210
Trudel, M. 160
Trumbull, John 73
trusts siehe Monopole
Truth, Sojourner 188
Turner, Frederick Jackson 1, 112, 134, 137, 141, 147, 205, 212
Turner, Nat 81
Twain, Mark 3, 123f
Tyler, John 66

Umweltschutz siehe Naturschutzbewegung
U.S. Army und Indianer 174
U.S. Navy 128f
Unabhängigkeit, kulturelle 14
Unabhängigkeit, wirtschaftliche 44
Unabhängigkeitserklärung 11, 148
Unabhängigkeitskrieg 42–47, 168
Underground Railroad 81
United States Steel Corporation 107
Universitäten 14
Unruh, John D. 174
Unternehmer 101, 201f
Urbanisierung 3, 113f, 164, 208–10
- im Westen 174
Utah 55, 59
Utley, Robert M. 174, 205
Utrecht, Friede von 32

Varg, Paul 167
Vaughan, Alden T. 161
Veblen, Thorstein 149

Vecoli, Robert J. 176
Venezuela, Konflikt 129
Verfassung der Vereinigten Staaten 48–52, 61, 150, 170f, 177
- Verfassungskonvent in Philadelphia 48f
- *judicial review* 50, 61, 150, 177
- nach Bürgerkrieg 196f
- Ratifizierung 50, 170f
- Verfassungsväter, wirtschaftliche Motivation 170
Verfassungsänderungen 51
- 1. Verfassungsänderung 15
- 13. Verfassungsänderung 93f
- 14. Verfassungsänderung 96f
- 15. Verfassungsänderung 97
- 16. Verfassungsänderung 122
- 19. Verfassungsänderung 122
Verfassung der Confederate States of America 88
Verfassungen der Einzelstaaten (*state constitutions*) 45–48, 54
Verkehrswesen 70, 100f, 181, 183, s. a. Eisenbahnen
Vermont 53
Verrazano, Giovanni de 20
Versammlungsfreiheit 51
Versandhandel (*mail order*) 104, 201
Vesey, Denmark 81
Vietnamkrieg 4, 5, 141
Viktorianismus 125, 216
Vinovski, Maris 192
Virgin Islands 6
Virginia 2, 24f, 36, 41, 102, 161
Virginia Bill of Rights 46
Volksentscheid 118
Volkssouveränität 11
Vorländer, Hans 149
Voss, Kim 203

Waechter, M. 137
Waffenbesitz 51
Wahlen
- 1800, 60
- 1860, 86f
- 1864, 92
- 1874, 96
- 1880, 210
- 1892, 119
- 1896, 120
Wahlrecht 9, 46, 49, 64, 118, 196
- Kopfsteuer 210
Wall, Joseph F. 201

Walters, R. G. 189
Waltham 70
Walton, Gary M. 146f
Walzer, Michael 144, 149
Ward, David 209
Ward, J. A. 183
Warner, Sam B. 208
Warren, Mercy Otis 165
Washington, Booker T. 115
Washington, Federal City 73
Washington, George 3, 42, 46f, 48, 59, 61, 73, 169
Washington, Staat 55
Watson, H. L. 177
Watson, Harry L. 190
Watt, Steven 174f
Weber, Max 181
- zu Calvinismus 161f
Webster, Daniel 61, 66
Webster, Noah 72
Wehler, Hans-Ulrich 153, 215
Wehrpflichtgesetz 1863, 93
Weiher, Kenneth E. 200
Weinzierl, Michael 188
Wellenreuther, Hermann 163, 185
West Virginia 91
West, Benjamin 73
Westbrook, R. B. 148
Westen als Region 7, 53ff, 111, 134, 173f, 205f
- Binnenwanderung 181
- *public domain* 46f, 69, 200, s. a. homestead
Whig Partei 61, 66f, 88, 173, 177f
Whigs, englische 43, 168
White, G. Edward 177
Whitfield, Stephen J. 145
Whitman, Walt 14, 73, 97
Wiebe, Robert 213
Wiecek, William M. 188, 190
Wiedertäufer 176
Wilentz, Sean 182
Wiley, Bell Irvin 195
Wilkinson, John 83
Williams, Roger 28, 162
Williams, William Appleman 136ff, 141, 153, 214f
Wilmot, David 83
Wilson, C. G. 134, 184
Wilson, James Q. 148, 149
Wilson, Woodrow 3, 13, 108, 121, 129, 153
Winthrop, John 27

Wirtschaftskreislauf, nordatlantischer 68
Wirtschaftspolitik 146, 166f, 179, 201, 211
Wirtschaftswachstum 101, 146, 177, 201f, 206
– Konjunktureinbrüche 10, 101, 104, 123
– Preisverfall 111
– Produktivität 147
– Rohstoffe 100f
Wisconsin 55, 89
Wohlfahrtsstaat siehe Sozialgesetzgebung
Wood, F. G. 193
Wood, Gordon S. 166, 168
Woodman, Harold 181, 187
Woodward, C. Vann 139, 184, 199, 210
Workingmen's Party 182
Worster, D. 206
Wounded Knee, Massaker von 113, 205

Wright, Frances 56
Wright, Gavin 187
Wyatt Brown, Bertram 183
Wyoming 55, 121
– Malcolm 11

Yellin, Jean Fagan 188
Yellowstone National Park 125
Yorktown 45, 73
Young, Alfred F. 165
Young, Brigham 59

Zinn, Howard 138
Zonderman, David 172
Zuckergesetz 38
Zuckerrohr 77f, 187
Zuckert, M. P. 168

OLDENBOURG GRUNDRISS DER GESCHICHTE

Herausgegeben von Lothar Gall, Karl-Joachim Hölkeskamp und Hermann Jakobs

Band 1a: *Wolfgang Schuller*
Griechische Geschichte
6. akt. Aufl. 2008. 275 S., 4 Karten
ISBN 978-3-486-58715-9

Band 1b: *Hans-Joachim Gehrke*
Geschichte des Hellenismus
4. durchges. Aufl. 2008. 328 S.
ISBN 978-3-486-58785-2

Band 2: *Jochen Bleicken*
Geschichte der Römischen Republik
6. Aufl. 2004. 342 S.
ISBN 978-3-486-49666-6

Band 3: *Werner Dahlheim*
Geschichte der Römischen Kaiserzeit
3., überarb. und erw. Aufl. 2003. 452 S.,
3 Karten
ISBN 978-3-486-49673-4

Band 4: *Jochen Martin*
Spätantike und Völkerwanderung
4. Aufl. 2001. 336 S.
ISBN 978-3-486-49684-0

Band 5: *Reinhard Schneider*
Das Frankenreich
4., überarb. u. erw. Aufl. 2001. 224 S.,
2 Karten
ISBN 978-3-486-49694-9

Band 6: *Johannes Fried*
Die Formierung Europas 840–1046
3. überarb. Aufl. 2008. 359 S.
ISBN 978-3-486-49703-8

Band 7: *Hermann Jakobs*
Kirchenreform und Hochmittelalter
1046–1215
4. Aufl. 1999. 380 S.
ISBN 978-3-486-49714-4

Band 8: *Ulf Dirlmeier/Gerhard Fouquet/
Bernd Fuhrmann*
Europa im Spätmittelalter 1215–1378
2003. 390 S.
ISBN 978-3-486-49721-2

Band 9: *Erich Meuthen*
Das 15. Jahrhundert
4. Aufl., überarb. v. Claudia Märtl 2006.
343 S.
ISBN 978-3-486-49734-2

Band 10: *Heinrich Lutz*
Reformation und Gegenreformation
5. Aufl., durchges. und erg.
v. Alfred Kohler 2002. 288 S.
ISBN 978-3-486-49585-0

Band 11: *Heinz Duchhardt*
Barock und Aufklärung
4., überarb. u. erw. Aufl. des Bandes
„Das Zeitalter des Absolutismus" 2007.
302 S.
ISBN 978-3-486-49744-1

Band 12: *Elisabeth Fehrenbach*
Vom Ancien Régime zum Wiener Kongreß
5. Aufl. 2008. 323 S., 1 Karte
ISBN 978-3-486-58587-2

Band 13: *Dieter Langewiesche*
Europa zwischen Restauration
und Revolution 1815–1849
5., Aufl. 2007. 260 S., 3 Karten
ISBN 978-3-486-49765-6

Band 14: *Lothar Gall*
Europa auf dem Weg in die Moderne
1850–1890
4. Aufl. 2004. 332 S., 4 Karten
ISBN 978-3-486-49774-8

Band 15: *Gregor Schöllgen*
Das Zeitalter des Imperialismus
4. Aufl. 2000. 277 S.
ISBN 978-3-486-49784-7

Band 16: *Eberhard Kolb*
Die Weimarer Republik
6., überarb. u. erw. Aufl. 2002. 335 S.,
1 Karte
ISBN 978-3-486-49796-0

Band 17: *Klaus Hildebrand*
Das Dritte Reich
6. neubearb. Aufl. 2003. 474 S., 1 Karte
ISBN 978-3-486-49096-1

Band 18: *Jost Dülffer*
Europa im Ost-West-Konflikt
1945 bis 1991
2004. 304 S., 2 Karten
ISBN 978-3-486-49105-0

Band 19: *Rudolf Morsey*
Die Bundesrepublik Deutschland
Entstehung und Entwicklung bis 1969
5., durchges. Aufl. 2007. 343 S.
ISBN 978-3-486-58319-9

Band 19a: *Andreas Rödder*
Die Bundesrepublik Deutschland
1969–1990
2003. XV, 330 S., 2 Karten
ISBN 978-3-486-56697-0

Band 20: *Hermann Weber*
Die DDR 1945–1990
4., durchges. Aufl. 2006. 355 S.
ISBN 978-3-486-57928-4

Band 21: *Horst Möller*
Europa zwischen den Weltkriegen
1998. 278 S.
ISBN 978-3-486-52321-8

Band 22: *Peter Schreiner*
Byzanz
3., völlig überarb. Aufl. 2008.
340 S., 2 Karten
ISBN 978-3-486-57750-1

Band 23: *Hanns J. Prem*
Geschichte Altamerikas
2., völlig überarb. Aufl. 2008.
386 S., 5 Karten
ISBN 978-3-486-53032-2

Band 24: *Tilman Nagel*
Die islamische Welt bis 1500
1998. 312 S.
ISBN 978-3-486-53011-7

Band 25: *Hans J. Nissen*
Geschichte Alt-Vorderasiens
1999. 276 S., 4 Karten
ISBN 978-3-486-56373-3

Band 26: *Helwig Schmidt-Glintzer*
Geschichte Chinas bis zur mongolischen
Eroberung 250 v. Chr.–1279 n. Chr.
1999. 235 S., 7 Karten
ISBN 978-3-486-56402-0

Band 27: *Leonhard Harding*
Geschichte Afrikas im 19.
und 20. Jahrhundert
2., durchges. Aufl. 2006. 272 S., 4 Karten
ISBN 978-3-486-57746-4

Band 28: *Willi Paul Adams*
Die USA vor 1900
2. Aufl. 2009. 294 S.
ISBN 978-3-486-58940-5

Band 29: *Willi Paul Adams*
Die USA im 20. Jahrhundert
2., Aufl., aktual. u. erg. v. Manfred Berg
2008. 302 S.
ISBN 978-3-486-56466-0

Band 30: *Klaus Kreiser*
Der Osmanische Staat 1300–1922
2., aktual. Aufl. 2008. 262 S., 4 Karten
ISBN 978-3-486-58588-9

Band 31: *Manfred Hildermeier*
Die Sowjetunion 1917–1991
2. Aufl. 2007. 238 S., 2 Karten
ISBN 978-3-486-58327-4

Band 32: *Peter Wende*
Großbritannien 1500–2000
2001. 234 S., 1 Karte
ISBN 978-3-486-56180-7

Band 33: *Christoph Schmid*
Russische Geschichte 1547–1917
2003. 261 S., 1 Karte
ISBN 978-3-486-56704-5

Band 34: *Hermann Kulke*
Indische Geschichte bis 1750
2005. 275 S., 12 Karten
ISBN 978-3-486-55741-1

Band 35: *Sabine Dabringhaus*
Geschichte Chinas 1279–1949
2006. 282 S., 1 Karte
ISBN 978-3-486-55761-9

www.ingramcontent.com/pod-product-compliance
Lightning Source LLC
Chambersburg PA
CBHW030816230426
43667CB00008B/1246